奋进与探索

广东省教育信息化名校长、名师、管理者访谈录

主　　编：唐连章
副 主 编：李　昶　云永先
　　　　　许　力　周　贵
执行主编：欧阳慧玲

广东高等教育出版社
Guangdong Higher Education Press
·广州·

图书在版编目（CIP）数据

奋进与探索：广东省教育信息化名校长、名师、管理者访谈录／唐连章主编．—广州：广东高等教育出版社，2020.12
ISBN 978-7-5361-6699-8

Ⅰ.①奋… Ⅱ.①唐… Ⅲ.①教育工作－信息化－广东－文集 Ⅳ.① G43-53

中国版本图书馆 CIP 数据核字（2020）第 004108 号

FENJIN YU TANSUO：GUANGDONG SHENG JIAOYU XINXIHUA MINGXIAOZHANG、MINGSHI、GUANLIZHE FANGTAN LU

出版发行	广东高等教育出版社
	地址：广州市天河区林和西横路
	邮编：510500　营销电话：（020）87553335
	网址：www.gdgjs.com.cn
印　刷	佛山市浩文彩色印刷有限公司
开　本	787 毫米 ×1 092 毫米　1/16
印　张	26.5
字　数	515 千
版　次	2020 年 12 月第 1 版
印　次	2020 年 12 月第 1 次印刷
定　价	79.00 元

序 言

　　站在新的历史起点，聚焦新时代人才培养需求，教育信息化被赋予新的使命，成为谋划新时代教育发展的逻辑起点和基本遵循。跨入2.0时代，教育信息化作为教育系统性变革的内生变量，必将支撑和引领教育现代化发展，推动教育理念更新、模式变革、体系重构。

　　"十三五"以来，特别是《教育信息化十年发展规划（2011—2020年）》发布以来，我省教育信息化工作坚持信息技术与教育教学全面深度融合的核心理念，紧紧围绕"应用驱动、融合创新"，加强统筹规划，加大实施力度，各项工作进展明显：教育资源公共服务平台建成并实现与国家、部分地区互联互通，优质数字教育资源日益丰富，资源服务体系已见雏形，信息化教学日渐普及，信息技术与教育教学深度融合不断深入，中小学教师信息技术应用能力不断提升；教师、校长和教育行政管理者的信息化意识与能力显著增强；基础教育、职业教育、高等教育等领域结合各自需求，在扩大资源覆盖面、促进教育公平和提高教育教学质量等方面涌现出一批利用信息技术解决教育改革发展问题的应用典型。教育信息化快速发展，有力推动我省教育现代化发展进程。

　　新时代，在促进信息技术与教育教学融合发展，创新优质教育资源供给模式，加快推进我省教育现代化，建设教育强省新征程上，我省面临着新的机遇与挑战。我省教育信息化虽有成效，但与发达国家、省市深度应用、融合创新的水平相比，仍存在一定差距。因此，进一步做好教育信息化示范培育推广工作，探索信息技术与教育教学的深度应用、融合发展，加强教育信息化应用成果的宣传推广，挖掘名教师、名校长和管理者的经验，充分发挥他们的示范、辐射和指导作用，将有助于推进我省教育信息化的均衡发展，为积累我省教育信息化的应用典型案例提供参考。

《奋进与探索——广东省教育信息化名教师、名校长、管理者访谈录》，以教育信息化发展为背景，系统梳理2014年至2019年这六年间我省各区域、学校教育信息化发展过程中的优秀经验和名师、名校长及管理者先进的教育教学理念，展示我省各区域、学校以及教师创新教学的典型做法。这六年，是我省教育信息化奋进与探索的六年，是全体教育信息化建设者为梦想耕耘的六年。纵观全访谈录，主题清晰，结构合理，内容丰富详实，有实践，有思考，有亮点。访谈录聚焦当前教育信息化的热点、难点问题，梳理不同时期教育信息化发展的历程和脉络。访谈录各模块联系紧密，涵盖基础教育、职业教育、高等教育等多个领域，它必将对开展教育信息化区域综合试点和各类专项试点，总结提炼先进经验与典型模式，汇聚推广优秀案例，培育一批我省信息技术与教育教学融合创新的典型区域、标杆学校以及示范案例提供有价值的参考。

一年之计在于春，本书所采撷的一篇篇访谈，就犹如春天撒下的一粒粒优良的种子，期待秋天结出更为丰硕的果实。

是为序。

广东省教育技术中心
2020年10月

目录

01- 教育信息化政策

大力推进信息化与教育教学深度融合　着力培养21世纪创新型人才
　　——访广东省教育厅党组成员、巡视员赵康 …………………… 2
努力推进信息技术引领教育变革与创新　写好广东教育信息化2.0"奋进之笔"
　　——访广东省教育技术中心唐连章主任 …………………………… 10
齐心协力　多方联动　持续推进信息化　实现教育公平与创新
　　——地市教育领导畅谈教育信息化 …………………………………… 19
创新教育信息化发展体制机制　优化教育信息化政策环境建设
　　——访华南师范大学教育信息技术学院赵建华教授 …………… 24
迈出教研电教合作的一小步　跨进信息化融合创新的一大步
　　——访东莞市教育局教研室黄振余副主任 ……………………… 30

02- 信息技术与教学融合

互动教学促进知识深化
　　——访佛山市顺德区杏坛梁銶琚中学刘伏奇校长 ……………… 34
技术有形　文化无疆
　　——访广州市天河区华阳小学何建芬老师 ……………………… 37

技术在历史中"穿行"

——访广州市第一中学杨穗福老师 ············ 41

借技术之力 破解德育难题

——访华南理工大学附属实验学校曹慧萍副校长 ············ 45

为创作而教 培养儿童的创造力

——访华南师范大学附属小学王继华老师 ············ 49

促进"人"的信息化 提升校园文化品质

——访肇庆市第七小学余锡垣校长 ············ 53

"四要素"探索信息技术与教育教学融合

——访广东北江中学黄叶亭校长 ············ 57

科学教育塑造社区学校特色

——访广州市天河区棠德南小学郭文峰校长 ············ 61

创设数字化语言环境 为学生打开世界之窗

——访佛山科学技术学院附属学校何自廉老师 ············ 65

改变自己打造"朝阳"灵动课堂

——访佛山市南海区石门实验中学范红华老师 ············ 68

信息技术与项目学习无缝对接

——访广州市农林下路小学黄学珍老师 ············ 72

信息技术与教育教学"四融合"

——访深圳市南山区珠光小学李文韬老师 ············ 76

粤教云：实现教与学方式的改变

——访珠海市香洲区实验学校余志君校长 ············ 81

探寻适合的信息技术与课堂教学深度融合之路

——访佛山市顺德区罗定邦中学熊文华校长 ············ 85

03- 新技术支持的教与学

"互动技术"启迪教与学智慧

——访广州市天河区教育局教研室科研办容梅主任 ············ 92

一对一数字化学习：促进孩子个性卓越发展
　　——访广州市越秀区东风东路小学陈晓校长 …………………… 97
一对一数字化学习营造新课堂
　　——访江门市景贤学校商庆平老师 ………………………………… 101
"云技术"打造优质均衡教育
　　——访珠海市教育局赵文华副局长 ………………………………… 106
拨开"云"雾见月明：名师眼中的"教育云"
　　——访肇庆市教育局电教站黄国洪站长 …………………………… 110
改变：从技术支持的课堂教学开始
　　——访广州市荔湾区芦荻西小学黄懿老师 ………………………… 114
建好跑道实现教与学的弯道超车
　　——访佛山市南海区平洲第三初级中学龙海平校长 ……………… 117
走在学科信息化教学"求新求变"的路上
　　——访佛山市顺德区伦教中学欧阳秋霞老师 ……………………… 121
大数据时代　关注个性化的精准教学
　　——访广州市东圃中学王海涛老师 ………………………………… 125
"创现"理念下的个性化学习
　　——访茂名市祥和中学彭志洪校长 ………………………………… 129
建立多维评价体系　让教师"主动起来"
　　——访佛山市禅城区教育发展中心陈长城副主任 ………………… 133
创新教与学方式　培养学生自主学习能力
　　——访珠海市前山中学伍文庄老师 ………………………………… 138

04- 教师专业发展

信息技术支持下让教师享受幸福人生
　　——访深圳市南山区后海小学吴希福校长 ………………………… 146
用技术"解决"教师个性化专业发展问题
　　——访广州市白云区教育发展中心龙丽嫦老师 …………………… 151

关注培训迁移　众创效益提升
　　——访广州市天河区教育局张伟春老师 …………………… 156
促进教研员自身成长　引领教师专业发展
　　——访东莞市教育局教研室王定国老师 …………………… 160
在课题研究中成长的未来教师
　　——访中山市电化教育站贾建荣老师 ……………………… 163
创新课题"柔性"管理机制　实现教师信息化教研能力提升
　　——访中山市坦洲镇联一小学陈丽娥副校长 ……………… 167
统整课程改革　统整教师协同发展
　　——访深圳市南方科技大学实验学校唐晓勇副校长 ……… 171
做有思想的21世纪教师
　　——访广州市海珠区宝玉直小学范谊老师 ………………… 175
做教育信息化的有心人　21年的坚持与沉淀
　　——访佛山市顺德区第一中学外国语学校曾惠蘋副校长 … 180
"互联网+"时代新使命：提升教师信息技术应用能力
　　——访中山市坦洲实验中学高艳玲副校长 ………………… 184
将信息技术教育当作事业：十几年的坚持与执着
　　——访佛山市南海区桂城街道桂江第一初级中学刘凤兰老师 … 188
借力网络教研　助力山区教师专业成长
　　——访清远市连山壮族瑶族自治县佛山希望小学黎秀义老师 … 192
发挥名师示范作用　努力打造骨干教师
　　——访广州市天河区龙口西小学江梅老师 ………………… 197
探索网络协同教研　促进教师共同成长
　　——访东莞市第六高级中学徐建刚老师 …………………… 202
播下幸福的种子　打造幸福教育生态
　　——访深圳市宝安区凤岗小学汪凌校长 …………………… 206

05- 智慧教育

聆听数据的声音
　　——访深圳市罗湖外语学校宁革校长 ·············· 212

智慧校园　大有可为
　　——访深圳大学教育信息技术研究所傅霖副所长 ·············· 217

立足实践　探索智慧教育发展之路
　　——访深圳市龙岗区龙城初级中学程俊英老师 ·············· 221

大教无痕　智慧教育背景下高效课堂探索与实践
　　——访东莞市松山湖实验小学冯正华校长 ·············· 224

创造教育：一种点亮教师与学生智慧的教育理念
　　——访东莞市松山湖实验中学万飞校长 ·············· 228

智慧课堂提升学习品质　让"学习"真正发生
　　——访东莞市松山湖实验中学潘艳荔老师 ·············· 232

"智能校证"助力学校信息化发展
　　——访江门市第一中学景贤学校戴雄校长 ·············· 237

立足智慧课堂　改变教与学方式
　　——访东莞市石龙第三中学黄小勇老师 ·············· 241

做有温度的智慧教育　成就师生未来幸福
　　——访深圳市教育信息技术中心杨焕亮主任 ·············· 247

回归教育本真　培养学生核心素养
　　——访广州市南海中学谢虎成校长 ·············· 251

06- 优质教育资源共享

让优质数字教育资源向公平与效率迈进
　　——访茂名市教育装备中心陈廉主任 ·············· 256

"冷"眼看微课　理性用资源
　　——访华南师范大学教育信息技术学院况姗芸教授 ·············· 259

"四个创新"破解区域优质数字化教育教学资源转型
　　——访佛山市教育信息网络中心岑健林主任 ……………………… 262
"优课"实现个性化资源的嵌入与定制
　　——访韶关市教研室吴秉健老师 …………………………………… 266
理性对待微课　一切为了孩子
　　——访东莞市塘厦镇中心小学陈如丽老师 ………………………… 270
导图导读写：一种创造性的教学理念
　　——访华南师范大学附属小学江伟英老师 ………………………… 274
以应用为导向　以课题为纽带　构建网络学习空间
　　——访中山市石岐中学田世兴校长 ………………………………… 278
充分利用名师资源　打造学校教育特色
　　——访深圳市龙岗区平安里学校毛展煜校长 ……………………… 282
关注学生发展　践行IAHL教育理念
　　——访佛山科学技术学院陈子超副教授 …………………………… 286
"互联网+"时代开展有"魂"的教育信息化
　　——访广州市长堤真光中学蔡练校长 ……………………………… 290

07- 创客教育与STEM教育

创客教育促进知识"物"化
　　——访华南师范大学附属小学吴向东老师 ………………………… 296
从机器人教育到教育创客
　　——访广州市教育信息中心王同聚老师 …………………………… 300
创客教育　立足学生发展
　　——访珠海市文园中学刘伟忠老师 ………………………………… 304
创客文化教育和未来创新学校的建设之路
　　——访深圳市前海港湾小学罗朝宣校长 …………………………… 308
创客教育：培养创新型人才
　　——访珠海市斗门区莲洲镇横山中学梁辉晖老师 ………………… 313

开展STEM教育实践　培养未来创新人才
　　——访广州市天河区教育局教研室雷晓晖老师 ················· 317
用创新教育思维　培育未来特区人才
　　——访深圳市龙岗区同心实验学校方昱校长 ··················· 320

08- 职业教育信息化

理性选择技术　虚实相加优化课堂
　　——访广州市交通运输职业学校陈高路老师 ··················· 326
挖掘数据中的"宝藏"　助推教学质量提升
　　——访广州番禺职业技术学院李绍中教授 ····················· 330
从数字校园到智慧校园：实现学校信息化跨域发展
　　——访广东女子职业技术学院何文华副院长 ··················· 335
推动数字校园和智慧校园建设
　　——访佛山市顺德职业技术学院李旋波主任 ··················· 340
利用信息化手段　推进学校教育教学的创新与变革
　　——访广州市财经职业学校实训中心陈二军主任 ··············· 346
创新教育教学模式　助推数字校园建设
　　——访广东行政职业学院尹继卫院长 ························· 351

09- 翻转课堂与微课

小微课　大融合
　　——访广州市第三中学廖小兵校长 ··························· 358
变革教学结构　诊治"翻转课堂"三大问题
　　——访华南师范大学汪晓东副教授 ··························· 362
翻转课堂翻转的不仅仅是课堂
　　——访广州市华颖外国语学校马新校长 ······················· 367

微课，一种提高学生课外学习效果的新方式
　　——访佛山市顺德区李兆基中学谢树亮老师 ················ 371

10- 网络学习空间

立足网络学习空间教学研究：转变教与学方式
　　——访珠海市第五中学周莉萍老师 ···················· 376
拓展网络学习空间　促进师生共同成长
　　——访中山市石岐中学石绮玲副校长 ··················· 383
云山人的使命：改革创新做教育信息化的先锋
　　——访广州市越秀区云山小学邱家明校长 ················ 387

11- 新技术支撑教育管理

用起来　就会改变
　　——访佛山市南海区教育发展研究中心郑兰桢副主任 ·········· 394
以点带面　以面带全　探索学校教育信息化
　　——访惠州一中实验学校戴辉校长 ···················· 398
推进教育信息化管理　提升教育教学质量
　　——访江门市蓬江区北苑小学吴醒坚校长 ················ 402
破解制约学校教育信息化发展的"痛点"
　　——访茂名市龙岭学校郑明祥校长 ···················· 406

致　谢 ·· 411

01 教育信息化政策

大力推进信息化与教育教学深度融合
着力培养 21 世纪创新型人才①
——访广东省教育厅党组成员、巡视员赵康

个人简介： 赵康，时任广东省教育厅党组成员、巡视员，分管政策法规处、教育后勤产业办公室、教育装备中心、教育技术中心（省电化教育馆）以及教育信息化工作。

信息技术催生教育教学深刻变革

访谈者 赵厅，您好！《国家中长期教育改革和发展规划纲要（2010—2020年）》指出，信息技术对教育发展具有革命性影响，必须予以高度重视。从"十二五"过渡到"十三五"，您多次强调："信息技术与教育深度融合，将给教育教学带来革命性变革。"您是怎么考虑的？

赵　康 长期以来，我们中小学校的教育教学始终是围着"分数""成绩"转圈，教师满堂灌，学生被动学，一切为了分数，为了所谓的"成绩"，为了升中学、考大学，忽视了学生能力的培养，尤其是创新能力的培养。教育信息化虽然实施多年，但在教育教学上的深度融合尚未真正体现其应有的内涵与价值。我们说教育信息化将带来教育的深刻变革甚至是革命，那么，"变"在哪儿，"革"谁的"命"？我认为，"变"就变在彻底改变过去以传授知识为主导，以教师满堂灌、学生被动学为基本范式，以应试升学为目标的传统教学形态，转为以培养能力为主导，以学生自主学、教师积极"导"为基本范式，以素质教育为目标的信息化教育教学新模式，并使之成为常态。一句话，就是"革"应试教育的"命"，使能力培养、个性成长、素质教育真正落地、生根。

---

① 原载《教育信息技术》，2016 年第 3 期。

访谈者 在"十三五"开局之际,您期望未来五年广东教育教学产生怎样的"深刻变革"?或者具体来说,信息技术与教育教学深度融合并产生变革后我们将看到一种什么样的场景?

赵 康 这个问题既考我们对教育信息化实质内涵的理解,也考我们对未来教育信息化发展的设计能力、深刻把握和远景希望。我希望未来,特别是"十三五"期间,从全省全局看,信息化不是发达地区或学校的"专属品",而是不分区域、校际为全省广大师生共享的成果,它在于缩小城乡教育差距,促进优质教育资源共享共用,推动教育公平、区域均衡发展。当我们在跟教育部门的领导者、管理者或中小学校长、教师谈论教育信息化时,都能聚焦于:教育信息化的根本目的或价值追求在于激发学生的学习兴趣、调动学生自主学习、鼓励学生独立思考、培养学生创新能力,在全面发展的基础上,促进学生个性化成长。希望我们将看到教育信息化为师生打开一个更加广阔的视界,为学生全面发展、个性化成长提供触手可及的支持,为家长、学校、学生之间交流、沟通提供便捷开放的线上平台,为学校以及教育部门的管理、监测、评价提供可量化的数据、可视化的图像、可触摸的教育质量。我期待,走进课堂,我们的教师利用丰富的信息化教学资源,点亮学生的学习热情,培养学生的学习兴趣,激发学生的聪明才智,自主学习、互动学习、探究学习成为课堂教与学的常态。

信息化快速发展为信息化教育教学深度融合提供了前所未有的机遇

访谈者 这个"蓝图"很有吸引力。但在奔向"信息技术与教育教学深度融合"的路上不可回避会遇到围着中考、高考转的"应试教育"问题。如何处理信息化与应试教育、素质教育,特别是在目前这种考试制度背景下"创新能力培养"之间的关系?

赵 康 大家都知道,多年来,教育系统尤其是教育行政主管部门都在致力于改变应试教育的"怪状",采取了一系列措施,大力推进素质教育,包括大学扩招、取消小升初考试、保障体育课时、强化德育等,并已取得一定成效,但还没有从根本上改变应试教育的现状。为什么?有人认为,现行大学招生考试制度不改革,基础教育围着高考"指挥棒"转就不会改变,此种说法我不敢苟同。我十分赞成高考招生制度改革,但再改也改不了高考"选拔考试"的性质,在这个意义上,高考"指挥棒"将永远存在,除非取消高考,人人可以上大学。因此,改变应试教育的"怪状",既需要现行高考制度的深化改革,也需要其他一系列相关制度的改革、完善与配套,但更需要信息技术突飞猛进的发展所带来的机遇和它所催生的变革力量。

之前说改变以应试升学为目标的"满堂灌"教学模式比较难，其实难就难在已经形成根深蒂固的观念和固化的课堂教学模式，教师们已经习以为常，不知道怎么改，无从下手改，最好的教师也无非是多用些启发式教学，"一张嘴"、一支粉笔外加肢体语言，再加简单的实验。但现在大不相同，信息技术的飞速发展为教育教学理念、方法、模式的变革带来了无限可能，创造了绝佳条件，提供了有效手段和"抓手"。第一，信息技术的突飞猛进为信息技术与教育教学深度融合提供了前所未有的历史机遇。从国际上看，当前，一个国家或地区的信息化能力已经成为衡量该国或地区综合实力的重要标志。"谁在信息化潮流中落伍，谁就会被时代所淘汰。中国曾数次与科技革命失之交臂，今天面对信息化的战略机遇，我们再也不能坐失良机！"这是刘延东副总理对我们的警醒之言。第二，信息技术的飞速发展为信息技术与教育教学深度融合提供了前所未有的技术支持、环境和条件。举个例子，以前教师在课堂上想下载一段视频很难做到，因为网速达不到。现在教师、学生在课堂上想下载任意教育资源可以说手到擒来。还有，平板电脑的普及为课堂内外互动教学提供了最大可能和方便，这在几年前都是不可想象的。第三，信息技术的飞速发展为信息技术与教育教学深度融合提供了有效手段和"抓手"。在信息技术的催生下，目前已开发的教育教学资源种类繁多、丰富多彩，而且还在不断发展，要声音有声音，要动画有动画，要视频有视频，要3D有3D。一定意义上，可以说要什么资源就有什么资源，关键是我们的校长、我们的教师要转变观念，尽快掌握并熟练运用信息化背景下的教学手段、方法和技能，紧跟上信息化时代步伐。换句话说，将信息技术融入教育教学的课程设计、教学过程、教研管理，变革"以传授知识为主导，以教师满堂灌、学生被动学为基本范式，以应试升学为目标的传统教学理念、方法和模式"的教育信息化浪潮已经来临！不是想不想迎接，而是必须迎接。

简而言之，信息技术与教育教学深度融合的目标、过程和愿景，就是要变革传统的教学理念、方法和模式，让"以培养学生能力尤其是创新能力为主导，以学生自主学习、互动学习、探究学习为基本范式，以教师全视角运用信息化导学为方法，以素质教育为根本目的"的信息化教育教学模式成为常态。

走出教育信息化的"三大误区"，推进信息技术与教育教学深度融合

访谈者 您最近走了许多学校，还随堂听课。刚才谈到的"深度融合"，您在学校看到这种景象了吗？

赵　康　近期，我去了广州天河区、越秀区，深圳南山区，佛山南海区，还有肇庆市等地市区的一些学校，有发达地区的，也有欠发达地区的，有中学、小学，还有幼儿园，也有中职学校，听过语文、数学、英语课，还听了科学、物理、地理课等。我亲眼所见并深刻体会到，信息技术已在学校教育教学和管理中基本普及应用，教与学已经离不开信息技术，离不开信息化。一些教师信息技术教学操作技能已经很娴熟，并且已经转变观念，掌握了教育信息化或者说信息技术与教育教学深度融合的要旨，运用丰富多彩的教学资源将学生能力尤其是创新能力的培养融入教学实践，并将德育或价值观渗透其中，在全面发展的基础上，着力于促进学生个性成长，课堂内外的自主学习、互动学习、探究学习方式已经悄然兴起。这是一种真正意义上的深度融合，我很欣慰。但是，坦白讲，我们的多数课堂教学尚未真正体现信息技术与教育教学深度融合的理念、模式和效果。信息技术走进了课堂，但部分教师的观念没有转变，信息技术技能不熟练，仍然停留在以教为中心、以知识传授为主导、以应试升学为目标的层次。比如有的教师还举例说："这道题答对了，3 分就到手了。"信息化仅仅是传授知识、提高"分数"的手段，以"应试"为导向的"教师讲、学生听"满堂灌模式依然主宰着学校课堂。

访谈者　信息技术与教育教学"深度融合"中主要有哪些误区？

赵　康　我认为，主要存在以下几个误区：一是为信息化而信息化。好像接通了电缆，买了电脑，采购了一体机，安装了"白板"，连接了网线，配备了平板，一句话，好像信息化设施设备配齐配足就是实现了教育信息化，用不用没关系，不用，我的教学仍然搞得很好，升学率还年年提升；用了还影响教学，影响升学率。这种认识不仅教师中间有，校长有，我们的一些教育局长也有。这绝不是我们要发展的教育信息化，教育信息化不是用来摆设的，而是要拿来应用的，要应用于教学之中、教研之中、教育管理之中。只建不用等于白建，不仅要用，而且要快用，否则很快就会被淘汰，造成浪费。所以我呼吁我们的教师一定要"用起来"，校长要带头"用起来"，局长要督促"用起来"，只有"用起来"，才能熟练，才谈得上深度融合。二是为应试升学而信息化。就是用信息技术手段强化知识传授，"电灌"加"网灌"，方法、模式虽有改变，但目的还是为了"分数"，为了"成绩"，为了升学率。这种信息化无视学生是学习的主体，忽视学生能力的培养，束缚学生的个性化发展，扼杀学生的创新精神。这绝不是教育信息化的价值目标和追求。恰恰相反，教育信息化的核心目标和追求如前面所讲，就是要打破应试教育的怪圈，激发学生的学习兴趣，调动学生学习积极性，从以"教"为中心转变为以"学"为中心，从以知识传授为主转变为以培养能力为主，在全面发展的基础上鼓励学生个性成长。三是认为"完全用信息化教学影响素质教育"。这是对教育信息化的偏见，恰恰是信息技术与教育教学深度融合为素质教育提供了丰富的资源和广阔的视野，使得素质教育真正落地、生根、开花、结果。语文课的语言美、文字美、诗词格律美，历史课的礼智仁义、爱国主义、民族大义，科学课里古今中外科学家的科学精神、奉献精神、人文情怀等，无一不可以用丰富多彩的数字资源展现、重演和复制，无一不渗透着素质教育的本质要求。就连体育、音乐、美术课也可以在深度融合的教与学过程中实现增强体魄、陶冶情操、提升素养的目标。此外，还有教育信息化会造成"电脑依赖"、不会写字、影响视力等"误区"，都是对教育信息化的偏见和无知的表现。

以培养21世纪创新型人才为核心目标，促进教育公平与均衡发展

访谈者 把培养21世纪创新型人才作为"十三五"教育信息化发展规划的核心目标可行吗？

赵　康 没有可行与不可行的选择。我们必须把"培养21世纪创新型人才"作为广东教育信息化的发展导向和核心目标。习近平总书记2015年5月给在青岛召开的国际教育信息化大会的贺信中这么讲："构建网络化、数字化、个性化、终身化的教育体系，建设'人人皆学、处处能学、时时可学'的学习型社会，培养大批创新人才，是人类共同面临的重大课题。"习近平总书记深刻阐明教育信息化的根本目的在于培养人，培养大批创新人才。十八届五中全会提出的五大发展新理念：创新、协调、绿色、开放、共享，把创新作为首要的发展理念，可见创新之重要。我们常说创新是一个国家、一个民族发展的不竭动力，那如何创新？首先要有创新思维、创新精神和创新能力，创新思维、创新精神、创新能力从何而来？从教育而来，从学生而来，从信息技术与教育教学深度融合变革教育理念、方法和模式而来！我省有近2 000万大中小学生，如果能培养其中1%成为真正具有创新思维、创新精神和创新能力的人才，那就是20万人！你可以想象一下，如果若干年我们广东能培养一大批像马化腾、王韬或者马云等的人才，那将会是一种什么样的场景？

因此，我们所有从事教育事业的同仁都要行动起来，竭尽全力推进信息技术与教育教学深度融合、变革创新，主动地、积极地、彻底地改变以传授知识为主导，以教师满堂灌、学生被动学为范式，以应试升学为目标的教育教学模式，代之以培养学生能力尤其是创新能力为主导，以学生自主学习、互动学习、探究学习，教师"导学"为基本范式，以素质教育为根本目标的教育信息化时代背景下的教育教学模式。

访谈者 一般理解，培养创新型人才对广州、深圳这样经济发达地区的教育似乎

比较"有谱儿"。对欠发达地区来说，同样可行吗？

赵　康　培养创新型人才与区域经济发展水平没有必然联系，不是说广州、深圳才能培养创新型人才，而粤东西北就培养不出创新人才。

孔子说："取乎其上，得乎其中；取乎其中，得乎其下；取乎其下，则无所得矣。"确切地讲，我们并非要求每一个学生都能成为创新型人才，但我们应当有这样高远的目标和视野。我认为，学校应当竭尽全力培养学生具备三个层次的能力：一是生活能力，这是最基本的能力，包括学习能力、适应能力、抗挫能力等，是立足社会、胜任工作、快乐生活所需的能力；二是发展能力，这是面向未来并适应未来社会要求不断成长的能力，包括思维能力、发现和解决问题的能力、交往沟通能力等，这是安身处世、获得发展、不断成长所必需的能力；三是创新能力，这是为社会、国家、民族做贡献的能力，是创造发明的能力，包括探究能力、想象能力、分析综合能力、批判能力等。

把"培养人"作为教育信息化的起点和落脚点，让教育信息化落实到服务"育人"的根本价值上，是发展教育信息化的内在要求和根本目的。但是，在我们朝着这个目标迈进的征途上，必须兼顾到广东不同区域社会、经济、教育的发展现实，充分考虑到珠三角地区与粤东西北地区的差异。

整合资源，优先提升教育信息化促进教育公平的能力

访谈者　那如何促进珠江三角洲与粤东西北地区共同实现"培养21世纪创新型人才"的目标？

赵　康　这需要整合资源，优先提升教育信息化促进教育公平的能力。其一，要加快欠发达地区教育信息化"硬件"建设的步伐，统筹协调推进各级各类学校宽带提速扩容，今年（2016）要完成剩余5%未联网农村基层教学点的宽带接入工作，三年内实现农村中小学和教学点接入宽带达到100 M级以上，要加快完善、优化学校信息化应用环境，重点解决剩余47%的中小学、17%的课室多媒体教学设备全覆盖问题。其二，要加大"提升工程"推进力度，对欠发达地区教师开展信息化教学培训，力争让更多的教师熟练应用、经常应用，并且转变观念，逐步掌握以培养学生能力主导，以学生自主学习、互动学习、探究学习为基本范式，以教师"导学"为基本方法，以素质教育为根本目标的信息化教育教学新模式。其三，要创新机制，进一步扩大优质信息化教育资源覆盖面，比如，通过"广东名师在线""微课程视频资源""广东教育视频网"等将优质数字教育资源输送到欠发达地区。通过与发达

地区的学校"结对",交流学习,提高教师信息素养与教学技能。我们还打算把发达地区教师信息化教学新理念、新方法或者教育教学新模式通过案例示范、"网络课堂"、"同步课堂"、教学指南等方式输送给农村教师,让全省中小学共享优秀教师的优质教学。

访谈者 目前,我省推进信息技术与教育教学深度融合已具备了什么样的基础?

赵　康 "十二五"期间,广东教育信息化发展有许多可圈可点的地方,这点,时任分管省领导陈云贤副省长及罗伟其厅长在全省第二次教育信息化工作电视电话会议上的讲话中有详细说明,这里我不再赘述。概括地讲,一是省委省政府及各地市党委政府高度重视,教育信息化的战略地位得以确立。我省将教育信息化工作纳入教育宏观发展与全局规划中,大力推进实施"互联网+教育"。信息化逐渐从过去分散、各自为政的发展转变到需求整合的集成式、节约型发展模式。二是"硬件"和"软件"建设基础扎实。从省、市、县(区)到学校的教育信息化基础设施设备得以夯实,这几年,我们以"三通工程"为抓手,特别是借助"教育创均""教育创强""教育现代化先进区"等,办学条件大大改善,教育信息化的基础支撑能力进一步夯实。优质教育教学资源不断优化,通过开展"一师一优课、一课一名师"活动,以及"机器人大赛""电脑作品大赛""创客教育"等应用创新活动,教师信息化应用能力得到提升。同时,在原有的现代教育技术实验学校、"互创未来"等学校基础上培育了一批教育信息化试点,涵盖高等院校、中职学校以及基础教育,形成了一批教育信息化应用的优秀案例。三是保障力度不断加大,省、市、县(区)的政府与学校都加大了社会资源整合力度,加大了本级财政经费投入以及社会筹措力度。同时,我们还依托学校、企业及科研单位建立了教育信息化研发、试点和推广联盟。这些都为下一步我省教育信息化发展、人才培养奠定了较好的基础。

建立健全机制,实施"教育信息化融合创新计划"

访谈者 "十三五"期间我省有哪些推进教育信息化的具体举措?

赵　康 在全省第二次教育信息化工作电视电话会议上,罗伟其厅长在讲话中对未来教育信息化重点工作任务已经做了部署,接下来就是要扎扎实实落实。概括起来,我们要采取以下具体举措:一是健全省教育信息化领导小组工作机制,建立教育信息化专家库,加强统筹协调,突出顶层设计;二是启动教育宽带网络提速工程,深化"三通"建设,补齐"短板",全面提升教育信息化基础支撑能力;三是实施"教育信息化深度融合课堂示范计划",推出一批教育信息化深度融合课堂案例,供广大教师学习、借鉴、复制;四是实施"智慧教育"计划,建设100所智慧校园和300个"未来教室",培育500个智慧教育示范项目;五是加大整合资源力度,建立优质数字教育资源共建共享机制,扩大优质教育资源覆盖面,提升教育信息化促进教育公平的能力;六是加快省级教育数据中心建设,推进教育管理数据共享和系统整合,实施教育大数据应用工程,提升信息化服务教育治理现代化的能力;七是实施教师信息技术应用能力培训提升工程,大力推动在线培训,建立培训档案,实施"精准化"培训;八是建立健全教育网络与信息安全责任体系,全面落实信息安全等级保护定级备案制度,强化日常监测,确保信息和服务系统运行安全可靠。

访谈者 您对实施"十三五"教育信息化的目标、任务有何建议或要求?

赵 康 在"互联网+"时代,教育信息化的浪潮已经滚滚而来,我们必须跟上时代的步伐,迎难而上!一要转变观念,迎接挑战。不管是教育领导者、管理者,还是校长、教师,都需要拥有创新、开放、分享、互利、共赢的理念和情怀,以更加广阔的视野看待和接纳信息化给教育带来的深刻变革,加入推动教育信息化的大军。二要通力合作,上下左右形成合力。省本级、各地市、县(区)的部门之间要加强合作,行政部门与业务部门、教研部门与教学部门、技术部门之间更要加强交流合作,切忌"单打独斗""各自为政"。三要身体力行,融合创新。信息技术与教育教学深度融合是一个不断实践提高的过程,我们的校长、教师要积极行动起来,从一课、一个单元先做起来、用起来、融合起来,只要做起来、用起来,教育信息化融合创新的"星星之火",定可燎南粤大地!

努力推进信息技术引领教育变革与创新
写好广东教育信息化 2.0 "奋进之笔"[①]
——访广东省教育技术中心唐连章主任

不忘初心，一切为了孩子。新时代，我们要紧紧围绕"广东新时代新教育体系"开展工作，探索教育信息化 2.0 时代的人才培养新模式、基于互联网的教育服务新模式以及信息时代的教育治理新模式，努力写好广东教育信息化 2.0 新时代"奋进之笔"，携手共同推进教育信息化，做教育"追梦人"！

——唐连章

个人简介： 唐连章，广东省教育技术中心（广东省电化教育馆）主任，主管全省教育信息化发展规划与研究、广东省教育资源公共服务平台建设、数字教育资源建设与应用、信息化设施设备建设、信息网络安全、教育信息化应用与推广等工作。

访谈者 尊敬的唐主任，您好，非常感谢您接受本次专访。2018年初，教育部公布了《中国教育信息化发展报告（2017）》，据了解，在2017年全国各省域基础教育信息化综合发展指标中，我省排名第四，仅次于浙江、江苏、上海。请您谈谈我省基础教育信息化发展的优势与特色。

唐连章 教育部科学技术司在《中国教育信息化发展报告（2017）》中对省域基础教育信息化发展指数进行了调研，发展指标包括基础设施、教育资源、教学应用、管理信息化、保障机制五个维度。我省总排名第四，基础设施排名十一，教育资源排名第三，教学应用排名十一，管理信息化排名第六，保障机制排名第八。我们的特色与优势主要体现在教育资源、管理信息化和保障机制上。

近几年，我们以建设一流的现代教育支撑服务体系为目标，坚持信息技术与教

[①] 原载《教育信息技术》，2019年1、2期。

育教学全面深度融合的核心理念，按照教育部"三通两平台"战略整体规划，坚持应用驱动、机制创新的基本方针，加强顶层设计、多方协同推进。依托教育信息化重构和优化教育教学业务流程，提升教育治理和服务的能力与水平，在基础设施、教育资源、教学应用、教育管理、保障机制各方面都取得了突破性进展，基本形成了基于大数据的教育科学决策和个性化教育综合服务体系，教育信息化成为教育治理现代化的重要助推剂。

目前全省学校网络教学环境大幅改善，独立建制学校互联网接入率已达100%，多媒体教室普及率达94.5%；优质数字教育资源日益丰富，信息化教学日渐普及；全省近1 000万名师生已通过"网络学习空间"探索网络条件下的教学、学习与教研模式；教育资源公共服务平台建成并实现与国家、部分地区互联互通，资源服务体系已见雏形；教育管理公共服务平台基本建成覆盖全省学生、教职工、中小学校舍等信息的基础数据库，实现全厅业务系统的应用集成，完成数据共享与服务平台建设；实施中小学教师信息技术应用能力提升工程，全省63万名教师参与培训，教师、校长和教育行政管理者的信息化意识与能力显著增强。在体制机制创新上，广东省教育厅组建基础教育与信息化处负责统筹全省教育信息化工作，加强教育信息化行政统筹力度，着力破解基础教育信息化特别是信息化教学深度应用的瓶颈。

访谈者 2018年全国教育信息化工作会议指出，新时代的教育信息化，正在从1.0迈向2.0，走进新时代，要全面推动教育信息化转段升级实现创新发展。新时代，我省教育信息化的工作重心是什么？

唐连章 根据广东省教育厅的工作要求，我省教育经过近年来的快速发展，已初步迈向教育现代化行列，我省教育信息化的核心任务已不再是建设和技术的问题，而是教育教学的创新和人才培养的问题；教育信息化已经从重硬件和软件系统建设，进入到以人才培养模式、教育服务模式和教育治理模式创新为重点的2.0时代。

新时代催生新教育，新技术构建新生态。基于新时代的要求和新技术的优势，我省提出了"广东新时代新教育体系"构想，从"新学校、新课程、新课堂、新教师、新学生、新家长、新评价、新治理"八个方面着手构建广东基础教育发展新生态，形成德智体美劳全面发展的人才培养体系。教育信息化就是围绕新教育体系进行支撑和服务，着力推进教育现代化建设。就我们教育技术中心来讲，未来将在数据治理与服务、教育资源的建设与应用、教育信息化融合创新三方面下功夫。

访谈者 请您具体谈谈在这三方面的实践。

唐连章 好的。

提升数据治理与服务供给能力
实现信息资源的安全共享

访谈者 《教育信息化2.0行动计划》和《广东省"数字政府"建设总体规划（2018—2020年）》都非常强调数据的共享和应用，我省在教育数据治理和服务上做了哪些工作，取得怎样的成效？

唐连章 广东省教育厅高度重视教育数据治理工作，明确将教育大数据应用工程列入我省教育信息化"十三五"规划重点工程之一，教育数据治理和服务目前已成为我们中心的核心工作和主要任务。近年来主要做了以下几方面的工作：一是建设了覆盖全省的教育数据交换平台，实现部省之间、省市之间、厅局之间实时双向数据交换共享。二是建设了教育管理公共服务平台，基本完成了大部分业务系统集成。三是建设了"广东省教育数据动态分析与服务平台"。汇聚相关业务数据，拓展国家教育基础数据库，建成了涵盖2 300万名学生、130万名教师、3 000多万名家长和4万多所学校的省教育基础数据库，在此基础上整合业务数据建立了基于主题、面向应用的若干主题数据库；完成了从"数出多门"到"一数一源、数入一库、数出一门"的转变，将教育数据整合成了教育厅的核心资产；可向广大用户提供基于GIS数字地图的动态直观数据分析、展示、查询服务。该项目被评为2017年教育部教育管理优秀案例。四是加强数据开放共享，按需提供数据服务。按照省政府要求，在省政务信息资源共享平台编目并挂载数据47项，1 300多万条数据，通过教育厅阳光政务平台、粤省事小程序、省政府政务服务平台提供查询和接口服务；常态化为审计部门、公安部门、纪检部门、扶贫部门等相关厅局和地市教育局点对点提供数据查询和比对服务，充分发挥数据价值，提高精准管理和科学决策水平。2018年配合公安部门建立大数据打拐模型，取得了丰硕的成果，得到了四川省公安厅、广东省公安厅的充分肯定。

访谈者 后续在数据治理与服务方面将有哪些重要举措？

唐连章 数据治理与服务是一项复杂的综合性系统工程，后续将按照"标准先行、统筹规划、应用驱动、协同推进、逐步完善"的思路进一步提升教育数据治理与服务能力，为教育治理、教育决策提供全方位的服务。拟采取的主要举措有：一是建设教育大数据分析与服务支撑平台，采用目前最先进的大数据治理技术，提供数据采集、交换、分析、展示与服务的全流程支撑服务；二是继续做好教育大数据顶层规划，根据教育业务需求，组织专业团队规划设计系列大数据服务模型，涉及教师、学生发展、大学生就业、网络信息安全、学习行为、阳光厨房、校车、网络数据资产等大数据模型；三是加强数据治理与服务，今年（2019）拟启动广东省教育数据治理项目，主要目标是要全面梳理和评估我省教育数据的现状，制订数据治理体系和实施路径规划，明确数据治理的组织架构和职责分工，建立数据管理制度和工作规范，建立数据关系管理模型和数据标准，以及支撑上述规范标准得以有效执行的管理平台；四是继续完善教育数据标准，在遵循国家、省的标准基础上，修订、新制定一批教育数据标准，规范广东省教育数据的治理与服务；五是继续按需提供数据服务，在省数字政府整体框架下，加大数据开放共享，满足政府、社会、个人的数据服务需求。

访谈者 在泛信息化时代，网络信息安全形势更加严峻，国家也相继出台了针对网络信息安全与密码应用的相关法规和标准。请问我们在数据治理与服务过程中，如何保障数据的安全和个人隐私？

唐连章 网络信息安全确实非常重要，习近平总书记指出"没有网络安全，就没有国家安全"，近两年国家相继出台了《网络安全法》、《金融和重要领域密码应用与创新发展工作规划（2018—2022年）》、《GM/T0054-2018信息系统密码应用基本要求》等安全法规和标准。我们对业务数据安全和个人隐私保护高度重视，除了常规的网络信息安全保障措施外，特别关注国家商用密码在信息业务系统中的建设与应用。一是建设全省一体化可信教育数字身份及密码应用支撑服务体系。去年（2018）我们相继承接了教育部教育CA规划建设应用和教育可信数字身份建设与应用两个省级试点。通过整合公安法定身份、网络身份（商用数字证书）、教育身份，拟为全省所有教育机构、教师、学生签发可信教育数字身份；建设包括"统一数字身份与隐私保护的可信认证体系、电子签名与电子签章的可信流程体系、电子证照与电子档案的可信数据体系、精准资助与移动缴费的可信支付体系、平安校园与智慧校园的可信校园体系"五大体系的可信教育数字身份及密码应用支撑服务生态，为广东省教育信息化2.0的教育管理现代化、决策科学化、服务网络化提供整体网络与信息安全保障。二是加速推进商用密码在我省教育行业的普遍使用。根据教育部和广东省密码局的工作部署，我们制订了《广东省教育厅密码应用规划和应用推进计划》和工作台账，逐步在核心业务信息系统按要求落实数字密码的使用，特别是在大数据治理中涉及的数据存储、传输、交换等关键环节将全面启用商用密码，确保信息系统和数据的安全，防止数据特别是个人隐私数据泄露。三是按照国家密码管理局《商用密码应用安全性评估管理办法》，配合国家密码管理部门，加强对核心基础设施和重要信息业务系统进行密码应用安全性评估，规范密码在业务信息系统中的建设与应用。四是加强网络信息安全监测与预警服务，配合公安网监部门，按照统一规划、集中建设、分级管理、多级服务的原则，建设全省教育系统的网络信息安全监测与服务平台，全面提升网络信息安全预警和服务能力。五是加强网络信息安全检查与宣传。

构建资源公共服务体系营造教学新生态
促进教育优质均衡发展

访谈者 2018年全国教育大会提出：坚持改革创新，坚持教育公平，推动教育从规模增长向质量提升转变，促进区域、城乡和各级各类教育均衡发展，以教育现代化支撑国家现代化。为促进教育优质均衡发展，推进优质数字教育资源汇集共享，建成适应广东教育改革发展需要的数字教育资源体系，我省做了哪些努力？

唐连章 我们不断完善广东省教育资源公共服务平台，构建资源公共服务体系，实现全省优质教育资源的互通共享。做好提质保量支撑"三通"工程，目前已完成省教育资源公共服务平台，上联国家数字教育资源公共服务体系，下接广州、深圳、东莞等10个地市资源平台，通过实体映射和虚拟映射方式构建了汕头、汕尾、潮州等9个地市的资源平台。目前，承接国家平台资源逾400万条，购置了"微课堂"、"优课"、校园影视等资源；开发了广东特色青少年法治教育专题、初中数学重难点微课项目特色专题资源；租赁"互动电影微课制作"、"动态数学应用"等工具使用服务，资源总量已达1 000多万条，涵盖基础教育所有学段、学科以及大部分教材版本；外接"广东教育视频网"、"互联网+儿童文学"、"101ppt"等多个第三方应用，为全省基础教育学校提供免费服务，支撑未建有平台的地市，尤其是粤东、粤西、粤北的学校开展信息化教学。

2019年，广东省教育厅联合南方出版传媒股份有限公司实施"国家课程数字教材规模化应用全覆盖工程"，通过云服务的方式为我省义务教育阶段师生1:1提供配套的数字教材资源服务，以基础性权威优质资源为切入点推进数字教育资源普及化应用，助力实现教学应用覆盖所有教师，学习应用覆盖所有适龄学生，促进教育优质均衡发展。在此基础上，进一步开展基于数字教材的创新应用，通过开展大范围的骨干教师应用培训和应用示范校建设工作，以翻转课堂、主题探究、问题解决等创新型应用模式为牵引，再造教学流程，构建以学生发展为本的新型教学关系，实现"课堂革命"。目前，"粤教翔云数字教材应用平台"已于2018年9月上线，并已接入"广东省教育资源公共服务平台"，后续将进一步加强数字教材与各类资源、系统的融合，为广大师生用户提供一站式的优质资源服务。

访谈者 据了解，我省区域、城乡、校际之间发展水平差距较大，利用信息技术实现优质教育资源全覆盖的有效机制有待完善，面对这种发展上的差距，如何去缩小这种"数字鸿沟"？

唐连章 面对这种发展上的差距，我们主要从三个方面着手缩小"数字鸿沟"。一是继续推进"三通工程"建设。大力推动省教育骨干网建设，促进"校校通"工程扩容提速。完成广东省教育科研网升级改造项目建设，核心网节点实现40G冗余互连，全省21个地市节点全部升级为万兆交换设备，省到各市专网带宽可达1.5G，实现省内教育网全网支持IPv6/v4双栈。全省各级各类学校网络宽带接入率基本达100%。目前正在构建全省教育网络可视化监管系统，对全省教育网络进行数据采集、运行监管及可视化展示。同时开展优质资源"班班通"设备统计分析系统建设试点，获取每个班级的教学应用信息数据，根据初步形成的大数据来了解分析试点地区班级教育教学应用情况。我们依托省教育资源公共服务平台重新构建了为教师和学生提供教学和管理服务的"人人通"空间，推动学习空间进课堂、进家庭。

二是开展省内同步课堂（双师课堂）教学试点示范项目。结合今年（2019）教育部在我省韶关南雄市开展"中小学教师同步课堂教学"教师培训试点工作，以及我省数字教材规模化应用工作，在省内试点（肇庆市、茂名市、惠州市、韶关市）开展同步课堂（双师课堂）教学试点项目。同步课堂（双师课堂）教学试点项目，就是运用先进信息技术，以互联网的创新思维，以中心校带动一个或多个教学点远程开展同步课堂（双师课堂），实现本地课堂与远程教同步、学同步、互动同步，帮助偏远农村地区学校（教学点）解决"开不齐、开不好"国家规定课程的问题，提升偏远乡村学校（教学点）的教育教学质量。通过开展试点，创建机制，探索同步课堂（双师课堂）教学模式，逐步把试点成果扩大到区域内或跨区域名校与薄弱学校之间，切实消除区域、城乡、校际之间的差距，实现教育均衡发展。

三是开展"互联网＋优课"教研展示活动，促进优质教育资源辐射及教研帮扶。2018年，我们分别在广州市番禺区、中山市、潮州市、云浮市、佛山市顺德区、西藏林芝市等多个地市、区域开展跨区域的"互联网＋优课"教研展示活动，每期线上和线下收看直播和活动的人员近10万。同时，我们联同广东省教育研究院开展"互联网＋优课"同一堂课活动，在东莞、广州、佛山等地开展6场"互联网＋教研"活动，每场全国各地观摩点播平均为50多万人次，共300多万人次。通过网络将名教研员、名师的示范课程与全省乃至全国各地的教师同步共享，让异地的教师通过网络与平台获取同步先进的教学经验和优质的教学资源，并与专家、名师进行实时、快捷而广泛的互动交流，以促进我省城乡区域教育教学均衡发展，扩大我省教学、教研优秀成果在全国的影响力。

同时，组织名校成立学科基地校，发动名师参与课程资源或专题资源内容制作，打造以国家标准课程、区域特色课程、校本课程为核心的系统化、标准化的优质课程资源。建立名师名校资源建设激励机制，通过公益结合市场化方式、活动的策划,如名师带你一起阅读、名师带你学、名校公开课等,促进名师名校的资源建设积极性,实现资源的良性有序增长。引导教育发达地区名校、名师与薄弱地区学校、教师通过信息化实现结对帮扶,以专递课堂、名师课堂、名校网络课堂等方式,开展联校网教、数字学校建设与应用,探索名校名师在线直播共享、扩大示范辐射有效途径,充分发挥名校名师的示范辐射和专业引领作用,缩小区域、城乡、校际差距,缓解教育数字鸿沟问题,实现公平而有质量的教育。

持续推进信息技术与教育教学深度融合
培养 21 世纪创新人才

访谈者 2018年全国教育大会强调将培养什么人作为教育的首要问题。新时代正处在与信息时代的历史交汇期,对人才的需求更加迫切,对人才的要求发生了根本性的变化,新时代,我省对人才培养的要求有哪些新的变化?

唐连章 习近平总书记深刻指出:"当今世界的综合国力竞争,说到底是人才竞争,人才越来越成为推动经济社会发展的战略性资源,教育的基础性、先导性、全局性地位和作用更加突显。"新时代对人才培养的要求有了变化,既要保障教育的规模,又要促进学生的个性化发展,培养兼具创新能力、协作精神、国际视野、堪当社会主义现代化强国建设重任的多样化人才。信息技术是在规模化教育的前提下实现教育多样性、个性化的最重要、最有效的手段,对实现社会主义现代化强国建设目标提供强有力的人才支撑保障具有不可替代的关键作用。

访谈者 教育部《教育信息化2.0行动计划》指出要坚持融合创新,发挥技术优势,变革传统模式,推进新技术与教育教学的深度融合,真正实现从融合应用阶段迈入创新发展阶段,不仅实现常态化应用,更要达成全方位创新。您认为我省如何将融合创新的理念渗透到育人的全过程中去?构建怎样的信息化环境去适应新时代对人才培养的需要?

唐连章 为贯彻教育部《教育信息化2.0行动计划》,加速广东省教育教学与信息技术双向融合和师生创新创造能力培养(简称"双融双创"),落实信息技术与教育教学深度融合的核心理念,构建具有广东特色的"互联网+"信息技术融合创新应用新模式,我们主要从以下几个方面来持续推进信息技术与教育教学深度融合,培养新时代创新人才。

首先,我们以省教育资源公共服务平台、"双融双创"智慧共享虚拟社区、"粤教翔云"数字教材平台等为支撑,创建具有广东特色的"跨区域、跨学校、跨学科"

项目式学习生态圈，探索"互联网+"学与教新生态链，形成省、市、县（区）、镇（街）、校"五级一体化"创新人才培养共赢模式。体现教育技术对教育公平与均衡的支持，对优质资源的共建共享，对社区共治的支撑。表现在：一是以数字教材规模化应用为抓手，提升信息技术与教学双向融合绩效，创建信息技术与学科融合的"新课程、新课堂"；二是以数字教材为依托重构教学内容与流程，共创信息技术"新应用、新资源"，以课题研究为载体，构建数字教材应用"四结合"模式（即数字教材应用与教学、教研、科创、资源四维度相结合），通过二次开发重构教学新资源；三是以创建创新能力培养示范基地为任务，打造"人工智能+""新学校、新治理"模式；四是以提升师生信息素养为导向，打造"新教师、新评价"；五是以创新能力培养为目标，培育"互联网+""新学生、新家长"。

其次，我们开展了教育信息化融合创新案例培育工作，以项目为依托，培育了51个教育信息化应用典型案例，其中教育部教育信息化应用典型案例8个，试点区域2个，学校6所；职业院校数字校园建设实验校23所，其中两所职业院校的案例获教育部优秀案例；"家园共育"幼儿园项目试点20个，其中区域3个，试点学校17所。与此同时，我们开展了国内外教育信息化融合创新发展的典型案例研究，形成了《国内外教育信息化融合创新发展的典型案例研究报告》、《广东省教育信息化融合创新发展的政策建议——基于国内外教育信息化典型案例研究》，提炼了28个国内外教育信息化融合创新发展的典型案例，为创新教与学方式，培养创新人才提供了参考。

最后，我们以课题为抓手，紧紧围绕《教育信息化2.0行动计划》精神，以教育信息化的重点、热点、难点问题开展研究，立项334个教育信息化应用融合创新的课题，并对30个示范课题进行推广培育，形成一批具有标杆、引领作用的课题成果，以此提高教师应用信息技术的能力，提升教师的信息素养，培养教师的创新意识。

2019年，我们将深入贯彻教育部《教育信息化2.0行动计划》提出的"各地要始终坚持试点先行、典型引领的推进机制，有针对性地开展教育信息化区域综合试点和各类专项试点"，总结提炼先进经验与典型模式精神以及我省提出的"八个新"的构想，以课题研究、数字化实验项目为抓手，开发数字教材应用中的优质课教育案例，探索信息技术环境下自主学习、问题解决、主题探究、翻转课堂等新型课堂教学方式，通过实验探索，加强建设、创新应用、提升水平，引领教育信息化建设与发展，培育一批我省信息技术与教育教学融合创新的典型案例，并大力推动典型案例的总结提炼和推广。

访谈者 为写好我省教育信息化"奋进之笔"，努力开创广东教育新局面，办好人民满意的教育，在今后一段时间里，我省在教育信息化的发展上会有哪些新的举措？

唐连章　接下来，我们将紧紧围绕"广东新时代新教育"构想，以"八个新"为抓手，并结合中心的实际，围绕三大核心任务抓落实：

第一大核心任务是深化"粤教翔云"体系建设，推进基础支撑平台建设，推动教育大数据治理与服务，加快省网络与信息安全通报预警平台和省教育网络统一监控平台的建设与应用。

第二大核心任务是大力推进教育资源建设与服务，促进教育均衡，提高教育教学质量。我们将不断完善省级资源公共服务体系建设，开发优质数字教育课程资源，加大数字教育资源的应用与服务。

第三大核心任务是加强信息技术与教育教学的融合创新，推动教学模式和人才培养模式改革。我们将积极推动智慧教学环境建设，探索实践新型教与学方式，围绕数字教材规模化应用项目构建培训的总体方案，推进数字教材落地（进课堂、进家庭），积极探索"双师课堂"教学应用模式和长效机制，促进教育均衡。

齐心协力 多方联动 持续推进信息化 实现教育公平与创新[①]
——地市教育领导畅谈教育信息化

个人简介： 邵国良，时任广州市教育局副巡视员。李更盛，湛江市教育局局长。张玉兰，清远市教育局局长。

访谈者 各位领导，大家好。去年（2015）底召开了第二次全国教育信息化工作电视电话会议，今年一月又召开了广东省第二次教育信息化工作电视电话会议。对于这两个会议，您如何解读当前教育信息化的发展理念、趋势或重要性？最大的感触是什么？

邵国良 从"两个会议"明显体会到：一是国家、省对教育信息化空前的重视，坚持不懈地推进教育信息化，其重要性不言而喻，这也给了我们方向、信心和动力；二是"融合·变革·创新"是发展教育信息化永恒的主题，我们任何时候都不能偏离这个主旨；三是要正确看待成绩，清醒认识自身的短板与差距，找寻教育信息化发展的问题与解决问题的途径。广州的经济发展走在全国前列，教育发展相应也要走在前列，应立足于广州教育发展实际，深入研究分析当前广州教育发展面临的新形势、新任务、新挑战，特别要对比北京、上海等先进城市，认真思考谋划广州教育改革发展的新定位、新思路、新举措。只有这样，广州教育信息化的发展，才能为加快实现广州教育现代化提供更坚实、更有力的支撑。

李更盛 我明显体会到信息化已经成为我们国家发展的战略举措，信息化在教育现代化进程、教育变革中具有重要作用与较高地位。对于欠发达地区而言，发展信息化不再是锦上添花、遥不可及的事情，而是大势所趋、迫在眉睫。

张玉兰 从第一次"两个会议"到第二次"两个会议"，国家到省联动持续推动教育信息化工作，为市一级教育信息化的发展提供了引领和方向。对于清远市，将

[①] 原载《教育信息技术》，2016年第3期。

迎来教育信息化发展的最好时期、最大挑战，我们认真贯彻落实国家、省的政策、要求，找准切入口，用好政策条件，全力推动信息化促进教育教学的融合创新，促进城乡、校际教育均衡与高位发展。

访谈者 结合当前的发展趋势，您认为本地教育信息化的最突出的瓶颈问题在哪里？

邵国良 广州市教育信息化起步比较早，取得了不少成绩，为推进广州教育现代化做出了积极贡献。但也存在一些制约教育信息化发展的瓶颈问题，主要表现在四个方面：一是教育信息化管理体制与运行机制尚未理顺，无论教育系统外部还是内部，条块分割的现象依然存在，制约着我市教育信息化的进一步发展；二是总体投入不足，与北京、上海等先进城市相比，教育信息化的基础环境、资源建设等方面，都存在一定的差距；三是创新力度和服务能力尚待提高，信息技术融入教育和引领创新的力度不够，广州数字教育城公共服务平台的规模化应用格局尚未形成，服务于教学过程和教育管理等方面的能力尚不够强；四是区域优质资源虽已形成规模，但共建共享的机制尚未形成，区际与校际的机制孤岛、应用孤岛、管理孤岛、信息孤岛仍然存在。

李更盛 湛江是个教育大市，五县五区拥有中小学学校2 000多所，在校师生人数100多万人。湛江教育信息化发展面临的两大问题：一是盘子大，经费投入、专业队伍、课程资源呈现不足；二是意识薄弱，除了课堂教学中所涉及的大部分中小学教师，还包括我们的行政人员、教研人员以及电教人员都在观念、理念、意识以及思想层面对信息化有认识不到位或错位的地方。

张玉兰 清远在"十二五"期间基本实现了公办学校及教学点（幼儿园）高速网络互联，基本实现了多媒体教学平台入课堂，学校均具备基本的信息化环境。目前关键在于如何将信息化应用于教育教学，更好地发挥作用。我市主要有三个不足：我们的体制机制保障不足、信息技术管理人员不足、应用能力不足，导致教育信息化设施设备应用效益不高，特别是新技术支持下个性化学习应用方面仍十分薄弱。

访谈者 "十三五"期间，您对本地教育信息化发展有何定位和重点目标？

邵国良 "十三五"期间，广州将重点围绕机制创新、制度创新、应用创新、管理创新、服务创新等五大"创新"，做好系统规划、顶层设计和整体推进，实现一个生态（基于智慧教育的新型学习生态）、一个格局（信息技术与教育教学深度融合的格局）、四个体系（基于个性化学习的信息化服务体系、教育管理与教育决策支撑体系、信息惠民的教育信息化支撑服务体系、科学高效的教育信息化管控体系），最终实现教育信息化整体水平领先全国，达到国际先进水平，有力地支撑广州教育现代化、助力教育国际化。而要实现这一目标，需要我们用创新思维和创新方法，去破解发展中的难题，推进区域教育信息化的理念提升、专业提升、管理提升、能力提升，从而推动教育信息化综合水平的提升。

第一，要实现机制创新，体制机制是教育信息化可持续发展的关键。"十三五"期间，我市将进一步探索"部门协调、上下联动、政企合作、协同创新"的教育信息化运行机制，推动我市教育信息化可持续发展。

第二，要实现制度创新，制度是教育信息化健康发展的保障。"十三五"期间，我市将出台一系列教育信息化的标准、规范、制度等，形成一套制度体制，促进我市教育信息化的健康发展。

第三，要实现应用创新，应用是教育信息化的主旋律。"十三五"期间，我市将按照"融合应用、示范引导、全面推进、促进变革"的工作方针，重点开展智慧学习模式建构、基于个性化学习的自信体系建构以及技术支持下教育高位均衡发展的研究与实践，促进教育的变革。

第四，要实现管理创新。"十三五"期间，我们将努力构建起科学高效的教育信息化管控体系，包括建立起科学的教育信息化决策管理、规划设计、经费投入、运行服务、风险控制、绩效评估等管理机制，消除管理孤岛。

第五，要实现服务创新。我市将进一步探索"合作化、专业化、效能化"的教育信息化运行服务模式，完善教育信息化支持服务体系，提高区域教育信息化的服务保障力。

李更盛 "十三五"期间，发展教育信息化，坚持不懈、责无旁贷。我们努力以信息化为手段扩大优质教育资源覆盖面。我们将通过教育信息化，逐步缩小区域、城乡数字差距，大力促进教育公平，让湛江的学生同在蓝天下共享优质教育，通过知识改变命运。首先从国家和省的整体层面上说，我们继续认真贯彻国家和省的政策措施，以人的现代化为核心，坚持推进教育治理体系和治理能力信息化、人性化、高效能、可视化；其次从湛江的具体情况来说，我们将结合湛江市教育现代化先进市（县、区）创建工作，进一步加快教育信息化建设和应用，为建设环北部湾现代教育中心而努力。

张玉兰 目前，我们正在以"推进教育现代化先进市"（清远市）为抓手，着手研究"十三五"工作部署。首先，进一步理顺教育信息化的管理体制和工作机制，建立"一把手"责任制，健全信息化职能管理部门、业务推进部门、技术支持部门分工协作机制，形成"行政统筹、应用驱动、多部门参与"的工作格局；其次，通过信息化手段普及教育宣传，如终身教育发展、个性化学习、社区教育理论指导、国内国际新型教育指导、管办评分离指导等；最后，多形式、多渠道推动教育创新，推动更多的学校开展新技术支持下个性化学习的实践探索。基于此，促进教育内涵发展、均衡发展和绿色发展。

访谈者 结合国家、省的总体要求，你市做了哪些具体的谋划与部署？又是如何真正"落地"的呢？

邵国良 从宏观的角度来说主要有三个大的层面。一是进一步做好教育信息化的系统规划与顶层设计；二是进一步明确我市（广州市）教育信息化发展的工作思路；三是进一步推进我市教育信息化七大主要任务，即深入发展基础教育信息化、大力发展职业教育信息化、加快发展高等教育信息化、科学发展学前教育信息化、特色发展特殊教育信息化、内涵发展继续教育信息化、全面推进教育管理信息化。

从微观的角度来说我们也将做一些突破与创新的尝试。比如，我市将在"十二五"区域教育信息化"四化融合"发展模式的基础上，构建广州教育信息化发展的"五合"模式，即促进继承与创新的有机结合、教育与技术的深度融合、优质教育资源高度聚合、各类业务数据深度整合、不同学习模式和谐混合，创造新的教育信息化发展生态，推动广州教育信息化创新发展。

李更盛 湛江首先加快全市网络基础设施建设，促进互联互通，让宽带网络基本覆盖所有的农村地区学校，让更多的教师和学生共享教育信息技术带来的发展红利。其次推动信息技术和教育深度融合，促进共建共享，打造优质教学资源建设平台，致力于让湛江的所有学生可以获取到全市、全省甚至是全国最优质的教育教学资源，促进教育公平和实现教育均衡。我们正在实施"互联网＋教育"计划，推进"智慧校园"和"未来教室"建设，到2020年，拟建设20所"智慧校园"和100间"未来教室"，培育200个智慧教育示范项目。最后推动教育大数据新技术支撑，促进优质高效利用大数据技术对宏观群体进行精准定位，让跟踪每一师生的数据成为可能，我们将比任何时候都能更接近和发现真正的教育本质。

为此，政府要加强引导，要制定好长效机制，正确处理好近期与远期的关系、战略规划与行动计划的关系、技术创新和应用推广的关系、微观与宏观等方面的关系。我们既要发挥政府的引导作用，又要发挥市场的配置资源，优化配置资源的作用。

张玉兰 清远将建设广东省教育数据粤北分中心，着重发挥好数字教育资源建设和应用的作用；利用好国家"一师一优课"平台，加强镇级教研活动的常态化开展；通过开展镇级、县级和市级农村小学教师信息化教学能力大赛活动，农村教师能够展开信息化教学的"全员练兵"；借力广州对口帮扶清远，探索共享共建优质教育教学资源，加快提升全市教育水平。

访谈者 对于国家、省、市（县）及学校信息化联动发展，真正实现信息技术与教育教学的深层次融合，您有何建议？

邵国良 我个人提三点希望。一是希望国家和省尽快出台和完善教育信息化的相关标准与规范，以真正实现优质数字教育资源的高度共享，扩大优质教育资源的覆盖面。二是希望上级教育行政部门出台各级教育信息化联动发展的指导意见，以及优质数字教育资源共建共享的实施办法，以充分调动各级教育部门和学校的积极性。三是希望从国家和省的层面，建立教育信息化的绩效评估标准，真正把教育信息化纳入政府部门、各级教育机构和学校考核评估体系中。

李更盛 如何做到国家、省、市（县）及学校信息化互联、共享、互动、兼容、适用发展，我们要如何做才能正确处理好局部与整体、全面与重点、当前与长远等的关系，这就要加强顶层设计，加强国家、省级政府统筹，充分发挥政府的主导作用。一是要统筹规划，分类推进；二是要统筹资源，创新机制；三是要统筹实施，统一标准；四是要统筹机制，同心协力。

张玉兰 建议现阶段应考虑国家和省两级部署的教育基础数据尽快对接流通到市、县、校三级，形成教育统一的大数据系统，支撑各地区教育各项业务的发展，支撑教育数据应用分析，支撑教育信息化的发展。同时，希望能出台政策支持教师大胆开展教育创新，以及尝试创客教育，鼓励将国家课程进行校本化电子课程改革，加强本地优秀文化的整合，全方位服务学生自主学习。通过学校开展创客教育促进学生将所学知识应用转化为创作作品，强调学以致用的项目式教学应用。

访谈者 对本地未来教育信息化带动教育现代化的实践有什么寄望？

邵国良 教育信息化要以提高教育质量为核心，以改革与创新的思维去探寻区域教育信息化发展之路，促进教育现代化。

李更盛 着眼于教育公平，提高教师运用信息技术的能力，创新教育理念和教学模式，缩小区域、城乡、校际差距，提高人才培养质量。

张玉兰 我认为最大的立足点就是以教育信息化全面推动教育现代化，推进教育公平，提高教育质量！

创新教育信息化发展体制机制
优化教育信息化政策环境建设①
——访华南师范大学教育信息技术学院赵建华教授

因应信息技术的发展，推动教育变革和创新，构建网络化、数字化、个性化、终身化的教育体系，建设"人人皆学、处处能学、时时可学"的学习型社会，培养大批创新人才。我们将努力以信息化为手段扩大优质教育资源覆盖面，逐步缩小区域、城乡数字差距，大力促进教育公平。我国教育信息化建设已经勾勒出一幅宏伟、绚丽的前景图，进一步健全、完善和优化教育信息化体制机制及政策环境建设，教育信息化建设进程必将进一步得到优质、高效的发展。

——赵建华

个人简介： 赵建华，博士，华南师范大学教授，教育技术学专业博士生导师，教育信息技术学院副院长。现担任联合国教科文组织华南师范大学教育资源推广与培训中心主任、国际计算机教育应用学会（APSCE）执行委员会委员（EC Member）、中国联合国教科文组织全国委员会惠普"优创"项目特聘专家、澳门基础教育科技应用协会顾问、广东省基础教育教学委员会委员、广东省高中信息技术教师职务培训首席专家、广东省中小学教师课程资源开发项目信息技术学科首席专家、广东省中小学新一轮"百千万"名师培养理论导师。先后承担40余项省部级以上及国际合作研究课题研究工作，在国际与国内学术期刊及学术会议上发表论文150余篇，出版学术专/译著9部。80多篇学术文章获得EI、ISTP、Inspect、人大复印资料全文索引、CSSCI索引。

访谈者 赵老师，您好！国家在教育信息化建设中特别重视顶层设计，通过《国家中长期教育改革与发展规划纲要（2010—2020年）》《教育信息化十年发展规划

---
① 原载《教育信息技术》，2015年第9期。

（2011—2020年）》等重要规划，有力推动了我国教育事业改革与发展。作为教育信息化领域专家，您承担了2015年高校科技战略研究（教育信息化）项目"教育信息化发展体制机制与政策环境建设研究"，对教育信息化建设发挥重要影响的体制机制和政策环境进行深入研究。今年（2015）是教育信息化"十二五"和"十三五"建设的承接和布局年。请您谈一下，我国"十三五"教育信息化发展的重点是什么？

赵建华 我国教育信息化建设经过三十多年的努力，已经取得丰硕的成果，形成丰富的具有中国特色的建设经验。"十二五"期间，我国教育信息化发展的核心是"整合应用"，以"三通两平台"为代表的教育信息化基础设施建设得到较快发展，优质教育资源数量和使用率得到显著提升，信息技术在教与学过程中得到普及应用，教师信息技术应用能力和教育信息化管理水平得以显著提升，应用驱动在教育信息化实践中得到广泛关注，以教育信息化实现教育优质均衡、促进教育公平发展的理念得到充分体现。按照《教育信息化十年发展规划（2011—2020年）》，"十三五"期间我国教育信息化发展的中心是"融合和创新"，强调教育信息化在教育教学领域的深层次应用，以教育信息化带动教育现代化建设功能得以凸显。

访谈者 您认为教育信息化体制机制及政策环境研究的意义是什么？

赵建华 教育信息化是一个动态的、不断发展的过程，其核心要素是现代信息技术教育应用，是在教育系统各个领域中充分利用信息技术、开发利用信息资源、促进信息交流和知识共享、实现教与学方式变革、带动教育现代化的历史进程。科学、规范的体制机制是实现教育信息化可持续发展的根本保障。因此，从教育信息化发展体制、机制、政策环境三个维度出发，深入分析我国教育信息化建设现状、成效、发展进程中存在的问题，收集来自不同教育领域及国际上可比较的数据，提出具有针对性和系统化的观点和建议，可以为教育信息化建设提供具有参考价值的借鉴。

访谈者 从研究看，您发现我国教育信息化体制机制及政策环境中存在什么问题？

赵建华 当前我国教育信息化体制机制存在的问题主要表现在4个方面：

一是教育信息化体制建设方面。目前主要采用"五层级"管理架构：中央—省（市）—市（区）—县（区）—乡镇（街）。由于层级较多，容易导致管理信息失真，业务运作时间较长，降低了管理效率，影响管理效果。在日常管理中，传统纸质文件传送、签阅等仍占主导地位。基层政策反馈耗时较长，影响了及时和有效决策。各级教育信息化行政管理部门所承担的行政管理职能，由于统筹规划不完善，在实践中表现为责任主体、行政主体、实施主体边界不清，管理职能与实施职能存在交叉，致使存在职能越位、错位现象，对教育信息化建设进程造成干扰，并降低了实施效果。部分省级教育信息化相关管理机构之间缺乏协同机制，在统筹推进方面存在步调不一致、协调困难现象，导致教育信息化各项政策措施未能形成合力，推进工作缺乏有效组织保障。此外，还存在管理机构不健全、不完善的问题，导致部门之间协调困难，效率低下。

二是机制建设方面。存在的问题主要表现为多元投入格局尚未真正形成，教育信息化建设投入经费仍以政府投入为主，企业参与不足。尚未建立起市场参与的有效机制。地方省市教育信息化的投入缺乏持续性，稳定性较差，对教育信息化稳步持续发展造成一定阻力。在教育信息化建设经费使用过程中，由于缺少相关配套政策和投入机制，导致经费的使用成效比较低。其中最主要的表现是：教育信息化经费预算以建设为导向，存在"重建设、轻应用"和"重硬件、轻资源"现象。在财政预算管理体系中，缺乏明确的、可衡量的教育信息化建设财政投入情况指标，针对教育信息化的资金投入缺乏科学合理的评价指标或者基线标准，从而导致教育信息化建设经费预算投入的盲目性，影响了预算经费绩效。在当前的教育信息化政策中未制定市场参与教育信息化建设的具体政策和实施细则，导致市场参与教育信息化建设存在一定难度和屏障，影响了市场参与教育信息化建设的积极性。

三是队伍建设方面。教育信息化管理人员信息化素质较低，专业意识、专业知识、专业能力等方面不能适应教育信息化的发展，不懂新技术、不了解新理念，无法对教育信息化建设进行合理的规划。这一点在市、县（区）层面表现尤为突出。所组织的培训，因平台建设机构、教师培训机构职能部门不统一，缺乏协作，信息化推进机构和教育技术培训机构各自为政。教师参加相关培训后，对其教与学实践的影响不显著。大部分教师仍然采用自己熟悉的教学方式。由于缺乏激励措施、环境和支持服务，导致教师参加信息技术教学应用培训的积极性不高，存在敷衍、应付、排斥现象，进而影响了培训的效果。

四是保障措施方面。教育信息化建设所需的相关政策不完善，尤其缺乏保障制度。参与教育信息化建设队伍存在人员不稳定、无对应职称系列、缺乏个体成长性设计等问题。地方某些行政领导对教育信息化建设工作重视不够，认识不到位，忽视教育信息化建设工作，导致教育信息化工作难以取得成效。教育信息化建设中信息安全意识不强，虽然中小学信息技术课程中包含信息安全方面的内容，但针对师生信息安全的培训课程不多，难以起到提升教育领域信息安全的作用。

访谈者 针对教育信息化体制机制及政策环境中存在的问题，您认为在"十三五"期间，可以通过什么样的途径有效解决存在的问题？

赵建华 "十三五"期间，我国教育信息化建设在体制机制及政策环境方面，应重点从如下方面进行健全、优化和完善。

一是体制方面。积极关注国家行政机构管理改革中"省管县"政策实施对教育信息化管理的影响，提倡省级和地方教育行政部门压缩教育信息化管理层级，采用管理效率比较高的扁平化管理方式。各级教育信息化行政管理部门积极研究"互联网+"理念，创建基于"互联网+"的新型管理模式，提高教育信息化管理和服务水平。提倡利用大数据的教育信息化行政决策，提高决策管理的科学性。省级教育行政部门要明确教育信息化发展方向，统筹规划，出台省级教育信息化发展规划，明确教育信息化建设的目标、内容、推进途径、方法、策略等。各级行政部门建立包括发改、工信、财政等针对教育信息化的跨部门协调机制，包括建立教育信息化部门联席会议制度、厅际协调小组等，使多部门（部委）形成合力，促成协同推进教育信息化发展的良性格局。省级教育行政部门成立独立的实体性处室（正处级），如教育信息化推进办或信息化处，协调高教处、基教处、职成处、师资处等所承担的省级教育信息化管理职能，统筹省级教育信息化建设工作。省级以下地方教育行政部门成立教育信息化职能管理机构（正科级），如教育信息化推进办或信息化科，加强对地方教育信息化建设管理工作的统筹力度。各级各类学校设立教育信息化主管职位（副校级），成立学校教育信息技术中心（或信息中心），规划、统筹、管理学校教育信息化工作。成都市要求各区（市）县教育行政部门设立信息化推进办公室，各学校设立信息化主管，从教育行政管理、信息技术装备、教学应用研究三个层面形成了市、县、校三级管理体系，实现相互对应、上下互动，形成合力。

二是机制建设方面。教育信息化建设经费投入政策应尽快建立并实施多元投入机制。在政府持续投入的基础上，鼓励社会资本以成立基金、校企合作或捐赠等方式参与教育信息化建设。对于经济欠发达地区仍以政府投入方式为主，通过建立教育信息化专项经费、加大中央财政支持力度、经济发达地区帮扶等方式，促进欠发达地区教育信息化建设事业发展。在教育信息化建设中允许政策创新，以解决建设经费不足的问题。创建"以应用为导向"建设经费投入机制，在投入之前即对应用做出规划和设计，从根本上提高教育信息化建设经费的使用效果。进一步明确地方政府教育信息化责任主体，应将教育信息化投入经费纳入地方政府年度教育经费预算中。明确规定义务教育阶段学校教育信息化建设经费在教育经费中所占的比例（如不低于8%）。进一步明确教育信息化建设均衡支出，规定教育信息化建设经费各项支出项目所占的比例，在教育信息化政策中明确规定学校可以将生均经费的一定比例（如10%）作为购买教学资源或支持服务费用。建立市场参与教育信息化建设的评估准入机制，推动企业参与教育信息化建设和运营，制定企业参与的具体政策和实施细则，明确企业参与区域教育信息化运营的项目内容、采购程序、融资管理、项目监管、绩效评价等规范要求，引入竞争机制，加大支持力度。重庆市忠县采用融资租赁模式，一次性完成所有学校的"数字化校园"建设。建立教育信息化建设的市场反哺和运维长效机制，实现教育信息化建设从短期项目驱动机制转向长期稳定的政策驱动机制，从根本上解决项目建设的运维和增值服务。允许企业在参与教育信息化运维服务过程中获取一定利益，通过市场反哺行为促成企业长期参与教育信息化运维。

三是队伍建设方面。应建立教育信息化管理人员培养培训体系，明确教育信息化管理人员的信息化素质需求，建立教育行政部门、专业机构、学校管理人员的定期培训制度，开展管理人员教育技术能力培训和教育信息化领导力培训，提升教育管理人员的信息化规划、统筹、协调和执行能力，以高素质人才队伍建设支撑教育信息化高水平开展。建立教育信息化专业人员配备标准体系，明确教育信息化专业人员队伍机构及编制要求，明确市、县（区）教育信息化专业人员配备比例及配备标准，设置可考量的区间。明确教育信息化专业人员的岗位职务序列、人员编制，制定相应的专业技术职务评聘办法，提高岗位待遇，增强吸引力。持续开展各级各类教育信息化专业人员能力培训。通过多种途径对参与教育信息化应用实践的教师给予激励和支持。鼓励教师参加各种形式的信息技术教学应用培训，并为教师参加培训提供配套政策支持，在政策上对农村地区教师培训进一步倾斜，加大对欠发达地区教师培训上的人力、物力、财力的投入。

四是资源建设方面。建立国家、省级、地方、各级各类学校在资源建设方面的事权划分机制，即由国家建立资源评估准入机制，制定资源建设标准（包括内容标准、技术标准、准入规范），构建开放体系，准许企业进入。建立省级资源联盟机制，建设本级中央资源数据库，包括一个教育资源元数据描述的记录数据库、一个搜索引擎、各类资源；市县级、学校建设特色资源等。资源联盟机制以促进参与为核心，旨在推动教育资源的有效利用。建议尽快建立学校能够按照自己的需求使用生均经费、购买资源服务的机制，以推动企业参与教育信息化资源建设，建立服务机制。学校不仅要购买资源库，还要购买资源服务。建议针对教师群体建立激励机制，通过建立知识产权保护、版税制度及教师经济激励机制，确保教师在参与教育信息化建设工作中的权责益，从根本上解决教师参与教育信息化建设的积极性不高的问题。

五是保障措施方面。教育信息化管理部门应尽快制定督导评估指标体系，确立对教育信息化工作进行专项督导的纲领和准则，从质和量两个方面规定督导评估的内容和标准。建立以应用为导向的教育信息化督导评估指标体系，确保教育信息化工作督导评估的针对性和有效性。在教育信息化建设评估督导过程中，尽快建立第三方评估机制，公开评估机构、评估方案、评估标准、评估程序、评估结果等信息，提高评估工作的透明度，以确保评估督导的公信力。对"互联网+"和大数据理念进行深入分析和研究，尽快建立基于大数据分析的教育信息化在线动态监测系统，建设教育信息化基础数据库。各地教育信息化建设指标数据可以通过动态监测系统进行填写和动态跟踪，实现动态、过程性监测和评估，充分发挥以评促建、以评促用、以评促管的建设性作用，逐步完善教育信息化建设监督和问责机制。

六是政策环境方面。应在教育信息化宏观政策制定中明确不同发展时期和不同发展阶段的目标和任务要求，发挥顶层设计在统筹和协调中的关键作用。各级政府将教育信息化工作纳入政府管理工作议程，在实践中充分体现教育信息化对教育现代化的带动作用。教育行政部门在颁发教育信息化政策时，及时颁发保障该政策实施的相关配套政策，以更好地发挥教育信息化政策的实施效果。采用制订相关政策、法规的形式，进一步明确教育信息安全部门的职责，厘清相关部门职能职责边界，让教育信息安全有章可循，切实提高教育行政机构对教育信息安全的重视程度。将信息安全相关知识纳入教师培训课程中，进一步充实中小学课程教学中关于信息安全部分的内容，培养和提高师生的信息安全意识。开展信息安全知识相关培训工作，加强信息安全技术人员能力建设。

迈出教研电教合作的一小步
跨进信息化融合创新的一大步[①]
——访东莞市教育局教研室黄振余副主任

全国首届"一师一优课、一课一名师"活动将教研、电教的"工作孤岛"实现了"联网",促使教研、电教合作在行动上和组织上迈出了重要的一步。也许,这次所建立的教研、电教合作机制迈出的一小步,或将是信息技术与学科深度融合推进工作迈出的一大步。

——黄振余

个人简介: 黄振余,中学高级教师,广东省东莞市教育局教研室副主任、信息技术教研员。从事中小学信息技术教学教研和教育信息化实践研究21年,发表论文30多篇,出版专著1部,主编或参与编写教材、教研文集十几部,主持多项全国、省级课题。近年,分管教研室初中教研业务和信息化教学应用工作,组织东莞市"一师一优课、一课一名师"活动,推进优质教学资源建设及其规模化应用,开展慕课教育试点,推进翻转课堂、在线名师课堂等新型教学的试点。

访谈者 黄老师,您好!近来,全国各级教育部门如火如荼组织开展的中小学"一师一优课、一课一名师"活动已完成了省级优课评审活动。作为教研员,您也参与本次活动的相关工作,您如何理解这个活动背后的政策意义和目的?

黄振余 对于教研员来讲,"一师一优课、一课一名师"活动(以下简称"优课"活动)是部门协同合作跨出的重要一步。我认为,这个活动背后的政策意义在于以活动为切入点,探索了教研、电教合作的方式,在组织层面上实践了技术(电教)与学科(教研)的融合。通过这样的融合,大家思想统一了,思路清晰了,目标明确

[①] 原载《教育信息技术》,2015年第9期。

了。其目的就是通过活动建立教研、电教合作机制，以准确、全面、深入地执行教育信息化有关政策，推动我国教育信息化朝着正确的方向纵深发展。

访谈者 在当前教育教学背景下，您认为教研、电教合作推进教育教学变革的价值是什么？

黄振余 在教育教学变革上，电教、教研起着重要的引导和支撑作用。电教部门更多从技术层面来支持教育教学；教研部门则在教学一线上有着丰富的研究与实践经验，能为中小学教师提供教育教学的理念、方法的支持与引导。教研、电教部门及其合作机制，是推进教育教学变革的"一轮两翼"。如果二者紧密合作，将发挥各自优势，凝聚各方正能量，整合优质资源，为教育教学变革带来更大动力和活力，增添更多精彩，这是教研、电教合作对推进教育教学变革的价值所在。

访谈者 在这次"优课"活动中，东莞的电教和教研之间如何分工？

黄振余 东莞市教育局的技术部门有电教站和教育信息中心，前者负责技术应用推广，后者负责大的平台开发与技术支持；而教研部门主要面向中小学提供教学方法的指导。在这次"优课"活动中，教研部门主要负责活动的统筹协调以及教学应用指导、案例提炼和组织开展网上教研活动等。电教部门负责统筹与活动有关的技术保障工作以及组织"现代教育技术实验学校"积极参与活动、挖掘典型案例与教学名师。

访谈者 您如何看待东莞在这次"优课"活动中电教、教研的合作？有哪些亮点？

黄振余 东莞市把"优课"活动作为推进电教、教研合作的抓手。从这个过程中，我们深刻感受到了合作的必要性和紧迫性。

过去，电教部门的着力点在教育装备设施，有技术优势；教研部门的立足点在课堂教学一线，有教研优势，而且直接面向广大一线教师。但二者的交集并不多，电教部门更多在"课堂外"，看不到课堂教学的真实情景；而教研部门则在"课堂内"，看不到技术的全新价值。但是随着信息技术的发展，课堂从只有粉笔、黑板到有唱盘、视盘、单放机、三用机、幻灯机，再到"三机一幕"，再到电子白板、一体机、网络资源、移动教学终端平板电脑、智能教学手机等，电教与教研部门的交集越来越多。如果电教、教研部门仍然处于"单打独斗"的状态，容易造成技术与应用"两张皮"现象，解决不了教育信息化最后"10米"困境问题，信息技术难以真正融合于学科教学。

为了发挥各自的优势，共同推进信息技术深度融合于课堂，东莞市教育局以"优课"活动为契机，探索"互联网+"教育时代电教、教研部门工作机制。在这次"优课"活动中，我们看到了真正意义上的协同推进的转变，我们教研、电教，甚至包括教师培训等部门也开始找寻自己新的定位、新的职责，跨入新的合作模式中。可以说，达到了不错的效果。从广东省教育厅公布的大数据分析来看，东莞中小学在编公办教师 2.55 万人，但在国家公共服务平台上晒课数排全省第 5 位、教师参与数排第 4 位、推荐优课数排第 2 位、同步名师课堂参评数排第 1 位。这个数据背后，不可忽视电教部门与教研部门在活动中携手合作的共同努力。

访谈者 实际上，倡导教研、电教协同合作不是第一次，比如我省在 2006 年开展"校校有网站，人人有主页"活动时，我们也特别强调在新的技术背景下，教学离不开技术，技术需要支持教学活动，电教与教研协同合作。但是这个"合作"机制构建的过程似乎比较缓慢。您认为其原因是什么？

黄振余 我们要一分为二地看待这个问题。从教育信息化发展的过程看，过去我们强调信息化发展的不同阶段包括硬件建设、网络建设，再到队伍建设、资源建设，信息化具有不同的工作重点，信息化或多或少地呈现出一种"拼凑式合作"，或者存在"裂缝式合作"。比如硬件建设、网络建设阶段，所需的教研支持较少；但到了队伍建设、资源建设阶段，电教和教研的合作需求逐渐凸显；而到了信息化无处不在、无孔不入时，电教和教研也走进且必然要走进"无缝合作"过程。可以说，这是教育信息化发展的一个过程或者规律。另外，从目前教育管理机构设计上来看，电教与教研属于平行的独立部门，将二者合而为一，或者需要我们对组织机构做重新调整，或者我们需要时间来积极"磨合"，并形成有默契、有能量携手并进的两个部门，甚至包括人事、基础教育、继续教育等部门的协作。

访谈者 您对构建教研与电教协作机制有什么建议？

黄振余 我们的教育主管部门需要让教研和电教在教育信息化进程中扮演重要的角色。目前东莞开展的"高效课堂"活动，也充分发挥教研和电教紧密合作的优势。在构建教研与电教协作机制上，我认为有四点很重要：一是设立基层学校教育信息化管理部门，协调教研、电教的工作；二是提高电教人员、教研人员以及学科教师的信息技术素养，让教研更懂电教，让电教也更懂教学，加强各类人员的培训和管理；三是教研、电教部门都要以课堂作为主阵地，加强合作，一起走进课堂研究教育教学，做到有的放矢；四是构建常态化的合作氛围。

02

信息技术与教学融合

互动教学促进知识深化[1]
——访佛山市顺德区杏坛梁銶琚中学刘伏奇校长

个人简介： 刘伏奇，教育管理硕士，中学高级教师，佛山市优秀教育工作者。2005年9月任佛山市顺德区杏坛梁銶琚中学校长，任职以来，以"规范、高质、轻负"的办学理念，努力践行"办好人民满意的教育"的办学思想，以信息化推动互动教育教学改革，办学质量深受当地社会好评。

访谈者 刘校长，您好。早在2001年教育部就提出，大力推进基础教育课程改革。其中《基础教育课程改革纲要（试行）》中对"教学过程"方面做了崭新的定义："教师在教学过程中应与学生积极互动、共同发展……"您是如何理解互动教学的？

刘伏奇 《基础教育课程改革纲要（试行）》关于互动教学的提出，更加强调学生在教学活动中的主体地位，强调教学活动是一种活生生的过程，要求师生双方介入，沉浸于其中。互动教学的主要特征在于教学过程中的"沟通"与"对话"。它的提出很好地体现了我国在教育改革中实现教育民主化的一个重要措施。叶澜教授说："课堂教学的本质应当被视为师生、生生互动的过程。""互动"一词，其实古已有之，无论是传统的课堂，还是现代的课堂，都离不开师生的"沟通"和"交流"。只不过在不同的社会发展阶段，它们所强调的角度略有不同：在教学理念上，传统教学看重的是经过教学后学生的学业成绩，而互动式教学则着重于教学过程中教师"教了什么"和学生"学会了什么"，是一种提倡师生交流的教学指导思想；在教学方式上，传统教学往往是教师"一言堂""满堂灌"，而互动式教学强调师生及学生互相之间开展讨论、交流和沟通；在师生关系上，互动式教学也区别于传统教学方式，其师生关系不再是单向的，而是多向的、互动的。学生从单纯的接受者转变为学习过程的主体，从"要我学"到"我要学"，从接受式学习改变为发现学习、探究学习，激发

---

[1] 原载《教育信息技术》，2014年第2期。

学生的求索欲望，提升学生的学习兴趣，培养学生产生新认识、新思想和创新事物的创新能力，实现真正意义的师生互动，共同发展。

访谈者 科技与教育二者之间的变化发展迅猛且密不可分，您又是如何理解互动教学与技术之间的关系的？

刘伏奇 互动教学的开展，要达到预期效果还需借助必要的现代技术手段，只有营造适合于现代的"教"与"学"的交互环境，才能将互动教学推向深入。信息科技的发展，特别是数字化、网络互联技术的发展对学校的信息化互动教学起到很好的推动作用。我们学校的信息化得以广泛开展，从桌面电脑到平板电脑甚至智能手机等终端，从个人计算机到云计算，从有线网络到无线网络全覆盖，从单向交互教学到云平台下的多维交互学习等多方面都可体现。信息技术使学校教学活动超越了时空，突破了学校的"围墙"，为优质教育资源的互享和开展个性化、交互式的学习提供了实施的舞台。学生的学习走出课堂，走出校园，使生动、活泼、主动的学习随时随地得以进行，以更好地实现学习互动的外延，从而推动了学校教育现代化的不断发展。近年来，我校教育教学质量处于快速提升的阶段，在区内同类学校中名列前茅，这与我们一直以来大力推进的信息化互动教学进程是分不开的。

访谈者 学校从早期的信息化互动教学到现在云平台下的多维交互学习，课堂形态分别有什么变化？

刘伏奇 2004年以前，我们初期的多媒体演示性课堂，将学习内容化抽象为形象，化线性为超链接，大大刺激了学生的学习热情动力，推动了课堂讨论、案例分析等教学互动的进行。2004年起，我们开展了基于网络的学生探究学习模式研究，开发网络动态教学资源库，推动了学生的网络交互和学生信息素养的发展。从2005年开始，我们引进了第一块交互式电子白板（当时在区内还没有学校开始使用），开展从不同角度、不同侧面、不同学科探索运用交互电子白板技术，强化教师、学生、教学内容之间多向互动的途径、方法、规律和模式等，促使课程资源的再生。例如虚拟实验室在理化学科的实验复习课中，教师通过调出新课学习时的互动探究过程片断，帮助学生对实验原理进行深入理解和应用。2007年，我们又引入了课堂即时评价反馈系统，通过课堂的高效动态测评，学生个人和集体的知识掌握情况有了科学的数据对比，弥补了"预设有余，生成不足"的缺陷，既帮助了教师的及时教学决策，又提升了课堂的互动学习效率，促进学生知识学习的深化和拓展。目前，我们正在研究开展基于"云平台"的学生个性化学习探索，用碎片化知识促进学生知识建构和协作学习，以进一步促进学生知识学习的深化和高级思维能力发展。

访谈者 贵校在基于信息技术的互动教学实施过程中，您认为对促进学生的知识深化方面有什么积极的影响与作用？

刘伏奇 建构主义认为，学习任务不是由别人而是由学习者自己完成，即学习者在适当的学习环境下，通过主动探索、主动发现的"自主学习"才能完成。基于信息技术的互动教学实践中，课堂教学模式、教学方法的改变，除了给课堂教学改革带来很大的帮助，最重要的还是体现在大大促进我们的学生学习知识能力和综合素质的提升。在互动课堂中，对于某一知识点，学生可能有不同的理解方式；对于解决某一种问题，不同的学生也有不同的解决方法。通过互动的交流与共享，各抒己见，实现思想的互相碰撞，最终必定会激发更多的思想。学生在与学习同伴的协作学习、与同班学生的分享交流活动中，能学习到教材上没有出现的，而又与所学知识关联密切，有利于帮助理解原问题的知识。例如，在学习"重力"的物理知识时，在互动学习的过程中，学生在教师抛出的问题引领下，通过阅读、查阅提供的教学资源，对自然界"重力"这一物理现象进行探究性学习，并在与教师、同学的互动交流中，逐渐了解了"重力"的知识在日常生活以及航空航天事业中的广泛应用，这样，促进了学生对"重力"知识的理解更加深入。与此同时，学生在这样的课堂氛围中，健康的、个性化的思想得到发展，逐渐培养知识应用和创新的能力。

访谈者 您对贵校未来的互动教学课堂有怎样的寄望和思考？

刘伏奇 教育的目的是促进学生的学习和发展，在科技的不断发展和推动下，我们未来的互动教学课堂将以"技术促进发展"为主题，以学生为中心，注重学生的学习过程及学生个体生命成熟的过程，最大化地促进学习。课堂内配置人性化、高交互的教与学设备，以有效支持学生对于学习资源的智能获取、处理和呈现。教与学的活动也不再局限于课室内，而是即时延伸到课堂之外，如借助于互动视频技术实现课堂的扩展，可以与远程课堂、虚拟课堂、实地场景等进行连接，方便学习者与远程学习者、专家、虚拟学习者以及实地场景内容等的实时在线互动，实现师生的互动交流随时、随地、随需。同时，教师通过对云端的学习支持平台做课前、课中、课后的一体化设计，使学生整个学习成绩、行为习惯、品德表现、身体健康等形成一系列集体和个体的大数据，随后通过分析决策和系统的知识资源智能推送等，深化生机、师生和生生的多维互动，促进学生的知识深化和高阶思维能力培养，并使终身教育、学习化社会的构想得以实现。

技术有形 文化无疆①
——访广州市天河区华阳小学何建芬老师

个人简介： 何建芬，广州市天河区华阳小学语文高级教师。广东省特级教师、广东省南粤优秀教师、羊城"崇教厚德之星"、广州市"三八红旗手"、广州市优秀中小学班主任、全国优秀辅导老师、广东省首批中小学教师工作室主持人、天河区特级教师工作室主持人。曾荣获 30 多项奖励，辅导学生参加各级各类竞赛获奖励 300 多人次。参与编写的教学辅助参考书已有三部公开出版发行，已发表的教育教学论文 20 余篇。

语文容不得半点虚假

访谈者 何老师，您好。从您的课堂走出来，我看到了一种质朴、真实、鲜活、丰富的语文课。您对孩子们说过一句话：语文容不得半点虚假。请您谈谈，您心目中的"真实的语文"是怎样的？

何建芬 著名教育家叶圣陶说："千教万教教人求真，千学万学学做真人。"语文就是语言文字，储存于心，用之于行，指导品行，文以载道，如此简单。人民常常说，学语文就是学做人。学《花的勇气》，孩子们能从中明白生命需要勇气，炼就学习上面对难题时克服畏难情绪、努力解决难题的勇气；读《万年牢》，让学生真切感受"认真""实在"，坚守做事为人认真正直的底线，在生活中一丝不苟地对待每一次自己负责的劳动值日或答应别人的事情，形成认真负责到底的责任心……

我想，"真实的语文"就该如此。反之，嘴上说着"言必信，行必果"，"中华民族，礼义之邦"，不到五分钟，就违规违纪、出口伤人，这是言行不一的虚假语文。读着《一个中国孩子的呼声》，课上滔滔不绝地发表着呼唤和平的铮铮誓言，课

---

① 原载《教育信息技术》，2014 年第 6 期。

下却因鸡毛蒜皮的小事吵翻天，甚至大打出手，这也是"虚伪语文"，至少可以说是未能内化于心、表之于行的语文。因此，当孩子们读着《全神贯注》，争先恐后地夸赞罗丹的专心致志、醉心艺术，个别孩子才坐下没多久就说小话、搞小动作时，我就得提示他们"语文容不得半点虚假"，于是孩子们会马上坐正专注于听讲。

在我看来，语文的本真应该是塑造纯洁心灵的彩虹，是培育美好人格的绿洲。尤其是在小学基础教育阶段，语文教给孩子们的就是善于把阅读理解和积累随时学以致用，内化其精髓，成为培育良好情操、形成美好人格的食粮。如此，语文或许更能焕发其真正鲜活的生命力。

阅读与学习合作构筑"真实"的语文课堂

访谈者 语文是小学阶段，甚至可以说是人的成长中最核心的课程之一。结合"生本"实验，您认为孩子需要什么样的语文课？

何建芬 记得张俊洪教授就高效教学的含义谈到当前教学存在的普遍问题，他指出，没有什么教育能比小学教育显得更重要！一个人一辈子的教化，很大程度上都在小学阶段打下基础。没有不会进步的学生，只有不会让学生进步的老师！近年华阳小学构建"以学定教"的生本课堂，是为追寻一种为孩子们生命成长服务的高效课堂，关注学生每天争取进步一点点。作为教师就应该追逐阳光、雨露，才能更好地春风化雨，成为孩子们生命成长的"贵人"，进而让高效的教育教学塑造学生成长的灵魂。

访谈者 您认为这种课堂对孩子具有什么样的意义呢？

何建芬 我认为，孩子们所需要的语文课应该是让人交流分享的平台，让人思维碰撞的空间，让人收获进步和满载学问的天地。以学生为主体，以知识为主线，以阅读为主导，以自主合作学习为手段，成了我构建学习型小学语文课堂的四大标尺。

访谈者 您如何为孩子构建这种语文课？

何建芬 首先，阅读很重要。语文课本首先不是"教本"，而是"读本"。就这一读本，我喜欢开展三个阶段的阅读：一读整本通读，开学拿到新书，不上新课，而是与学生一起用两周的时间把新书当小说看，了解本册学习涉及的阅读范围，定好本册教材阅读拓展的相关书目；二读单元导读，搜寻本单元学习的目标、重点定位、难点突破、整合知识，有针对性地选择学习方式解决相关问题；三读精讲与略读相结合，精读课文强调预习与初读感受，落实重点详细品读，难点以读感悟，在合作交流中习得语文知识。其目标关注的是阅读中积极健康的情感、态度和正确的价值导向,这对于学习型小学语文课堂的构建尤为重要。

以读为本,以读拓展,以读积存,更是构建学习型小学语文课堂的有力保障。以读引读,读一篇带动多篇阅读;以读引说,读进文本说出感受与理解;以读引研,读完单元主题课文,引发专题学问探讨,编写阅读报告,展开阅读交流分享;以读引写,读有所悟,读有所想,写下了真情实感。这些都成了语文课上的常态常规。

其次,就是学习合作。教师在课堂上要学做"牧羊人",以"放牧"的情怀,与孩子相伴,组建学习小组,让学生的个体阅读在伙伴的合作交流中运用生发,实现课内外阅读的交融,让学生在合作中互动互补、在交流中进步、在分享中提升。因此,我的语文课堂常常像拉家常,也有聊天般引发的共鸣,偶尔还会争议得面红耳赤。师生平等和谐,指点讨论间,阅读促使知识建构顺势而成,文化渗透也无痕。

小课堂传承大文化

访谈者 您怎样在信息技术下让学生在语文课中传承中国的汉语言文化?学生包括异国文化的学生又传承到怎样的文化因子?

何建芬 我想,技术已经渗透进我们的课堂,融入我们的生活,成为一种现实形态。而语文课堂包含三个层次:文字的、文学的和文化的。孩子由牙牙学语,到识字阅读,到文段体会,到篇章感悟,到阅读自然、阅读生活、阅读社会、阅读人生,这一发展的过程,就是孩子成长的历程。从文字的识记,到文学的了解和认识,到文化的承传,可以说是一项人类要付诸全身心持续努力的工程。

在新的技术背景下,我首先做的事情是引导孩子的兴趣。从设计丰富多彩的同步识字课件到研发"识字教学网络辅助系统",充分发挥学生自主学习的能动性,让学生学习热情持续高涨,从低年级的大量识字,到中年级的广泛阅读,再到高年级的大语文学习,信息技术为他们提供了高效便捷的帮助。

其次,鼓励孩子或通过PPT或网络做分享报告。随着阅历的不断丰富,学生学会推敲文字、学会分享感悟、学会表达想法和观点,他们的视野更开阔、思考更深入、表达更具个性化。我想,现实中人类文化的传承不过如此。在信息技术的支持下,学习效果及时反馈给教师,学生开展个性化学习,文化的传承与共享成为可能。

访谈者 在您的课堂上,孩子有什么特别的表现?

何建芬 回到课堂上,无论哪个国籍或哪个地区的孩子,只要相聚在我们的语文课堂,就要学会"入乡随俗",收起满口的英语,藏起随手的繁体文字。于是,这些异国或其他地区的孩童跟本土娃娃学得不亦乐乎,从"一二三"到"ɑ、o、e",慢慢地，能说流利的中国话，能写规范的中国汉字，能围绕主题创作完整的篇章；能在课堂上抓词品句、能读此想彼、旁征博引、各抒己见，言谈之间形成思想，分享之余开启心智，共鸣之处碰撞火花……由此，交流着情感，传递着文明，承载着梦想，孕育着情怀。汉语言文化犹如五彩的纽带，牵引着孩子们学习、探索、追寻。

访谈者 您的学生小小年纪，既熟知董存瑞、文天祥，又知晓亚里士多德、牛顿，您认为信息技术背景下语文教育工作者应当具有怎样的方法或手段弘扬中国语言文化？

何建芬 在文化共享背景下，在西方文化冲击中，我慢慢发现，培养智慧学生要比训练聪明学生更重要。我常常对孩子们说，语文无处无生活，生活无处无语文，两者生生不息。"晨读晚诵"贯穿小学学习生活的始终，对经典作品，各年级各学期分期分批熟读成诵。午间闲暇听故事、看视频，中外名家名篇齐欣赏。晚上不忘亲子共读，谈天说地趣无穷。课前一分钟"见闻大家谈"，天文地理、时事新闻、社会热点，各抒己见，持之以恒。有时孩子通过网络搜索，查阅资料、编写报告、制作PPT；有时他们在平板电脑中随时记录阅读心得，储存现场创作，在专题阅读、整理分享课上，小组汇报展示，互动交流，各显神通。

不可置疑，文化无国界。教育教学犹如穿针引线，给他一根针，串起万条线，例如耳熟能详的历史典故，就像一根根色彩斑斓的线，不断被学生所搜索、整理、交流和分享，慢慢在他们记忆深处潜滋暗长；教育教学如同一根针，经过老师在课堂的点拨、指引、激发，串结着中国传统文化的一条条线，编织孩子们心底里中国语言文化的根基，日积月累，厚积薄发，古老的文明自然得以传承。

访谈者 最后，您认为语文教师在文化传承中应保持一种什么样的姿态？

何建芬 两个词，即以身垂范、师爱无痕，都很重要。前者，所谓"亲其师，信其道"，教师深度认同中国文化，深入解读文本，通过课堂教学不断渗透熏陶，可以让语文学习的课堂热度逐渐浸润中国文化的厚度。当学生有一定的文化积淀后，就有可能实现质的飞跃，即是学生对文化根植的深度而表现出来的对大语文学习的态度和精气神。后者，做老师的，必须做个有心人，视三尺讲台为梦想，既要保持清醒的头脑，也要淡泊名利，更要甘于奉献，一如既往脚踏实地、随时随地言传身教。可以说，把语言文字作为最直接的"媒介"，与孩子们行走在路上，共同学好语文、用好语文，就是对语言文字和祖国文化最直接、最真实的传承。

技术在历史中"穿行"[1]
——访广州市第一中学杨穗福老师

个人简介： 杨穗福，广州市第一中学教研处主任，中学历史高级教师，广东省特级教师，广州市首批基础教育名教师，荔湾区名师，荔湾区人民政府特殊津贴专家。担任广州市中学历史教研会常务理事和副会长、广东教育学会中学历史教学专业委员会理事、广东省教师继续教育学会理事、广州市特级教师协会理事。

技术是教育的生产力

访谈者 作为一名历史教育工作者，您认为，从历史的视角看，技术是什么？

杨穗福 技术是生产力。从历史的视角看，在技术变革的过程中，生产力的"人"与"工具"这两个要素在技术的发明与应用过程中，形成了相互促进与提高的关系。人类历史的第一次工业革命，推动了技术的变革。第二次工业革命，使科学与技术得到结合。两次工业革命都直接地促进了社会生产力的迅速提高。英国、美国、德国、日本等国是较大的受惠者，经济实力跃居到具有世界竞争力的位置。从教育视角看，仅以过去传统的理解来说信息技术起着辅助教学的作用，其实并不止于此。研究教育信息化的专家和教师在使用技术的过程中，会不断努力去改变技术的用途和用法，寻找契合点。它正在改变着人的能力结构和认知理念，为其进一步发展孕育能量。所以，在今天，我认同这样的观点，信息技术的作用已经不仅是辅助教学，而是会引起教育的革命，也就是说，技术也是教育的生产力。

访谈者 从教30年，您感受到技术怎样支持您的教学？

杨穗福 从收录音机与幻灯投影机到第一台PC-XT电脑兼容机，再到计算机乃至多媒体平台与互联网应用等设施设备，我试图踏着时代步伐，逐渐适应技术带来的

---

[1] 原载《教育信息技术》，2014年第7、8期。

教学变革。从我个人来说，信息技术发挥着几种作用：一是让我的历史教学得到新技术和新资源的辅助，丰富了历史的形象材料，增大了课堂的信息量，如使用历史的图片、音频、视频、动画等。我印象最深的是用柴可夫斯基的《1812序曲》来讲拿破仑的那段兴衰历史，把课题改为"拿破仑的炮声"，课堂变得立体化。二是增强了历史教学的归纳总结功能，从初期用手绘制幻灯片，到现在使用PPT演示，以及用交互电子白板软件的自由组合功能，更好地帮助学生厘清历史的逻辑关系和历史线索。比如说，在学习美国的"三权分立"制度时，我让学生亲自在电子白板上通过随意拉动去正确组合每一权力结构的关系，学生非常踊跃，课堂充满乐趣。三是有利于创造条件改变历史教和学的方式。在20世纪90年代初，我将照相技术、录音技术和计算机设备应用到历史功能室的设计，形成一个有利于在教学中"复活"历史和体验历史的学习环境，并建立活动小组，以此来培养学生的综合素质，当时这种理念获得同行高度肯定。我曾承担人教社课程教材研究所课题"历史活动课中现代教学手段的运用研究"，探索历史考察等各类型活动课中应用技术的策略，通过技术的应用挖掘历史内涵。四是增强基于历史教学的综合实践活动课程的价值。例如在2009年首届广东省中学历史教学网的魅力荔湾DV创作大赛中，我组织师生利用DV的器材和媒体技术摄制身边的历史文化古迹，获得个人突出贡献奖和最佳组织奖，并在观摩会上发言向全省推广经验，还指导多名学生用Photoshop软件制作历史海报，引导他们用对比、动感等手法，用"线绘"技术来表达历史的风云变幻、人物的特征等。从历史的视角，带领学生走向社会，让学生学习新的技能去完成一个项目，实践新课程倡导学生发展评价的理念。五是有利于让学习测评更加科学化。例如20世纪90年代初，我学习并使用BASIC语言编写简单的程序，以等级分来反映学生的平时成绩，较早使用先进的评价观来评价学生。又如使用同事开发的抽签与记录工具来进行课堂提问和评分，提高学生的关注度，体现了评价的公平性。目前，我正在使用数据采集系统进行课堂教学实验，深入探讨如何应用数据采集来提高历史阅读的教学效能，以及对学生进行综合评价。

访谈者 这种"支持"，对学生来说意味着什么？对您又意味着什么？

杨穗福 对于学生来说，可以获得更多的信息，可以增强学习的自主性，可以拓展多种能力，培养综合素质，可以逐步适应社会发展所要求的学习方式变革。对于我来说，是一种学习新事物的态度的坚持，是一种促进前进的永久动力，也是教育观念自我更新的过程。

历史与技术在时光中"链接"

访谈者 历史与技术,一个"过旧",一个"过新",在人们的话语中,仿佛是两个相互排斥的"极点",您是如何找到两者的"链接点"?

杨穗福 在我眼里,这只是一种话语,历史创造未来,没有历史的积淀,就没有新的技术创新,所以这两者本身已经存在链接点。透过历史,看到的是人的千姿百态,可以感受人类的思想与智慧,拓展视野,发现社会、发现自我,培育现代公民素养,这是历史具有的"新"的地方。所以历史与技术两者不是相互排斥的。"链接"在时光中进行,其关键在于思想上的认识。历史教师具有思维广阔、洞察力强的特征,善于找到事物之间的逻辑关系,只要能够对技术对象的性能做一般性了解,就比较容易判断到两者之间的链接点,为己所用。好比到"新的云端"里去淘"旧的史料",这不是一件很难做到的事情。你说呢?

访谈者 您觉得这种"链接"有趣吗?

杨穗福 当然有趣。特别是将过去的历史跟现代的信息技术结合在一起,更能够得到青少年学生喜爱,为他们提供新的兴趣增长点,也为学生在两者之间的学习中提供更多想象和创新的空间,并为其以后的生活、学习和工作打下现代技能基础。例如,翻转课堂的时代来了,微课程成为一个新事物。对于学生来讲,更容易根据自己的爱好和水平掌控自己的学习时间,利用微课可以去看到更多的历史材料和生动的影视资料。这些在传统课堂上是难以做到的。

对于教师来讲,在微视频制作中,把历史学科的材料呈现与问题探究结合起来将是其中一个必要的表现手法。学会简单的制作技术后,重点就应放在如何吸引学生在历史的动与静之间去游走和思考,让其去深入解决有思考力的问题,培养历史辨析与批判、评价的能力,从学习中与历史产生共鸣,培养公民意识和人文精神。这就构成了历史教师新的兴趣点。

访谈者 如果把一次次的教学实践视为一个个的艺术品,您最满意自己哪一件作品?有什么创意?

杨穗福 最满意的是基于荔湾区科技计划项目研究开发的中学历史剧创作主题网站"历史剧荟"。这个网站是我自己的综合能力及信息素养的一次较好发挥,是我的滚动式思维在实践中与灵感触发而形成的一个作品。它围绕历史剧编演活动展开,是一个集课堂教学素材、课程资源开发与应用、学生综合素质培养及评价等多方面功能于一身的网络教学平台。我 2008 年带学生以一个班的力量进行创作,登上了广州市比赛一等奖的领奖台,又代表广州市赴香港参与穗港两地的交流活动后。这个实践的成功引发了我的另一个思考,从而形成了研究课题,掀起了一轮全学科的行动研究。至今参加了四届比赛以及其他的活动,我的同事都能够指导学生走上最高的领奖台。实际上,这个过程就是教与学相长,体现主题网站"历史剧荟"是"在建中用,以用促建;在用中学,以学促建"的思维,是一个学习交流和提高的平台。

"历史人"新视野"穿行"技术

访谈者 "历史人"某种意义上有种"食古不化、古香古色"的情结,您是怎样的"历史人"?

杨穗福 "食古不化、古香古色"的情结只是对比于其他学科的特点而用来调侃学历史的人的说法而已。从古代来讲,正是由于资讯不发达等原因,影响了教育工作者的视野。多数人处于所谓"埋头只读圣贤书"的状态。但在近代,中国处在激烈的社会变革中,在经济、政治、思想文化、社会生活等方面都陆续产生了推动历史发展的大事,如洋务运动、维新变法、辛亥革命、新文化运动等,冲击了人们从观念到行为的变化。所以,"历史人"更会从历史的对比中去认识新事物发展的必然,更主动地去思考与实践。

说到我自己,我想"躬身平凡岗位,拓宽方寸讲坛"则是写照。我也希望教育同行们能懂得从历史发展的趋势来把握自己从事的教育教学工作,越过工业时代去研究信息时代所带来的新变化,找到现代教育技术的新动力。

访谈者 走在技术的时光"隧道"中,您认为历史教师应如何去"穿行"?

杨穗福 历史教师在教学内容中面对的是古今中外的经济、政治、思想文化、社会等历史,接触的是广泛的信息,如何用信息技术带着教学的契合点去"穿行",那需要他们个人立其志、修其身、练其器,就算做不成变形金刚般的人物,也要能够随时带上"时光隧道"里的追光镜去努力跟随前行。换句话说,要有敏锐的历史发展观,把握现代技术的发展趋势,不做时代的落后者;要敢于超越,敢于跨界学习和思考,自觉与历史的广阔多元信息接轨;要勇于探究和实践,只有"穿行",才能行"穿",而再"穿行",再行"穿",历史就是这样循环不断。

访谈者 最后,在这个"穿行"中,您认为历史教育工作者如何把握理论、技术、实践在教育教学中的角色?

杨穗福 理论是教育经验的结晶,是实践的高级产物,忽略了理论指导就会脱离正确的教育发展方向,技术与实践就失去了意义;技术是更好地解决理论和实践问题的手段,甚至是激发理论发展的动力;实践则是验证理论科学性与技术应用有效性的必不可少的环节。理论、技术和实践三者密不可分,共同构成历史教育工作者成功实践的秘密武器。

借技术之力　　破解德育难题[①]
——访华南理工大学附属实验学校曹慧萍副校长

个人简介： 曹慧萍，小学数学高级教师，2003年1月至2013年12月，曾任华南理工大学附属小学副校长、校长，曾被评为华南理工大学"三育人"先进个人、华南理工大学"三八红旗手"、天河区关心少先队工作好校长。在《中国电化教育》《教育导刊》等学术刊物中发表论文多篇，在区级以上论文评比中多篇论文获奖。主持广州市教育科学"十一五"规划课题"信息技术在提高德育效能中的应用研究"，研究成果显著。

访谈者　曹校长，您好。担任校长多年，您什么时候开始关注教育信息化？这给您带来什么样的启发？

曹慧萍　2003年，我担任华南理工大学附属小学（以下简称"华工附小"）校长。站在学校发展的高度，我所面对的挑战是如何将学校打造成与其所属的华南理工大学齐驱并驾的现代化、人文化的品牌名校。华工附小家长素质高，对教育的期望值也很高。为此，我在思考用一种什么方式能够改变传统教育观念，提升教育品质，让孩子自主、高效、和谐、充满兴趣地学习，培养其实践能力和创新精神。

置身于飞速发展的时代，技术日新月异，人的思想、观念和行为悄悄变化，教育教学环境也随之变化。2007年，学校新教学楼建成，需要添置一批多媒体教学平台。由此我们正思考、关注适应于教育教学要求的新技术，此时，新兴技术"交互式电子白板"走进了我们的课堂，技术也走进我的视野。

多年来，从实践看，技术的使用促进学校文化、人的意识行为的转变。技术不仅是工具，而是校园文化的一部分；技术不仅辅助于教育教学，也在推动着学校的发展。

访谈者　在信息技术快速发展的过程中，您在学校管理中如何理性选择技术？如何通过信息技术实现人才培养目标和学校办学宗旨？

[①] 原载《教育信息技术》，2014年第7、8期。

曹慧萍 作为学校管理者，我认为我们既要高瞻远瞩，面对信息技术革命所带来的机遇与挑战，发挥信息技术的积极作用，促进师生共同发展；同时我们也需要批判性地审视技术，理性地传承、保留我们非技术环境下的优良的教育教学传统。

我校的目标是"培养充满生命活力，拥有强健体魄，饱含健全人格，富有鲜明个性，涵养艺术气质，具备信息素养，具有实践能力，开阔国际视野，不断创新智慧，能够体验幸福的现代公民"。我们把"具备信息素养"写进了学校的培养目标，就是希望通过信息技术培养21世纪所需要的具有较强信息获取能力、分析与处理信息能力，具有创新精神和实践能力的新型后备人才。基于此，我们逐步加强教师团队建设，大力促进信息技术与学科教学的整合，创建多元化的校本教育教学资源，努力创新信息化条件下的德育工作手段，试图构建以"德育专题网"为支撑的网络德育实践模式。

访谈者 您提到"网络德育实践模式"，还主持了"信息技术在提高德育效能中的应用研究"这个课题。我想，信息技术与课堂教学的整合或融合已经相当普遍，但其与具有隐蔽性、长期性的德育进行融合，您感觉可行有效吗？是难度更大还是更具可能性呢？

曹慧萍 其实，一开始做这个课题的时候，觉得难度还是很大的。传统的"教师讲、学生听"的说教式的德育工作方式根深蒂固，德育目标"虚""大""空"，未能切实指导德育工作成效；德育内容过于抽象，难以把握，难以转化为实际行动；德育手段重形式轻实践，重说教轻体验，重管理轻人格养成，忽视受教者的主体性与能动性，造成学生知行脱节；德育渠道单一，主要以学校德育教育为主，学校、家庭、社会三方德育力量各自为政，尚未形成德育合力；等等。现实中的德育看似轰轰烈烈，实则效果微乎甚微。

在这种窘境中，我们必须转变德育观念、方式、方法甚至途径，必须寻找新的突破口。从某种意义上讲，技术不仅拉近人与人的距离，也使人的学习方式、交往方式发生新的变化。举个例子，如博客具有共享性、开放性、平等性、交互性、即时性、简单易用性及个性化等特点，我们建立了基于博客的学生电子成长档案袋。博客的这些鲜明特征能够使学生在知识获取、交流情感、坚持写作、纠正行为四方面达到"知情意行"全面协调相统一，通过教师、家长的积极引导，纠正自身错误的行为等，最终培养学生和谐统一的人格。因此，研究信息技术在德育内容、管理、模式、活动等方面的应用势在必行，将信息技术融入学生思想道德建设当中，改变观念，增强德育主体性，弥补传统德育仅仅依靠"道德知识"实施教育的不足与"无力"尤为必要。从这个角度来看，技术是破解德育难题的重要支撑。

访谈者 你们的德育专题网站有个"家校通",这个"通"从技术上和内容上分别有什么需求和体现?

曹慧萍 这个"家校通"试图通过家庭和学校的沟通,为每个学生提供适合的教育。其实,对学校来说,普遍注意统一性,很大程度上忽略学生的差异性;而对于家庭来说,又不能太强调个性,而忽视了孩子作为一个完整的社会人的培养。因此,我们力图将"家校通"作为家庭与学校沟通的桥梁,拓宽德育渠道,创造适合学生的教育。只有适合的教育,才能让学生在校园生活里过得更加幸福、更有尊严。

从技术上讲,比较简单,只需要建立一个技术平台,家长注册用户名和密码,就可以进入"家校通";但从具体的实践看,除了设立满足教育要求、满足家长需求的内容,诸如家教锦囊、家校动态、家教征文、心灵启航、家长委员会、家校沟通、家长咨询与答复等栏目外,还要有能使家长和学校互动沟通的平台,使家长通过这个平台,及时了解孩子的表现及做出信息反馈。

访谈者 "家校通"是你们开展家校互联的一个实际的技术应用,其把德育从课堂延伸至家庭。你们有哪些具体探索?

曹慧萍 目前,除了每周一节的班会课,我们会扩展德育课堂,邀请家长参与。非常可喜的是,我校大多数家长是高校教职工,从事教育行业,专业知识渊博,重视教育。家长自愿担任"客座教师",利用专业优势走进课堂,大手拉小手,用他们的阅历、知识去教育学生,用他们的成长经历去感染学生,给孩子们上了一堂堂别开生面的"德育课"。

我们还注重孩子的人格塑造、角色体验,以博客为载体开展的网络夏(冬)令营活动,构建了体验式网络德育的模式,通过研究性学习和综合实践活动,融合了网络优势和德育内容,解决了传统德育教育教学中存在的"重活动,轻实效""重说教,轻体验"的问题。很多学生和家长都积极参加,使得德育教育形式更加生动活泼,内容更加深刻和广泛。

另外,我们通过技术手段,使家长、学校能够共同实施德育,不断提升德育的效果。其中"家校通"平台的"心灵导航"栏目,因网络的隐蔽性、互动性,给予了学生一个开展心理健康咨询、自我心理测试、青春期教育、心理疏导以及学生人格自我完善的贴心平台,深受学生的认可和喜爱;我们还从各种渠道搜集教子育女的好点子,及时发布到"家教锦囊"栏目和家长分享。这个栏目发布的文章包括古今中外如何对孩子进行德育的方式方法,不仅对家长给予了翔实的理论分析,还给出了具体的可以实际操作的方式方法或建议,其点击率高,可以看到家长对栏目的关注度和需求度。"家校动态"栏目则能及时传播校园德育活动资讯,让平台变得更加鲜活、更富活力，对于其他班级、学校都有较强的带动作用。

访谈者 回顾这段时间以来的实践，您有什么困惑呢？

曹慧萍 在实践过程中，有时候会走入"为技术而技术"的误区，例如我们在"家校通"这个平台的使用过程中，发现新技术的产生并不意味着可以抛弃传统的方式，传统与现代的沟通方式有机地结合，可以解决许多"家校通"系统的问题，同时也使得家校合作更加便捷和有效。如家长会、家访与"家校通"的有机结合，可以弥补"家校通"无法面对面更细致、更富有情感地交流的问题。也就说，只有线上和线下的有机结合，才能创建一个科学、快速、和谐的数字化家校互动信息纽带，减轻老师工作负担，增强家长对学校的信任。

访谈者 您对其有何期待？

曹慧萍 学校教育，应该着眼于孩子未来的发展，小学阶段是孩子形成正确的人生观和价值观的重要时期。面对以互联网为代表的思想开放的、信息发达的社会，广大学生面临着一个五彩缤纷的世界，教育工作者面临更大的挑战和机遇，我们始终应该充分发挥信息技术在学校德育中的作用，突破传统德育的瓶颈，明确德育目标、完善德育内容、创新德育方法、优化德育环境，走开放式德育之路，构建家庭、学校、社会"三位一体"的协同教育模式。

我期待，技术丰富孩子的情感体验，提高孩子的快乐指数，培养孩子的信息素养和健全人格，把信息技术作为支持终身学习和合作学习的手段，为学生适应未来信息社会的学习、工作和生活打下良好的基础，最终实现个性教育，和谐发展，为每个孩子的终身发展奠基。

为创作而教　培养儿童的创造力[①]
——访华南师范大学附属小学王继华老师

> 为创造而教，不仅是一种理念，更是一套方法。我想，教师可以更好地将这种方法应用于信息技术课程教学，着重培养学生的创新意识和创造力，而不仅仅停留于技术的操作层面上。
>
> ——王继华

个人简介： 王继华，信息技术教师，广东省中小学教师工作室小学信息技术主持人，在国内率先推广 Scratch 编程教学，出版了教材《Scratch 创意动画设计》，"为创作而教：小学信息技术课程与教学的新探索"研究成果获首届国家基础教育教学成果二等奖。

访谈者　王老师，您好。您提出了"为创作而教"的小学信息技术教育，这是基于怎样的考虑？

王继华　这种考虑可能跟我个人的职业经历有关。在进入教育行业之前，我在信息产业就已经待了十五年。十五年的企业经历让我深感信息时代数字产品更新换代的速度之快，不仅整个信息产业表现出了令人惊讶的创造力，而且无孔不入，渗透各行各业，整个世界都在被信息技术改变着。如果你不懂得用信息技术来创造，你将很难适应尼葛洛庞帝所说的"数字化生存"。所以，在信息技术课上，培养学生应用信息技术去创造的能力就该成为主要的目标，因而我们提出了"为创作而教"的理念。

访谈者　但很多老师会感到"为创作而教"是比较难的，小学生还只是处在学会操作计算机的阶段，怎么可能去搞创作呢？

王继华　这是观念问题。正是由于这样的观念，小学信息技术教育一直处在教

[①] 原载《教育信息技术》，2014 年第 10 期。

操作的低层级目标状态，课改所提出的培养实践能力和创新精神的上位目标就很难实现。

我们可以看看自己周围的孩子，他们操作平板电脑需要教吗？他们操作手机需要教吗？触控化的图形界面已使操作培训的需求几乎降低到为零的地步，而且今后还会更加简单。图形化界面的电脑的使用也是如此，培训操作的需求越来越少。而小学信息技术课在学什么呢？Windows + Office + 上网，从小学、初中，到高中甚至大学都还在教这些东西。这些日常软件的操作已经够简单了，况且现在的小学生将来工作后，还不知道这些软件变成什么样了，一定会变得更加易于操作，现在花费这么多课时去学，真的没什么实际意义。

忧虑之余，我尝试用一个学期的时间教完教材上的操作知识，其他时间用来学习更能体现和激发学生创造能力的"新"东西。比如我们率先在全国推广使用的Scratch，它是一个全新的编程软件，其优势是可以让孩子如搭积木那样写程序，去创造交互式故事、动画、游戏，让他们充分发挥自己的想象力和创造力。这么多年的实践表明，学生完全可以搞创作，其难度不仅没有吓住学生，还让学生都喜欢上了，下课了都不愿意走。

访谈者 看来，选择一个好的工具很重要。

王继华 是的，我们一直在寻找适合孩子创造的技术工具。从2005年我们采用有动画功能的儿童画图软件KidPix，到Flash动画，到PPT动画，到现在的Scratch，我们一直在寻找。

访谈者 现在全国各地的Scratch教学的确是越来越流行，您当初是怎么发现的呢？

王继华 发现Scratch并不是偶然，我们要倾听行业内的声音。信息技术教育对应的行业是信息产业，倾听来自信息产业的声音是必需的。记得是2007年，毕业于美国的李大维博士在博客留言中给我们介绍了包括Scratch在内的诸多脱胎于LOGO语言的可视化的搭积木式的编程工具，当时一下子就引起了我们的兴趣。编程是信息产业最基础的技术起点，但中小学信息技术课程却放弃了，认为编程只适合少数人学习。如果是写代码的方式，对大多数学生来说，的确是困难的，也引不起学生兴趣。但Scratch这类软件却不同，它学习门槛很低，接近自然语言的表达，比较容易让学生获得成功体验，于是就有了后来的选择。所以我们很感谢李大维博士，让我们寻找到了一个适合小学生的编程软件，这对培养学生的计算思维——信息产业越来越重视的核心素养，对释放学生的创造力，是一个不错的选择。

访谈者 作为率先推广Scratch编程的教师，在用它释放学生创造力方面，能否与我们分享一些您的教学经验？

王继华 我们提出的"为创作而教"，并不仅仅是一个理念，它其实是一套方法。为发展学生创造力，我们考察了好多国内有影响的教学方法，比如任务驱动教学法、主题教学法等。但在仔细研读了许多相关文献后，这些国内推崇的教学方法的学术表达莫衷一是，原理的解释不甚清晰，造成了行动上的贴标签现象。比如多年前已被一些专家诟病的任务驱动教学法，什么都可以作为任务，打字是任务，排版是任务，做简报也是任务，一切对学生布置的都叫作任务，造成了"伪任务"的盛行。"任务"内涵的泛化使得任务驱动教学法难以成为一个严谨学术意义上的教学法。所以，我们放弃了。

访谈者 那么你们选择了什么教学法呢？

王继华 我们将眼光向外，考察了许多学科外的教学法，我们发现了有两个教学法比较适合我们的理念。

一个是范例教学法，教师选择那些基本的、基础的、范例性的内容教给学生，然后再带领学生扩展到"类"和"规律"的学习中。现在信息技术课程的问题是，我们想让学生掌握的技术工具太多了，在基本的、基础的方面缺乏甄别遴选，所以范例教学法可以给我们很好的启迪。另一个是基于设计的学习，也叫在设计中学习。与我们经常听到的项目学习一样，是当前国外发达国家比较流行的方法。基于设计的学习的基本原理是，当学生被要求设计并制作出需要理解并应用知识的作品时，他们会更深入地学习。学习科学的许多研究都在支持这一点。

正是看清楚了这两个教学法各自的优点，于是我们结合这两种教学法的优势，就可以这样让学生去创作——先用范例教学法去教学生最基本和最基础的内容，绝不多教，然后用基于设计的学习的方法，让学生去设计自己的作品。这些作品的主题和内容都是学生自己拟定的，是在学习了范例后受到启发而自己想出来的，绝不是对范例的复制或简单模仿。这样做释放了学生的创造力，转变了我们经常看到的"老师讲一个例子，学生原样做出来"的单纯模仿的教学，也就是"讲—练"的教学模式。

访谈者 这样的教学法选择的确有利于突破"为操作而教"的老路，但怎样评价学生是否有创造力，是否做出了有创造力的作品呢？

王继华 一个基本原则是看学生的作品是否超越了模仿。如果学生的作品只是模仿了教师教学时的范例，没有任何新的东西或创意，那就会评价为缺乏创造力。为落实"为创作而教"的理念，我们让学生从两个维度自评和互评：从思想与创意表达上分为"模仿—小创意—全新意"；从技术应用角度分为"模仿—简单改进—全新设计"。这两个维度的评价，小学生易于掌握，起到了促进创作的作用。

访谈者 还有一个问题，信息技术课时少，怎样在这样少的课时里让学生创作呢？

王继华 这的确是个大问题，但我们采用的教学方法能够起到部分解决问题的作用。因为采用范例教学法，我们的内容是非常精简的，不用学习那么多，以更多的时间给学生创作。因为创作一个作品需要大量时间，所以一般情况是一个作品创作活动会给几个课时的时间，第一课时是学习范例，后面的两三个课时就是创作。一学期下来，学生能创作几个作品就够了，不要贪多，多了就会流于肤浅，只有给学生多些自由支配的时间，学生才能深入地学习，做出一个自己满意的作品出来。这种正向反馈对鼓舞学生的信心是相当重要的。

访谈者 如此说来，"为创作而教"更能培养孩子的创造力，这样的信息技术教育是否对教师提出了更高的要求？

王继华 "为创作而教"听起来很难，实则不难。教师并不需要能创造所有的东西，能预计学生所有的可能性。学会和学生一起探讨是很重要的，教学是相长的，我就从学生的创作中吸取了太多太令人感叹的东西。我们还要想想，孩子都能学会的内容，孩子都能做创作，作为教师肯定也不在话下。尝试了，你就会体验到的。

促进"人"的信息化　提升校园文化品质[①]
——访肇庆市第七小学余锡垣校长

  我始终相信，人的信息化，是教育信息化的核心，实现教师的"信息化"，才能支持学生的"信息化"，学生的"信息化"才能影响家长的"信息化"，实现学校系统中人的信息化的生态循环，最终提升校园文化的品质，提高办学效益效能。

——余锡垣

  个人简介：余锡垣，肇庆市第七小学校长，肇庆市名校长。多年来，主持各级各类科研课题多项，并获得较为丰富的成果，其中教育科研项目"跨地校际协作教研与校本教研优势互补的实验研究"获广东省教育创新论坛一等奖，论文《论跨地校际协作教研与校本教研的优势互补》获广东省中小学教育创新论坛一等奖并在大会上宣读，《异地校际合作教研的实践和探究》获肇庆市基础教育科研成果奖三等奖。另有多篇文章在省级及以上各类刊物发表。

  访谈者　余校长，您好。在信息化管理与教学中，您比较注重"人"的信息化，强调技术之上的信息化文化。在这样的语境中，您怎么解读人的信息化？

  余锡垣　是的。在管理中，我强调"让价值引领走在制度管理的前面"。作为社会个体，人是价值的载体，其行为受其自身价值取向所左右。在信息化建设与管理中，我主张"让价值引领走在技术建设前面"的理念，始终相信信息化系统中的硬件、软件与人这三个要素中最重要的是人。人的"信息化"，首先是思想上的信息化，然后才是行动上的信息化。只有大家都理解"信息化"，明白我们每一个人都身处且必须走进信息化时代，才能学好、用好信息化，才能形成自觉的行动。所以我强调，人是最重要的，我们试图在学校管理上对"人"进行积极引导，还要强化管理考

[①] 原载《教育信息技术》，2014年第10期。

评力度，使之不断得到改进和提升。

访谈者 作为信息化主体的人，信息化包括观念、意识、视野和技术等多种素养。您认为人的信息素养，它对信息时代的人来说，其内涵是什么？在学校的人才培养中，具有什么样的意义？

余锡垣 信息素养包含了技术和人文两个层面的意义：从技术层面来讲，信息素养反映的是人们利用信息的意识和能力；从人文层面来讲，信息素养也反映了人们面对信息的心理状态，或者说面对信息的修养，是面对各种信息所表现出的高尚的品质和正确对待信息的态度，获取信息、充实信息、处理信息的品德。

提到意义，我想，信息素养最重要的价值在于帮助个体解决信息社会中所需要面对的各种各样的技术问题。学校应当着重于培养师生两方面能力：一是信息收集能力，包括上网收集资源，会在教学资源的信息海洋中收集到合适自己的资源，例如师生使用 Scratch 软件进行编程时能收集自己所需要的素材，使用几何画板学习数学时会制作更多的数学图形。二是信息的分析处理能力。师生要在实际教学、学习和管理中选择合适的工具收集自己平时实践中获得的信息，并能对这些信息进行分类处理，利用它们对教学、学习和管理进行诊断，得出结论，提出改进措施。例如，教师可以应用目前一些网站的测试系统测试了解学生对知识点的掌握程度，找出学生需要进一步努力学习的知识点等。

访谈者 刚才您对信息素养做了具体的解读。那么，当前学校教育中对人的信息素养培养面临着什么样的挑战或存在什么样的难题呢？

余锡垣 的确，这是一个难题。当前信息技术的发展速度是有目共睹的。不断更新的教育观念、教学理念始终与不断涌现的新技术、新产品构成了一对对的矛盾，解决这一对对的"矛盾"成为培养师生信息素养最大的难题。比如，今天刚学会一个新的软件或技术，明天又有一个新的软件或技术出现，使学习成为一个持续不断的行动。而现实中，我们不能不面对各种"阻碍"，有行为习惯的，也有思想观念的，譬如说有些老师现在还是用着 Office 2000，而这个办公软件已经更新到 2013 版了，版本的更新对个人的技术习惯与学习能力提出挑战，或有教师不适应、不想学的困难，导致信息素养尚未得到明显提升。

访谈者 从一个校长的视野看，学校如何去培养人的信息素养？

余锡垣 我想，学校要培养人的信息素养，这个"人"不但包括了教师、学生，还包括家长。学校首先要营造良好的学校文化尤其是网络文化。在这全新的环境中，以校园网络的建设为核心，传播网络文化观念，培养学生文化素养，推动小学基础教育信息化进程，并通过培养学生信息素养的结果去影响家庭中的每一个成员，使家长的信息素养也得到相应的提高。

其次是为教师提供相应的培训，让教师多参加学习，包括校本的、校外的、区级的、市级的、省级的、国家级的各层次的培训，让教师多走出去，只有这样才能接收更多更新的信息。

再次是通过信息技术与课程的融合实践提高教师信息素养。课堂教学是学校工作的主要任务，一切工作都是围绕教学来展开的。我们可以从教学设计、教学流程、教学反思、课堂评价四个方面入手，运用信息技术进行整合优化，促使教师的教育观念、信息意识、信息能力、整合能力及信息技术的操作技能得到增强或提高。最后，建立信息技术应用的评价标准，给予教师某种目标设定或学习方向、结构的预定，以此引领教师的行动。

访谈者 贵校在促进人的信息化方面具体做了哪些方面的探索？

余锡垣 一是通过项目促进人的信息化。人的信息化特别是师生的信息化渗透在学校所有教育教学活动中。在学校管理中，我们坚持项目负责制，将教育教学任务项目化，以任务为驱动促进教育教学任务的完成，同时在教学项目中提升师生信息素养。具体来讲，我们在布置任务时，不是下达任务就算了，而是提供支持团队。整个项目的运作就是培养信息素养的过程，成员们分别收集项目信息，分析、处理信息，运用技术开展项目，使师生共同成长。项目团队通过合作交流，分享彼此的信息技术成果，在合作中创新、在创新中合作，同时以团队的良好信息化氛围积极影响每一位成员，项目中的人的信息素养得以提升。

二是通过科研课题促进人的信息化。与项目强调具体的工作任务不同，科研课题更加注重教学反思、创造性地解决问题，也更加注重教师团队的理性思维和科研品质的培养。我提出了"认认真真做课题，实实在在做研究"，要求教师更注重研究过程的严谨性，只有实在地做研究，才能科学地对待信息和处理信息，在研究的过程中收获成长。我们开展了关于现代教育技术方面的多个课题的研究，如"基于网络的校际协作和学校协同发展策略研究""儿童数字文化创意培养的研究""利用微课促进小学数学教师专业发展的研究"等。其间，教师通过研究掌握不同的信息工具和教学理念，获得教学质量和效率提升；学生也掌握了多种信息软件工具，学会某些数字游戏开发技术。我觉得，他们的信息素养获得显著提升，校园文化品质得到提升，为我校迈向教育国际化提供良好的发展基础和技术支撑。

三是通过培训促进人的信息化。培训强调有针对性地解决教师的专业技能和信息素养。在信息技术的培训内容上有办公软件、电教平台、网络交流平台的使用方法；电脑、打印机、投影仪等硬件设施的维护技术的学习，还有微课视频、音频的制作与处理等。我们的培训形式是以任务式进行，通过以完成实现某个软件功能、正确操作教学平台工具、运用软件进行排课、校园网站内容的更新等工作任务为培训方式，使教师在培训工作过程中解决实际问题。

访谈者 您感受到学校的面貌特别是师生的精神气质与能力表现上有哪些变化？

余锡垣 在这一过程中，师生的信息技术能力和信息素养都得到很大的提高，精神气质与能力表现上的变化是非常明显的，比如自信心提高了，学习能力强了，信息的选择能力提高了。过去教师总担心不会用、用不好或者怕弄坏，而现在教师可以在白板上随意书写、画图，动作熟练，表现潇洒、自信。学生也是一样，在电脑室里不是学着简单的电脑操作，而是设计自己的游戏作品，把自己的作品介绍给同伴，从他们的口才能看出自信、淡定，且有内涵。当然，学校面貌特别是师生的精神气质上的变化，其影响来源于多个方面，不可能是单一的信息化教育的结果，但可以说，信息化起到相当大的促进作用。

还有一方面，以前机器设备闲置比较多，但现在不一样了。去年（2013）我校"自动录播与1+1数字化学习室"建成后，教师进行"一人一课"大练兵的磨课，开展各种类型的视频参赛课以及跨地区、跨校的现场视频教研，学校的自动录播室、电子白板等设备利用率不断提高。人与机器积极互动，营造出一种活跃的信息化应用氛围，形成了一种良性的、生态化的循环。

访谈者 在这个积极"变化"过程中，您有哪些期待？

余锡垣 麻省理工学院西蒙·佩伯特博士在1992年曾提出："计算机是一种文化，是一种环境，它将引起传统学校和传统教育体系的根本改造。"随着大数据时代的到来，更多更新的信息技术犹如雨后春笋般涌现，我期待的仍然是"人"的不断进步，是我们教师团队的不断成长。我希望我们的教师团队具备更强的学习力、适应力、选择能力和创造力，在"信息化"进程中，不畏困难，勇往直前，自主探索，积极进取，充分施展个人才能与智慧。

"四要素"探索信息技术与教育教学融合①
——访广东北江中学黄叶亭校长

  学校是信息技术与教育教学融合探索的"主战场",直接体现国家推动信息技术与教育教学"融合"的水平和效能。但学校是个体,是单元,我希望各级教育行政管理部门从"四要素"出发,逐步实现管理上的"大统筹",资源平台、应用系统、技术标准的"三统一",以及教学应用的"一灵活",鼓励学校自主化、个性化探索应用,实现教育教学应用上的百花齐放、各有千秋,真正促进信息技术与教育教学的深度融合。

——黄叶亭

  个人简介: 黄叶亭,中学高级教师,广东省信息技术特级教师。曾任广东北江中学信息技术科组长、教务处副主任、副校长,现任广东北江实验学校校长、广东北江中学校长。

  访谈者 黄校长,您好。今天想请您以信息技术学科专家以及中学校长这两种角色来探讨信息技术与教育教学的融合这一话题。从我们国家提出"信息技术与课程整合"到《国家中长期教育改革和发展规划纲要(2010—2020年)》指出"信息技术对教育发展具有革命性影响",明确提出了"信息技术与教育教学融合"。您认为从"整合"到"融合"在内涵上有什么突破?

  黄叶亭 从概念上讲,整合是把零散的东西彼此衔接,从而实现信息系统的资源共享和协同工作。而融合是指将两种或多种不同的事物融为一体,你中有我、我中有你。因此,可以说融合涵盖或者高于整合。信息技术与教育教学的融合,不仅要求课程与教学中要广泛渗透和使用信息技术,同时还要求在教育其他方面如培训、教

---
① 原载《教育信息技术》,2015年第1、2期。

研、日常管理、家校互动上渗透和使用信息技术。因此，将信息技术从"与课程整合"提高到"与教育教学融合"，这不是一般意义上的突破，而是我们国家在世界教育上抢占制高点的战略性突破，也是信息技术应用于学校教育教学的必然性选择。

访谈者　从概念到实践，您认为作为学校领导者，需要做哪些准备？学校有哪些条件、优势开展"融合"实践？

黄叶亭　首先是认识上。学校的领导者，甚至包括管理者，需要认识到2010年国家中长期发展规划纲要提出的"信息技术对教育发展具有革命性影响"的意义，深刻理解"信息技术与教育教学融合"的内涵，才有可能高度重视这一"融合"的探索。其次是领导者自身必须掌握一定的信息技术和应用的知识，具备较为开阔的专业视野。再次是找准学校的切入点，为学校未来发展做好顶层设计，并逐步推行。从我们的经验看，学校在开展"融合"实践时应具备的条件，一是要建立一支在教育教学和信息技术应用与管理方面的骨干团队；二是要具备满足应用需求的校园网络环境；三是要有专业技术团队包括社会力量、资源的支持；四是要有较持续且合理的经费投入。

访谈者　您刚才讲这四个方面的条件，概括起来，就是理念、团队、技术和资金。这四个要素，您认为孰重孰轻？您怎么理解他们之间的关系？

黄叶亭　这四要素实际上又可以概况为两个层面，一个层面是"软"的，一个层面是"硬"的。"软"比"硬"更重要，"软"的方面包括对信息化技术应用于教育教学的价值认识，信息技术如何与学科教学进行理性融合的思路和方法。而认识、理念的承载者、实践者是教师。其次才是行动。在行动中，需要资金和技术上的支持。

访谈者　请问贵校什么时候开始探索"信息技术与教育教学融合"？

黄叶亭　我校早在20世纪90年代中期就开始开展信息技术与课程的"整合"。那时利用我自己建立的Nove11局域网络给教师进行多期的电脑应用和课件制作培训。到了2004年，学校建成主干千兆百兆到桌面的校园网络，同时每个课室都配备了广播电视系统、投影仪和展台。同时，我们还给每位教师配备手提电脑，教师广泛应用信息技术进行教学。2005年，学校改造和扩建了6个电脑室，推行网络环境下教师"自主、合作、探究"的网上教学实践。到了2010年，我们开始探索信息技术与教育教学的"融合"。大概经历过一个简单的嵌入，到多方面的嵌入，到逐步无缝的"融合"这样的过程。

访谈者　请问贵校探索的切入点是什么？具体如何开展实践？

黄叶亭　前面提到信息技术与教育教学融合的"四要素"，包括理念、团队、技术和资金。实践中，我们着眼于青年教师团队培养，以提高课堂教学效率为目标，以网上学习为手段，以教学反思为方法，通过对学生的学业成绩测试、评价与跟踪，探索学科教学与信息技术融合。

具体来讲，首先强化教师的理论学习，改变教育教学的观念。最初，我们重点引领教师进行理念学习，为教师提供阅读指引，组织教师研讨和学习展示，从而促进教师将理论观念转化为教育教学的自觉行动。2011年起，我们加大投入，优化硬件和软件平台。学校先后利用自筹资金和财政资金约600万元，为所有课室配备了多媒体网络电视一体机，建立了录播课室和录播服务器系统、网上评卷和成绩数据分析跟踪服务器系统、试题库和组卷服务器系统、网校和微课系统等，课堂教学、学业测试与评价、培训、教研等实现网络化和信息化。2012年开始探索校企合作，利用"校讯通"资源，建立家校联系的桥梁。教师利用"校讯通"网络平台开展家校互动，促进家校的合作与交流。

此外，我们利用各种平台积极进行教和学的融合实践。作为全省第一批教育部教育信息化试点之一，学校重点探索"名师讲堂和网络同步课堂应用模式"，利用录播系统，支持教师教学点拨和反思评价，也支持教师团队的培训与教研。此外，我们还应用网上评卷系统、网络试题库、网校系统、微课系统等，试图全方位支持师生的教和学。

可以说，我们在探索"信息技术与教育教学融合"过程中，力图将技术常规化、动态化应用于管理、教与学、培训、教研，甚至是家校互动等多个方面，逐渐实现技术与理念的无缝对接。

访谈者 在这个过程中，您最深刻的体会是什么？

黄叶亭 信息技术与教育教学的融合过程就是实现教育信息化的过程，需要管理与教育的智慧及强有力的手段才能有效推进。我感受特别深刻的是，实践中，如果没有教师广泛积极参与，别说是融合，就是整合都有相当大的难度。因此，加强教师教育技术能力培训尤为重要。当然，要加大融合的力度，需要政府强力支持，特别是政策、机制和经费上的支持。对于学校而言，力求实效，不要强求面面俱到，否则，会造成极大的浪费。

访谈者 您认为"融合"给学校带来哪些特别的改变？

黄叶亭 我个人认为，"融合"最大的成效是改变了教育教学环境，改变了教和学的行为方式，也改变了管理的思维和方法。实际上，也改变了我们人才培养的模式，比如学生可利用网络平台在课堂上进行"自主、合作、探究"的学习，学生可以选择个性化的内容、工具和方法，使学习更为人性化和个性化。

访谈者 您认为，对信息技术与教育教学融合的未来发展，尤其是在经济欠发达地区，其最大的短板在哪里？您有什么想法或建议？

黄叶亭 我们学校处于欠发达地区，相比本区域的兄弟学校，我们学校条件较好。但总体看，欠发达地区的学校在信息技术与教育教学融合中资金投入相当匮乏。信息技术的应用需要资金的支持，没有投入，一切都是零。另一难题就是人的因素，教师缺乏娴熟的技术，也缺乏持续投入的精力。如果各种平台建立起来了，没人愿意去用或没人会持续投入精力去用，结果依然不乐观。

由此我想，学校作为信息技术与教育教学融合探索的"主战场"，直接体现国家推动信息技术与教育教学"融合"的水平和效能。但学校是个体，是单元，希望各级教育行政管理部门从"四要素"出发，逐步实现管理上的"大统筹"，资源平台、应用系统、技术标准的"三统一"，以及教学应用的"一灵活"，以支持、鼓励教师及学校自主化、个性化探索应用，实现教育教学百花齐放、各有千秋，真正促进信息技术与教育教学的深度融合。

科学教育塑造社区学校特色[①]
——访广州市天河区棠德南小学郭文峰校长

没有宽敞美丽的校园环境，没有先进齐全的设施设备、教学条件，没有资质突出的生源，没有优越的社区文化资源，我们有的是信息技术支持下的科学教育探索实践的信心和决心。我们将"科学教育"作为学校"曲线发展"的途径，也将"科学教育"作为信息时代人才培养的手段，相信并见证"科学教育"促进学生个性化发展、学校特色发展和教育内涵化发展。

——郭文峰

个人简介：郭文峰，广州市天河区棠德南小学校长。广东省小学数学骨干教师，广州市教育系统首批学术创新团队（数字化科学探究创新团队）成员，曾获得全国小学数学课堂教学比赛二等奖，获得"尝试教学法"教改实验全国先进个人，当选第十三届广州市中小学数学教学研究会理事、第十四届广州市中小学体育教研会理事。近几年，主持市、区级课题研究5项，在报纸杂志上发表论文15篇，编著公开发行专著1本。

访谈者 郭校长，您好！十多年来，贵校一如既往坚持把"科学教育"作为"社区学校特色发展的新路径"。您怎么理解"科学教育"在支持人才培养和学校发展中的意义？

郭文峰 从人才培养看，科学素养是21世纪人才培养的重要内容，是学生全面发展的核心素养之一。当今世界对此有普遍的共识，尤其是发达国家。小学科学教育承担着科学素养启蒙的重要任务。在这个阶段，我们有责任引领孩子用科学的方法学习和思考，培养孩子的科学素养。从学校发展看，科学教育为我校发展打开了一扇

[①] 原载《教育信息技术》，2015年第6期。

门，一扇通向"办老百姓满意的优质学校"的大门。我校是一所普通的社区学校，地处安居解困小区，生源资质参差不齐。基于校情，我们因地制宜选择科学教育作为突破口，促进了学校特色化发展，赢得社会关注、同行认可和家长信赖，更重要的是促进孩子健康、全面、个性化成长。

访谈者 在你们实施科学教育的十多年来，也是技术迅猛发展的一个关键时期。您怎么设计信息技术支持下的科学教育？

郭文峰 学校发展是个系统工程。我校将"科学教育"嵌入孩子的"生命成长"的学习体验中，将科学素养和人文素养作为学校人才培养的基本目标。我校主要从五个方面策划：硬件设施的配备和完善、科学课程的构建与实施、师资团队的组建与培养、学生科学素养的诊断和评价、科学教育文化的营造与建设。这五个方面融为一体、互相联系，共同促进教与学。

访谈者 这个过程的融合如何具体促进教与学呢？

郭文峰 举个例子：2012年，我校引进了新加坡数字传感器设备，并在课堂上使用，用以解决课堂上的教学难点，同时更好地把科学、技术与生活联系起来。小学三年级的学生，在学习"温度与水的变化"中接触传统的温度计和先进的温度传感器，体会到信息技术的便利性和准确性；四年级的学生，在学习"呼吸"中利用氧气传感器测量人体呼吸，观察氧气含量的变化，更直观地体会到呼出的气体氧气含量比例；五年级的学生在学完"光"单元后，利用光传感器学会选择既节能又保护视力的灯泡。近几年，我们每年举行一届科技文化节等活动。

我觉得，引入技术后，师生们对新的学习手段能主动关注、积极适应，他们在学习中获得真实体验，在应用中学会解决问题，能够举一反三。

访谈者 那么，信息技术只是在科学课堂上应用吗？

郭文峰 当然不是。信息技术不仅在课堂上，还在课外；不仅在课本知识的学习上，还在科技探究活动的体验中；不仅在校内普及，还在校外辐射，应用非常广泛。比如，我们建立了学校科学教育的博客，支持学生、家长、社区人士直接参与。

访谈者 它在应用中主要解决科学教育中哪些突出问题？

郭文峰 目前，有部分学校认为小学阶段科学教育是锦上添花，经费投入较大，明显存在课程虚设、缺乏专业团队、教学工具与手段支持不足等问题。实际不然。从杜威的工具理论角度来理解，我们利用信息技术能解决传统教学中一些不能解决或解决得不够好的问题，能解决我们师资队伍专业技术不强的问题。比如，小学五年级中的一个课题是研究不同材料的导热性能，传统的教学是用手触摸感受不同材料的热传导性能，有些材料（如铜与铁、木头和石头）的手感差别是不大的，区分度不够，教学效果不好。但选用先进的温度传感器设计实验，就能够让学生直观地通过显示出来的温度差或曲线来判断材料的传热性能的差异，让热传导性能数字可视化、直观化，辅之以手感体验，学生的感受就能切实而深刻，提高教学效果。这正是传统实验的难题在新技术运用中得到解决的途径。

访谈者 十多年来，在信息技术与科学教育融合实践过程中，给贵校带来哪些改变？

郭文峰 最大的改变是让一所默默无闻的社区学校变得有声有色。十多年来，我们选择并坚持将科学教育作为发展的突破口，其最根本的目的不在于培养未来的科学家，不在于"造出"一所别人没有的学校，而是让我们每一位学生能在科学活动中通过动手、观察与体验习得求真、求实和求美，让教师个体朝着专业化的方向发展，让学校拥有自身成长的方向与特色。具体来说，在学生方面，我们的孩子对科学探究兴趣浓厚、精神可嘉，参与科学教育活动项目覆盖面大、普及率高，在市、区层面的科学素养检测活动中评价高，孩子们参与各类竞赛获奖无数；在教师方面，学校形成了两支强有力的科学教育师资队伍，即校内的专职科学教师和校外的科技辅导员队伍；在学校的办学成果上，打造了科学教育的阵地，建构了丰富的科学教育课程，培养了优秀的科学教育教师团队，形成了科学教育的良性机制。此外，我校被评为广州市"科学小论文"科技特色项目学校。

一所学校看得见的是校园状貌，看不见的是共同的价值观和师生的行为方式。可以说，在实施科技教育活动的背后，是我们对学生生命成长的尊重和关注，对生命教育的探寻和坚持，为学生创造了合适的教育，在活动中孕育他们的天性、智慧、品质。

访谈者 从实践经验到理性思考，您认为信息技术在科学教育实施中如何建立二者的"契合点"？

郭文峰 如何建立"契合点"可以从两个方面来思考。首先是"用好"。信息技术作为一种手段和工具，是为了更好地开展科学教育而使用的。但我也强调，并不是所有的科学教育活动都需要信息技术的参与，尤其在小学课堂教学中，亲身的实验体会更能加深学生对科学概念的理解，如果都用虚拟实验取代，反而不利于学生的动手能力、观察能力、小组合作能力的培养。因此不能单纯地为了技术而使用技术，这是"用好"的问题。具体到哪个概念、知识点、实验、活动需要用好信息技术，我觉得考量的是教师的智慧。其次是"好用"。从教师的角度来看，"好用"的才会想用、常用、坚持用，学校搭建好用的信息技术应用平台，开发部门创建好用的信息技术软件和工具，共同建立好用的信息化管理服务支撑体系，考量的是信息技术和学校教育的融合水平。

访谈者 您对学校下一步发展科学教育有哪些设想呢？

郭文峰 随着"互联网+"时代的到来，技术更便捷，工具更丰富。我们试图进一步拓展技术手段，丰富课程资源，提升学校影响力。一是丰富学校科学教育的博客，建立学校科学教育微信公众号；二是建设学校数字科学探究室，融入多种工具开展科学学习；三是丰富课程资源，促进科学教育微课程共享；四是用信息化手段更好地传播学生撰写的科学小论文；五是探索建立学生科学素养评价体系和实施办法；等等。

创设数字化语言环境　为学生打开世界之窗[①]
——访佛山科学技术学院附属学校何自廉老师

借助技术与课堂的深度融合破解制约英语教学发展的难题是件好事，如何使技术更有效地为教学服务，发挥其更大的育人作用是关键。我希望教育者要全局思考，落实节点，让技术来得无痕却又"留迹"，以技术的无痕，滋养学生的长足发展。

——何自廉

个人简介： 何自廉，佛山科学技术学院附属学校（原南庄三中）信息发展中心主任，英语教师，主持了广东省"十一五"课题"基于网络学习共同体下的初中英语教学研究"，主持和策划"常态化教学与信息化融合应用模式研究"项目。其成果英语课 My classmates 获得2013年全国个性化教学现场课比赛一等奖。

访谈者 何老师，您好！作为英语学科教师及英语学科组的带头人，在当前信息技术与中学英语教学的"深度融合"实践中，您对哪些问题感到比较困惑？

何自廉 2012年教育部正式颁布了《教育信息化十年发展规划（2011—2020年）》，强调推进教育信息化能力体系建设，采用双重视角，即教育信息化十年发展规划从教育看技术，同时也从技术看教育，推动信息技术与教育的双向融合创新。这不得不让我个人重新审视课堂教学。然而，在这创新思潮与传统教学行为碰撞磨合之际，我有一些困惑也迎面而来：一是我们进行融合的切入点在哪儿，如何真正地进入融合的探索中去；二是信息技术的嵌入，传统教学中孰去孰留，也就是我们需要抛弃什么，需要保留什么，信息技术如何助力我们更有效地实现课堂教学的价值；三是技术如何常态化走进课堂，这不仅是我们的终极追求，也是我们真正需要的符合教学规律、满足教学需求、促进学生成长的课堂状态；四是教师需要储备哪些理念、技

[①] 原载《教育信息技术》，2015年第7、8期。

术,如何发展自身的专业能力,这些也正是我们深度融合的动力与支撑。

访谈者 您刚才讲到有切入点的问题,有过程与方法的问题,还有目标与成效以及保障性的问题,也就是师资。这些问题分析起来,您认为是"深度"的问题,还是"融合"本身的问题?您能简要介绍下目前的一些实施情况吗?

何自廉 我觉得融合本身就是一个过程,会随着我们的探索逐渐深化。但这些问题基本上描述了一个学科教师参与信息技术与教育教学融合过程的感受、体会以及困惑。我们需要考虑诸多因素,特别是如何选择一个适合自己的切入点,既能轻而易举,又能事半功倍,能真正让教师找到融合探索的信心和转变课堂结构的可行性途径。

访谈者 您是否找到了英语学科教学的"切入点"?

何自廉 一向以来英语教学所强调的是听、说、读、写四大教学环节的习得,传统教学中缺乏的就是语言环境,使阅读、交际、聆听等教学环节多数只能经过二次加工形成,缺乏情境真实性和内容连贯性。随着信息化环境的完善、国内外互联网的连通,世界之窗正逐步被信息技术打开,数字化"真实"语言环境只需敲打键盘或点击屏幕即可获取,这就是实现信息技术与英语教学深度融合的节点,也是我个人选择的切入点,我们完全可以对此进行深入剖析和充分挖掘。

访谈者 您如何在教学中构建数字化语言环境?

何自廉 鲁迅先生曾说:"语言有三美,意美在感心,音美在感观,形美在感目。"简洁的语言环境的构建,重在思想美、规范美、艺术美,体现智慧、蕴含情感,讲究精确性、简明性。基于数字化工具的融合,课前学习时,我会要求学生查阅大量的相关学习资源,譬如数字化电子阅读材料,利用检索功能,以与学习主题相关的关键词查找视频、图片等进行可视化学习,通过大量的摄入,学生要以环节、分类等思维绘画思维导图作业。课中互动时,我会以小组或个人展示,学生进行大量语言交流、磋商、讨论、质疑,大量使用所学语言主题。课后作业,我要求学生以所学的内容为基础进行校园短剧拍摄,或以实地研究后写报告等形式,使学生对学习的语言主题反复进行大量的循环使用。力争做到"think in English, talk in English, write in English"。

访谈者 您如何去"嵌入"这个语言环境?

何自廉 词汇学习中,需要大量的想、用、写,才能达到记和用的学习目标。大量的纸质写作,教师拼命改,但是评价不及时、不到位也是事倍功半。在拥有平板电脑的班级,我给每个学生的平板电脑上装 BlogDoc 的 APP 写英语博客,加以限时、互评、互推、更新快、主题生活化等特点,建成 blog circle 相互交流,共享语言学习的环境。学生在这种互动数字语言环境中,消除了面对面的尴尬,敢于主动直言,甚至可以用俏皮话来评价。群内公示，学生一改以往马虎应付的态度，变得细致思考，斟酌用语。

访谈者 这样的课堂比起传统的教学，您抛弃了什么，保留了什么？

何自廉 我抛弃了一些传统教学中任务完成后没效果的做法，抛弃了对学生不放心的心情。保留了英语教学的原则，也保留了对每位学生关注的心。

访谈者 您觉得这样组织教学，比起过去，是否加重了您的备课负担？

何自廉 我认为还是有一定负重的感觉，特别是最开始需要去摸索，需要花费的时间肯定多了。但这是一种接触新事物开始时不适应的心理暗示。习惯了，就会变得新常规下可操作的自主性教学行为。

访谈者 您又是怎么适应这个"融合"过程对教师自身专业能力的要求呢？

何自廉 新事物由陌生变熟悉都要通过学习，但是值得提醒的是，"融合"不是一种技术或软硬件的学习，而是一种新教学理念的实践和思考。我的做法是"三多"。多借鉴，时常把新的和传统的教学模式进行对比，寻找革新的切入点；多实践，找到切入点后，逐步实践，由形式的转变到理念的更新；多思考，除了学习新的理论知识外，还要将理论融合到自己的教学实践中，并做深入的思考，达到知行合一。

访谈者 您特别强调了创设丰富的数字化语言环境，为学生打开世界之窗。您是怎么审视您课堂发生的变化呢？

何自廉 用学生的话说：老师您讲得越来越少了。这个是课堂活动中学生作文学习者最直接的感受，在一定程度上也是他们的期待。只有教师讲少了，才能赠予学生更多的成长空间。在教学中创设丰富的数字化体验式语言环境后，一言堂的格局完全被打破，学生个体成为学习小主人，也成为学习中的合作团队，展示、交流、表达的时间占据了大部分的课堂。总的来讲，学生变了，变得合作无间、学法多元，变得主动积极、思维敏捷；教师变了，变得自信智慧、更具感染力；我的课堂也变了，变得可视、高效、博识。我想，这也是我个人逐渐追求的"深度融合"——促成课堂教学结构性的变革，点燃学生主动学习的热情，实现教育质量的提升和学生可持续学习能力的发展。

改变自己打造"朝阳"灵动课堂[①]
——访佛山市南海区石门实验中学范红华老师

首先,教育信息化是现代教育的必然趋势,是培养学生终身学习的重要手段,但是信息化是为教育服务的工具或手段,我们不能只为用而用,被信息化牵着鼻子走;其次,任何一项新的技术、新的研究,只要尝试就会有收获,希望一线教师始终不断尝试,积极改变自己,探索信息化与学科教学的融合与创新,完善并优化各种资源,共同推进教育信息化,真正实现教育信息化的普惠发展!

—— 范红华

个人简介: 范红华,中学数学高级教师,有多年教师培训工作、高中数学教学及初中数学教学的经历,教学经验丰富;多次辅导学生竞赛并获得佛山市优秀辅导员称号。二十多年的教学,历经传统的一支粉笔一张纸的教学到教育信息化时代,积极思考并探索新形势下课堂教学的变革,所写论文曾获得全国一等奖、佛山市一等奖、南海区一等奖,曾被评为南海区教科研先进个人,多次被评为狮山镇、校优秀教师。

访谈者 范老师,您好!在刚刚结束的全国基础教育信息化应用现场会上,您作为中学数学学科代表做了一节"二元一次方程与一次函数"的课堂教学展示,并且获得同行认可。为什么学校会选择您上这节数学课,您又为什么会选择这个教学内容来做展示呢?

范红华 教育信息化是教育现代化的重要支撑,南海教育信息化一直走在时代的前列,实现了"三通两平台",自主开发了"朝阳学堂"这个教学平台,组建了比较丰富的教学资源,特别是数学资源相对丰富和完善,为此我们学校积极开展探索信息化背景下的教育新思路,全力构建"有为教育"创新体系,试图培养有为创新人

[①] 原载《教育信息技术》,2016年第1、2期。

才。2015年5月开始我们学校设立"朝阳"灵动课堂的实验班，积极探索课堂教学的变革，学校多次让我到校外、省外学习观摩，对我的数学教学起到了很大的促进作用，将信息化引入课堂，融合创新。但目前一些老师尤其是一些年纪稍大的老师观念没有改变，还是只喜欢用传统的手段进行教学，而对于一些新的信息化教学手段比较抗拒，不愿意尝试、不愿意改变。选择我这个"60年代"的人做代表，足以说明年龄不是技术的障碍，新的一些技术或教学手段并不是只有年轻人才可以做，这对于我们南海区所推行的信息化普惠性发展更有说服力。因此，我个人相信：一定要改变自己，适应当前信息化背景下的数学课堂。至于选择这节课，我认为这个内容可以更好地体现我们学校推行的"疑、展、评"有为课堂的特色，而且信息技术在数学中的融合运用可以得到较好的体现。

访谈者 您所强调的"不断尝试、不断改变"，这点对于教师尤其是年轻教师更为重要。那么，对于有20多年教学经验的您来说，上过无数次同一个内容的课，您的这一次尝试又有何改变呢？

范红华 与以往的教学相比，这次是利用朝阳学堂这个教学平台，学生使用平板电脑上课，融入了更多信息技术的元素，是信息化与数学融合创新的体现，通过动画制作、微课、几何画板、电子书包、云平台等技术手段，把学生带入一个数形结合的奇妙世界，师生交互式教学得到更好的体现，利用信息化及时反馈的数据，教学的针对性更强，学生探究的方法和途径更多，课堂更开放。比如，研究二元一次方程与一次函数的关系，学生既可以纸上画图来研究，也可以利用概念进行理论分析，还可以利用平板电脑的几何画板来探究图象交点问题，比单纯的理论分析更形象、更直观、更有说服力，也大大提高学生学习数学的兴趣，有利于激发学生思维，使学生分析问题更深入、理解更透彻，学生的思维能力得到更大提升。另外，在练习环节设计了更多的变式训练、自主编题，使学生的创新能力得到发展。从课前设计、自主学习、项目学习、释疑纠错、互动展示、分层评价等各方面定位学生认知发展水平和学习状态，实现了学生的主动学习和高级认知的培养。

访谈者 您这节课的教学设计理念是什么？

范红华 本节课的教学设计理念主要是基于翻转课堂、探究式教学以及分层教学的理念。一是强调自主探究，借助于信息化技术的手段，添加了一些让学生自己动手实践进行设计或者展示的环节，体现数学来源于生活同时又服务于生活的本质，增加数学的趣味性和生动性，而不要让学生觉得数学总是那么的纯理论性、抽象与枯燥。二是采用了分层教学，教学设计与实施力图体现不同学生的需求，力争做到兼顾全体、全面发展，实现了新课程标准的理念——数学课堂人人都能获得良好的数学教育，不同的人在数学上得到不同的发展。最终，为学生打造一个有学习热情、有生命气息的充满朝气与活力的课堂，真正体现我们正在自主开发的"朝阳学堂"灵动课堂的设计理念。

访谈者 您在教学中如何利用"朝阳学堂"组织教学？

范红华 我们主要借助"朝阳学堂"这个平台，课前推送了预习提纲、微课、基础练习，然后收集反馈数据，适时调整自己的教学重点与难点。课中主要是利用"朝阳学堂"的灵动课堂多媒体教学，针对预习时的难点，以学生为主体，以小组合作与探究的形式进行教学，生生互动及师生互动，以问题的形式层层递进，而且利用这个平台及时反馈的强大功效，也方便展示，可以更好地向学生有针对性地进行提问，大大促进了课堂效率的提升。课后利用"朝阳学堂"平台推送不同层次的作业，让学生进行分层训练，自主发展。还有，在平台的项目课程的讨论区上推送一些有深度的或开放性的问题，让学生自由发表、自主选择，而对于个别接受能力相对薄弱的学生，还可以利用一些推送的视频或微课进行再学习。

访谈者 您觉得这个教学平台发挥了什么样的作用？

范红华 我个人认为"朝阳学堂"这个平台最大的优势就是利于数据的收集与反馈，分层教学的落实也比较容易实现。课前的数据反馈，可以了解学生对知识的掌握哪些是薄弱点，也了解到哪些学生存在更多的疑惑，这样可以使教学更有针对性、教学目标更明确。通过平台推送资料，可以将一些基础的知识让学生自己消化与学习，可以提高学生的自主学习能力，同时可以提高课堂效率；课堂反馈的直观性，大大激发了学生的表现欲，也便于老师第一时间掌握学生的学习情况，课堂的调控性更强。而课后布置作业的方式多样化，学生选择的余地更大。还有项目课程，让学生有自主讨论的空间，也大大激发了学生，学生学习的热情高涨了很多。

访谈者 从整个教学展示看，您觉得这节课的效果理想吗？

范红华 针对传统课堂以教师为中心，方式单一、缺乏设计、强调应试等情况，本节课主要是体现我们学校"疑学—展练—研评"的有为课堂结构，形成了基于设计的、以学生为中心的、注重探究实践与发现问题的思路，从而实现从知识获取到知识拓展的跨越。这节课学生的表现是很不错的，无论是学生的展示、参与度、思维的发散程度还是课堂、课后反馈的数据，都说明本节课达到了预期的效果，学生的思维比较活跃，对问题的认识有自己独到的见解。不足的地方就是，本节课内容比较抽象，对学生的思维要求比较高，对于个别数学思维比较薄弱的学生比较难兼顾。因此，对于知识消化不好的学生就可以利用微课或其他推送的资料进行二次学习，也可以自主选择课后作业继续巩固。

访谈者 对于信息化教学特别是如您所说的像数学这样"难"又带"涩"的学科，如何打造"有学习热情""有生命气息"的课堂很重要。对此，您有何体会和期待？

范红华 无论是数学还是其他学科，都可以借助信息化教学手段设计更多个性化的，富有实践操作、合作与探究的，与生活联系紧密的一些丰富生动的环节，刺激学生的学习动机，改变学生学习方式，促进学生高层思维的发展，同时增加学生学习的自主性和趣味性，为学生的终身发展提供更大的平台，也希望可以通过信息化整合优质教学资源，达到资源共享、教师减负，提高学生学习和教师工作的幸福感。我期待有更便捷的技术或教育机制，帮助我们一线教师实现这个愿望！

信息技术与项目学习无缝对接①
——访广州市农林下路小学黄学珍老师

在开展信息化教学实践中,教师首先考虑的不是技术问题,而更多是关注教学本身需要传递的学科方法、文化价值,进而将教与学的文本与社会、生活进行联结,并通过任务驱动,实现知识的传承、文化的体验、情感的抒发、创造性的表达等。在新一轮的深度融合教学实践中,技术已经消隐在教与学中,"人"才是课程和教学的核心,这或许就是我们期待的深度融合,而不是被技术捆绑。

——黄学珍

个人简介: 黄学珍,从教25年,小学一级语文教师,因工作成绩优异,被广州市越秀区人民政府给予记三等功奖励,被认定为广州市越秀区第三批名教师,授予"广州市中小学名班主任"称号。从教以来一直活跃在教育一线,多次执教全国、省、市、区研讨展示课,受到专家和同行们的好评。

访谈者 黄老师,您好!从今年(2016)4月的广东省教育信息化应用现场会,到全国教育厅局长培训班的现场课上,您执教了"走进田园,热爱乡村""成长"等项目式学习的语文课,给我个人的印象是,技术很重要,但并不复杂。作为执教者,您如何理解技术在项目式学习上的作用?

黄学珍 技术是一种教学工具和手段,服务于教师的课堂教学,服务于学生的项目学习。它能无边界、超时空地链接学习内容,链接学生所需要探索的世界,大大激发学生学习兴趣,拓宽学生视野,培养学生的综合能力,特别是在教学上能够给予学生多元化评价、及时反馈,提高教学效能,为项目学习提供了一种张弛有度的节奏,提供一个可纵深拓展的立体学习空间。同时,更重要的,它是一种文化,一种思

---
① 原载《教育信息技术》,2016年第7、8期。

维方式，支持、引导学生运用技术思维、互联网思维进行自主学习，为学生个性化成长、终身学习提供可能。

访谈者 技术在项目式学习中的作用具体体现在哪些方面？

黄学珍 项目式学习，是一种综合学习方式，小到课堂，大到社会，学习无处不在。我认为技术支持下的"处处学""时时学""人人学"的特征恰为项目学习提供了最大的可能，让课堂更加高效、便捷，更加有趣味性，更加充满活力。它就像传统教学的一支粉笔一样，像学生在遇到不会的字查字典一样重要。从某种意义上说，应用技术是水到渠成，与课堂浑然一体。比如在语文项目学习中，我们需要依托技术平台来设计、发布、管理、实施和评价项目，学生利用平台和各种工具进行查阅资料、阅读、交流、绘制思维导图、作品分享与互评等各种实践活动，应用技术是教师和学生自觉、主动的行为。信息技术不仅是开展项目式学习必不可少的工具和手段，更重要的是学生在此过程中获得了信息时代的自我学习、同伴交流和生活能力。

访谈者 你们教学团队在做项目式学习时，如何与技术对接？

黄学珍 主要是在搜集资料、制作思维导图或者创作作品以及学习记录、反馈和评价时，我们要充分发挥技术的力量。过去，在设计项目时，我还不知道有百度脑图和平板电脑中的脑图软件，就要求学生手绘，但耗时比较长，也难以修改，局限性比较大。当信息技术融入后，我们发现，绘制时间缩短了，学生兴趣更加浓厚了。学生对信息技术的接受能力是非常强的，除了老师教的绘制基本方法外，他们会自己摸索，例如在思维导图中插入相应的图片，插入百度的链接，改变思维导图的外观，使思维导图更清晰、美观、独特、个性化。又如微电影，学生把自己看到的、听到的、感受到的，通过图片、文字、配音、背景音乐融合展现出来，充分调动了学生的各种能力。

访谈者 在做项目学习时，教师需要具备哪些方面的信息素养？

黄学珍 首先是敏感捕捉技术。作为教师，我们经常会大量收集、筛选和整理资料。教师如何将生活与学习、文化与教学相结合，这就需要教师具备信息敏感捕捉与整合的能力。例如，当我们看到一则新闻"今年3月26日，许多媒体聚集在北京新闻大厦共同见证了一个颠覆性的创新建筑模式——城市森林花园，它被誉为'中国第五大发明'"时，如何与我们做的项目"走进田园，热爱家乡"结合起来，这就需要我们有敏锐捕捉并运用信息技术的能力，通过技术手段将热门话题与所设计的项目学习有机结合。

其次是深度应用信息。即在设计项目的时候，会碰到许多实际问题，比如哪些环节、哪些内容如何去使用技术。比如在"成长"这个项目的"人物讲堂"活动中，设计了两个任务，包括名人成长故事演绎、评最佳故事演绎评选者，具体如何实现，这是我们所着重考虑的。如果在课堂上让学生一个一个讲，时间不允许。这个时候我们就会第一时间想到利用网络学习平台，制定评价观测点，学生可以在家把录音上传到平台上分享，还可当评委参加评价活动。学生在分享和评价的过程中不断提高自己的语言表达和鉴赏能力。因此，信息运用的深度和灵活度决定了教学策略的时效性，这是教师必备的信息素养。

再次是灵活调整工具。有时课堂瞬息万变，教师在课堂中学会"备灾"，学会筹措第二方案，灵活适当地调整工具。例如学校的网络有时不太顺畅，学生需要使用思维导图这个工具，可以把 MindManager 下载到学生的平板电脑里，让他们在没有网络的环境下也可以使用工具完成思维导图搭建，避免出现使用障碍。

事实上，教师在做项目式学习前期，需要熟练地掌握在网络学习平台上设计学习项目、搭建学习项目框架、制定学习任务，并与学生实施项目学习，制定评价方法。在项目实施过程中，教师需要指导学生学习平台录音、上传资料和分享作品，解决学生在制作微电影时遇到的困难。项目学习后期，教师能在网络学习平台上对学生的活动和作品进行及时点评。总而言之，技术不断更新，但技术却不断地变得简易、便捷、丰富，随时随地支持教与学。作为教师，我们应保持对技术开放、接纳的态度，这样技术也不会抛弃我们。

访谈者 学生参与项目式学习又需要做哪些技术上的准备？

黄学珍 学生参与项目式学习，首先需要培养他们"自主学习"的思维，对他们不知道的、需要研究的事物学会借助网络与技术去实现；其次，需要培养学生学习计算机的基本技能，包括打字、查询、搜索，也需要了解一些工具的使用方法，比如思维导图、视频制作软件等；再次，需要培养学生网络表达与交流的能力，比如他们要跟同伴在网络上互动交流，学会上传作品分享、点评等；最后，他们还需要了解怎么去找到自己所需要的东西，比如权威的网站，有趣的、有价值的课程资源等。

访谈者 如果学生零基础，怎么引导孩子用技术持续进行项目式学习？

黄学珍 学生学习能力强，技术掌握快。从一年级开始，我们学校的校本课程就开始为学生提供信息技术课程，给他们一些学习任务驱动的机会，逐步塑造他们的信息素养，比如学会建立文档、快速打写、制作 PPT 和微电影、在百度脑图构建思维导图、上传资料、在学习平台进行评价等。在项目学习过程中，我们整合了多学科教学，学生在信息技术课上同步学习相关的信息技术。如四年级上学期"灿烂的世界文化遗产"项目学习中，学生需要推广一个中国世界文化遗产，把自己亲身体验及了解的内容制作成微电影。那时候，学生都根本不知道什么叫作微电影，我们就跟信息技术老师沟通后，让学生开始在信息技术课上学习制作微电影的工具及方法。还在学习平台上获得微电影学习的相关教程，并可与老师交流解疑。第一次制作微电影，我们要求学生小组分工合作、互帮互助，共同完成一个作品。有了好的作品做示范，其他同学就会"参考"，修改完善自己的作品，在一次次的修改中得到了提高。有了第一次的经验，到了四年级下学期"走进田园，热爱乡村"的项目学习，大部分学生能独立完成微电影的制作。

访谈者 大概需要多长时间才能达成默契？

黄学珍 一两年时间，大概就是二年级、三年级学生就能掌握这些技能。

访谈者 同样是采用电子白板、一体机、平板电脑、PPT或思维导图软件，有的教师给人的感觉则是被技术捆绑，有的教师则让人感觉如鱼得水，您觉得如何处理好技术和学科、工具与学习的关系？

黄学珍 学科是基础，技术是支撑，这是毫无疑问的。教师之所以被技术捆绑，很大程度上，就是自己对学科本身、对教学任务本身的把握不清晰、目标不明确。教师组织项目学习，最终的目标是什么，要明确是培养学生哪些方面的能力、素养，还要考虑采取什么样的工具或者技术。教师要更多地关注学习目标、育人目标，因为我们最终的考核教学成败的依据是能否促成学生的学习，而不是是否用上了这些技术。当然，有些教师，从过去比较传统的粉笔黑板的方式过渡到平板，习惯尚未形成，技术操作不流畅，也容易给他们带来种种技术绊脚的经历。所以，教师仍然需要一个过程去熟练地操作技术，不断地将技术与自己的课堂教学进行磨合。

因此，我个人认为，在备课的时候，或者在进行项目设计的时候，教师首先考虑的不是技术问题，而应更多关注单元文章、项目内容需要传递的学科方法、文化价值是什么，如何从社会生活中提出驱动性的开放问题，如何从历史文化、现实生活中去感受语言文字的力量和作者的情感，以及如何让学生创造性地表达等。

信息技术与教育教学"四融合"[1]
——访深圳市南山区珠光小学李文韬老师

> 信息技术在智慧校园建设中起着举足轻重的作用,但信息技术仅仅是一种工具,要将其和谐地融入校园生态中才能发挥作用。信息技术与课程深度融合是智慧校园建设的核心工作,是"智慧"二字的集中体现,是建设工作的着力点。
>
> ——李文韬

个人简介: 李文韬,毕业于陕西师范大学艺术学院美术学专业,小学高级教师,深圳市优秀教师,珠光小学创新工作室主持人,致力于培养学生动手能力、青少年创新教育的实践和研究。在信息技术与教育教学深度融合的研究中取得丰硕的成果,其中自主研发的珠光小学综合服务平台在2015年10月中央电教馆举办的第十九届全国教育教学信息化大赛中获得全国一等奖,拥有十八项国家软件著作权。2016年4月进入深圳市教育信息技术中心专家库并参与深圳市第三批智慧校园评选工作。2016年5月成为深圳市教育信息化领军人才"310工程"培养对象,其首创的"空中课堂"开启了深圳市南山区公办学校、民办学校结对互助,推动教育技术信息化的新模式。

访谈者 李老师,您好!《广东省教育信息化发展"十三五"规划》(以下简称"规划")主要目标中提到:实现信息技术与教育教学深度融合。您认为信息技术与教育教学"深度融合"主要表现在哪些方面?

李文韬 "融合"意味着是和谐的。信息技术不是万能的,不能完全替代传统的学科教学,它只是一种教学工具,每个学科有着自身的特点,每个学科教学也有着自己独特的方式、方法,精准寻找信息化和学科教学的结合点就是"深度融合"的重

---

[1] 原载《教育信息技术》,2017年第7、8期。

点，不能为了信息技术而生搬硬套，例如美术课堂中可以让学生利用信息技术去欣赏名画、收集资料、沟通交流等，但不能用信息技术去剥夺学生对纸张、颜料、黏土、木料的体验。这就要求教师要在教学过程中寻找教学环节的"痛点"，并考虑这些"痛点"能否用信息技术去破解。随着信息技术的进步和学科理论的发展，结合点是不断变化的，这也要求学校的信息服务部门对技术发展有所了解，提高捕捉结合点的敏感性。信息技术与教育教学的融合创新需要多方深度融合，比如治理体制、课程管理、课堂教学、评价过程等方面。

信息技术与治理体制的融合

访谈者 规划主要目标中也提到："十三五"期间，全面实现依托信息化条件的业务流程优化重组，实现教育管理和服务的便捷高效，形成基于大数据的教育科学决策和个性化教育服务体系，以信息化推进教育治理现代化。您如何看待"治理"与"服务"之间的关系？

李文韬 "治理"与"服务"是相对传统的"管理"而言的，学校属于公共管理领域，相比于管理，其更适用治理的理念。"治理的本质在于，它所偏重的统治机制并不依靠政府的权威或制裁。治理的概念是，它所要创造的结构和秩序不能从外部强加；它发挥作用，是要依靠多种进行统治以及互相发生影响的行为者的互动。"治理不是一套规则条例，也不是一种活动，而是一个过程；治理的建立不以支配为基础，而以调和为基础；治理同时涉及公、私部门；治理并不意味着一种正式制度，而确实有赖于持续的相互作用。由此可见，治理的本意是服务。因此治理的智慧就是服务的智慧。

访谈者 贵校是如何利用"治理智慧"实现个性化教育服务的？

李文韬 要实现个性化就必须充分利用大数据工具，用数据去刻画服务对象，精准地了解服务对象才有个性化服务的基础，数据有助于更好地了解和预测学生的个人学习行为、学习程度和学习态度，教师的教学效果、专业发展等，并有针对性地提供相适应的发展平台、个性化教学内容、支持和干预。珠光小学综合服务平台包含硬件和软件，既是一套办公、管理、教育教学的工具，也是一套数据采集、分析的工具，教师或学生在完成任务的同时就对数据进行了收集，我们认识到过程性数据是最有价值的数据，所以我们尽量避免让教师和学生去填充注入式的数据，这样既可以减轻师生的负担，又可以提高数据收集的质量。珠光小学综合服务平台时刻都能从办公系统、教研系统、评价系统、互动系统、能耗系统、环境监测系统、个人穿戴设备采集校园环境数据、教师办公数据、学生学习成长数据、学生健康运动数据和位置数据、安全监控数据、耗能及碳排放数据、家校互动数据、社会关注度及影响数据，数据的采集是应用数据的第一步，数据越丰富，数据模型也越多样化。

信息技术与课程管理的融合

访谈者 课程的管理离不开教师，您认为在两者融合的过程中，教师扮演着什么角色？

李文韬 教师是学校的核心竞争力，课程则是这种核心竞争力的载体，一线教师历来缺乏主动性，对于学校引进的各种教学平台只是使用者，认同感低，积极性不高。经过与供应商关系的重构，学校以服务者的角色邀请教师深度体验与持续培训，自主选择装备与平台，把专业自主权彻底交给一线教师。同时，将一线教师在实践中的意见反馈给供应商，供应商对平台进行修改完善。让一线教师从平台使用者转变为系统设计者，最后成为课堂创造者。

访谈者 学校如何利用综合服务平台来实现教师的课程管理？

李文韬 近两年来，学校导入了卓越绩效标准管理体系，明确了学校发展战略目标，学校教导处、教科室在之前管理、研究的基础上，更加完善了学校科研制度，学校教育科研管理逐步由行政命令向学术管理过渡，强调学术研究管理的去行政化，各类校内小课题、校本课程瞄准学生问题自愿开发、自愿申报，逐步实现以人为本、学术自由，促使教师专业自主权的回归。2013年教师自主申报校本课程、学生社团6次；到2014年3月，申报校本课程、学生社团数增加到42次；2015年3月经过课程结构调整形成了由文学与阅读、科学与实践、体育与艺术三大板块构成的学校课程体系，60门各类课程；到2016年3月结合深圳市"四点半活动"试点学校项目，学校课程体系由70门校本课程支撑，56名校内教师和15名校外教师参加，每周2 000名学生受益；2017年3月，课程结构整合，形成了由14个学院组成的"小珍珠少年学院"课程体系，103门各类课程中44门由校内自主开发、42门由校外资源引进、19门由家长参与建设，每周4 000余名学生受益，平均一名学生选修了3门校本课程。

这么多课程的管理需要通过信息技术减轻管理压力与成本，实现教师与家长、学生的对接。学生通过自主开发的综合服务平台进行选课。教师通过综合服务平台进行管理，包括考勤、教学、分享等，第一时间告知家长，大大提高了课程管理效率，让家长更加直观地了解到社团活动的情况。同时通过我们的在线评价功能，及时反馈对课程的评价。

2017年3月学校官方微信平台发布了4.0版本，建立了教师专业发展云数据中心及学生身心发展云数据中心，开始对教师专业成长、学生成长过程数据的记录与收集。教师、学生、家长可以将学生学习成果分享到朋友圈，大大增加了学生的自信心；学生在某方面取得突破，教师可以发布在班级的风采展示栏，家长可以及时收取信息分享到朋友圈，形成班级内部的良性竞争。这种形式更加完善了展示系统，在学校教导处、教科室、信息中心的大力推动下，已有50门课程进入了学校微信办公平台，通过信息技术展示自己的社团、发布信息、公布课程信息。

信息技术与课堂教学的融合

访谈者 信息技术带来了教与学方式的变革，据了解，学校开展了"AR+教育"，请您谈谈这种新技术如何应用到教学中。

李文韬 《南方教育时报》4月8日A4版和深圳市少儿频道4月18日都对学校进行了题为《"AR+教育"进入深圳校园，南山区珠光小学借助信息技术实现体验式教学》的专题报道。AR技术（增强现实，Augmented Reality，简称AR），也被称为混合现实，是一个相对来说较新的研究领域，它属于虚拟现实的一个分支。

AR系统是利用附加的图形或文字信息，对周围真实世界的场景动态地进行增强。在AR的环境中，使用者可以在看到周围真实环境的同时，看到计算机产生的增强信息。基于AR的仿真教学环境，是将AR技术作为一种新的媒体表现形式引入教学软件中，对教学情景、教学实验、技能训练等进行虚拟，利用虚拟场景交互性、多感知性和可操作性等优势来表现教学内容，以充分调动学习者的主动性和创造性来解决教学中的重点、难点问题。在AR的环境中，教师和学生在看到周围真实环境的同时，还可以看到计算机产生的增强信息。由于AR在虚拟现实与真实世界之间的沟壑上架起了一座桥梁，因此AR的应用潜力是相当巨大的。

访谈者 请您结合具体的课堂教学案例进行说明。

李文韬 比如我校文燕老师首次将AR技术引入英语课堂教学中，我校所在的团队设计了在小学中年段英语三年级第5册Unit11 Small animals课堂上，执教者通过AR技术，呈现直观动物形象，从而对动物外形进行描述与操练，通过创设"爱心小屋帮助走丢的动物寻找主人"的情境，将所学知识进行整合与再创作，在提高学生口语交际能力的同时，并传授关爱、互助等情感教育。这种AR场景的设计，让学生身临其境，能对动物有更深入的了解。AR系统目前广泛应用于校内各学科课堂，并正在开展区级课题研究。

信息技术与评价过程的融合

访谈者 贵校是如何创新评价方式实现科学有效的评价？

李文韬 我们将非结构化的过程性数据结合校园的实际应用场景进行建模，用数据对学校的运行情况、教师的工作情况、学生的学习成长情况进行"数字画像"，以支撑学生的评价、教师的绩效。

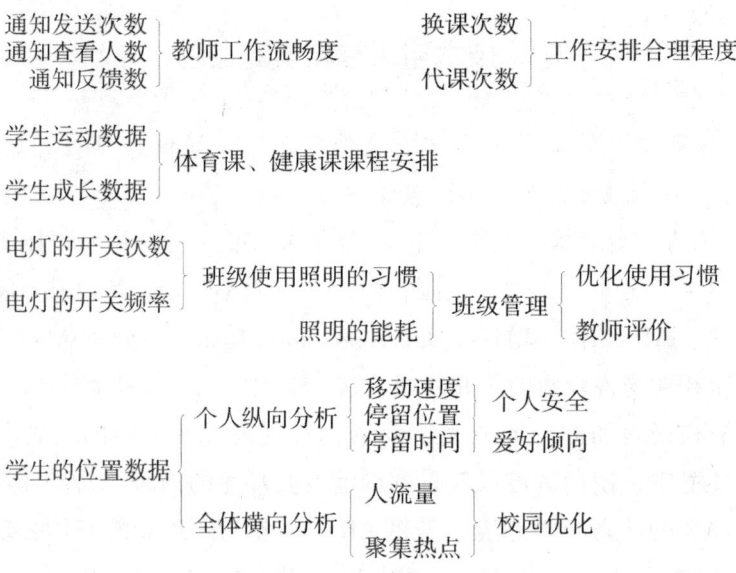

图1 非结构化过程性数据

访谈者 基于信息技术的评价过程跟以往的评价有哪些本质上的区别？

李文韬 传统的评价多为主观式的评价，这种评价不够精准，还会给教师带来负担，而利用基于信息技术的过程性评价以上问题可以迎刃而解。

访谈者 对于学校未来教育信息化的建设，您有哪些好的意见或建议？

李文韬 只有技术平台、教育教学理念是无法完成智慧校园建设，也无法实现信息技术与课程深度融合"智慧"的。其内涵也早已不再只是信息技术应用，未来要从学校顶层设计、课程建设、数据应用等方面出发，不断探索、行动，通过软件研发、硬件提升、课堂教学、课程设计、课例研讨、专题培训、论文撰写、名师培养、慕课开发、对外交流等一系列研究和实践来实现智慧校园建设。

粤教云：实现教与学方式的改变[①]
——访珠海市香洲区实验学校余志君校长

> 粤教云为课堂教学带来前所未有的技术支持，让师生有更多的技术手段辅助课堂教学，使用云服务、云互动、云协同等功能开展有意思的教学尝试，促进课堂内外教学方式的改变，引导学生更好地使用平板电脑等设备学习。
>
> ——余志君

个人简介： 余志君，珠海市香洲区实验学校校长，全国优秀教师，特级教师，教育部跨世纪园丁工程国家级小学语文骨干教师，国家级普通话水平等级测试员，广东省中小学"百千万人才培养工程"名校长培养对象，珠海市教育督学。从教30年，围绕儿童言语表达与创造力开展研究，发表多项成果。近年主持珠海市校长工作室，致力于"活力教育"办学品牌与智慧校园建设。

访谈者 尊敬的余校长，您好。贵校是广东省"粤教云"示范应用试验学校之一，请您介绍一下贵校"粤教云"的建设概况。

余志君 我校于2014年9月启动"粤教云"建设，2015年初建成，粤教云设备由珠海市教育局投资建设，两间云教室的装修由香洲区教育局投资建设，粤教云项目在珠海市香洲区实验学校建成后，马上投入使用，粤教云主要包括云服务、云互动、云协同等内容，香洲区实验学校在粤教云应用方面积极探索尝试。2016年底珠海市教育局又为粤教云实验学校增加不少教师课堂使用的平板电脑和路由器，配套粤教云的云平台软件，促进教师在普通教室也能使用粤教云的云服务。

---

① 原载《教育信息技术》，2017年第1、2期。

云教室的常态化教学

访谈者 据了解，贵校在粤教云的探索上实现了云教室的常态化教学、云协同课堂的尝试以及测评诊断系统的广泛应用，也取得了一定的成效，请您从这三方面进行具体介绍。

余志君 粤教云教室是按照小组合作学习的需求装修并配置桌椅，与常规教室相比，更适合开展小组合作学习。同时，粤教云教室装备先进的直播和录播一体的软硬件平台，能够直播课堂教学并拍摄录像，云教室配备 61 台安装了粤教云 Forclass 软件的平板电脑，通过一体机的 Forclass 教师端实现云互动教学，还有一台一体机远程直播其他学校的云课堂，通过粤教云平台实现云协同教学。

访谈者 在云教室里开展教与学的活动，教师的教与学生的学又有哪些不同？

余志君 在粤教云教室里，教师可以使用粤教云的 Forclass 平台下发学习资源给每位学生，应用其测评诊断系统可以将学生的练习实时统计分析反馈给教师，教师可以马上查看学生的完成情况，如有哪些学生没有完成，有哪些学生回答正确，有哪些学生做出其他回答等，教师了解后进行有针对性的点评。学生可以通过实时反馈了解自己的学习情况，及时改正。学生也可以将自己平板电脑的界面展示给全班同学看，不用写在纸上，直接投影到全班同学的平板电脑上，方便教学。教师可以使用录播系统自主录制课堂教学录像，课后可以下载录像观看，也可以与其他学校进行云协同教学尝试，突破空间的距离，实现远程教学。

访谈者 如何去实现这种常态化教学？

余志君 粤教云教室是作为功能室让全校班级预约使用，让全校学生都能使用新科技教学，但是由于学校班级数量多，教室数量紧张，粤教云教室就安排一个实验班固定使用，因此每个学年，粤教云的设备主要由三年级的一个班常态化使用。我们发现云教室常态化教学有不少好处，比如 2016 上学年的三（5）班和 2016 下学年的三（6）班都常态化使用了粤教云教室，教师和学生都能熟练地使用平板电脑的 Forclass 软件进行课堂学习，开展云服务、云互动教学，不需要提前培训师生熟悉设备的使用，平板电脑的充电和编号都是由学生组织管理，每个平板电脑的编号对应学生的学号，不需要每次更改登录账号，方便设备的维护和管理。当然除了常态化教学外，如果有班级需要使用粤教云教室，也可以预约调整，让其他班借用。

云协同课堂的尝试

访谈者 据了解，云服务和云互动是粤教云教室的基本配备，但云协同比较难实现。相比云服务与云互动，云协同的"难"体现在哪里？

余志君 因云服务和云互动是粤教云教室的基本配备，每个试点学校都可以轻易实现，但是云协同比较难实现，跨区云协同就更加难实现。云协同的难点主要是两个试点学校之间的网络带宽不够，云协同不仅需要大流量的高清视频流的高速传输，而且需要同步90多台平板电脑的粤教云平台的数据，这就要求更大的网络带宽，才能实现云协同教学的顺畅进行。

访谈者 你们又是如何去实现的？

余志君 从2015年开始，香洲区实验学校和斗门区乾务中心小学结对，跨区进行云协同课堂的教学尝试，两个学校之间的距离更远，难度更大，我们使两个学校都增加一条光纤线路，将两个粤教云教室连接在一起，获得足够的带宽保证，使得两个学校的音视频能够实时传输，同时能够将两个学校90多台平板电脑连接成一个班，开展云协同和云互动教学。学校成立云协同课题组，在学校领导的支持下，黄丽君主任主持课题，建立云协同微信群，与斗门乾务中心小学的老师们探讨云协同课堂的备课和遇到的问题，在技术方面得到中国电信、创而新、奥威亚、博思等公司的大力支持。在2016年上半年的教学节上，香洲区实验学校的叶春雨老师上了一节云协同的公开课，两个学校的班级虚拟化成为一个班，两个班的师生都可以实时看到对方和听到发言，叶老师主导课堂，通过Forclass等软件进行云互动，实现云协同教学，得到领导、嘉宾的一致好评。

测评诊断系统的广泛应用

访谈者 系统需要软硬件来做支撑，请您简单介绍贵校使用的评测系统。

余志君 Forclass软件作为测评诊断系统，是粤教云的重要组成平台，负责管理联系全班学生使用的平板电脑。不仅可以安装在台式机上，而且可以安装在平板电脑上。Forclass不仅可以查看每个学生在平板电脑上完成学习的情况，而且提供了实时的测评诊断功能，能够反馈学生的完成情况。

访谈者 这种软件有哪些优势？

余志君 粤教云给普通学科课堂教学方式带来前所未有的变化。多年以来，在电脑室上信息技术课，使用台式机的测评诊断系统进行教学是很容易实现的，而且得到普遍应用。但是在普通学科的课堂教学上，没有台式机、没有固定网线，使用轻巧的平板电脑、无线网络和云互动软件搭建一个云互动的课堂教学环境就很有难度，应用测评诊断系统对学生的学习成效进行实时反馈就更加困难，但是粤教云做到了。

  应用 Forclass 的测评诊断系统能够对学生的练习进行实时反馈，教师能够点击查看学生的完成情况，有哪些学生没有完成、有哪些学生回答正确、有哪些学生做出其他回答，这些统计数据都能马上显示到讲台的屏幕上，供教师了解学生的完成情况，点评学生做错较多的问题。在没有云互动环境下测评诊断系统之前，普通学科进行课堂练习的反馈是马上收齐全班学生的练习本，老师马上批改。老师要批改50多位学生的作业，这是很大的工作量，会花费不少课堂时间，而且不能直观地统计分析学生的完成情况。在云互动环境下应用粤教云的 Forclass 测评诊断系统，辅助语文、数学、英语等学科的老师通过计算机的高速统计分析能力，能马上获得学生学习情况的实时反馈数据。例如我校罗森老师上"认识小数"一课时，应用粤教云的 Forclass 测评诊断系统统计分析学生观看微课后的学习成效，根据学生的实时反馈，有针对性地点评学生遇到的问题。叶春雨、李婷婷等语文老师也应用粤教云的 Forclass 测评诊断系统进行课堂教学的实时统计，立即得到学生学习情况的数据，方便其迅速找到学生的困难所在。

  访谈者 通过这一系列的实践，教师的教学或研究有哪些突破？

  余志君 应用"互联网＋教育"的理念，筹办云互动课堂和云协同课堂的公开课，开展全国教育信息技术研究课题的研究。如我本人公开发表了关于粤教云建设与应用的文章，高洁老师上的六年级科学课"化学变化伴随的现象"获评珠海市级优课，陈俊老师上的五年级数学课"探索图形"获评教育部2014年度优课，黄丽君老师主持的"云协同课堂环境下分享式教学模式设计与应用研究"课题和刘国钰老师主持的"云互动课堂环境下测评诊断系统在课堂教学中的应用"课题获得全国教育信息技术研究"十二五"规划2015年度课题立项。

  访谈者 对于未来应用粤教云，您有哪些好的建议？

  余志君 教学改革要做到"以教为中心"向"以学为中心"转变，而要做到"以学为中心"，最重要的是转换传统教学理念，建立一套自适应学习模式，激发学生的学习内驱力，而粤教云在自适应学习上就是能够提供正向积极作用的。

探寻适合的信息技术与课堂教学深度融合之路[①]
——访佛山市顺德区罗定邦中学熊文华校长

适合的才是最好的！信息技术与课堂教学深度融合是必然趋势。罗定邦中学从课堂教学改革入手，从教学实际需要出发，以学习者为中心，适应新课程要求，积极探寻适合的信息技术与课堂教学深度融合之路。我们认为，信息技术与课堂教学的融合并不仅仅是资源库的建设，也非教学资源的简单罗列、提供，而是需要根据学生学情，在适合的时候融入，贯穿在学生学习的全过程之中，对学生学习过程进行记录、评价、引导，建立以学习者为中心，实施个性化、差异化学习的因材施教之路。我们将不断在实践中反思改进，不辜负这个时代给予我们的机遇！

——熊文华

访谈者 熊校长，您好。《教育信息化"十三五"规划》中将深化信息技术与教育教学的融合发展，从服务教育教学拓展为服务育人全过程作为"十三五"教育信息化的主要任务。据了解，贵校一直致力于课堂教学改革，尤其体现在信息技术与课堂教学的融合上，请您谈谈课改的主要情况。

熊文华 罗定邦中学的课改，大体可以分为两个阶段。第一阶段：始于2010年学校进行的"1+1"主体建构课堂教学改革；第二阶段：从2016年开始实施的信息技术深度融合的"1+1"主体建构课堂教学改革。

先谈谈第一阶段。2010年实施"1+1"主体建构课堂教学改革，创建了具有罗中特色的"1+1"主体建构教学模式。其内涵主要包括教学理论"1+1"（建构主义+主体认识论），教学理念"1+1"（学生主体+教师主导），课型模式"1+1"（自主学习课+展示点评课），教学内容"1+1"（课标教材+学习资源包），以及学习形式"1+1"（个体自主+小组合作）。

在新课堂的实操流程方面，学校在分层基础上，以学习小组为单位编排座位，用

[①] 原载《教育信息技术》，2018年第3期。

导学案的方式，分自主学习、合作探究、展示点评、当堂检测、巩固提升五个环节，自主学习课和展示点评课一一对应安排，自主学习课用于学生完成导学案的预习，展示课用于教师引导学生解决疑难。

访谈者 您认为这种课堂教学改革的核心在哪？第二阶段课改又是在怎样的情况下进行的？

熊文华 "1+1"主体建构课堂教学改革的核心在于通过自主学习、合作学习、展示点评等方式组织课堂教学，充分尊重、发挥学生的主体性与能动性，让学生成为学习的主人，而不是被动的接受者。同时，教师的主要职能由"教"转变为"导"，教师从传统的主导者变成了组织者和参与者。实现了学生学习理念、学习方式的深刻转变，即由过去相对封闭的"个人单兵作战"转变为小组合作学习，由传统的被动接受转变为现在的主动汲取，从而使学生学习的主动性、协作性、创造性得以加强。

再谈谈第二阶段。课改6年，我校教育教学质量的提升有目共睹。例如，我们高考上一本线的学生从24人上升到129人，本科升学率从55%提升到90%。但在反思6年课改过程中，我们发现："1+1"主体建构课堂改革的两个根本环节——自主学习课和展示交流课的效能、效率有待进一步提升。适逢顺德区推进学校优质化、特色化、多样化发展契机，我们认为信息技术与课堂教学改革的深度融合将会带来巨大的变革。

学校的信息技术与教育教学融合是大势所趋。随着《教育信息化十年发展规划（2011—2020年）》的颁发，信息技术与教学的联系越发紧密，新媒体新技术正不断促进和推动学与教模式的变化和创新，基于这样的背景，我们学校在2016年提出信息技术与课堂教学深度融合的变革。

访谈者 信息技术与课堂教学深度融合的变革主要体现在哪些方面？

熊文华 首先，信息技术将会渗透教育教学的各个环节。包括学习空间的再造、学习方式的改变、课程体系的重构、组织管理的转型。

其次，信息技术进一步完善个性化、差异化学习，解决了教学由标准化向个性化的转变。信息技术在教学活动中的应用，学生在学习中兼具了主体与主导的双重身份。在学习环节中，学生可以自主选择攻坚克难的知识点；在学习内容上，信息技术为学生提供了大量的学习资源，学生可以针对自己的学情重组学案，由浅入深巩固提升；在学习方式上，学生也不再是单纯的死记硬背或进行题海战术，我们更注重加强学生分析问题、解决问题能力的培养，加强学生创新意识与实践能力的培养，加强信息技术与各学科、社会、生活的联系，让学生学会知识的迁移。

最后，信息技术促进教学流程的再造。以往的教学活动基本上是以课堂为中心、以教师为中心、以教材为中心、以知识为中心进行组织，但信息技术运用其优势为学生创造了多种学习环境，促使教与学基本形态的转变，以学生为中心、以需要为中心、以薄弱为中心的以学定教的教学策略基本构建完成。

访谈者　信息技术深度融合的"1+1"主体建构课堂教学模式的基本特征及操作流程，有何创新之处？

熊文华　信息技术深度融合的"1+1"主体建构课堂教学模式的基本特征及操作流程主要包括以下几点。

一是备课组集体教研，编制导学案，并上传到定邦教学云平台。在导学案的编制中，尤其注重"自主预习案"中背景材料的选用，以供学生阅读思考。教师将导学案上传至定邦教学云平台，以任务的形式引导、驱动学生开展自主学习。学习任务分为必做、选做两部分，为不同层次的学生提供个性化选择。

二是学生利用自带的平板电脑，登录定邦教学云平台，开展自主学习。自主学习课上，学生登录定邦教学云平台，在任务单的引导下开展自主学习。在系统设定的时间内，完成教师上传的学习任务，达成知识体系的初次建构。在自主学习的过程中，学生及时反馈学习情况，并可将学习心得、疑惑通过平台及时反馈给老师。平台系统会自动记录、留存学生学习过程，提供客观的数据统计和分析。

三是教师精准获取学情，完成二次备课。通过定邦教学云平台教师端，任课教师可实时查看学生自主学习完成情况，进一步了解学情。提炼共性、个性问题，掌握学生的兴趣点、关注点、疑难点，生成切合实际的教学目标。在此基础上，教师二次备课，教学设计更具针对性。

四是展示点评课上进行合作探究、研讨质疑。学生通过自主学习课完成知识体系的初次建构，教师精准获取学情后调整教学设计，为展示点评课的顺利进行打下坚实基础。展示点评课的核心在于教师组织解答学生自主学习中遇到的困惑，指导学生开展小组讨论，对合作探究案中的重难点问题（多以探究题形式呈现）进行研讨、展示（口头展示与黑板展示相结合，或利用阅课系统直接投屏至电子白板）、点评（多以他评的方式进行）、质疑。如此，思维得以碰撞，激发学生的求知欲、集体荣誉感，提升思辨能力与团队协作能力。

五是巩固提升，总结评价。学习是基础知识与基本技能的有机结合，经过上述教学环节，学生已不同程度地掌握了基础知识，再通过典型习题加以巩固提升，达成知识体系的最终建构。教师或学生代表及时对整节课的知识内容、课堂表现进行总结评价，其目的主要在于引导学生学会总结、学会反思，提高自我认知能力，建立足够的学术自信。

六是自主规划，个性学习。课后，学生可以自主规划学习内容、学习节奏、学习风格。教师会根据不同学生的知识水平与学习能力，制定不同的学习方案，并根据学情适时进行调整，满足学生的需要和促成他们的个性化、差异化学习。

学校的信息技术与课堂教学的深度融合是基于我们学校教育教学的实际需求出发而设计的，具体指标包括：建设云教学课程资源平台，促进优质资源共建共享；搭建教师专业发展平台，包括评教系统、在线培训系统、微课平台、智能备课系统、互动空间等，利用大数据记录教师成长轨迹，促进教师专业性发展；搭建学生自主发展云平台，记录学生生涯的成长记录，通过大数据系统全面反映学生综合素质发展的真实情况。平台根据老师和学生的使用需要，还在不断更新改进，力争在2018年全面完成校本化的优质资源库建设，进一步推进信息技术与课堂教学的深度融合。

信息技术深度融合的创新点在于：通过大数据的采集、应用，帮助教师精准掌握学情、精心组织教学、精确指导学习，提升课堂效能。同时通过大数据处理，为实现学生的个性化、差异化学习打下基础，使学生的学习过程具有整体性和连贯性，践行了由传统的线性教学转变为非线性的资源型教学的理念。

访谈者 "1+1"主体建构课堂教学模式与以往学校的课堂教学模式最大的不同体现在哪？

熊文华 信息技术深度融合的"1+1"主体建构课堂教学模式最大的不同在于它能够利用信息技术平台拓展学生学习的广度和深度，提高自主学习的效能，记录学生的学习轨迹，利用大数据分析，实现学生个性化和差异化的学习。未来的教育变革我们无法预料，如何将传统教育的优点与信息技术的长处整合起来，寻找出行之有效的教育理念和教育模式，是我们现在着手解决的问题。

访谈者 今后在深度融合上有哪些新的想法或实践？

熊文华 要适应新课程、新高考的要求，全面构筑育人新环境，学校将充分利用信息技术深度融合的契机，加强学生分析问题、解决问题能力的培养，加强学生创新意识与实践能力的培养，加强信息技术与各学科、社会、生活的联系迁移能力的培养。在大数据的支撑下，进行评价模式的创新，即学习理念的创新，培养出身心健康、具有责任担当和人文情怀、具有科学精神以及实践创新能力的人才，满足新高考对学生基本素养培养的要求。

充分发挥定邦云平台的作用，进一步实现个性化、差异化学习。积极开展各种活动，组织老师们积极探索不同学科、不同课型信息技术与学科融合的实践，总结经验教训，不断改进。争取在2018年实现所有学科、所有课型都能常态化地应用信息技术与课堂融合，并取得良好的效果。

建立智慧课堂联盟体，进一步探索信息化的深化。我们期待通过联盟体的建设，逐步形成校际、教师、班级、家长、学生等多边互动交流的常态机制，有利于联盟共同体的均衡发展、个性发展、内涵发展，为联盟体内学校优质均衡发展提供强有力的保障。

　　完善平台，完成课程设计、师生评价等功能。利用定邦管理云平台提升日常管理效率；肯定进步，发现差距，记录学生的成长，构成学生综合素质评价系统；记录教师在本学年做出的贡献和取得的成绩，完善促进教师专业发展的教师综合素质评价系统。我们争取在2018年完成定邦管理云平台的定制开发和应用。

03 新技术支持的教与学

"互动技术"启迪教与学智慧①
——访广州市天河区教育局教研室科研办容梅主任

个人简介: 容梅,现任广州市天河区教育局教研室科研办主任,中学高级教师,硕士。担任中国教育学会中小学信息技术教育专业委员会专家,教育部基础教育二司《中小学电子交互设备教学应用指南》编写组专家,中国和联合国儿童基金会技术启迪智慧项目应用移动设备优化小学数学、科学学科教学的师资培训专家,全国中小学新媒体新技术教学应用研讨会暨基于交互式电子白板学科教学观摩研讨活动专家委员会副主任,全国中小学信息技术创新与实践活动——教师实践评优赛项决赛评委,福特基金会项目"基于网络同伴互助教师专业发展模式的试验研究"专家。

互动技术让对话课堂不再昙花一现

访谈者 容老师,您很早开始关注"互动教学",且具有较为丰富的研究成果。能否谈谈这其中跟您个人有怎样的"机缘"或"巧合"?

容 梅 1996年,作为教育新区,天河区正在谋求新发展,突破"灌输式教学怪圈"成了全区共识。2001年,恰逢我国实施新课程改革,其中特别强调平等合作的师生关系,倡导在课堂教学中以学生为主体,让学生主动参与、乐于探究、勤于动手,注重培养学生的实践能力和创新精神。这一年,天河区教育局成立了"现代教育实验室天河基地","互动教学"也在这一年进入了我的视野。

访谈者 容老师,从您的实践看,如何理解"互动技术"的内涵?互动技术与教学有着怎样的一种"需求"关系?

容 梅 广义的交互技术是指教学过程中达到互动目的使用的一切手段,它可以是物质的,也可以是非物质的课堂组织方法、提问技巧等。狭义的交互技术是指

---
① 原载《教育信息技术》,2014年第2期。

具有交互功能的数字化技术，以软件、硬件或二者融合的形式存在。这里的交互技术大多是指狭义的交互技术，教育者与被教育者的互动是教育的基本特征。费莱雷、布伯、巴赫金等人的对话思想、理论对教育的启示是"应使教师独白式、单向度的话语霸权被复调式的对话所代替"；而以前由于缺少物质或技术工具的承载，又常常使这种弥足珍贵的"对话课堂"飘忽如过眼云烟。近年来互动技术走近课堂，正好填补了这个空白，解决了互动教学所需要的技术支撑问题，有效地满足了教师和学生的互动需求，"对话课堂"不再昙花一现。

互动技术融入教学的"4G"与"三才"

访谈者 在您所亲历的教学中，互动技术应用于教学实践在国内或者您所在的学区内，从无到有发展至今，有怎样的变化轨迹？促使这种"变化"的可能原因与支持是什么？

容　梅 据不完全的观察，在我们学区，互动技术应用于教学经历了几个阶段。早在2001年，我区设立了现代教育实验室天河基地，掀起了对互动教学的关注，在学校里，一些持有先进教学理念的教师开始在课堂上使用互联网上的交互类教学资源进行教学；而到了2005年，个别学校购置了交互式电子白板，软硬件互动技术的融合应用探索开始起步；2007年，互动教学在我区大面积铺开，互动技术"无痕"应用崭露头角，在国内的相关大赛中，多人次荣获一等奖；2013年，移动技术也融入教学，更便捷、更有效的互动发生在课堂中，并可将每个学生的互动数据流记录在案，以便后续更有针对性地跟踪。

互动技术深度融入教学，似乎存在着一个"4G"轨迹：Goal（拥有目标或梦想）、Gather（收集资源）、Go（行动、应用资源）、Gain（收获）。其理念在80年前就已经由维果茨基提出了，他强调让学生在学习情景中不断与学习社群进行沟通和协商——互动，进而由实际的发展层次进入潜在的发展层次。这些学习群体的互动，往往可以借助教师安排的教学事件而激发；这样的教学方式能让学习者持有一种主动学习、施展天生好奇心、发挥个人兴趣和专长的机会和状态。这种强调以成人和儿童的社会互动来增进教学效果的观念，影响了日后教育心理学的研究，互动教学就是根据他的观点而发展起来的一种教学模式或教学理论。使这种理论得以实现并发扬光大的就是相应的互动类软硬件技术的日益发展及大面积应用于课堂教学。软件类首推Java互动程序，还有同期发展起来的一些互动类认知工具软件，例如Inspiration、几何画板等；硬件类就不能回避交互式电子白板的应用，当然这个教学设备还模糊了软硬件的界限。其实在互动技术融入教学的"4G"探索过程中，最重要的是"三才"的支持。所谓"三才"，即天地人：天即先进的教育教学理念的指导，地即与此理念相匹配的技术支持，人即教师们的行动探索。三者犹如马车上的三个轮子，推动互动技术在教学应用中的稳步发展。简而言之，互动技术融入教学也需要有天地人"三才"，三者缺一不可。

"互动技术"启迪师生智慧

访谈者 容老师，您认为互动技术给教学带来怎样的变化？教师如何理解并熟练应用互动技术的策略并生成课堂智慧？

容　梅 直观地讲，有些学科需要观察、实践、体验，而并非简单的呈现、阅读与理解。在我的文章中曾经分析过一个案例"虚拟的热平衡实验"，是应用Java程序制作的，大家可以详细了解。这节课令人过目不忘，并带来令人振奋的、惊艳且充满新鲜感的教学体验。

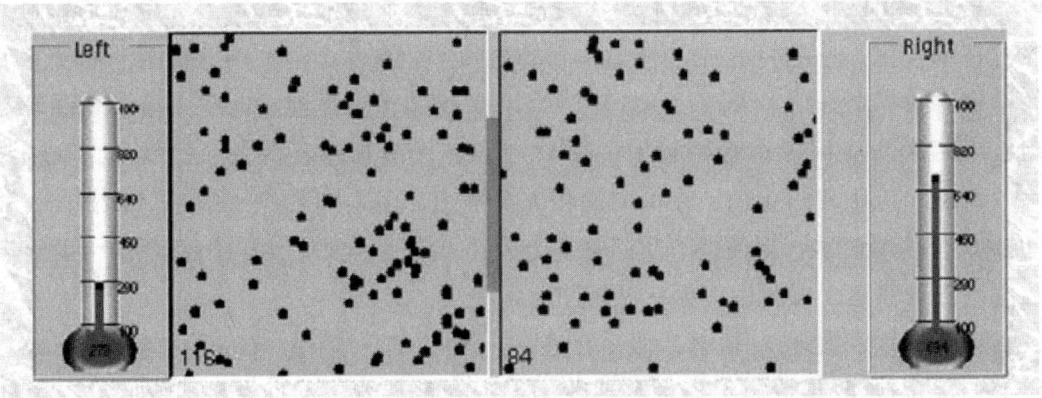

图1 "热平衡实验"网络虚拟实验截图

传统课堂上无法精准地做"热平衡实验"，学生只知道原理、结论、公式，只需要死记硬背。相比之下，科技的融入，使原来难以观察的内容可视化；可以反复观察、重置的虚拟实验，满足学生个性化需求，还可以反复训练学生对数据的收集和处理技能；更可喜的是Java的仿真运算及模拟可提高科学性认知；常温状态下的实验观察可避免高温实验可能造成的事故，最大可能地提升了实验过程中学生自身的安全性。更难得的是，因这组实验难度是逐步加大的，学生仅靠人机互动是不够的，必然会有学生之间、师生之间的互动发生，这样一来，便使传统的灌输式教学变成互动教学，而且这种互动是会触及思维深处的。

因此，教师对交互技术的合理、智慧应用显得尤为重要和必要。我认为，一是要给学生预留出加工信息的空间。教师要力图做到营造高效学习的学习环境和氛围，设计开放性的问题讨论环节，激发学习者的灵感，以便厘清思路，检查和修正其理解过程。然而我们发现，有的教师直接将自己的结论灌输给学生，这种越俎代庖的做法剥夺了学生头脑风暴、建构知识的机会，可谓是互动课堂中的大忌。二是要留意"小错误"，挖掘"大智慧"。新技术的融入不仅可以启迪学生的智慧，更需要教师智慧的迸发。学生的易错点恰是教学智慧的生长点，充分发挥交互技术的优势，"把课堂还给学生"，大胆进行线性教学，让生成性问题为我们的课堂增光添彩。当然这一切也取决于教师学科教学基本功的扎实程度以及使用技术的熟练程度。

可以说，技术工具应用的关注点要从工具性交互转变到生成性交互，从个人的认知到社会交互环境下的学习生成。由此才能真正让技术点亮"智慧"。

教学理念让技术"无痕"融入

访谈者 容老师，刚才您结合案例对互动教学课堂文化以及特征进行了分析。在实际教学中，一般教师在互动教学实践中最容易走入的误区是什么？您有什么具体建议？

容 梅 "炫技"是一般教师在互动教学实践中最容易走入的误区。"炫技"属于中级应用水平，处于利用率提升阶段。这时期的教师开始经常使用白板技术，代替以前没有交互性白板的技术和教学策略。在此阶段，教师会更换许多教学资源，他们学会在屏幕上注释清晰的文本，保存更改，轻松地修改和调整资源，这都有助于改善学习。但是，如果出现技术问题，教师也容易被技术问题所制约，从而难以维持学生的学习兴趣。还有的教师会为了技术而技术，过度应用白板的诸多功能，也有的让技术牵着鼻子跑，失去了原来的方向。

建议时刻警醒，尽快往"无痕"方向努力。也就是教师在课堂中使用各种技术都是信手拈来的自然平滑状态，不是"为了技术而用"。"无痕"应用是属于高级应用水平，处于教与学的转型阶段。在这个进化发展过程中的教师将交互技术在教与学的活动中无缝融入，他们能够创造轻松的学习环境，以满足学习者的个性化需求；有信心整合各种富有创意的系列电子资源，以满足学习者的需求。当用则用，既解决重难点，又发展学生思维，这也是我们期待一线教师尽快进入的阶段和层次。

访谈者 容老师，您在有关文章中提到互动教学的程度存在着三个层次："演示""炫技"以及"无痕"。处在不同应用阶段，您认为更多是与技术的熟练程度有关，还是与教学的理念观念有关？

容　梅　我实实在在地认为这与教学的理念有关。技术是否熟练只是表象，本源在于教学理念。

访谈者　在教师实际应用中由"演示"或"炫技"尽快跨入"无痕"的过程中，结合国内外互动教学的研究和实践成果，面对未来的趋势，您认为教师需要做怎样的准备以应对最新的诉求？

容　梅　教与学的方式变革，不仅需要新的技术装备，还需要先进的教学理念。教师必须深刻理解教学、理解学习，这是教师的专业水准体现之一。我个人建议教师可以进一步学习、研究先进的教学理念和科研成果，例如学习金字塔理论（The Cone of Learning）（如图2所示）。

图2　学习金字塔

如果将这个研究成果铭记在脑中并加以同化，相信老师们会尽可能多地设计一些互动的教学环节，少一些演示灌输；尽快装备自己，提升教学技能，如信息素养、技术工具的应用能力；还有多去思考每一项技术发明背后的理念，常常思考哪些教学重难点可以用互动技术协助突破，这样才能发挥新技术的最大效能。当然也可以多借鉴国外互动类软件、教学案例中的互动策略，做一个有心人，留心身边的学生需求和手边的教学资源。时代在发展，学生也不是一张白纸，他们更多的是数字时代的"原住民"，教师的终身学习理念必须牢固树立并践行。教师只有不断学习新知识、新技能，才能应对学生、社会及教育的发展需求。

一对一数字化学习：促进孩子个性卓越发展[①]
——访广州市越秀区东风东路小学陈晓校长

个人简介： 陈晓，小学副高级职称，研究生学历，现任广州市越秀区东风东路小学校长。曾任"广东省青年联合会委员会常委、广东省中小学校长联合会副秘书长、"广东红领巾基金"监督委员会主任、广州市第十届党代会代表、广州市第十四届人民代表大会代表，被评为广州市第十二届"杰出青年"、首批广州市中小学名校长工作室主持人、广州市第一批教育名家工作室主持人、广州市基础教育系统新一轮"百千万人才培养工程"名校长项目培养对象实践导师等。

作为秉承信息化教学理念的老牌学校，广州越秀区东风东路小学（以下简称"东风东"）自1994年参加"全国小学语文'四结合'教学改革实验研究"，信息技术应用于教学拉开帷幕。2002年，恰逢新一轮基础教育课程改革，东风东提出"以网络学习打破课堂格局，促进学生转变学习方式"的新命题，参与由北京师范大学何克抗教授主持的中央电化教育馆教育科学规划"十五"国家重点研究项目"网络环境下的基础教育跨越式发展创新试验项目"，一对一数字化学习（以下简称"一对一"）开始萌芽。2009年，参与英特尔一对一项目，其以全新概念、崭新姿态、丰富内涵走进东风东，形成了信息化促进教育教学变革的"新名片"。笔者带着对东风东一对一的实践宗旨、发展理念、应用内涵及所面临的挑战等问题采访了广州市越秀区东风东路小学陈晓校长。

培养富有时代气息的人才

"信息化是这个时代的特征，我们的学习、生活、工作时时刻刻离不开信息技术，它像空气、水和阳光一样，成为我们生活中不可分割、难以剥离的一部分。"陈

[①] 原载《教育信息技术》，2014年第3期。

晓校长侃侃而谈:"在这样的时代背景下,我们不能回避对技术的选择。"作为一名教育管理者、一位普通的母亲,她颇为感怀地说:"技术,让我始终与孩子拥有共同的话题,与孩子共同成长。"她不仅表现出对新事物、新技术的好奇之心,还流露出一种对教育深深的爱,对学生成长的真挚关怀。"学校教育必须为社会发展培养人才,培养适应未来社会的人才。"陈校长就教育与社会的关系阐述了东风东信息化教学的基本宗旨,她尤其肯定教育必须为社会培养人才,必须为孩子适应未来社会做准备。

陈晓校长进一步引据国际 PISA 考试(国际学生测试项目,Programme for International Student Assessment)的理念和方法,强调教学的目标应当着重学生能力发展,尤其是解决问题能力的发展,而并非指向某一学科或某一知识。她表示:"一对一旨在培养学生自主探索和终身学习能力,培养富有时代气息的社会人。"

促进孩子个性卓越发展

作为首批全国(省)现代教育技术实验学校、教育部教育信息化试点学校,东风东承担着国家、省级诸多信息化教育教学的科研课题及项目,然而走进东风东,除了校门口的标语"责任为大,以生为本,发展为重"的电子屏幕外,没有太多关于信息技术的"炫耀"及"信息化教学"的宣传标语,学校追求的并非信息化教学光鲜的表象,而是信息化促进教学手段和方式的真正变革。"信息化教学是我们的特色,信息化教学改变并提升我们的校园文化,提高师生的教与学的效率,我们并非为了信息化而信息化。"

信息化作为一种技术手段应用于教育教学,有人支持,有人反对,有人鼓励,有人担忧。面对质疑,陈晓校长感到困惑,她说:"目前,似乎一听信息化教学,就有不少'吐槽'的声音。事实上,信息技术成为孩子娱乐和游戏的方式,更值得担忧!"她坦言在教育信息化教学实践的探索中,许多家长从怀疑到支持,从不确定到认可,他们用实际行动进一步增强学校开展一对一的信心和决心。

东风东一方面在引导孩子正确看待并使用技术,另一方面也在培养孩子适应社会的学习力。"孩子每天在学校 6 个小时,并非满满当当地使用技术终端,实际仅为 30 分钟面对学习终端。"陈校长深刻指出:"相比之下,即使学校不开'网络班',不进行一对一,不少孩子每天玩游戏的时间或远远不止 30 分钟。"

"我们面对的是各种各样的孩子,而教育的终点是多元的,社会需要各种各样的人才。"陈校长强调:"东风东通过一对一实践,试图将技术作为学习手段而融入孩子的生活习惯中,促进孩子个性多元、卓越发展。"学校开设每周一天的"无作业日"，每逢这一天，孩子们欢呼雀跃地投入阅读、书法、合唱、语言艺术、虚拟机器人等丰富多彩的课外活动中，学生多元需求和个性特征得到满足和发展。

打造教学生态环境

多年来，东风东通过不断行动、反思、批判、创新而逐步走向完善。走在新的发展点上，"东风东"或像一位成长中的青少年，有追求，也有困惑。"我们现在面临的最大瓶颈，就是在20多年信息化教学模式已经常态化后，我们新的生长点在哪里，我们如何带给教育教学新的亮点。"在新阶段，东风东将"打造一对一教学生态环境"作为学校可持续发展的课。"要培养多元化的人才，需要教师团队的学科素质、技术素养。"陈校长认为，人是教育教学中的核心，课堂教学是主场，校本教研是学术交流的重要方式，学校通过建立教师工作坊等方式促进教师团队综合素质的发展，通过学校办学要素总体提升共同推动卓越的校园文化。"目前，我们学校正在开展省教育科学'十二五'规划2011年度教育信息技术研究项目'网络环境下促进学生多元发展的个性化学习模式与策略研究'，重点研究语、数、英三门学科的教和学方法的创新，培养孩子的个性多元发展。"经过一年多的探索，语文学科进行"同步阅读"研究，英语学科提出"能力生成为导向的小学英语改革行动"的思路，数学学科提出"培养问题解决能力"的思路，学科教学变革试图抓住学科内涵与学生发展需求，使目标更明确、更集中。

结合学科需要，东风东着眼以专题组为单位搭建学科资源框架，以年级组为单位进行校本课程资源整合。"不同学科我们有不同的资源需求，比如语文学科，开发'同步阅读材料'网络校本课程，搭建以语言运用为中心，强调识字与阅读相结合；数学学科，建立以'建模—问题解决'为导向的学科资源网，着力为孩子提供资源工具、认知工具，强调学生在活动中培养逻辑思维。"陈校长逐一介绍："英语则构建以口语交际为中心和有效阅读教学的学科资源，通过歌曲、歌谣、故事等满足不同学生的需求。"

东风东也在探究多元化评价问题。并行开设两种教学环境"网络班"与"常规班"，鼓励学生个性化学习方式和多元化发展。陈晓校长认为，有些能力评价难以量化，在小学阶段，分数并非评价的唯一标准，她强调："孩子在多元化的学习方式、学习结果和评价方式中获得个性化的发展，潜能得到更加充分的挖掘。"这些学生，在全省各类竞赛活动中，比如奥数、英语口语、语言艺术、书法、合唱、科技等活动中，均能名列前茅。"全面发展是我们的追求，全人教育是我们的教育理想，东风东的孩子广受社会各方面的肯定。"

　　在东风东任职多年，陈晓校长始终抱着积极、进取、开放、接纳、包容的心态，不断组织、凝聚教师团队进行新技术环境和教育理念下的教育探索与实践。经多年发展，一对一理念及其技术工具如春风化雨、润物无声般深深渗透进教育教学包括课堂教学、校园文化、家校互动等各个方面。孩子们的作品成果通过信息化手段去展示、去欣赏、去交流、去分享。在这个过程中可以逐步培养他们多方面的能力和素养。"目前，我们不再思考该不该去进行信息化教学，因为信息化已经成为我们孩子和老师学习成长的共同方式，也是校园文化的一部分。"

让一对一走进每一间学校

　　人手一个教学终端的一对一多少给人高额经费投入的印象。许多学校校长、教师恐怕始终认为自身无法与这般先进的技术设备和教学条件"靠近"。在陈晓校长看来，硬件、资金可以说是学校发展的物质基础，但并非"阻碍"。"有的学校认为自身缺乏经费投入而无法进行信息化教学，难以进行一对一实践，而我们恰恰感受到信息化为学校管理节约成本。"随着技术产品进一步普及，物美价廉的一对一教学终端终将成为可能，未来学校并不需要投入高额经费，也将可以让每间教室、每个学生都能共享个性化的终端学习资源。一对一从无到有、从少到多、从试验到普及，或已渐进式地促进了教育教学的变革，逐渐成为教育发展尤其是中小学课堂教学变革中最强劲的推动力量。然而确切地说，对许许多多的学校而言，一对一的最大困惑并非设施设备和技术的准备，而是对其内涵、理念、观念、学习模式方面的理解、追求和行动。

　　唯有如此，教育才能与时代同呼吸、共命运。

一对一数字化学习营造新课堂[①]
——访江门市景贤学校商庆平老师

个人简介： 商庆平，江门市景贤学校教导处主任，先后获得"广东省特级教师""广东省科研先进个人"等称号，为教育部中小学教师信息技术应用能力提升工程专家库成员、广东省教育科研课题评审特聘专家、2012年广东省教学创新大赛评委及2013年教师继续教育助学导师。长期致力于教学策略与课堂创新的实践研究，参与过全国20多所著名中小学听课评课活动。主持多项国家级和省级课题，发表论文30余篇，研究成果先后获得多项奖励与推广，其中一项成果被选为2012年广东省农村中小学教师培训的教材。

理念：分层教学

访谈者 商老师，您好！2013年，您参与英特尔以"探索区域发展策略，构建数字学习模式"为主题的"一对一数字化学习"（以下简称"一对一"）项目。您对目前教学实践和工作状态感觉如何？

商庆平 经过两年的适应，从初期的"摸着石头过河"到目前"柳暗花明又一村"。一对一让我"减负"，让学生提升品质。

访谈者 作为景贤学校一对一的项目教师，您怎么理解一对一中的"数字化"？在教学中，需要具备怎样一种理念或思路？

商庆平 数字化，其实就是为了个性化，具体到教学而言，是指学生之间是有差异的：一方面，每个学生都具有自己特定的学习优势；另一方面，每个学生都有自己的短处，阻碍学生学习进步的因素因人而异。在一对一实践中，我们秉承"人人都能成为优等生"的理念，以及"合适的才是最好的"教学思路，从性格和学习特点等方

[①] 原载《教育信息技术》，2014年第3期。

面了解每个学生的特质,从中发现学生的个性优势,激发学生的学习潜能,以此为基础为之提供个性化的教学与辅导。

访谈者 您文章中提到"分层教学",您是如何用这种理念指导您的课堂教学?

商庆平 在课堂教学中,学生性格特点、知识水平等方面存在差异,不同学生对同一教学内容的认知程度也参差不齐,小组座位编排上也存在空间差异。对绝大多数教师而言,在常规状态下开展分层教学是一个遥远的梦想。一对一环境为这一梦想提供了实现途径。

具体来讲,在电子书包中植入智能分组模块,只要输入性别要求、同异质分组等逻辑分组条件,学生不必搬动座位,就可以坐在原位置和教室任一角落的同伴结成一组。在实践中,我们发现比较合适的分组方法是匿名分组法:同组内的学生彼此不知道对方的真实姓名,由电子书包根据评测水平异质分组,并随机为组员命名。这种分组法避免了分组中性格差异的问题,给学生提供了一个数字化展示自己、分享学习体会的平台,同时教师可以在后台中对网络活动进行间接监管,避免虚拟空间中可能出现的言语冲突。

这两年实践的效果表明,电子书包以智能化的方式提高了学生的合作学习效能,与传统课堂的分组形式相比,在解决座位式分组法导致的课堂秩序混乱、教师难以控制等现象上有明显优势,实现了真正意义上的分层教学。

实践:打造"新"课堂
虚拟实验让数学变得不再抽象

访谈者 您认为一对一在教学方法上最大的突破是什么?"数学虚拟实验"具体又如何支持数学的教和学?

商庆平 实践是最好的促进知识内化的方式。与其他学科不同,数学知识相对抽象,偏重于推理,教师仅用屏幕演示缺乏亲身体验感,而把它转换成实验也会因条件限制等各种现实问题难以进行。构建一对一环境是问题解决方案之一:让学生用手指进行触控式的实验,以"按图索骥"式的游戏方式,延伸学生对抽象数学知识的体验和理解。如为什么二次函数的图象是一条光滑的曲线?理论上可以让学生通过列表、描点、连线的方式验证,但在实际上,由于中学生的心智发育还不成熟,个性差异较大,相当一部分学生精确画图的能力总是难如人意,画出的往往是一条九曲十八弯的折线段,与结论的理想图象相差甚远。但是在电子书包中学生只需要输入想描的点数,软件自动列表、描点、连线,随着点数的增多,图象越来越"光滑"。这种以动态方式演绎"化折为曲"的数学思想过程，是在纸上用静态的方法难以实现的。

平等互动的师生关系

访谈者 与传统的数学课堂相比，您觉得在一对一中，教师对学生的学习发挥怎样的作用？

商庆平 一对一给课堂教学带来一场技术变革，其对数学教学而言堪比移动电话取代固定电话。在这场变革中，传统教师的地位、角色和作用都受到巨大的挑战与冲击。教师的地位不再是"传道式"的"主讲"，也不是"解惑式"的"主导"，而学生才是课堂真正的主人，教师的一切教学行为都要以学生的需求为指针。教师教了多少知识已不是评价教学质量的主要指标，学生学了多少知识才更重要。

如果说过去的教师的教学基本功主要体现在"三笔一话"（钢笔字、毛笔字、粉笔字及普通话）上，那么在这种新型的数字化环境下，教师还必须具备开展"教学互动"与进行"即时的教学反馈"的能力，要能够即时地捕捉到学生的闪光点，即时地发现学生的不足，即时地进行教学的补救，即时地关注到学生的学习心理变化，即时地满足学生的学习需求。熟练地掌握这项能力的教师，必定会受到学生及家长的欢迎，也无疑会是现在及未来教育的领军人物。

量身定制的数字化作业

访谈者 在电子书包教学中，您如何为学生定制数字化作业？学生的完成情况如何？您认为在这个过程中学生的学习发生了哪些变化？

商庆平 新课程改革强调对学生问题解决能力的培养。然而在实际教学中，约有20%的学生由于缺少自信，无法表征问题，缺乏对基本概念、数量关系、空间关系的体验和建构等而成为学习困难生。为了破解在问题解决能力发展上两极分化越来越严重的现象，我们利用电子书包构建了典型优题本与错题本，形成一套系统的问题库，对这些学生进行一对一的"慢镜头"式教学或"反刍消化"式引导，使这20%的后进生也能获得自我发展的能力。这些学生的错题可以由本人直接收集也可以由课任教师专门收集，每个人的错题本均是自己特有的。如果学生经常出现某一类错误，那么收集到错题库后，系统就会出多道类似的题目给学生反复训练。这种"数字化作业"让学生重拾了"婴儿时为了学走路，虽跌倒也永不放弃"的精神，鼓励学生脚踏实地，解决问题。

任何一所学校，都会有一些类似"最强大脑"一样的天才学生，可是大班制授课常使他们的大脑未能"吃饱"。我们把小学、初中、高中、大学的数学课本和最前沿的数学研究性成果都植入电子书包中，再加上不定期的学术讲座加以引导，满足了这类特尖生的学习需求。

及时有效的教学评价

访谈者　课堂教学的核心在于实现教学目标，而判断学生是否实现教学目标离不开及时有效的教学评价。一对一是否会使教学评价复杂化？在一对一教学中，您是如何实施教学评价的？这种评价在教和学中有怎样的作用？

商庆平　学习的核心在于学习目标的实现，学习目标与教学评价是否有效相关，与教学评价是否复杂无关，现行的评价手段不是复杂性的问题，而是有效性的问题。现行的教学评价大多数是通过大量的纸质作业、练习与考试来实现的，但是由于纸质的人工批改与统计需要一定的时间，教师发现问题与学生出现问题产生了时间差，造成了解决问题时机过于滞后，对后续学习造成了负面影响；而且，每个学生的基础不同，一刀切的测评也不能针对性地解决问题。

我们学校一般有三种做法：一是在课堂教学中采用安装 IRS 模块的表决器或电子书包。如在电子书包中安装测评系统，引导学生在新授课结束后立即在线进行自我测评，某一知识点出现问题时可以当堂要求学生进行不限次数的同类型不重复练习巩固，一直到完全过关为止。二是通过即时的电子阅卷技术提高作业、练习、考试的反馈速度。三是通过网络平台的相关模块积累数据，挖掘数据背后隐含的学生信息如学习缺陷、个性特点、学习风格及学习需求，分析学生的学习现状及其原因。为每个学生量身定制数字化学习指导方案，尤其是对于后进生更要做到全方位的一对一补救性教学，最终达到对所有学生的提升。

展望：教师要灵活多变

访谈者　一种新的学习媒体引入之后，为教师和学生带来的是多方面的影响。您在开展一对一后是否感到一些困惑或挑战？

商庆平　一对一增加了师生沟通交流的机会，使教师能够更全面地了解学生的学习过程，使教学重难点的设计更有针对性。但这对教师的挑战也是全方位的。有一个教师在教授"林冲风雪山神庙"一课时，就有学生在论坛上提出"林冲的悲剧是可以避免的，只要把妻子送给高俅即可"。要回答这个问题，教师恐怕不能只从语文的角度给出答案，须从人性、伦理、道德甚至逻辑学多方面解释了。此外，诸如"为什么空间是三维的，有四维五维的吗""为什么地球是球形的，平行于地面的水平线却是直线"等与课本几乎无关的问题，如果在虚拟平台中，教师不给予回答，则会间接打击学生的学习积极性。

正因为如此，在一对一环境下，挑战与困惑无处不在，教师的教与学生的学是平等的，教师的教背后必须不断学习，才能应对学生需求的挑战。

访谈者 您一直致力于教学创新和个人专业发展，您对全国（含香港、台湾地区）其他学校的情况也比较了解，您认为其他学校有什么经验可以借鉴？

商庆平 2007年以来，以英特尔未来教育项目培训为首，一对一的项目已经覆盖了20多个省、市、自治区，全国已有近1 000所中小学开展了一对一项目，我省还成立了全国首个一对一实验室。在具体的实践上，如上海洛川中学，利用一对一数字化学习环境，让学生积极开展了基于项目的学习，通过"校园水地图""温室效应"等项目学习，改变了教与学的方式；还有陕西省西安小学，利用一对一环境，让学生有更多机会阅读网络上各种题材和形式的阅读材料，培养了学生的自我选择能力和文学鉴赏能力，使阅读逐步内化成个人成长的需求。这两所学校的经验都值得我们借鉴，但是地域不同，教情不同，切入点也不可能完全相同。因此我们除了要发展学生学习能力外，还要设法在本土环境下提高学习质量，真正满足学生多样化的学习需求。

访谈者 您对一对一项目有怎样的期待或者愿望？

商庆平 随着经济水平的提高和信息技术的进步，一对一的硬件环境必然会逐渐完善。广东是经济较为发达的省份，我们认为电子书包、表决器等数字化学习工具会在不久的将来率先配置到每一个学生手中。但是技术本身并不能带来学习上的真正变革，一对一数字化技术也许可以轻松地拓展课堂应用的广度，却难以轻松地拓展课堂应用的深度。我们必定要经历一个"集思广益谋发展，齐心协力求创新"的磨砺过程。因此，要尽快做好数字化教学资源的分类整合，要尽快转变教与学的理念，不能完全寄希望于有现成的经验可汲取，本地化的成熟教育体系还要靠我们结合地方特色在进一步的实践中自己去打造。

"云技术"打造优质均衡教育
——访珠海市教育局赵文华副局长

作为"粤教云"项目试点城市，我希望"云技术"能给珠海市带来一种集约化、高效率的教育管理方式和学校运行机制，创建一种随地随需、思想多元、内容丰富的优质数字资源，重塑教师角色，培养学生完整人格，促进区域、校际教育均衡化与公平化发展。

——赵文华

个人简介： 赵文华，内蒙古师范大学教育系硕士研究生，珠海市教育局副局长、珠海市人民政府督导室主任督学。

访谈者 赵局长，您好。珠海市是我国五个经济特区之一，是教育信息化建设的"试验田"，特别是近年来推行"粤教云"计划、创建"智慧城市"和打造珠海教育信息化的特色。从这个角度看，珠海实施"粤教云"试点项目，具有哪些可行性？

赵文华 是的，珠海是全国五个经济特区之一，信息化建设起步早，并率先在全省确立以信息技术教育和英语教育作为特色教育。早在1997年就已在部分中小学开设了信息技术课。1998年珠海市第一中学、珠海市香洲区第七小学和拱北小学被列为国家首批中小学现代教育技术实验学校。目前，珠海学校的硬件设备配置水平较高，教育城域网已实现一市三区全覆盖，100%学校建成了校园网，100%学校实现了"班班通"，"三通工程"建设也正在加快推进。此外，我市拥有一批高学历、高素质且具备较强信息技术应用能力的教师队伍，他们积极参与基于信息技术的教育教学改革与课程资源建设的研究与实践项目。因此，用好这些硬件设备，充分发挥先进技术的作用，为教学创造信息化环境，是我们教育的追求和工作的目标。

同时，作为首批国家"智慧城市"试点之一，我们珠海正将教育作为"智慧城

---
① 原载《教育信息技术》，2014年第11期。

市"的重要组成部分。可以说，在扎实的教育信息化基础上，以及整个城市面临的机遇和挑战的背景下，我们积极参与省教育厅"粤教云"项目的试点工作，希望借此能够实现珠海教育特色化、内涵化、均衡化和优质化发展。

访谈者 作为教育行政部门的领导，您如何理解"云技术"和珠海教育均衡与优质发展的关系？

赵文华 "云"，不仅仅是一种技术，更是一种理念、一种文化。当教育跨入云计算、大数据时代，不管是教育领导者、管理者还是教师，我们都需要一种主动适应技术与环境的发展理念，需要构建一种新的运行机制。"教育云"支撑下的信息技术应用势必会改变服务模式和教与学方式，会改变教育界的思维方式和管理机制，会催生新的社会文化与教育文化。

均衡与优质是我们在教育中提倡多年的概念，也是追求多年不止的目标。但可以说，在不同时期，这两者具有不一样的内涵。一方面，珠海虽为经济发达地区，但城乡内部同样存在明显差距，比如西部农村同市区之间。"云服务"则实现了跨区域、跨校的教育资源优化与互融，通过"粤教云"公共服务平台，让优质教育资源通过网络延伸到农村和城市薄弱学校，让农村学校的乡土文化也能熏陶城市的孩子，促进教育资源的互通融合。另一方面，珠海的教育除了需要内向的优质，还需外展的优质，我们能够吸纳其他兄弟城市，甚至其他省份的优质教育，也能向外界输送传播优质资源，打造区域影响力。因此，这就是需要"技术"的支持、项目的支撑，通过"粤教云"这样的项目试点，实现技术互动、理念互融的均衡化、优质化教育。

访谈者 珠海如何推进"粤教云"项目？

赵文华 在推进"粤教云"项目过程中，我们提出三个着眼点：一是以信息化促进义务教育均衡发展为着眼点，切实推进教育公平；二是运用现代教育技术手段推动新课程改革为着眼点，进一步提高教育教学质量；三是探索新的教育教学模式为着眼点，形成鲜明的区域教育特色和办学特色。

目前，为大力发挥"粤教云"项目提供的平台和资源优势，我们提出了建设三类课堂：云服务课堂、云互动课堂、云协同课堂。云服务课堂不需要任何硬件投入，就是充分利用各试点学校既有的教育信息化基础设施，通过课堂环境中现有的教学平台获得高效、便捷、优质的资源服务。目前珠海市已经实现了班班通，100%教室都可以享受这项服务。云互动课堂就是在云服务课堂环境基础上，为师生配备新型学习终端，转变教与学方式，提高课堂教学效果。云协同课堂是在云互动课堂基础上，增加录播系统，利用云视频服务，让课堂教学通过网络延伸到农村和城市薄弱学校。

访谈者 你们有什么样的保障机制？

赵文华 "粤教云"项目的推进需要一个长效稳定、可持续的发展机制和政策环境。我们出台了《珠海试验区"粤教云"示范应用实施方案》，明确了试点目标、主要任务、进度安排等。此外，成立了以局长为组长的"粤教云"珠海试验区领导小组和以副局长为组长的工作组。

在"粤教云"应用示范试点区建设和项目实施过程中，我市建立了多渠道、多层次的经费投入机制。2014年专门拨出"粤教云"专项建设经费，保障各试验校的硬件、软件（含数字内容）等方面的建设，并拨付"粤教云"专项培训经费；争取省科技厅重大科技专项经费，以支持关键技术攻关。

我们还建立了应用评估机制，在"粤教云"专家组指导下，对15所试点校的试点工作提出了建议和要求，定期对学校的试点工作进行评估。

访谈者 目前进展如何？

赵文华 今年（2014年）5月29日，全省"粤教云"项目在我市召开启动大会，标志着"粤教云"正式实施。一是我们选择了15所试点学校来进行实验，其中有位于中心城区的市直属学校、香洲区属学校，也有位于相对偏远落后的西部地区的学校，具有广泛的代表性。二是为"粤教云"试点工作"搭架子"，就是把开展实验所需的环境和平台搭建起来，建设珠海"粤教云"云数据中心。全市教育系统通过市的云数据中心连成一个完整的珠海"教育云"平台，全市的教育资源都可通过这个云共享给全市的教师和学生。此外，还建设了珠海市教育视频平台，将全市各校的录播教室与平台无缝连接。三是启动教师的培训工作。我们今年实施网络在线培训、体验式培训、泛在培训等方式，结合实际，多层次、全方位开展"粤教云"专项培训工作。

访谈者 您觉得最大的难题是什么？

赵文华 在推进"粤教云"项目的过程中，我们也遇到了很多难题。一是教师教育观念跟不上信息时代的步伐。教师的惯性思维让他们仍坚持固有的观念，制约了开展信息技术教学的积极性和水平，阻碍了新课程所倡导的"学生为中心"课堂结构变革。二是优质数字化教育教学资源无法满足各级各类学校师生的需要。教育信息化的核心是教学的信息化，其内涵和基础是支持教与学过程的教学资源。但目前我市的教育教学资源建设与教师应用需求相比仍然滞后，以致信息技术在教育教学领域应用的深度和广度不够，也缺乏教育教学资源开发所需的先进工具和平台软件。三是实施教育信息化的规划不够完善，没有纳入学校的整体发展规划之中。部分学校没有制定自己的教育信息化规划，而是将教育信息化的相关工作交给信息中心来做。由于信息中心在学校内所处位置的限制，考虑更多的是技术层面的问题，在信息技术和教学融合方面往往考虑得不够。

访谈者 下一步的工作重点是什么？

赵文华 我想，我们要进一步加强推进教育信息化发展的顶层设计，坚持应用导向和机制创新，以减负增效、个性服务和均衡发展为目标，探索"粤教云"服务课堂教学和教师专业发展的有效方法和途径。可以说：未来珠海的教育始终坚持以信息化为手段，以"粤教云"为项目载体，以管理手段变革为支撑，以吸收优质资源、促进文化交融为追求，打造适应时代发展、满足城市要求，适合人才成长规律的均衡、优质、特色的教育。

拨开"云"雾见月明:名师眼中的"教育云"[①]
——访肇庆市教育局电教站黄国洪站长

个人简介: 黄国洪,信息技术中学正高级教师、特级教师,肇庆市教育局电教站站长。兼任中国教育学会信息技术教育专业委员会理事、广东省重大科技攻关项目"粤教云"工程专家组成员、广东省基础教育信息技术学科教学指导委员会专家。专注于中小学信息技术教育、区域教育信息化发展、远程教育技术应用等方面的理论和实践研究。长期从事信息技术教学及研究工作,培养了一批在国内外信息学奥林匹克竞赛获金牌、银牌的选手;主持了多项教育科研课题研究,多次获国家级和省级奖励;主编了多套中小学信息技术教材,出版了多部教育专著。

"教育云"是美丽的传说

访谈者 黄老师,您好。据我所知,肇庆市在2012年就开展了区域教育云的建设。请您谈谈为什么要建设"肇庆教育云"。

黄国洪 肇庆市位于广东省中西部,属广东省经济欠发达地区。由于受到地理环境和经济发展水平的制约,在教育信息化发展过程中存在较大困难。2012年8月,在省教育厅印发的《广东省教育信息化发展"十二五"规划》中,将"粤教云"计划列入教育信息化发展的五大行动计划之一。我觉得这是一个难得的机会。因为云计算技术的重要理念就是统一部署、分级管理、资源共享,非常适合肇庆教育信息化发展的实际。同时,肇庆市各级领导和师生都有强烈的发展愿望以及较好的信息化建设基础,比如我们开展的"市教育专网"建设、"村小直通车"建设和"农村远程多媒体交互教室"建设等,积累了一些花少钱办大事的成功经验。因此,开展"肇庆教育云"建设便有了天时地利人和的条件。

访谈者 您最初理解的"教育云"是怎么样的?

[①] 原载《教育信息技术》,2014年第11期。

黄国洪 我认为,"教育云"在项目设计阶段是一个美丽的传说。因为设计是将人的某种需求或设想、问题解决的方法通过具体的载体,以理想的形式表达出来的一种创造性活动过程。人的需求表达越具体,设计就越完善。为此,我查阅了国内外很多有关教育云的资料,分析研究教育云的一些基本特征,归纳起来主要如下:一是教育云可以实现优质教育资源共建共享,促进教育均衡发展。如广东的教师可以利用北京大学附属中学的教学资源进行教学;农村的学生可以远程聆听城市教师的授课;等等。二是教育云可以使学生进行个性化学习。即"云"端的学习管理系统能够根据学生的实际情况,推送学习资源,实现因材施教。三是教育云可以实现教育教学管理自动化。教师可以利用教育云全面了解学生的学习状态,跟踪学生的学习成绩,预测学生的发展趋势。

但令人遗憾的是人对过去所做的事情能描述得很具体,而对未来将要做的事情却只能描述一个大概。如我们能把讲授法教学模式描述得很具体,但对云计算技术支持下的个性化教学模式只能描述一个模糊的概貌。因为模糊有距离,所以有许许多多的美好描绘,也有各种各样不切实际的诱人幻想。如教育云能促进"无疆界学习",使教师职业和学校教育逐步消亡等。

"教育云"是信息化学习共同体

访谈者 "教育云"看似很美,你们如何把这个"美丽传说"逐步变为教育现实?

黄国洪 2012年底,在教育部和广东省教育厅的大力支持下,在华南理工大学和华南师范大学的帮助下,我们参与了国家基础教育资源库建设和国家科技支撑计划"基于超级计算和同步区域云的教育资源中心技术研发与应用示范"、广东省政府重大科技攻关项目"粤教云"工程、广东省教育厅重点课题"基于区域教育云的个性化学习环境建设和应用研究"等研究,在教育云的搭建和实践应用方面做了一些有益的尝试。一是建设了分布式虚拟化计算平台。以市教育资源中心为主节点,各县(市、区)教育资源中心和现代教育技术实验学校为分节点,通过市教育专网和虚拟化计算平台,把各节点的云计算服务器、存储器连接起来,分级调度和管理,形成了功能强大、方便灵活的区域教育云基础计算平台。二是开发了教师教学设计平台和学生学习管理平台。以现代教育理论为指导,利用知识管理、内容和应用聚合、服务定位和发现等技术,开发了基于教学工作流和学习活动流模型的教学管理平台和网络学习空间,向教师、学生和家长提供有效的内容推送,使学生能够借助网络学习空间开展个性化学习和协作学习,实现教与学、教与教、学与学的有效互动,促进教学方式与学习方式变革。三是建设云端的教育资源库。运用异构数据库数据挖掘技术,重新梳理、分类原有的教育资源库和信息管理系统。利用资源整合及独特的调度技术,部署中央数据库,将分布于各地的特色资源重新整合并呈现于教育专网的主节点上,以满足不同区域、不同人群、不同应用终端的使用需求。四是建设智慧课堂和无线校园。以原有的校园网为基础,运用无线网络技术、多媒体技术,搭建智慧课堂和无线校园,以满足移动终端的使用要求。

访谈者 在部署"肇庆教育云"建设过程中,您有什么新认识吗?

黄国洪 随着项目建设和应用实践的展开,我们发现"设想"与"现实"存在巨大差距。但我们进入教学业务平台和资源开发阶段时,发现目前能描述清楚的教学流程都是旧的教学模式、旧的资源呈现方式,而这些并不是我们期待的。所以教育云的建设除了硬件建设、软件建设和资源建设之外,还应该包括人的思想建设和行为模式建设。要通过学习掌握现代教育思想,构建新型教学模式,才能开发出我们期待的教育云。因此,教育云是一个由硬件、软件、资源、人和模式组成的信息化学习共同体。当人的需求发生变化时,信息化学习共同体中的要素就会发生变化,教育云也就发生变化。也就是说,教育云是根据人的需求不同而呈现不同的形态,根据人的发展而不断发展和完善。

同时,教育云是一个复杂系统。在一定的外部能量流、信息流和物质流输入的条件下,系统会通过大量子系统之间的协同联动作用而形成新的时间、空间或功能有序结构。当各子系统相互共生、相互协调时,整个系统发挥的功能就可能大于或等于子系统各自发挥功能的和。教育云的建设和应用不仅要统筹教育云系统各要素,更要统筹教育云系统与教育、社会之间的关系,以及区域、城乡之间的发展。深刻认识和理解教育云系统的内外关系,是我们推进信息技术与教学深度融合思考的角度和实践的依据,也是我们构建"信息化学习共同体"的思想基础。

"教育云"是"涅槃"的凤凰

访谈者 教育云从设想中的"美丽的传说",到建设中的"信息化学习共同体",经过一番理想与现实的"切磋",您认为教育云的建设和应用重点应关注什么?

黄国洪 教育云是云计算技术在教育领域中的应用。因此,除了应关注云计算技术之外,重点应关注学生学习的全过程。我们知道,学生的学习通常有五个环节,即预习、听课、复习、作业、总结。如果对各学习环节进行场景分析(观察各环节的时间、地点、同伴对学习效益的影响),我们会发现除听课环节的场景较佳外,其他学习环节的场景均不利于学生的学习。因此，教育云要覆盖学生学习的全过程，要运用信息技术创设各学习环节的理想情景，要根据不同环节的需求给予不同的技术支持，要根据教育云的技术应用重新构建课堂教学模式和学习方式。教师要以教学目标为导向，对学生学习全过程进行教学设计，运用信息技术创设各学习环节的理想情景，使学习效益最大化。

访谈者 从完美的设想到眼前的现实，您对未来的教育云有何期盼？

黄国洪 这里我想讲述一个真实的故事。有一天，我们到一所山区农村小学教学点听语文课，上课的是一位满脸胡茬、年过半百的男老师，他用带有浓重乡下口音的普通话教孩子们识字。孩子们听课很认真，只是目光有点呆滞，不敢直面跟生人说话。在课后的交流中，我们才知道他是学校的校长。之后，我们为农村小学教学点搭网络、配电脑、装多媒体教学平台，开展远程培训和教研活动。后来，我们再去那所教学点听课，校长兴高采烈地告诉我，他可以用"教育云"上的多媒体课件教语文课和音乐课。跟学生聊天，学生敢于看着他说话，眼里流露出自信和童真。

为此，我想到了凤凰涅槃的故事：天方国一对神鸟，雄为凤，雌为凰。满五百岁后，集香木自焚，复从死灰中重生，从此鲜美异常，不再死。教育云时代的到来，推动了教育的变革，使置身于教育的人们既是变革的力量，也是被变革的对象。唯有涅槃凤凰的勇气，破旧立新，百折不挠，才能浴火重生。

改变：从技术支持的课堂教学开始[①]
——访广州市荔湾区芦荻西小学黄懿老师

> 信息技术不再仅仅是辅助教或辅助学的工具、手段，而是要通过信息化教学环境的营造和新型教与学方式的创设，使传统的以教师为中心的教学结构，转变为"主导—主体相结合"的教学结构，从而使培养创新精神与实践能力的目标真正落到实处。
>
> ——黄懿

访谈者 黄老师，您好。《教育信息化 "十三五" 规划》强调信息技术与教学融合，据了解，您将以 iPad 为代表的移动设备引入课堂，您认为它与传统教学相比最大的不同点是什么？

黄　懿 最大的不同在于学生获取知识的途径不再局限于传统课堂上教师讲授，教师利用网络和移动设备为学生提供丰富的学习资源与平台，通过学习任务的设置引导学生的学习。学生在网络与移动设备的支持下通过自主探究、协作学习、评价交流等方式进行学习。学生的学和教师的教并不只局限在课堂上，只要有网络，师生就都可以随时随地进行教学活动，真正实现开放式课堂。

访谈者 您认为这种新的技术、设备在您的教学中充当着什么角色？

黄　懿 移动设备是学生获得知识的工具，是学生学习交流的平台。学生的学习将从课内延伸到课外，从书本延伸到网络，学习的形式从单纯的师生互动，扩展为师生互动、生生互动（学生可以互为欣赏者和评价者），以及学生与移动设备之间的互动（学生可以成为自己作品的欣赏者和评价者）、教师与移动设备之间的互动（教师可以成为作品的设计者和创造者）。教学模式也从传统的"教师教，学生学"的单向教学模式向"以学生为主体，教师为主导"的"双主"教学模式转变。

访谈者 您能否结合英语学科的特点谈谈如何培养学生综合运用语言的能力？

---

① 原载《教育信息技术》，2014 年第 12 期。

黄　懿　义务教育阶段英语课程的总目标是：通过英语学习使学生形成初步的综合语言运用能力，促进心智发展，提高综合人文素养。以语言技能、语言知识、情感态度、学习策略和文化意识五个方面共同构成的英语课程总目标，既体现了英语学习的工具性，也体现了其人文性；既有利于学生发展语言运用能力，又有利于学生发展思维能力，从而全面提高学生的综合人文素养。

一方面，教育信息化环境下的英语教学更有利于学生对中西方文化的了解，学生可以在教师的引导下在网上非常方便、快捷、准确地获取大量与学习主题相关的文化背景、人文信息，这使我们的英语教学更容易进行文化的渗透，使语言的学习成为文化传承的载体，更好地实现总课标的人文性。

另一方面，根据总课标的要求我们的教学不仅要培养和发展学生语言运用能力，更要培养学生思维能力。因此，在教育信息化环境下的英语教学，我们的教学观念不能只停留在语言知识的传授上，而要更多地关注如何培养学生具有与现今大数据信息化时代相适应的学习能力与思维方式。所以我们改变教学观念和教学模式，从"教师教，学生学"的传统课堂转变成"学生是学习的主体，教师是学习的主导"的新型开放式课堂，在网络与移动设备的支持下把课堂教学延伸到课外，从课前的任务执行到课堂的成果交流、展示与评价，学生作为活动的主体，通过完成任务实现知识的内化与输出，通过交流、展示与评价实现知识的迁移、语言综合运用能力的提升。而教师则通过任务设置、情景创设、活动组织引领着学生开展自主学习，不但教给了学生知识，更教会了学生思维的方式和自主学习的技能。

访谈者　您如何借助技术工具适应学生个性化的发展？

黄　懿　在课堂上使用移动设备后，让教师为不同层次、不同需求孩子的个性化学习提供了一些可行的方法。例如 App Store 上可以下载英语的各种有声读物，不仅可以让学生听故事、读故事，还可以根据自身情况来选择是以带汉字的字幕阅读还是以带英文的字幕阅读。这样一来，不同程度的孩子都能选择适合自己的一种阅读训练方式。再比如英语的 Board 软件，它代替了传统教学中的单词练习册，教师可以利用它的个性化设置，例如题目数量、单词范围等，训练学生的单词识别能力，相应地避免了"吃不饱"和"吃不下"的情况，学生能在适合自身发展的学习过程中获得了自信和进步。而在课堂教学方面，我们也尝试借助移动设备的辅助进行个性化的学习。如在综合课例 Module 1 Colours Review 中教师设置了一个"制作主题 The world in my eyes 视频"的预习任务。学生利用移动设备在生活中用视频、音频或文字等形式进行素材的收集，并借助移动设备的录像、拍摄、录音、文字编辑、视频编辑等强大的功能进行创作与表达，在此过程中学生从听、说、读、写四个方面全面复习了单元句型与单词，并把所学的知识迁移到真实的场景中去，进行个性化的表达，体现出学生的语音综合运用的能力和强大的创作力。

访谈者 在改变的过程中，遇到了哪些困难？

黄　懿 在我的教学实践中，遇到的困难主要集中在两个方面：第一个问题是如何指导学生开展自主学习活动。众所周知，现在网络比较发达，网络上的信息量很大，学生对相关学习信息的获取与处理是存在很大难度的。移动设备上的辅助性学习工具有很多，哪些比较适合学生使用，以及如何指导学生使用与创作，这是我们教师需要考虑的，也是我们教学过程中的一个难点。第二个问题是比较现实的问题，对学生iPad的使用控制。比如，孩子喜欢玩游戏，有时会以学习为借口，利用移动设备玩游戏，作为教师，在教学的过程中比较难监控学生的行为。

访谈者 您是如何去解决这些困难的？

黄　懿 首先，针对如何指导学生开展自主学习活动，我们主要是利用学案设置学习活动，通过活动引领学生进行自主学习。在学案上我们会给出学习信息检索的链接，方便学生搜寻；也会提供一些APP的使用指引，辅助学生学习创作；另外我们还会在网络学习平台上提供一些微课视频进行学习的指导。其次，对于学生iPad的使用控制上，我们的做法是与Apple公司合作，对iPad上的APP使用权限进行控制。

访谈者 通过这种尝试，您认为学生最大的改变是什么？

黄　懿 学生是所有学习活动的参与者和执行者，学生在教师的引导下利用大量功能强大的APP进行快速查阅资料，自主学习与探究，并进行个性化的表达输出，然后通过教师提供的学习平台，进行分享、评价、交流、协作学习。这样的学习模式让学生充分发挥主观能动性，积极投入学习中去，成为学习的主人。

而移动设备则为学生提供了可随时随地随需获取知识、交流互动的学习环境，在这种生动丰富、接近真实的学习环境中教师以项目式的教学活动为载体，培养学生发现问题、解决问题、自主学习、自主探究、个性表达、协助交流的能力，从而促进了学生综合素质的提高。

建好跑道实现教与学的弯道超车[①]
——访佛山市南海区平洲第三初级中学龙海平校长

  我还是坚持学校在推进教育信息化建设的实践中,要高度重视"跑道"建设这样一个观点。"跑道"建设的重要价值不能忽视。这与经济建设领域所讲的"要致富,先通路"的道理是一样的。学校要学会在"跑道"建设中对各种资源进行优化组合,最终要实现技术应用与人的发展相协调。

——龙海平

  个人简介: 龙海平,中学政治高级教师,全国名优校长,全国特色教育先进工作者,广东省中小学新一轮"百千万人才培养工程"中学名校长培养对象,南海区名校长工作室主持人。现任佛山市南海区平洲第三初级中学校长。2015年12月10日,在教育部召开的全国基础教育信息化应用现场会上做《信息化让薄弱学校实现弯道超车》专题汇报,引起强烈反响。

  访谈者 龙校长,您好。据了解,您做客佛山电视台"少年派"特搜专题校长办公室栏目,在访谈录里我们了解到贵校"练评讲+电子书包"的教学新模式,您能否从学校教育信息化发展的角度谈谈开展这种新的教学模式的背景?

  龙海平 四年前的平洲三中是一所薄弱学校:生源底子差,教学质量差,教学模式陈旧,师生信心不足。我2012年来到平洲三中,为了改变现状,促进学校发展,选择用教育信息化带动学校教育现代化的发展思路。我们抓住南海区用教育信息化将教育推入"云端"的机遇,加入电子书包研究团队,将正在实施的"练评讲"教学模式与电子书包平台进行融合,创建了"练评讲+电子书包"教学新模式,实现了线上线下的有机融合,拓宽了教学空间,改变了教与学的生态环境,得到学生和家长的积

[①] 原载《教育信息技术》,2016年第12期。

极响应，为薄弱学校实现弯道超车提供了条件。正如《关于"十三五"期间全面深入推进教育信息化工作的指导意见（征求意见稿）》提到：要通过融合创新提升教育信息化的效能，通过深化信息技术与各级各类教育教学、管理的融合，强化教育信息化对"教改""课改"的服务与支撑。

访谈者 为什么将"练评讲"与"电子书包"融合？

龙海平 目前很多学校都在尝试使用平板电脑或电子书包，但是效果并没有显现出来。问题在于穿新鞋走老路，鞋与路不相互匹配。好比轮滑运动，有一双好轮滑鞋子是不够的，优秀的运动员只有在专业的跑道才能大显身手。电子书包是一种比较先进的教学平台，但它的优势只有在线上的虚拟教学环境下才能发挥出来。在虚拟教学环境下，教师怎么教、学生怎么学、班级怎么管，说到底还是教学模式的变革问题，新教学模式的建构就是我们需要去建设的新跑道。

"练评讲"教学模式一改传统课堂"教师讲—学生练—教师评"的做法，让学生走到教师前面去，形成"学生练—助教评—教师讲—小组赛"闭环式的教学机制。这样，学生的自主学习在前，教师的点拨引导在后，符合启发式教学的基本规律和在线教学的基本要求，加上同伴互助作用的强化、小组合作学习机制的建立，让这一教学模式更加切合了现代课堂体验性、生成性、互动性、合作性的实际需要。这就是"练评讲+电子书包"融合的基本原理。

访谈者 贵校是如何去建好跑道进而实现教与学的弯道超车的？

龙海平 建设跑道要综合考虑四个要素，一是目标，二是流程，三是监控，四是评价。我们的跑道建设与学校的育人目标直接关联。我们要培养的是具有良好的公民风范、领袖气质和学者风度的时代新人。这个目标的实现是一个系统工程。跑道建设需要根据学校的实际情况，量力而行。最核心的就是激发师生的热情，调动大家的积极性。为此，我们确立了"让学生走在教师的前面，做最好的自己；让教师走在校长的前面，做教育的先锋"的管理理念，各部门都按照这样的思路去开展工作。目标确定后得有明确的路径，这就是流程。"练评讲+电子书包"模式就是教学方面的一个重要的流程。"流程"如何有效运作，效果怎样？这需要建立监控系统和评价机制。我们将线下运行多年的"学生练—助教评—教师讲—小组赛"的"练评讲"教学管理机制与电子书包平台整合，形成"练评讲+电子书包"教学管理平台。这个平台的最大好处就是可以对学生个体学习情况进行过程性的监控，还可以对小组合作学习情况进行综合性的评价。这解决了我们困扰多年的小组学习纵横向跟踪和评价难题。

我们的"练评讲+电子书包"这一"跑道"的建设过程，实际上就是教育教学管理的流程再造与信息技术相互融合，进而推动学校育人方式变革，更好地完成立德树人根本任务的过程。我们的2015届毕业生，从2012年开始连续三年参加南海区教育局组织的教学质量绿色监测，综合指标处于全区最好的水平。学生在思想品德、身心健康、学业水平、兴趣特长等各方面的发展都是非常好的。我们的2016届毕业生，中考成绩特别突出，重点中学上线率高达70.1%。四年时间里，我们开放课堂，专门邀请全体家长听课评课就有26次，共528节课，教师平均每人向家长展示6.5节课。参加听课评课活动的家长累计27 500人次。学校发放家长调查问卷27 500份，收回有效问卷27 000份，家长对课堂的满意度达到98.8%。这就证明，我们的"跑道"建设是比较成功的，它对学校整体发展的驱动效果是非常明显的。

访谈者 在建设跑道的过程中，如何去实现教与学的弯道超车？

龙海平 没有国家的课改、教改政策引领，没有政府信息化战略做支撑，没有学校新跑道建设的实践探索，像平洲三中这样基础比较薄弱的学校要实现弯道超车是比较困难的。之所以能够实现教与学的弯道超车，有两个重要的原因。首先是"跑道"具有积极的导向功能。它包括四个运行机制：一是"学生练"的自主实践机制；二是"助教评"的同伴互助机制；三是"教师讲"的名师指引机制；四是"小组赛"的合作争先机制。这些机制的有序组合正好满足了积极心理学关于人的积极行为产生的基本条件：自主、胜任和关系和谐。所以能够有效提高教与学之间的互动效果。也就是说四个运行机制的相互作用，形成了一个积极的行动场，产生了一种积极的文化效应，弯道超正是这一效应的具体体现。其次是"跑道"具有的灵活性功能。教师可以根据教学需要灵活选择"练评讲"教学模式或者"练评讲+电子书包"模式。在网络承载能力允许的条件下，教师可以选择线上教学或线上线下相结合的混合式教学。在网络承载能力不允许的条件下，教学活动可以随时切换成线下常规的"练评讲"教学模式。这种灵活性顺应了当前教育信息化的实际需要，弯道超车有了制度保障。

访谈者 在建设跑道的过程中，遇到哪些瓶颈？

龙海平 我们遇到的困难并不是想象的那么多，比如教师的思想观念上就没有事先想的那么难改变，很多教师都愿意去尝试，特别是看到效果之后，大家参与的积极性更高了。主要瓶颈还是技术方面的问题，比如带宽有限，现有的带宽只能承受起2~3个班级同时上这种课程。又如学生使用电脑的过程中容易出现故障，有的并不是课堂时间内能够及时解决的。

访谈者 在建设跑道的过程中，教师有哪些改变？

龙海平 不仅仅是观念有改变，教学行为上也有了较大的改变。"让学生走在教师的前面，做最好的自己"这个观念已经转化为每一个教师的具体行动。大家做得最多的是，在"练评讲+电子书包"教学模式的基础上进行改进，打造出具有学科特色的教学新模式。比如体育学科，教师们已经创建出"练评讲+平板电脑"体育课教学新模式，教学效果非常好。在体育课上，需要测学生跑步的速度，以往怎么测？以往可能是教师采取计时器来测试，而现在不同了，教师是使用平板电脑进行分析，测试学生跑步的速度，分析学生的动作要领，帮助学生分析存在的问题，找出解决的办法。运用这种办法进行训练，学生的体育成绩进步非常明显。2015年我们学校代表佛山市组队参加广东省第十四届运动会获得学校体育组乙组田径总分第一的好成绩，这个成绩同信息技术的应用是分不开的。又如英语学科，在运用"练评讲+电子书包"过程中，发现了电子书包平台在线英语写作参考资源不足、在线作文批改功能有缺陷，学科组就自己进行资源建设，同时多次与平台设计方进行协商完善在线作文批改功能。这一改进，我校学生的英语写作能力提高就比较快了。

访谈者 对于学校未来的发展您有哪些好的建议？

龙海平 我觉得，教育信息化是一个渐进的历程。学校不能停下前进的脚步。接下来，我们会在"练评讲+电子书包"的基础上，鼓励学科教研组在学科教学与信息技术的进一步融合上下功夫，让"练评讲+电子书包"教学模式具有学科教学特色，为学生发展学科核心素养服务。与此同时，我们还要鼓励教师将学科教学、信息技术、自身优势相结合，磨炼出自己的教学风格，创建属于自己的教学跑道，为教育信息化做出新的贡献。

走在学科信息化教学"求新求变"的路上[①]
——访佛山市顺德区伦教中学欧阳秋霞老师

我们是教育者,我们更是一线教师,提高课堂效率和提高学生学习能力才是我们研究的核心,技术只是我们支撑教学的手段。求"新"求"变"是我们在做教学研究的过程中应该秉承的态度,但保持真诚学习的态度、开放接纳的心态以及清醒的头脑更是我们教学研究者该有的素质。

——欧阳秋霞

个人简介: 欧阳秋霞,语文高级教师,佛山市优秀教师,顺德区优秀教师,翻转课堂与微课专家,基于 Moodle 的语文三步五环混合式学习模式创始人。一直秉承着"用信息技术做更好的课堂,让学生做更好的自己"这一教育理念,积极创新教育教法,重点打造轻松幽默的个性化课堂,专注于语文学科与信息技术深度融合研究 16 年,在教育教学中主动探索符合新课改理念的创新教学模式,研究出基于 Moodle 平台的高中语文三步五环混合式学习模式,得到中央电教馆、省电教馆和顺德区教育发展中心领导和专家的认可,多次在顺德举行展示推广活动。共有十多篇论文在各级刊物发表,论文《基于 Moodle 的高中语文文言文综合课堂设计探析》获得全国教师论文大赛一等奖,微课作品获得全国微课大赛二等奖。2016 年 8 月在广州举行的全国微课与翻转课堂研讨会上,受邀为来自全国各地的教师做了专题报告。

访谈者 欧阳老师,您好!据了解,对于信息化教学研究您持有这样的观点:研究就要求新求变,不拘泥形式,没有最好的,只有最适合的。在您研究的过程中,"新"与"变"是如何体现的?

欧阳秋霞 我对信息技术与学科深度融合的研究从 2000 年就开始了,从最开

[①]、原载《教育信息技术》,2017 年第 4 期。

始的多媒体课件到 WebQuest 我都进行过研究和实验，2012 年我开始重点研究基于 Moodle 平台的语文混合式学习和翻转课堂。我在研究过程中一直在求"新"，更在求"变"，但我所追求的"新"不仅仅是形式的新，更是内涵的新。因为我们作为一线的学科老师，我们要考虑的是如何能够利用信息技术提高课堂效率，如何利用信息技术提高学生的学习力，因此我在研究的过程中特别注重新技术对学科教学的支撑作用。而求"变"则是在研究过程中注重随需求而变、随进度而变、随学情而变。现在教育界流行的词是"互联网+教育"，在我看来是"教育+互联网"，因为即使技术再新，不适合的我们就要大胆摒弃，适合的我们就要大胆使用起来，教育才是我们研究的核心，才是主体，技术只是支撑的手段。十多年来，我的研究看起来是在求"新"，但其实我在寻求"更适合"，"变"是为了让技术更适合教学的需要。

访谈者 据了解，在求新、求变过程中，您创设了适合教学需要的基于 Moodle 的三步五环教学模式以及基于微课的翻转课堂教学模式，您能否具体介绍一下这些教学模式？

欧阳秋霞 一个完整的基于 Moodle 的高中语文混合式教学学习分为三个部分：一是新课学习课，既可以由教师带领学生学习新的知识，也可以学生自己利用微课来进行自主学习。二是检测拓展课，我们现在主要是利用平板电脑通过平台检测学习效果。教师通过测试统计反馈，对难点进行重新讲解巩固。学生对所学知识进行实际操作应用，进行课外知识的拓展。三是总结反馈课，教师建立总结反馈区，灵活安排完成时间。学生可以利用假期在家里完成总结反馈作业，或者根据教学进度安排学生统一完成反馈作业。这三步大大拓展了课堂的广度和深度。

课中有五环节，这五个环节主要安排第二节检查拓展课和第三节总结反馈课进行，其中一部分可以灵活安排在课前或课后进行。一是课前测试。了解学生学习情况，及时点评释疑。二是问题超市选题。学生在第一节新课学习课后产生问题，小组上传问题到问题超市，检测拓展课时小组从中自由选择希望探究的问题。三是资源库探究。教师可以根据课文学习和学生研究的需要精选不同类型的文件供学生参考。学生可以全部阅读，也可以选择自己感兴趣的进行精读。四是合作探究，发表探究成果。学生进行自主思考和学习探究资源库的资料后，对之前所选的问题进行思考分析。五是课后反思提问。设置课后反思提问区，以便学生进行课后反思和提出新的问题。

基于微课的翻转课堂教学形式，除了沿用常见的课前微课自学、课中检查释疑之外，还设计了检测三步走。对一些要重点掌握的知识，应加大课内检测的力度，例如在学习文言虚词的时候，就可在检查释疑课的课前和课后设计不同难度的测试，以便更加及时地检测学生掌握知识的情况。平板电脑的使用，使检测反馈变得更加便捷和高效，这也是技术为我们带来的好处。

教学模式的转变首破了传统教室的时空限制，教师在紧紧守住课堂这块阵地的同时积极拓展课外教育教学资源和手段，使学生的学习在传统教学模式和"互联网+"的学习方式碰撞融合中不断活跃、完善、科学起来。我们的 Moodle 课堂和新式翻转课堂切实实现教师学生双主体互动的个性化教学，改变了教师对课堂信息技术应用的垄断，他们尝试自己制作出互动的网络课程，具有交互性、便捷性，更有突破时间空间的限制、功能更多等优点，实实在在地让学生接触网络，并通过网络信息平台达到信息共享的目的。

访谈者 从教师专业发展的角度讲，对您个人最大的改变有哪些？

欧阳秋霞 在研究过程中找到了自己专业发展的方向，我一直认为一个老师应该要对自己的未来有所设想和规划。其实我研究信息技术与学科整合已经 16 年多了，我一边研究一边将自己的研究成果写成论文，近几年还申报了不少课题。我认为课题研究让我的专业发展方向更加清晰。

研究也对我的课堂产生了很大的影响，因为我一直认为"没有最好的，只有最适合的"。因此我在课堂的构筑上，现在更多是注重如何有效地利用信息技术手段去支撑我的教学。我觉得自己的优势在于我对许多信息技术与学科融合的手段都尝试过，知道它们各自的优点和缺点，因此我可以进行有效的取舍。例如，我在上文言文课的时候，我发现在讲授特殊句式时，利用微课进行翻转课堂学习就比传统的讲解效果好，在学习完之后，再利用 Moodle 的测试功能对学生进行检测，利用即时批改反馈功能对学生普遍存在的问题进行及时的讲解，这种学习效果是最好的。当我们不再把技术当成高不可攀的东西，而把技术当成一种必要的教学工具，这样技术自然就能让我们的课堂更加高效，我们的教学也可以做到更加有的放矢。

访谈者 教学的过程也是不断研究的过程，从学生的角度来说，整个研究过程对于学生的发展有哪些影响？

欧阳秋霞 我们现在讲语文的核心素养，所以我们在教学的过程中也会特别注重学生能力的培养，但是我们不可否认在语文的积累这个方面，我们的传统课堂的局限性就比较大，而且学生不能实现自主选择，可以说都是完全跟着老师走。信息技术支持的新课堂可以扩大学生的阅读面，而且能够把课堂的决定权交给学生，更能够把学习内容的决定权交给学生，学生真正实现"我要学"，而不是"要我学"。信息技术支持的新课堂还能对学生学习知识的情况进行及时的分析和反馈，利于学生自己及时调整学习的方式和重点。我们现在常常讲自主学习、合作学习，但传统课堂无疑很难真正做到，现在我们将网络课堂和传统课堂结合起来便可以很好地解决这个问题，即实现了教师对课堂的主导作用，也实现了学生对学习过程的自我把握。

访谈者 新技术、新理念、新模式层出不穷，作为一名教师、一名研究者，您认为应该保持怎样的心态才能做最适合的研究？

欧阳秋霞 虽然我在信息技术和学科教学深度融合研究这条路上已经走了十多年了，但却一直都觉得自己在这条研究的路上还是一个学生。当然也是因为这种心态，能够让我十多年一直保持新鲜感和使命感，看着自己的研究一步一步走向成熟，自己的教学也一步一步形成自己的风格，我觉得很欣慰。学科信息化教学就是一直在"求新求变"的路上，我觉得我们都要时刻保留"开放和学习"的心态。特别是作为做教学研究的，我们必须要让自己一直在路上。你说得对，新技术、新理念、新模式日新月异，层出不穷，我们一定要保持开放和学习的心态，但是也要注意"乱花渐欲迷人眼"，因此我们还要保持清醒的头脑。

大数据时代 关注个性化的精准教学[①]
——访广州市东圃中学王海涛老师

大数据时代已经来临,我们是拥抱它还是任其溜走,在于自己的认识。数据能帮助我们发现和提出问题,但如果是人云亦云,乱用数据,则会本末倒置,失去自我。任何学科的学习都不能乱用技术,技术的主要作用在于激发学生学习兴趣,辅助提升学生学习思维,同时通过快速反馈提高效率,实现个性化精准教学。

——王海涛

个人简介: 王海涛,华南师范大学教育硕士,肇庆学院客座教授,获广州市优秀教师及广州市"三八红旗手"荣誉称号,长期从事教育信息化相关工作,现任教于广州市东圃中学。曾参与国家、省、市的教育信息技术课题研究,其中,主持的市级课题"网络环境下的中学语文拓展阅读研究"的研究成果获广州市教学成果二等奖。编著出版《Moodle 网络课程开发指南》一书。

访谈者 王老师,您好。据了解,贵校开展了"大数据下的精准教学"研究,请您谈谈开展此项研究的背景。

王海涛 大数据并不是一个单纯描述数据数量之巨大的概念,而是立足于对维度交错、来源多元、类型多样的大规模数据的深度挖掘与分析,寻求数据背后的隐含关系。因此,我认为大数据时代下的教与学,核心在于在教学过程中对大数据的应用,有针对性地开展教学,运用数据分析诊断教学,发现学生学习过程中的问题,进而开展精准教学。

一直以来,很多专家学者都在研究信息技术环境下的教与学。信息技术在优化课堂教学、促进学生个性化学习方式上起到重要作用。教育部印发的《教育部 2017 年

[①] 原载《教育信息技术》,2017 年第 11 期。

工作要点》中也提出：鼓励教师应用网络学习空间开展备课授课、家校互动、网络研修、指导学生学习等活动；鼓励学生应用网络学习空间进行预习、作业、自测、拓展阅读、网络选修课等学习活动，养成自主管理、自主学习、自主服务的良好习惯。基于此考虑，学校依托大数据以实现个性化学习，教师根据学生学习情况进行因材施教，进而提高课堂教学的针对性，提高学生学习的有效性。

访谈者 您认为大数据背景下如何做到精准教学？

王海涛 要实现大数据环境下的精准教学，首先必须运用教学软件，实现教学过程的信息化，生成教学数据，通过大数据分析，可以精确到具体知识点的学习和教学情况。教学软件的精准可以做到把学习者学习行为的生成数据存入数据库，从数据库中采集数据并进行分析，根据数据分析结果为学习者提供合适的学习指导和学习策略，教师根据分析结果，对系统进行人为干预，做到教学的精准。

访谈者 您认为大数据背景下精准教学与传统教学有哪些不同，价值如何体现？

王海涛 基于大数据的精准教学是运用互联网的教学，例如数学老师喜欢用专注数学的"极算"软件，这是一款帮助学生实现个性化学习（Adaptive Learning）的APP。它通过优质题库和试卷资源来设计数学基础练习；通过测评报告、薄弱知识点剖析、分层跟进练习来进行个体诊断和补救薄弱知识点；通过班级错题本滚动训练，引导学生思考并进行错题重做以精准查漏补缺，最终达成班级教学效果的提升。这样通过数据信息的及时反馈，可以及时找到学生的薄弱点，实时量化学生学习情况，让教师教学更有针对性。以客观的数据避免了主观因素形成的判断误差，这是传统教学无法达到的精准性体现。

访谈者 学校开展大数据下的精准教学的立足点在哪？

王海涛 我以数学学科为例。第一，学生需要一定数量的数学题目来训练技能，但不能是毫无目的地组卷，这需要把"题海"变"题湖"，甚至更少。而经大数据算法和专业教研教师筛选、审核，并通过标注难度、知识点、数学思想、区分度等标签属性，细分形成题目，能大大减少题量，而且增强了题目的含金量。第二，通过大数据分析评估学生做题的试题难度、平均分等指标，确保教师精准推送，快速有效地检测学生的实际掌握情况。第三，生成数据报表，量化班级学情，进而布置测评，即可快速量化教学成果，教师能定期查看班级总体知识点掌握情况、近期学生学习进步情况以及学生自主做题情况等。第四，定位学生薄弱环节，分层推送跟进练习。诊断每个学生各个知识点的掌握情况和薄弱环节，教师只需将相应难度的跟进练习布置给不同层次的学生，兼顾不同层次学生的学习。第五，自动生成班级错题本，"题湖"变"题池"。班级错题按照错题率由高到低排序，方便教师了解班级薄弱知识点，并提供错题组卷布置功能，督促学生及时查漏补缺。第六，精准诊断，快速评测学生学习能力，通过精准诊断，引导学生清晰了解自己的知识掌握情况，并通过及时反馈，提高学生自主做题的积极性，提高学生成绩。错题本的作用在于引导学生思考，即引导学生还原解题思路、思考出错的根本原因，达到让学生掌握同一知识点出现的相似题或者关联题的效果。

访谈者 具体是如何实施的？

王海涛 我校一名数学教师自2016年9月起持续使用"极算"软件辅助数学教学，操作方式如图1所示。

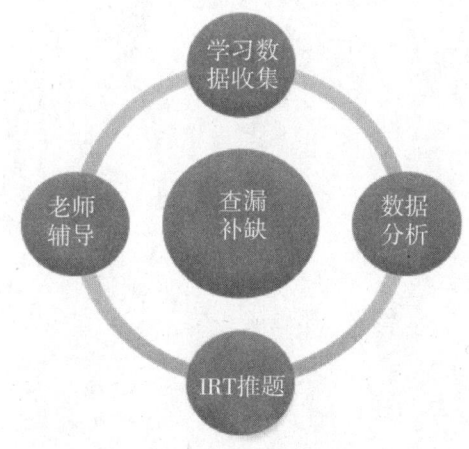

图1 教师教学流程图

一是根据课时每天布置课堂测试，覆盖九年级上册各章节知识点，要求学生课后完成，并根据测试结果布置跟进练习。二是定期评估各章掌握情况，针对重难点开展专题练习。学生在"极算"平台中学习积极性高，不仅高质量完成老师布置的测评，班级作业回收率都在90%左右，还会主动重做错题、攻克薄弱章节。

访谈者 取得了哪些效果？

王海涛 精准教学实施以来，教育教学效果有所提高。可以归结为三个方面：一是教师定期根据班级错题本出针对性的复习卷，平台会通过算法自动生成错题相似题，学生成绩提高较快。二是借助教学辅助平台减轻教师工作量，精准诊断、精准推送，从而让教师有更多时间关注课堂教学的有效性及"育人"的问题。三是线上线下相结合，不仅提升学生学习兴趣，而且提升学习质量，主要是大数据的客观事实与教师经验的主观判断相结合，并把线上诊断与线下辅导连成一体，实现精准的教与学。

访谈者 您未来有关精准教学的研究侧重在哪方面？

王海涛 我想在教学评价方面多关注。学生是否真正掌握知识或技能，关键在于检测学生学习的行为过程或是学习技能，只有对学生学习行为过程的关注，才能对学生在学习过程中表现出来的不同个性进行有针对性的指导或是引导，从而更有效地实施精准教学，提高学习的有效性，而不是把学生变成会考试的机器。相信未来几年，随着人工智能技术在教育中的普及和应用，精准教学研究将能借助人工智能技术深入研究教学过程，改进教学方法，提高学习效率和技能。

"创现"理念下的个性化学习[①]
——访茂名市祥和中学彭志洪校长

两年来,学校积极开展基于移动互联网云和大数据海量资源库新信息技术的教育改革和创新,使个性化教学、分层教学、走班课堂、微课教育、创客探研等新模式实现教学新常态。特别是运用电子书包进行的互动教学、小组协作、在线探研、即时评价,充分调动学生学习的积极性,关注到每个学生的个性,实现了高效课堂。

——彭志洪

个人简介: 彭志洪,茂名市祥和中学(原茂名市第一中学附属学校)学校党支部书记、校长,茂名市优秀校长,广东省"百千万人才培养工程"名校长培养对象,把关爱学生作为立校之本,获广东省教学成果二等奖和黄华奖二等奖。大力开展教育改革,其中,在个性化教育、数字校园建设、班级文化建设、分层教育、班主任联盟、家校合作、养成教育、担当教育等方面发挥示范、带头、辐射作用。实施的减负工程,注重全体学生全面发展,关注学生的思想动态、学习状态、家庭情况等,大面积提高学生综合素质。

访谈者 彭校长,您好!教育部印发的《教育信息化"十三五"规划》(以下简称"规划")强调以"构建网络化、数字化、个性化、终身化的教育体系,建设'人人皆学、处处能学、时时可学'的学习型社会,培养大批创新人才"为发展方向。据了解,贵校"创现"项目建设中实施了个性化教育,请您谈谈总体设计理念。

彭志洪 学校教育现代化建设项目的总体设计理念是力争通过跨越式建设与发展,建成高水平校园网基础设施公共平台,实现高速安全的校园网全面覆盖校园;体现数字校园文化的信息化终端遍布校园,立足师生员工信息化应用的实际需

[①] 原载《教育信息技术》,2017年第4期。

求,以信息技术对学校的教学、科研、管理和服务等各项工作进行现代化改造,构建资源数字化、应用集成化、传播智能化的信息环境;建设可共享的优质校本教育资源库,实现教学教研、管理服务的高度数字化、智能化,全面提升师生的信息素养和应用水平;建设学校创客空间,使得创客文化与教育相结合,基于学生兴趣,以项目学习的方式,使用数字化工具,倡导造物、鼓励分享,培养跨学科解决问题能力、团队协作能力和创新能力;积极应用新媒体、新技术,开展个性化的学与教的课堂活动,突出体现学生的主体地位和作用,有效促进学生个性发展的学习过程和方式。最终建成优质、安全、绿色、人本的信息化校园,为建设全省一流学校的总体目标提供强大支撑。

在学校教育现代化建设项目的总体设计理念下,我校实施个性化教育,主要依托云计算、网络和信息终端等环境建设,搭建互动课堂、人人通、资源库、家校通平台,进行专业的培训与服务,满足学校管理员、教师、学生、家长的信息化管理、针对性教学、个性化学习、学校沟通等绩效评价。

访谈者 个性化教育离不开学生的个性化学习,贵校如何构建个性化学习环境?

彭志洪 我们正是通过深入研究教育发展趋势,并利用最新的信息技术,针对目前国内教育现状和面临的困境,开发出了智慧云课堂平台。它是基于移动互联技术的完整数字化教学云平台,以最新的互联网云应用信息化概念和全方位的平板电脑教学互动、海量资源库建设管理为切入口,构建出智慧化基础教育一体化平台。该平台融入教学、学习、管理、测试、评估、提升的全过程,最终达到实现教育公平、提高教育质量的目的,推动教育教学改革的发展。

学校的个性化学习建设,主要是建成电子书包智慧课堂,依托云计算、网络和信息终端等环境建设,搭建互动课堂、人人通、资源库、家校通平台,进行专业的培训与服务,满足学校管理员、教师、学生、家长的信息化管理、针对性教学、个性化学习、家校沟通等绩效评价。包括环境建设、软件平台、资源建设、培训服务、绩效评价五个模块,如图1所示。

访谈者 请您谈谈如何具体实施个性化学习。

彭志洪 教师利用电子书包进行课堂互动教学,可即时捕捉学生学习动向,调整教学组织;利用电子书包的教学评价功能,获得即时的课堂反馈,即时调整教学策略,教师在线发

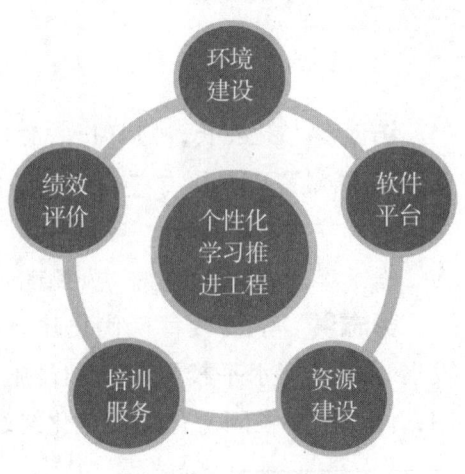

图1 电子书包智慧课堂建设内容

布并批改习题,实现课堂即时评价。学生可以在教师指引下,根据学习主题,利用电子书包丰富的数字化学习资源与学习工具,进行小组协作学习和探究学习,调动学生学习的积极性,活跃课堂气氛。课前、课中、课后的实施情况如图2所示。

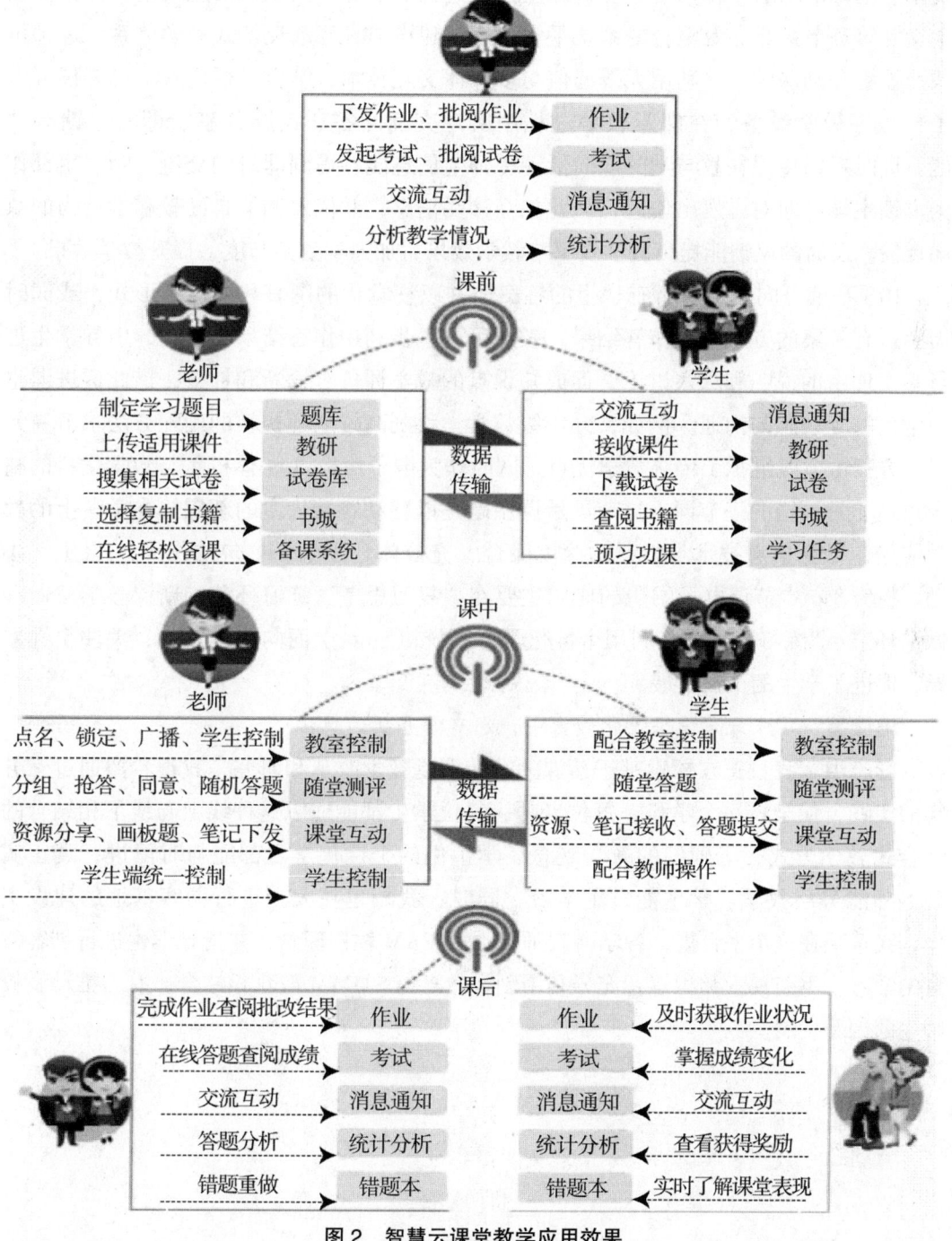

图2 智慧云课堂教学应用效果

访谈者 据了解，贵校通过建设 IRS 互动反馈教学系统来满足学生个性化需求，您能具体谈谈吗？

彭志洪 互动反馈系统（简称 IRS）是一种以多媒体、计算机网络等现代化信息技术为基础的网络平台，是一种将课堂教学过程的多媒体演示、信息反馈、师生及生生交互等环节进行高效整合的系统平台。通过建设 IRS 互动反馈式教学体系，老师可快速设置互动课件，并利用无线通信与多媒体交互技术，结合平板电脑、投影仪、电子白板等教学设备，在课堂教学过程中实现交互问答、投屏分享、即时反馈等功能，即时反馈使得在教与学的双向活动中师生信息能够得到即时的交流，师、生都作为反馈主体，向对方发出信息，彼此相互接受信息，并依次调节自己教和学行为的双向反馈。及时的反馈能提高教学效率与教学效果，加强学生参与度，提升教学效果。

IRS 系统可同时接受所有学生的答案，并以视觉化的图表和照片的形式，或同时展示所有答案的方式呈现作答结果。教师可进一步利用作答结果的呈现，引导学生进行答案理由的说明和深入讨论，促成知识点的教学评价、诊断和补救，借此促进课堂中学生的互动感与沟通。例如，九年级数学学科刘高雄老师执教的用配方法求解一元二次方程中，既继承了传统数学优点，同时作为电子白板（一体机）与数学学科的整合也是非常不错的一节课。这节展示课主题是以移动终端为主的新媒体在学科上的教学应用，做到信息技术与学科的深度融合，充分体现了电子书包的作用（自主、协助、探究）。本节课电子书包的应用主要在"复习思考"练习环节、新课教学"做一做"环节、"练习"环节，利用个性化学习系统（工具）面向全体学生，关注个性差异，促进了学生的个性发展。

访谈者 在未来建设个性化教育中，您有哪些新的想法？

彭志洪 我校正在探索基于慕课的翻转课堂教学改革和研究，我很希望通过三五年的实践，使全校每个学科、每位老师、每位学生都能适应这种线上与线下相结合的混合式教学方式，老师们的教学观念、学生们的个性化学习都能与时俱进，真正实现老师能分层教学、学生能自主学习。同时，我校也在大力进行创客基地的建设工作，我希望在这个平台里，各学科教师加强 STEAM 教育理念，并指导学生进行创客教育的学习，不断摸索和积累，充分利用创客教育与 STEAM 教育相结合，有力推动我校师生的创新发展。

建立多维评价体系　让教师"主动起来"①
——访佛山市禅城区教育发展中心陈长城副主任

  教育要与时俱进，与社会变革相适应。我们要充分利用好教育教学中产生的大数据为教育教学服务。实现信息化管理，充分思考、整体规划、分步实施、不断完善。达到三个阶段性目标：收集、挖掘、整理数据并提供决策；利用信息技术处理大量数据，进行精准决策和民主管理；利用信息技术进行学习，密切家校联系、社会联系，并以此为抓手，迈向国际化，打造高品位的校园文化。信息化不仅是技术，更是方法论，是价值观。

——陈长城

  个人简介： 陈长城，中学语文高级教师，佛山市禅城区名校长，全国科教先进校长，硕士生导师。广东省佛山市禅城区教育发展中心副主任兼教研室主任，教育部教育管理信息化专业委员会理事，广东教育学会评价专业委员会理事，广东教育学会现代化专业委员会理事。2012年获广东省中小学教育创新成果三等奖，获2014科技领导卓越奖、佛山市青年教师教学改革一等奖、先后获佛山市先进德育工作者、佛山市新长征突击手、佛山市禅城区优秀学校管理工作者等称号。曾获广东省教育学会校长论文一等奖，在省级和国家级杂志发表多篇论文，作为核心成员参与"基于大数据的学生分层学习订正系统"研究，该研究通过教育部科技成果鉴定。

  访谈者　陈主任，您好。《教育信息化"十三五"规划》与《广东省教育信息化发展"十三五"规划》都强调了推动教育评价主体多元化。据了解，您曾在佛山科学技术学院附属学校（南庄三中）担任校长，建立了教师多维评价体系，旨在让每一位教师"主动起来"，请您谈谈这种多维度评价系统的核心理念与价值。

---

① 原载《教育信息技术》，2017年第11期。

陈长城 学校经过反复探讨，将多维评价引入学校的教师评价体系，通过设计具有学校特点和特色并切实可行的评价指标体系，实行以教师为主的多元评价主体，运用定性与定量结合的差异性评价方法，建立评价结果反馈机制等多种方式提高教师评价工作的科学性。在强调人性化管理的今天，个人的工作成绩、能力和激发程度具有密切的联系。在学校教学中，教师内驱力的激发程度直接影响到教师工作效率与教学效果，而对教师教学质量的评价成为激发教师内驱力的有效途径。然而，由于经常遇到多种客观因素并存的复杂情况，使得各种评价手段难以实现客观和可测量。因此，学校建立客观、科学的多因素决策评价体系架构，通过目标驱动、任务驱动、强化驱动等多种方法，制定学校、科组、级组的组织发展目标，帮助教师建立个人愿景，激发教师内在动力，有效提升学校的教学管理效率和教学质量。

发展性评价，其核心是激励评价机制的建立。激励机制是激励和机制两个词含义的有机组合。激励是以人本理论为基础，强调以人为中心的管理活动，追求管理活动的人性化。而机制是以系统内各要素内在关系的认识为基础，强调人的行为的理性层面，追求管理活动制度化。在学校，教师的教学质量提升在于个人工作绩效的提升，对教师的教学评价能有效激发教师的内在动力，从而提高教学效率。

访谈者 教师多维评价的维度有哪些？每个维度在整个评价体系中的作用如何体现？

陈长城 我们的"E化教师多维评价体系"从九大维度全方位、多角度地对教师进行评价，大大提高了评价的民主性、公正性和准确性。教师、学生登录佛山科学技术学院附属学校（南庄三中）"评价管理系统"，教师可用手机、电脑输入评价数据，学生课后也能在班级和家庭电脑上评价教师，家长只需在有网络的环境下，就能参与对教师满意度的评价，E化评价已经无处不在。九大维度如下：

一是自评。自评占整个评价体系的10%，是教师对自己某一段时间所担任的工作进行一个自我剖析和小结的过程。它是一个自我教育、自我激励的过程，有利于教师自我成长。自评充分体现了参与和民主的管理思想，有助于营造和弘扬民主、平等、和谐的气氛以及和谐干群关系，体现教师在教育教学中的重要地位和主导作用，提高教师对评价结果的认可度。自评不一定完全客观，但教师往往能较全面地展示自己的闪光点，能为其他环节的评价提供素材。

二是学生评价。学生评价占整个评价体系的15%，是学校评价体系中重要的一环。通过学生评价教师，一方面能促使教师进行教学改革，通过评教，教师教学的优缺点得到有效的反馈，从而调整和改进教学，提高教育教学质量，更好地实现教学目标，对教师的教学工作产生激励作用；另一方面促使教师重视个体差异，更加注重教学过程中的情感交流，因为每个学生都是一个独立的个体，其身心发展及生活环境都各不相同，在智力、性格、兴趣、经验、生活等方面有很大的差异，学生都有平等的发言权，要实现学生评教，评教结果作为教师考核的重要依据，从制度上引导、促进教师在工作中面向全体学生，重视个体差异。此外它对教师产生的鞭策作用也是显而易见的，起到与学生沟通交流的作用。

三是科组教师民主评议。科组教师民主评议占整个评价体系的10%，科组内的成员由于长期在一起工作，对业务水平、教学业绩、教育科研、团队合作精神互相了解较为透彻，在学科评价上能够做到客观准确，有利于加强同行在学科领域上的合作和探讨。

四是级组教师民主评议。级组教师民主评议占整个评价体系的10%，通过级组评议，有利于加强科任教师与班主任、年级组团结合作，避免各学科教师孤军作战；有利于教师积极支持、配合、参与级组活动，为级组建设出力，达到合力育人的目的。

五是科组考核小组民主评议。科组考核小组评价占整个评价体系的10%，着重从教师的专业水平和教学能力、科研能力等方面进行评价，具体反映出教师教学常规、教育科研、工作态度、课外辅导、作业批改等方面的情况。

六是级组考核小组民主评议。级组考核小组评价占整个评价体系的10%，着重从教师对学生的管理能力、工作态度等方面进行评价，由级组考核小组集体讨论产生优秀名单，在此项考核中，下级行政的考核由校级领导根据行政分工的完成情况进行评价。

七是家长评价。家长评价占整个评价体系的10%，这是学校评价体系中新增的内容，学校基于对学生负责、对家长负责、对社会负责的责任感，努力将南庄三中办成一所让社会满意、家长放心的学校。家长参与对教师评价有重要意义，学校力求将家长的评价细化到每一学科，这将进一步促进教师勤于工作、敢于创新、乐于奉献，使就读于南庄三中的每一位学生都能得到发展，使更多的教师得到学生的认可、家长的认可。

八是行政评价。行政评价占整个评价体系的10%，着重从德育、教学等环节，从工作责任心、工作态度、完成效果等方面对教师进行评价。各下级行政要给自己级组教师写评语，加强和教师的沟通与交流，密切干群关系，更多地从"听、查、看、访"中加强与教师之间的互动。

九是学校考核小组评价。学校考核小组评价占整个评价体系的15%，学校考核领导组由校长负责组建，考核小组吸收教师代表参加，由校长提名并经教师代表会通过后成立，以保证考核小组的考核工作客观、民主、公正，具有较高的可信度。从德、能、勤、绩等方面综合考虑，在学科、年级、职称等方面进行一定的平衡，由学校考核小组集体讨论产生优秀名单。

访谈者 这种多维评价体系的建立对于整个学校管理有哪些重要的影响？

陈长城 教师多维互动评价体系对教师的教书育人工作起到激励和导向作用，在实施这一体系的过程中，建立了以价值为导向、以绩效重结果的目标激励体系，引领教师自我提升。

学校看一个教师的工作，除看工作量外，还要看工作业绩。学校提出了"三五八"要求，即参加区统考成绩在前三名有奖励；第四和第五名，只要有进步就奖励；第六到第八名要反思，在评优评先中一般不予考虑。第八名之后，工作量减半、课时工资减少。在考核中获得优秀的教师，在工作安排上满工作量安排；对于成绩较差的教师，减少工作量，或根据特长转专业，组织参加业务培训。

教师多维互动评价体系为学校的用人提供了重要依据，为教师的自我提升创造了条件。它尊重教师的自然发展规律，对教师的影响是立体的、充满质感的，是人性化的，也是理性的，它使处于不同生态圈的人都能得到发展，尤其是突破高原期的发展，激励着全体教职工不断攀登。

如今，南庄三中各个层级的教师都"动"了起来，即便是从前"高枕无忧"的高级教师，也在"多维互动评级体系"的激励下，不再有丝毫懈怠。

访谈者 从教师个人的成长角度来说，这种多维的评价解决了以往教师评价中的哪些问题？

陈长城 回顾过去的评价，从市、区到学校，都进行了一些探索性的工作，但始终存在着一个具有共性的问题：学校领导层的评价是起决定作用的评价主体，极易出现一言堂的局面；评价的标准和指标内容存在着片面性、繁复性和形式主义；在实际评价操作中评价的技术和方法不够科学，对评价结果的处理不够全面，忽视了评价的促进与发展功能。

从前自上而下的教师评价方式过于单一、片面，不仅不能激活广大教师的积极性、创造性，而且这种不公平的评价机制还引发了教师群体间的互相质疑、埋怨，容易瓦解学校创建之初形成的和谐奋进、团结奋斗的教师群体文化。

多维互动评价是多元智能理论、人本主义理论、建构主义理论在教育评价上的运用，是发展性教师评价在方式上的必然选择。它摆脱了传统评价单一、狭隘、片面的评价特点，使评价能多角度、全面、真实地反映评价对象，较好地体现评价对象的本质；在功能上，更是把评价目的从鉴定引向发展，使评价更好地服务于教育，服务于人的发展。

访谈者 通过教师多维互动评价的实践，学校取得了哪些成效？

陈长城 学校每年在全国、省、市、区的各项竞赛中成绩斐然。第二课堂成果丰富，校本课程版画课、科技创新课屡获大奖。在学生发展的同时，学校教师发展也同步前行，涌现出一批教学骨干、名师，实现了学生发展、教师发展、学校发展的目标。2012年起，学校自主研发"教师九维评价体系"，以网络为枢纽接收多维评价信息，形成智慧校园下公正、公开的教师工作绩效管理体系。2013年起，在全学科、全学段常态课融入数字化交互式课堂模式，自创十招式"拍、搜、看、听、递、比、数、评、留、分"，形成"互动、主动、生动"的三看点课堂效果，新兴的智慧教育倡导课程技术融合，良性发展下学生获得新知识的方式逐步呈现颠覆性的转变，网络技术"让学无处不在"，智慧校园建设"使学习随时发生"。

教师也在革新传统的课堂教学模式中不断总结经验，深入教研，迅速成长，有4人参加信息技术融合教学全国现场课比赛荣获一等奖，183人次以智慧教育为主题参加各项教师技能、课例、论文比赛荣获国、省、市、区级优秀奖项。2014—2017年，我们组织教师参加教育部"一师一优课"比赛，共有16名教师的作品获评部优，53节示范课获评市优以上级别。

访谈者 对于学校的未来评价体系多元化发展有哪些新的想法？

陈长城 利用社会力量，与国内一些懂教育、有实力的公司合作，提供优质教学软硬件，建立一套科学、切合实际的大数据分析与诊断系统。下一步我们更侧重于教师的教学，比如，利用平板电脑、互联网、IRS课堂即时反馈系统、Hi-teach、Hi-leaning 和 IES 教学管理系统等信息化手段，探索基于电子书包的高效课堂的课前自主学习、课中合作互动、课后探究学习的教学模式。

创新教与学方式　培养学生自主学习能力[①]
——访珠海市前山中学伍文庄老师

提升自主学习能力是时代快速发展的需求，然而，培养自主学习能力却是循序渐进的慢过程。这一过程需要教师用理想信念去坚持，用扎实学识去指引，用仁爱之心去栽培，静待花开！

——伍文庄

个人简介： 伍文庄，中学信息技术高级教师，珠海市前山中学教研室主任。广东省中小学信息技术学科带头人，珠海市名教师，珠海市优秀班主任，广东省"百千万人才培养工程"名教师培养对象，广东省名师网络工作室主持人，珠海市教师工作室主持人，中国教育技术协会信息技术教育专委会理事，广东省教育厅粤教版教材专家组成员，广东省中小学教师信息技术应用能力提升工程专家库成员。

访谈者 伍老师，您好。《基础教育课程改革纲要（试行）》具体目标中指出：改变课程实施过于强调接受学习、死记硬背、机械学习的现状，倡导学生主动参与、乐于探究、勤于动手，培养学生搜集和处理信息的能力、获取新知识的能力、分析和解决问题的能力以及交流与合作的能力。据了解，您致力于开展学生自主学习能力培养的研究，请您结合日常课堂教学谈谈学生在自主学习中主要存在哪些问题？

伍文庄 在日常教学中，我们常常发现，越来越先进的教学设备、丰富多彩的教学资源并没有很好地启发学生开动脑筋去思考。热闹过后，大多数情况是学生仍停留在被动听课、被动观看视频、被动地完成任务等状态。有时，我们对课堂教学结构进行优化，留出更多时间让学生自学，但学生却还是不知如何去自主学习，他们没有养成自定学习目标的习惯，没有养成发现问题、分析问题、解决问题的习惯。学习过程

[①] 原载《教育信息技术》，2018年第6期。

中,由于学习信息不能及时反馈,学生不能很好地判断及调整自己的学习策略和学习进度,部分学生没有自主学习的积极性,当学习遇到困难时,他们经常是处于等待的状态,不主动寻找解决问题的办法;当进行小组协作时,他们不知如何主动参与。

分析学生在自主学习过程中存在的现象,我们会发现以下共性问题:一是学生的学习差异性相当大,这影响了自主学习的效果;二是学生的积极性不高,没有养成自主学习的习惯;三是学生的依赖性很强,不能摆脱对教师或他人的依赖;四是自主学习环境不理想,只能部分活动开展学生自主学习,另一部分就由教师控制或受环境影响不开展;五是自主学习的资源不够丰富,不利于开展自主学习;六是自主学习的反馈不及时,学生无法及时了解自己的学习情况,也就无法及时调整学习策略。

访谈者 针对以上学生自主学习中存在的问题,在您的课堂教学中采用哪些信息化手段来培养学生的自主学习能力?

伍文庄 在课堂教学中,我借助第三方网络教学辅助平台——信息技术教学辅助平台ITtools进行二次开发,构建学生自主学习平台。

信息技术教学辅助平台ITtools是浙江省温岭市第二中学陈斌老师设计,由温岭市教学共同体开发的教学辅助平台,是一个完全免费、开源的教学软件。目前已经受到众多信息技术教师的关注和青睐,并应用于信息技术实践教学。该平台整合了课堂调查、教学帮助、师生互助、作业提交、作品互评、课堂测验等模块,支持多种类型文件在网页中直接展示,支持操作题的自主命题和自动阅卷,具有强大的分析功能等。

首先,我从培养学生自主学习能力的角度出发,在分析和研究ITtools平台的主要功能的基础上,探索出其主要功能对培养学生自主学习能力的支持作用(如图1所示)。

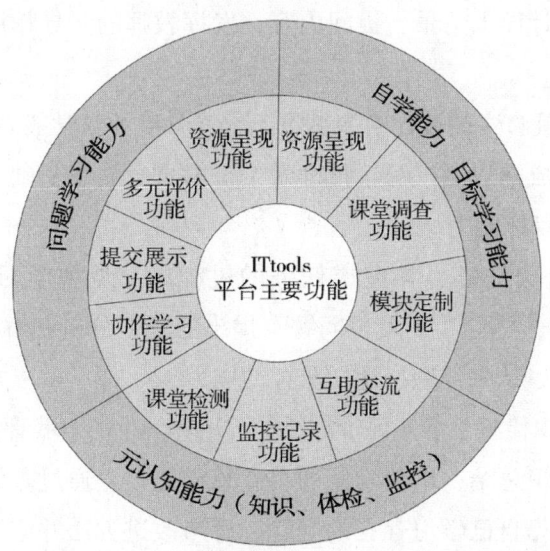

图1 ITtools平台主要功能对自主学习能力的支持作用

接着，我对 ITtools 平台进行二次开发，构建出与自主学习模式相配套的学生自主学习平台，平台栏目有：首页—知识讲解—自我检测—任务超市—教程助手—学习论坛—学情监控—作品提交—评价交流—总结拓展。

主要栏目功能是：

"首页"指主题名称、导入情景、作品效果图、制作素材下载等；

"知识讲解"指范例欣赏、范例分析、问题思考、知识点拨等；

"自我检测"指知识检测、结果导向；

"任务超市"指分层任务及相关要求；

"教程助手"指重难点、易错点的图文讲解和微课教程；

"学习论坛""学情监控"与"作品提交"是 ITtools 平台的自带功能；

"评价交流"指展示评价量化表及具体评价要求；

"总结拓展"指知识梳理、总结归纳和知识拓展等。

访谈者 形成了怎样的学习模式？

伍文庄 从 2009 年起，我就对自主学习产生极大的兴趣。曾结合粤教版普通高中信息技术教材，应用 Dreamweaver 软件自主研发了两门高中信息技术网络课程并独立开展自主学习研究。2015 年，正式成立自主学习课题研究团队。2017 年开始，课题研究团队以珠海市前山中学、珠海市第八中学、珠海市第九中学、珠海市第十中学、珠海市第十一中学为实验学校，开展自主学习的实践研究，创建了以"意义建构"为取向的自主学习模式，即自主学习六步法"导、读、测、练、评、思"（如图 2 所示）。

"导"是精心设计导入情景、提问内容，发挥教师的引导作用，激发学生的内在学习动机。

"读"是学生开展自主阅读、自主练习，培养学生的自学能力。

"测"是通过完成知识测试题，帮助学生了解自身学习基础，做好自选任务的准备，培养学生的自定目标能力。

"练"是学生自选任务，在完成任务的过程中，调整学习策略，实现自定目标。培养学生的问题学习能力（发现问题、提出问题、分析和解决问题的能力）、元认知能力（认知知识、认知体验、认知监控的能力）。

"评"是通过知识检测、多元评价等活动，培养学生的自我评价和自我补救能力。

"思"是通过知识总结，培养学生的自我总结能力。通过查阅自主学习平台的个人课堂表现记录，反思自己学习存在的问题，思考改进方法并应用于下一次的课堂学习中，培养学生的自我调节等能力。

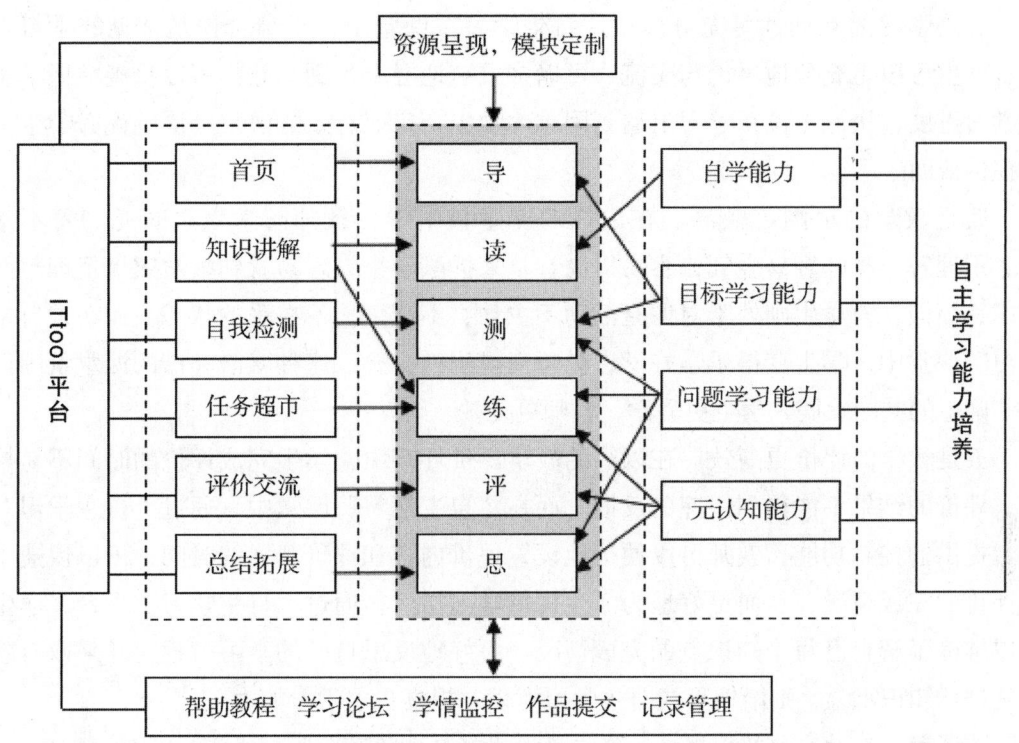

图 2　自主学习六步法"导、读、测、练、评、思"

访谈者　这种自主学习模式给教与学带来哪些改变？

伍文庄　2015 年至今，我带领课题研究团队已编著自主学习精品教材一本，全书共 130 多页，共 18 节课；基于 ITtools 平台，开发与该教材配套的网络教学课程一套；目前应用自创的"自主学习六步法"处于进行现行教材和精品课程的课堂教学实践阶段。在课堂教学过程中，我们发现在教与学两方面都发生了明显的变化。

一是学习的主动性更积极。在以往的学习中，学生的自觉性和主动性不能持久保持，离开了教师的严格管理，他们就会经受不住学习外部因素的引诱和干扰。但是，在"自主学习"课堂里，他们的主动性、自觉性得到有效推动，自我管理意识得到明显增强。学生能根据"检测结果"更科学地制定学习目标，主动帮助和提醒同伴，学习遇到困难时主动寻求帮助、主动查阅个人表现记录等现象明显增加。

二是学习的调控性更有效。在"自主学习"课堂中，根据"自主学习"平台提供的真实过程性数据记录，学生有意识地进行学习对比和调整"学习策略"的能力明显加强。学生更容易发现以往不易发现的学习问题，有意识进行自我补救。如没有完成的作业会补交，没有学懂的知识会重新温习，课程中各个教学环节所花费的时间会去查询，学习的不足会通过后续的努力来弥补。

三是学习的互动性更充分。在"自主学习"课堂中,小组合作是常见的学习方式,学生可以更充分地讨论与交流,可以多渠道地寻求帮助。教师可以精确掌握学生的学习进度,快速定位在学习上遇到困难的学生,采取有效方法发动周围优秀学生主动提供帮助。

四是教学的氛围更融洽。在以往的课堂教学中,教师与学生之间充满着不信任、不理解。教师容易生气,容易提高音量来提醒学生,容易看到教学效果不理想而焦虑、烦恼。而学生则处于对课堂活动不主动、不清楚、不在乎的状态。而在"自主学习"课堂中,学生变得乐学好学,教师变得乐教爱教,这种融洽和谐的课堂氛围促进了师生的共同发展,学生更爱学,教师更爱教。

五是教学的评价更高效。在以往的教学评价环节中,学生完成评价的时间不易控制,评价的结果不能得到快速的反馈。而在"自主学习"课堂中,通过"自主学习"平台提供的控制功能,教师可以便捷地设置评价内容和评价开展的时间,可以快速了解评价的完成情况,从而更好地为学生提供学习指引。通过"自主学习"平台,学生可以准确了解自己每个知识点的完成情况,更好地反思自己的学习过程,并采取有效措施进行知识重温,渐渐地形成自主学习意识,提高自主学习能力。

访谈者 针对这种教学模式,您构建了哪些自主学习激励策略?

伍文庄 激励是指为了激发学习者的动机,使之向所期望的目标前进而给予其积极的行为或心理结果的过程。激励通常分为外部激励、自我激励、相互激励三类,每一类又可以分为实体激励、精神激励两个维度(如表1所示)。

表1　自主学习激励策略分类

项目	实体激励	精神激励
外部激励	学校、教师、家长的奖励,如学校颁发的奖状、课堂表现奖励分好、还优秀作品展示、小奖品、小红旗、胜利标签等	教师、家长的口头表扬,短信表扬,优秀作品校园网展示等
自我激励	积分累计到一定数目后,奖励自己休闲时间、娱乐机会、喜爱物品,向父母、亲朋好友展示得意作品等	自我表扬、自我鼓励、自我暗示等
相互激励	互相给予帮助,互相赠送象征意义的物品	用言语、掌声互相鼓励,祝贺为学校、班级争光的同学,祝贺明显进步同学,祝贺创意同学等

在课堂教学中，采用激励策略对学生自主学习有一定的促进作用。但是，也要注意以下几个方面：第一，激励要有理有据，指明得到表扬的具体内容。第二，激励要及时，使得学生能够及时体验被表扬的积极情绪，强化激励的作用。第三，激励要取决于学生自身因素，而不是取决于成绩本身。如有个别学生基础很差，他经过自身努力取得的一点点进步，我们都要给予及时的激励，让学生明白得到激励的原因是自身的能力和努力。第四，不能太过分倚重外部激励，这容易造成学生的学习动机源自外部激励而不是自身的学习能力。

访谈者　在未来有关自主学习的研究中，您将侧重在哪些方面？

伍文庄　在未来的自主学习研究中，我会从以下两个方面进行侧重研究：第一是研究如何帮助学习一般或较弱的学生更好地提升他们的自主学习能力。因为，此类学生存在着更大的自主学习提升空间和提升难度，需要我们提供更有力的脚手架来帮助他们去模仿、去发现、去体验、去领悟。第二是研究如何应用更先进的信息技术手段去开发"自主学习平台"。科技的进步日新月异，我们要紧跟时代发展的步伐，掌握并应用更先进的信息技术去开发新型"自主学习平台"，特别是在智能化、可视化、移动化等方面的新功能。

04 教师专业发展

信息技术支持下让教师享受幸福人生[①]
——访深圳市南山区后海小学吴希福校长

个人简介： 吴希福，深圳市南山区后海小学校长，兼党支部书记。中学高级教师，小学语文特级教师。全国小学语文教学先进工作者，全国小学骨干校长，首届高级研究班学员。兼任中国教育学会中小学德育研究会理事，广东省教育现代化专业委员会理事，中国教育学会小学教育专业委员会常务理事。著有《本初子午线》《移民城市背景下小学综合实践活动课程开发》《构筑生命之基》等专著。获评深圳市"十大风云校长奖"，获南山区优秀校长、南山区先进教育工作者等荣誉。2013年6月成为"全国小学名校长吴希福工作室"主持人（教育部小学校长培训中心授牌）。

教师的幸福在哪里

访谈者 吴校长，从农村到城市，从民办教师到公办教师，从特级教师到知名校长，从西部山区到沿海特区，教师这个职业，给您怎样的体验？您个人如何寻求职业的幸福感？

吴希福 "执着的追求执着的爱。"在教师这个职业里，爱孩子、爱老师、爱家长，爱支持关心我从事教师这个职业的所有人，这种相互扶持、相互滋润、相互成长的爱，是我被评为特级教师时的心理感受。

教师的职业幸福感，光有爱这个思想仍不够，还需要付出行动。教师的职业幸福感，主要来自于对教师事业的热爱、人对教育政策的把握、对教育理论的探索、对学生身体心理的关注、对教育技能的熟悉、对教学内容的精通、对教育技术的掌握。有了这些，就可以成为优秀教师，就可以体验到当教师是快乐的，是有成就感的，是可以得到尊重和认可的，是有价值有意义的。

[①] 原载《教育信息技术》，2014年第4期。

访谈者 校长是学校的领航者，是一所学校的精神气质和灵魂所在。作为学校领导者，您怎么理解您的教师或教师团队，以及在信息时代背景下如何开展教师团队建设？

吴希福 我不认同"一个好校长就是一所好学校"这个命题，我觉得好学校是由好校长、好教师和好的教育行政领导组成的，这三者缺一不可。我把教师既看作是一个个体，也看作是一个整体。作为个体，就是关注每一个教师的成长，关心每一个教师的困难，相信他们经过培养和自身努力都能成为一个优秀教师，至少是合格教师，相信他们面临的困难，只要一起加油，都可以克服；作为整体，就是一定要想办法用一个思想团结大家一起为这个团队服务，这个团队是有愿景的、讲团队学习的、会系统思考的、心智是健康的，每个人都可以实现自我超越。

在一个海量信息呼啸而来的大数据时代，在一个人人终身学习的社会里，我校提出"建设幸福教育家园"的办学宗旨和"国际化、现代化、品牌化"的发展战略，围绕这一宗旨和战略，制定了家长满意学校的八项基本要求，教师幸福的八项基本指标，学生成长的"三个10"（10项传统美德、10个良好习惯、10种生存能力）。为实现这一目标，我们需要做的第一件事，就是提供服务。学校确立了"两个凡是"：凡是家长和社会人士反映的问题原则上两个工作日之内解决或者答复；凡是教师和学生反映的问题原则上一个工作日之内解决或者答复。我们做到了这些，教师应该是比较幸福的。

总之，教师的幸福感来自他们有明确的职业追求，有生存的安全感，有自由发展的空间，有较好的工作和生活保障，有和谐的人际关系，有来自学生的热爱、家长的尊重、社会的认可和领导的重视。以上也是我们试图帮助教师实现的职业生活。

为教师幸福"播种"

访谈者 教师团队是学校发展的核心力量。根据您的办学定位"教育奠基幸福人生"以及打造"幸福教育家园"的办学目标，您对教师专业发展有怎样的追求？需要教师在哪些方面得到成长呢？

吴希福 苏格拉底说：人生的本性就是渴求幸福。把幸福作为教育的终极目标，应当是每个教育者和被教育者所共同追求的。幸福教育是教师领着孩子们寻找幸福、享受幸福的时时刻刻……我想，当教师真正拥有了这样的幸福观和获得幸福的能力，他就是幸福的。

我们对教师专业发展有"五本"要求：人本、生本、文本、学本、科本。"人本"就是要热爱学生、尊重学生、要求学生、关心学生和激励学生,这是教育的职业精神、职业道德、职业操守、职业奉献和职业境界的表现;"生本"就是要面向全体、全面发展、全员参与、方法高效和技术创新,这是在关注教师的教学视野、教学方针、教学情怀、教学技能和教育技术;"文本"就是要研究课程标准、教学参考、科本知识、练习设计和成绩检测,这是对教师关于文本目标、文本解读、文本内容、文本拓展和文本掌握的全面要求,教师掌握了这些,就具备了成为优秀教师的基本条件;"学本"就是教师要有培养学生喜欢学习、主动学习、合作学习、深入学习和高效学习的能力,通过教师的引导和帮助,培养学生悦学、会学、博学思想和质疑问难、规范学习的品质;"科本"就是要求教师具有系统的专业知识、广泛的知识储备和对知识理解应用的能力,使教师从知识的内在逻辑、基本要求和单元模块中建构知识,实现泛在学习和无边界学习。

教师专业发展,需要一个渐进的过程,包括达标、成熟、绽放三个阶段。实现教师专业发展,引领式培训可以为教师发展指明方向。学校有以下几个原则:一是树立学习必须论。让教师把学习与工作结合起来,把办事与思考结合起来,为教师提供良好的学习和工作环境。二是树立培训福利论。通过专家讲座、外出学习、校本教研、草根论坛、案例分享、参加竞赛、组织活动等形式为教师专业发展搭建平台。三是树立文化自觉意识。鼓励教师自我发展、自主发展、多元发展、全员发展。

访谈者 后海小学作为广东省现代教育技术实验学校,吴校您也被喻为"IPAD"校长,当教育教学工作变得随时随地随需时,教师专业发展面临哪些挑战?学校如何应对?

吴希福 我觉得挑战有三个:一是管理团队对新技术理解和认可,这很关键,只有思想统一了,行动才能够统一。二是技术团队培养,信息技术属于高科技,没有这方面的专业人才,很多想法没法实现,如果教师不能很好地学习和使用,就不能熟练地服务教育。三是新技术与课程的融合。新技术应用的最后落脚点在于与课程的融合,怎样将新技术与工作、学习和学科教学结合起来,实现管理和教与学的变革,这是管理者和教师的最大困惑。

从专业上讲,我校将课题研究作为教师团队思想统一、理念更新的重要方式,也作为教师专业发展的途径之一。其科研课题都是从学校发展、教师成长、学生成才的角度出发,针对性、时效性很强,教师很愿意参加。比如近年学校的国家级课题"校长课程领导力"研究中特别关注教师课程领导,省级课题"教师专业发展"对全体教师的成长起到了一个助推作用;省级课题"教育信息化与课程融合"研究当前教育发展的前沿性,老师们非常感兴趣。目前,我校开展"云时代教与学变革"研究并取得丰硕成果。该研究帮助学校实现发展目标，帮助教师实施课程，帮助教师减轻负担，帮助学生快乐学习，其已在南山区推广，吸引了来自国内外近百家学校前来观摩。

从管理上讲，在这个"时间即金钱，效率即生命"的时代，我校着力为教师"减负"，以学校强大的"云平台"信息传输代替全体教师行政大会的方式布置任务，大家按照要求完成任务，学校跟踪落实，为教师节约时间。学校开设"草根论坛"，把每一个教师的积极性和智慧都调动起来了，大家在上面可发表演说，内容涉及学校管理、科组建设、专业发展、信息技术、学生管理、安全、健康、卫生、心理、环境等方方面面，教师通过这种形式，实现了成长，找到了快乐，提高了效率。

访谈者 作为"全国小学名校长吴希福工作室"（教育部小学校长培训中心授牌）的主持人，您将"培养一批在全区、全市乃至全省、全国有一定知名度的教育家型教师"作为发展目标，把"教学效果好、教育科研年年有创新、有较好的社会知名度和同行美誉度"作为学校名师基本标准，您如何通过工作室促进教师团队的发展？

吴希福 其一，"工作室"每年甚至每个月都要接待来自全国各地的校长、老师，包括教育管理部门前来学习、考察、交流、挂职的同志，教师为各项活动提供课堂教学、现场交流、常规观摩、外出讲学、文化输出等，这本身就是一个锻炼成长的机会，也就是所谓的"任务驱动法"。其二，开展专项课题研究，促进教师发展，通过这些专题研究，以现场会的形式呈现，对全国各地校长和教师起到辐射作用。此外"后海"还是教育部广东省小学校长培训基地、国家级骨干教师培训基地、深圳大学实习基地、全国德育实验学校，这些基地和实验项目都对教师的专业成长起到促进作用。总而言之，通过工作室打造教师团队，一是通过项目来带动，发挥对教师专业发展的前瞻性作用；二是通过个人的言传身教感染教师，在人格魅力和学识学术上给教师带来潜移默化的影响，为教师上公开研讨课，指导教师开展教学科研，和教师一起和谐相处，为教师分忧解难，始终和教师一起战斗在教学一线。这些看似平常的工作，对教师的影响则是深远而接地气的。

教师幸福花儿开

访谈者 为教师播下幸福的种子，教师团队得到哪些成长？

吴希福 作为学校管理者，要设法为教师的职业幸福创造条件，如搭建发展平台，包括改善办公条件和生活条件，通过任务和课题激励教师专业发展，通过交流展示、职称晋升、参与管理、评优评先、家校活动、论文发表、成绩评定、各类宣传等，让教师感受到自己的奋斗是有价值的，是得到了认可的。特别是作为校长，一定要关注教师的冷暖与诉求，为他们分忧解难，敢于为教师承担责任，敢于做自我批评，深入教学一线和教师打成一片，在他们最需要的时候提供最需要的帮助。目前，他们的成长主要表现在：一是作为团队，形成了教师的文化自觉，即文化自律、文化自省、文化创新。二是培养了一批在全国有影响的教师。据不完全统计，每学年教师获奖或发表作品在 200 人次以上。三是教师的事业幸福感、职业使命感、职业精神得到了很大加强，他们对教育的理解和追求、对孩子的呵护与培养、对学校的认可和支持是发自内心的。

访谈者 在这样的时代背景下，您对广大中小学教师专业成长有怎样的寄望或思考？

吴希福 首先必须认识到我们正处于一个变革的时代，在这个时代里，需要变革思想和行为，否则会被时代所淘汰。其次，作为教师要注意四个创新：创新的教学观念（要从实际出发，尊重教育规律）、创新的知识储备（学科知识、外延领域）、创新的融合策略（与德育融合、与阅读融合、与生活融合、与技术融合）、创新的职业素养（外塑形象、内强素质、了解学生）。最后，树立终身从事教育的思想，把教育当作事业来做，而不是当作谋生的职业。

用技术"解决"教师个性化专业发展问题[①]
——访广州市白云区教育发展中心龙丽嫦老师

个人简介： 龙丽嫦，广州市白云区教育发展中心信息技术教研员，中学高级教师，教育硕士。广州市基础教育第三批名教师，广州市中小学继续教育专家库成员，《中国现代教育装备》杂志特约编辑，广东省教育学会网络教育专业委员会常务理事、广州市中小学信息技术教研会理事。完成"农村地区中小学教师信息能力培训评价研究""基于 Moodle 的小学信息技术网络课程建设研究"等 4 个科研课题研究，个人发表论文 20 篇，指导研究团队成员发表论文 20 多篇，作为第一作者出版编著 1 部。曾多次在广州市、广东省范围内面向骨干教师做科研论文写作培训讲座。开发并实施关于技术应用的区级继续教育培训课程 10 个、市级继续教育课程 1 个。

技术推动我成长

访谈者 龙老师，您作为一名高中信息技术教师成长为区信息技术教研员，"技术"在您的职业中，可谓不可或缺。您怎么理解"技术"？技术跟您的专业成长具有怎样的关系？

龙丽嫦 技术，是解决问题的工具和思想方法。我所理解的技术，蕴含了信息媒体技术本身，以及教师运用信息媒体的技术。

在我的专业成长过程中，技术既是我学习和工作的内容，也是我工作和成长的方法，它影响着我成长的心态和思维方式。我本科学习电子信息技术并从事"信息技术"工作，但我不是一个技术的"发烧者"和膜拜者，反而是一个技术的实用主义者。在工作中，我对技术的期待是"适用""能用"，不盲目崇拜，也不理性冷漠。正因为我对新技术与新媒体的敏感主动、灵活运用和跨界发展，使我在教师群体中脱颖

[①] 原载《教育信息技术》，2014 年第 4 期。

而出。其中，基于学区虚拟教研论坛多次发出"有思考的声音"，使我的专业技术生涯产生了第一个转折点，从此我开启了追寻学术研究之路。

访谈者 您如何合理有效应用技术支持您个人的专业成长？

龙丽嫦 博客和微信是支持我成长的两个重要技术工具。首先，博客是我历练自己反思性写作的常用平台。从2003年起我先后耕耘过不同博客平台的"龙丽嫦教育网志"，写了十年博客，不仅强化了我思考分析的习惯和思维能力，更提升了我电脑写作的速度和准确性。我还通过新浪博客扩大了自己学术交流的圈子，从区内走向区外，从网下走到网上，从同行互动走向跟专家互动，使我从"孤独无援"的研究状态转向跟世界连接的状态，并以嫁接"理论与实践性研究"的姿态展示自己的力量。其次，通过QQ"4.74度空间"人脉关系的推送，我不断扩展微信朋友圈的学术朋友，并通过选择订阅一些有影响力的微信公众号，每天利用碎片时间阅读"技术与社会""技术与教育"的最新、最热的资讯或文献。我的阅读量大为增长，学习管道也进一步拓宽，我仿佛能够站在技术的最前沿审视自己的位置、反思自己的工作，寻找能够连接技术与教育的接口，开拓有价值的领域。同时，我也通过微信引领对教育有思考、对实践有研究的一线老师，增强自我"存在感"和专业"归属感"，从而进一步强化个人的"教育使命感"和"信念感"，甚至在情感上更自信、更满足、更愉悦。

技术手段促进教师专业成长

访谈者 您最近编著的一本书《用技术解决问题》，为提高教师的信息素养提出了具体的方法和做法。您编著这本书的初衷是什么？是不是因为您所接触的教师群体有所谓的技术或者其他方面素养的缺失？

龙丽嫦 我编著此书的初衷很朴素，就是为了切实提高教师技术应用能力，让教师工作中"身边有师傅"，让学校培训时"手中有教材"，让有想法的教师运用技术找到专业发展的生长点。据观察，目前一线教师信息素养跟现代教育技术理论体系中描述的还有较大的差距，大部分教师除了掌握Word和PowerPoint的基本编辑外，图像、音频、视频基本加工等方面的知识与操作都是空白的，PowerPoint在课堂上比较多只是做电子板书用，信息技术与课程的深度融合在这样的技术基础上是难以实现的。

访谈者 回到信息技术支持教师专业发展这个命题上，我们至少可以从两个维度分析其作用：一是信息技术作为方式、途径的维度，二是信息技术作为内容、文化的维度。那么，从方式、途径这个维度看，结合您区域教研工作，信息技术能解决教师专业发展中哪些问题？信息技术解决教师专业发展问题实践中，您认为哪个最有效、最具亮点？

龙丽嫦 技术并非万能。信息技术本身并非可以解决教师专业成长的所有问题，但我们可以积极、灵活、理性地应用技术，使之成为工具。在数字化互联网时代，知识、资源和产品不再稀缺，但时间和注意力却变得越来越珍贵。教师在信息技术下的专业成长更需要学会专注、管理时间，以便从繁多的信息中甄别出正确的、有用的信息，集中注意力聚焦在自己研究和要解决的问题上。

前互联网时代，信息技术主要解决的或者说改善教师专业发展的两大问题是信息不对称问题和信息资源不足问题。进入移动互联网时代，我认为，解决教师专业发展最有效、最具亮点的问题是个性化成长问题。只要教师有思想、有内涵，他完全可以基于自己的教育思想、教育方法体系建立自媒体声音，或以图文文本，或如可汗一样，通过微课视频向世界发出自己"有思想、有内容的声音"，教导学生自主学习，带动家校教育互动，并得到关注和传播，建立起传播链。当一个教师个体在公众视域中不断被关注，他的声音像蜘蛛网一样一圈圈向外被扩散、扩大，他的主体能动性就会被持续地激发出来，并创造性地增长。我们很难想象它所扇动起的蝴蝶效应。

访谈者 在您的研究中，涉及农村教师信息技术能力培训、教师信息化应用水平绩效评估等内容。结合您的研究以及教师的普遍诉求，各级教育部门如何融合技术手段与非技术手段解决普遍面临的教师专业发展问题？

龙丽嫦 在管理上，对教师是否"用技术"以及怎样为之"用得好"这个问题，目前还缺乏强而有力的管理意识、管理机制和有信度、效度的评估工具。我认为，各级教育行政部门要革新绩效评价体系，从工业化社会评价任务完成的计件积分思维转向"专业技术"质性描述的评价思维，引导教师从关注任务的完成转向关注自身专业性思维能力的发展。首先，教育行政部门要更新教师队伍建设观念，完善顶层设计，协同政府各部门，放松教师编制，不要让教师在"事务性工作"上疲于奔命，并创新激励评价机制，让教师有时间学习，有激情参与创造。其次，利用大数据分析手段，真正把教师专业发展档案建立起来，掌握教师队伍专业状态的整体情况，促进发展的诊断分析和策略制订。毋庸置疑，在教育教学创造性实践工作中，最纯粹的、最核心的思想，在一定程度上跟技术无关，而是跟文化有关。"你是谁"决定了"你能转化什么"。如果能够解决教师发展的时间问题、主体意识和态度问题，才有可能真正实现教师的自我促进，逐步成长。

技术文化推动教师终身学习

访谈者 置身于信息时代，不管是 IT 工程师还是高级白领，不管是商人还是记者，抑或是教育工作者，技术作为一种内容、一种文化，所带来的挑战无处不在。您认为，技术为学科教师以及信息技术教师分别带来怎样的挑战？

龙丽嫦 大规模在线网络开放课程（MOOCs，简称"慕课"）给传统的高等教育模式带来前所未有的挑战，这一种挑战同样会逐步移向基础教育领域。信息的传播从以往的单一的自上而下变成自下而上和横向流动，学校、教师将要面对社会、家长、孩子的期盼和挑剔审视的眼光。在这样的形势下，教师的知识体系和教学能力均受到极大挑战。学科教师不能再对技术与新型学习模式漠不关心，信息技术教师也不能只固守在信息技术学科课程里。我不认同在线课程会消灭学校，但我更认同，掌握了信息技术、数字媒介技术的教师和学校，在当下、在未来更好地和互联网结合起来，必然使其在传统建设的基础上得到更广泛的传播，其力量更大。优秀教师在传播中将得到更多的机会，而平庸而固守的人如果缺乏危机意识和技术接纳意识，他必然遭到世界社会体系的淘汰，这不是不能想象的。

访谈者 结合您的学区教研工作，您认为如何促进教师自主发展？应往哪个方向发展？

龙丽嫦 教师的专业发展，最有效的方法是同伴带动和师傅指点。我们完全可以通过移动互联网技术，使用微信朋友圈推送信息"造势"，通过多次作用，从无意识阅读到有意识阅读，触动教师的学习意识和欲望，产生自主发展的需求。我认为在传播内容上可以有两类，第一类是观念意识，第二类是解决问题的方法。首先，有组织地建立教师微信群，形成基于学科的或基于学校的或基于主题教研的朋友圈；然后，组建教育微信"经营"团队；最后，要精心打造"产品"，编写供阅读传播的美图短文或制作主题系列微课。不过，为了微阅读、微教研、微学习的有效发生，粘住教师学习用户，将对教育微信"经营"团队中的微信写手、优质微课的设计与制作提出更高的要求。

访谈者 您对"技术文化推动教师终身学习"有何感想或思考？您期望怎样的一种教师专业成长的文化氛围？

龙丽嫦 技术的发展，一方面使人们在不同媒体上的学习接口越来越多元，智能手机、平板等，都成为人们阅读和学习的工具，为教师继续教育的学习载体创新了形式；另一方面，慕课的来势汹汹，既丰富了教师学习的渠道和资源，又给体制内的教师继续教育带来巨大的挑战。教师教育管理机构必须针对技术文化渗透现象，做出应对的机制和策略，使有意义学习成为可能。由此看来，"技术文化推动教师终身学习"，是具有变革性意义的。但同时，时间碎片、信息过载，让成年人很难再以学校的学习模式，系统地、按部就班地开展学习。因此，基于问题驱动和情境的、基于人际互动的学习，也将是未来继续教育培训学习的特点。

　　我所期望的教师成长文化，是社群化的、扁平化的、小团队化的，是有组织和协同能力的。教师个体在团队的引领下，自发地、协同地进行。引领的团队，其概念已跨越原单位、原学区组织，它可以是自组织的教师微群。因为他们所拥有的教育理念，或研究专题、创新项目活跃在网络连接之上，仿似虚拟，但又真实存在，甚至是现实世界中的品牌。这样的学习交流、互动分享，将是充满个人体验的、充满学习愉悦的、充满人文生机的。我自己也正在努力设计"龙丽嫦工作室"微信公众号，试图能够找到一个内容主题跟教师的学习产生连接，成为其中一个自媒体经营的品牌。

关注培训迁移　众创效益提升[①]
——访广州市天河区教育局张伟春老师

我是技术乐观主义者，相信信息技术是教师用来解放自己的武器，期待提升工程的所有参与者一道，用互联网思维干互联网时代的事，让孩子们更有时间、有思维、有乐趣，更健康！

——张伟春

个人简介： 张伟春，教育部、广东省、广州市新一轮中小学教师信息技术应用能力提升工程入库专家，广州市教育系统首批学术创新团队（区域教研创新）负责人，广州市天河区教育局副调研员。主持完成全国"十一五"教育科学规划课题"基于网络环境的区域优质课程与教学资源建设与应用研究"，先后被华南师范大学基础教育研究院、中山大学教育学院聘为兼职教授、硕士生导师，是未来教育专题课程全国主讲教师。目前正参与全国教育技术研究重点课题"英特尔未来教育项目促进区域协同发展与学生学习能力提升的策略研究"，新著《教研新界——七天带你做教研》。

访谈者 张老师，您好！2013年10月教育部颁布了《关于实施全国中小学教师信息技术应用能力提升工程的意见》（以下简称《意见》），2014年，我省印发了《广东省中小学教师信息技术应用能力提升工程实施方案》文件，分步实施"中小学教师信息技术应用能力提升工程"（以下简称"提升工程"）。作为教育部"提升工程"的专家，您如何理解"提升工程"对信息化发展和教育教学改革的意义？

张伟春 我是从三个角度去理解的。首先，从行为背后隐含的理念看，"提升工程"是"信息技术对教育发展具有革命性影响"这一理念下驱动所产生的，也是推进信息技术与教育教学的全面深度融合的具体要求。其次，从教育变革的模型看，教

---
① 原载《教育信息技术》，2015年第5期。

育变革有七个要素，包括领导力、政策、课程与评价、专业化发展、ICT、研究与评估、可持续的资源，对照这七要素模型不难发现，《意见》及其一系列的配套文件，如《中小学教师信息技术应用能力标准（试行）》《中小学校长信息化领导力标准（试行）》《中小学教师信息技术应用能力培训课程标准（试行）》《中小学教师信息技术应用能力测评指南》《网络研修与校本研修整合培训实施指南》等文件，构成了完整的引发教师专业发展变革的政策依据，进而构成了引发教育教学变革的条件。再次，从横向的行业影响看，信息技术已经对通信、商业、金融业、交通运输、文化、医疗等众多服务行业产生了颠覆性影响，信息技术对教育行业的颠覆性变革已经成为社会关注的热点。"提升工程"正是顺应教育"互联网+"时代的要求，力图通过广大中小学和教师的微创新、大众创新、协同创新，形成管理方式、教学方式、学习方式的新模式、新形态、新常态。

访谈者 "提升工程"启动一年多以来，从广东省实施方案的设计看，目前正处于"试点阶段"，并即将进入"全面实施阶段"。您能简要介绍下目前的一些实施情况吗？

张伟春 目前为止，我参与了三个省，两个试点市，三个试点（示范）县、区的提升工程实施方案制定、培训资源遴选、管理者、培训者培训或发展测评方案论证等工作，感受到了省、市这两个层面执行的力度，县、区层面也在按照省、市的实施方案启动。比如广州市作为广东省"提升工程"试点市，提出在完成基本培训任务的基础上，实现"五个一"的目标，即构建一套发展测评体系、创建一个示范性网络研修社区、遴选一批优秀实践应用课例、培养一批应用名师典型、打造一批示范校及示范区，紧紧扣住知行合一的主旨。清远市和广州市越秀区注重培养校长信息化领导力，清远市在《中小学校长信息化领导力标准（试行）》颁发不到一个月时即开展校长信息化领导力的全员培训，广州市越秀区也将校长领导力培训作为试点区启动的标志。

接下来，省、市的培训机构应特别重视收集试点县、区一线学科教师的意见，因为任何方案在实践过程中都会遇到很多问题，需要在组织管理、培训平台、课程资源、效果测评等方面做出改进或提升，注重细节才能将事情做好。

访谈者 您认为"提升工程"较之过去的教师培训，最大的亮点是什么？

张伟春 我参与了此次"提升工程"其中一个标准和指南的讨论，发现无论是教育部的领导还是大学的研究者，都十分关注培训是否"有用"。从柯氏四级培训评估模型的角度看，就是要特别关注"提升工程"引发教师行为的改变和产生的效果。正因为这样，教师工作司提出了"以评促学""以评促用"的基本原则，对中小学教师信息技术应用的能力设计了诊断测评、培训测评和发展测评方式。

访谈者 "有用",也就是强调"提升工程"对教师专业成长的价值与整个项目的效益。如此看来,"提升工程"不能走过场,需要落地,接地气,真正促进教师能力的提升。从受众的角度,即教师来讲,如何考虑对教师"有用"这个问题?

张伟春 "有用"可以包括两个内涵,一是教师个体"可用",二是教师群体"能用"。某种程度上讲,颠覆往往始于边缘、始于局部、始于少数,包括从0到1、从1到N两个过程。我认为,从培训的结果看,一定要关注培训的能力迁移与范围扩散。具体讲,能力迁移就是实现教师个体从0到1,从"不用"到"用"、从"偶尔用"到"经常用"、从"用得到"到"用得好、用得巧"的转变;范围扩散就是教师群体由小变大、由少到多,日益庞大起来。2014年教育部印发了《中小学教师信息技术应用能力标准(试行)》,这个标准对教师在教学中应用信息技术提出了基本要求和发展性要求,基本要求是对课堂教学的,发展性要求是对学习方式转变的,分别包括应用信息技术进行讲解、启发、示范、指导、评价等教学活动,以及利用信息技术开展自主、合作、探究等学习活动。这个标准,就为教师自我评价、项目评估提供了一个依据。教师可以根据讲解、启发、示范、指导、评价以及自主、合作、探究八个维度,去思考自己在此次"提升工程"中哪些方面需要从0到1,又如何从1到N。

访谈者 怎样才能为老师提供"有用"的课程并实现"能力迁移"与"范围扩散"?

张伟春 确实很重要。我们需要确切了解教师的需求。有一些教师认为"提升工程"的课程学习没有用,其中一个原因是不知道自己的教学缺什么"营养",也就不知道要从课程中吸取什么。为了解决这个问题,也为了实现信息时代教师的角色转换,从以教为中心转向以学为中心,开展混合式学习,我提出了一个称之为"6D教学魔方"的模型,用来引导教师提高教学能力,在教学中实施混合式学习。也就是说,魔方有6个面,教学魔方也有6个关键词,包括目标、评价、资源、活动、问题、数据。我特别强调"数据",能够集中、准确地跟踪学习效果与培训行为之间的变化,为教师提供教学行为和学习结果的分析,进一步完善培训课程的"有用性"。教师一方面可以依据教学魔方的6个关键词,分析自己欠缺什么教学能力,从而在培训课程中有针对性地吸收营养,分类整理收获,更好实现学以致用,这是从0到1。教学魔方就是教师之间交流学习收获的"凝结核",将学习的教师个体转变为学习共同体,从而提高学习的效益,这是从1到N的范围扩散。

访谈者 从组织者的角度看,如何去保障"提升工程"的效益?

张伟春 我觉得有一个关键词,就是"大众创新"。对管理者、培训机构或校长来说，从0到1就是发现、引发群体中的第一个"吃螃蟹"的教师个体或自组织，将信息技术与教育教学融合的教师不就是教学中的"创客"吗？从1到N就是建立迭代平台和机制，实现开展信息化教学的人由一个到几个，由少数到多数，这不就是"众创"吗？

培训课程是大家同时学，但培训迁移不能搞运动式推进，应该一步一步来，可以采取分布式策略来推动。分布式系统没有强制性的中心控制，其次级单位具有自治的特质，次级单位之间彼此高度连接，点与点间通过网络形成非线性因果关系。例如，蜂群就是一个典型的分布式组织。在学以致用的环节，区域的管理者、培训机构及中小学校校长可以借用蜂群模式，将顶层设计与众创相结合，推动教师最佳实践的迭代，推动实现教师应用的几何级数增长，取得实实在在的效益，克服重数量不重质量的倾向，尽量减少形式主义导致的无用功，避免教师怨声载道现象的出现。在这一点上，英特尔未来教育新推出了一个制定信息化发展规划的工作坊，可以引导区域管理者或校长通过一个四阶段模型制定规划。

总而言之，能力提升工程需要管理者、培训机构、培训者和一线教师四位一体，来共同实现技术为我所用的宗旨。

促进教研员自身成长　引领教师专业发展[1]
——访东莞市教育局教研室王定国老师

在"互联网+"时代,作为教研员的一分子,我深深感受到一种时代责任感。为适应教育变革和学习创新的要求,我清醒地认识到,教研员需要建立"三新意识",追求自觉发展,教育部门之间需要统筹协作,合力构建相互支持、引领教师专业发展的学术团队,为教师专业成长提供理念、技术和实践的支持。

——王定国

个人简介: 王定国,中学高级教师。广东省基础教育学科委员会,高中政治学科指导委员会专家组成员,人民教育出版社新课程培训专家组成员,广东省思想政治专委会副主任委员,全国优秀政治教研员。近年来致力于探究路径设计、高效课堂研究,研究成果获得广东省第八届教育成果一等奖,应邀在省内外开设讲座近百场,已在核心期刊上发表论文多篇。

访谈者 王老师,您好!从去年(2014年)教育部启动实施"一师一优课、一课一名师"活动以及省、市各级实施"中小学教师信息技术能力提升工程"以来,教研员在"推动教师在课堂教学和日常工作中有效应用信息技术,促进信息技术与教育教学的深度融合"工作中角色越来越重要。从担任教研员到现在,您有什么样的感受?

王定国 自2004年进入教研员队伍,我经历了如履薄冰、如数家珍、信手拈来、泰然自若几个心路历程。刚走上新岗位时的那份忐忑不安,经过几年的努力逐渐消散,我心中建立起了自己的业务"账本",如数家珍,能信手拈来为教师开展各种教学指导工作,并得到行内的认可。这时也算泰然自若甚至是安之若素了。但随着技术日益发展,特别是从2013年我开始关注诸如微课、优课、慕课等新技术形态的产生

---
[1] 原载《教育信息技术》,2015年第5期。

与更迭，心中又不时掠过一丝惶恐。我担心自己掌握不好这些技术，错失新一轮教学改革的机会，同时也担心脱离师生成长与学校发展的需求和要求。

访谈者 这或许是每个行业从业人员适应社会发展的一种焦虑感及责任感。您认为新技术、新文化环境对教研员的专业有何要求？

王定国 在信息技术快速发展的时代，各行各业都在适应"互联网+"时代的技术环境与文化氛围中发展，对教研员来说也不例外。一定意义上讲，教研员作为一个学科的领头羊，理应发挥钻研、引领、指导的作用。教研员在信息化时代背景下，需要建立"三新"意识，包括理念新、技术新、实践新。第一"新"，即理念新。教研员的研究基于实践，但教研员的理论又应当高于及领先于实践，能以相当的运筹帷幄之中的包含力去引导中小学教师开展教学实践。第二"新"，即技术新。教研员需要具备一种对新技术的嗅觉，具有对技术文化的敏感性，才能在新的教研环境与氛围中避免"穿旧鞋走老路"的指导思维与行动模式，以落后的思维去压抑新鲜事物。第三"新"，即实践新。基于新的问题，开展新的项目，寻找新的解决路径，构建新的实践模式，提高教学质量。当然，"新"不是标新立异，不是哗众取宠，而更多的是强调新的环境下对新问题的思考与实践。

访谈者 "三新"将技术、理论和实践融为一体进行考虑。从您的经验来看，哪个"新"对教研员挑战最大？或者三者之间有什么联系？

王定国 我个人认为"技术新"是一个基础且高标准的要求，包括对我自己。这里，不是强调每位教研员都要去熟知并应用每一种技术，成为"技术控"；更不是关注技术的"新"而忽略传统的"好"。教研员的作用在于对教育发展方向、方法和方式的引领。因此，着眼于"技术""理论"和"实践"就构成了一个立体化的发展与成长范式，三者之间，就如同"骨""肉"和"魂"一般，有所侧重、有所分工，又不可或缺，理论与技术都统一于教育教学改革的实践中，理论引领技术更好地为实践服务，技术为理论与实践提供全方位的支持与针对性的指导。

访谈者 这对教研员提出更高、更全面的要求，技术的视野、育人的理念以及真实的实践，需要在学科与教学、技术与文化、理论与实践之间找到最佳的契合点。

王定国 是的。我认为一定要着眼于人的成长规律，基于学科理论，关注新技术，面向实践，最终提升教育教学质量。但这个契合点不太容易把握，对教研员的要求也比较高。我们能把握好一个基本要求，那就是技术为学科服务，技术促进学科教学的发展，技术支持适应未来社会人才的培养。运用新技术的目的在于促进学科教学，提升育人效益，改进育人效果，同时结合学科实际，以人文情怀关注、思考和应用新技术，促进学科内容丰富化，呈现方式的多元化，师生思维方式的个性化发展。

访谈者 技术的影响无处不在，技术的更新无时无刻。在"互联网+"的时代背景下，您认为教研员需要什么样的面貌？

王定国 在"互联网+"时代下，教研员同样面临着知识结构、能力素养等各方面的挑战。教研员除钻研学科教学的理论以及实践外，还要及时关注并适应新技术，形成互联网思维。对教研员而言，最大的传统优势可以说他们是被认可的学科教学的指导者，他们具有较强的专业责任感和学习力。通常而言，越是资深的教研员，年龄越大，新技术的出现会给他们带来更大的挑战。经验是财富，有时也可能是一种绊脚石。特别是一些文科教研员，由于知识结构的原因，困难可能更多一些。虽然新技术一时半会不容易掌握，但开放的态度、前瞻的眼光、好学的精神，将有利于教研员自身在新技术条件下不断成长。

访谈者 结合当前教育部、省的中小学教师教育信息技术应用能力提升工程等项目实施要求看，您对"教研员引领教师专业发展"有什么样的经验体会或建议？

王定国 目前实施的"提升工程"以及"一师一优课、一课一名师"活动等，都是国家为适应"互联网+"时代的教育变革而提出提升中小学教师信息技术能力的一些举措和要求。这里，我深深地意识到作为教研员的责任和压力。促进教师专业发展，虽不是举教研员一己之力就可以撬动的事情，但在各个部门的支持下，在各种资源的互动交流中，教研员有责任，也必须具备能力去引领教师专业发展。一是促进教研员的自觉发展。教研员的自觉发展意识很重要，个体能时刻将社会发展的需求、教育发展的要求转变为自主发展的方向和行动，主动关注、主动学习、主动成长。然而教研员自觉发展，除了个人的认识外，还需要在岗位性质、任务职责上给予教研员充分的自由掌握的时间、空间和资源。二是促进教研员与电教人员、技术人员的合作。以东莞市为例，从2014年开始，东莞市以教育行政部门的名义开展"微课程建设"。这个项目对技术要求高，教育局按照"立足应用、全员参与、边教边学、边建边用、不断更新"的思路，确定了教研室牵头实施并提供业务指导，信息中心提供技术支持，教师继续教育中心则给予项目支持，现在已初步形成"建研培用"一体的应用思路。这种合作，不仅促进教研员在任务中学习，同时也能较为全面地引领教师专业成长，为"提升工程"等项目提供技术保障。

在课题研究中成长的未来教师①
——访中山市电化教育站贾建荣老师

  教师培训的目的是通过教师素质的提升，影响到更多学生素质的培养，教师保持积极科学的研究态度，是为学生树立良好的榜样。教育科研的目的是寻找现阶段教育教学的规律，如果能找到并掌握这个规律，教书育人必将是一件快乐并高效的事业。而寻找这个规律的初期，必定是艰难曲折的。就像柳宗元在寓言《种树郭橐驼传》中描述的那样，顺应了树木生长的规律，就可以花费最少的时间、精力、资金，去培养出茂盛的树木花草。

——贾建荣

  个人简介： 贾建荣，电教中学高级教师，负责中山市内全国、省教育信息技术课题管理工作。"十二五"期间组织开展了30项全国教育信息技术课题、9项广东省教育科学"十二五"规划教育信息技术研究课题，主持广东省教育科研"十二五"规划2015年度研究重点项目"以信息化促进区域义务教育均衡发展策略实践研究"，主持广东省教育信息技术"十一五"科研课题"中山市教师协作共同体的构建与互动发展研究"。在课题研究中创造性地采取了"以老带新""区域协作"等课题实施策略。在参与中山市基础教育跨越式发展创新试验项目期间，通过改善课题管理模式，使中山市的跨越式试验学校由最初的11所增加至40所，覆盖中山市绝大多数镇区。

  访谈者 贾老师，您好！非常感谢您接受本次专访。据了解，关于教师专业发展，您一直持这样的观点：在课题研究中学习课题研究，让老师们参与课题，通过在课题中磨炼，实现教师素养的提升。您的这种观点对21世纪的未来教师所要具备的素养来说，有哪些必要性？

---

① 原载《教育信息技术》，2016年第9期。

贾建荣　刘延东副总理在第二次全国教育信息化工作电视电话会议上讲话中明确指出：推进教育信息化是实现教育现代化取得重要进展的有力保障。

21世纪的教师必将面对层出不穷的新系统、应用、教学模式、教学理念等教育信息化发展需求。面对这些新的发展需求，寻求、选择、探索出适合自己、学校或地区的教育教学策略和模式，这就是教育信息技术课题研究的目的，这也是未来教师必备的基本素养。掌握了"在课题研究中学习课题研究"这种方法，才能更好地适应教育信息化的发展，才能更好地面对教育现代化的发展需要。

访谈者　新事物、新想法从产生到被人们接受都会经历漫长的发展之路，前途是光明的，道路是曲折的，您的这种想法又经历了怎样的发展过程？

贾建荣　一个新的想法最终产生效果的过程是艰难、曲折、漫长的。

艰难：这个想法产生之初，由于在教育领域不被认可，遭到了全盘的否定。2004年，在跨越式课题中，我提出由课题组专家培养课题骨干教师，以"以老带新"的方法辅助、补充课题指导的思路，遭到所有人的反对。我私下建议一些课题骨干教师先向专家们学习课题指导方法，经过几个月的准备之后，提出课题活动中评课先由骨干教师点评，随后课题专家针对课堂教学和骨干教师的点评两个方面都进行指导，经过近一年的尝试，骨干教师对课堂教学的点评和对新教师的指导逐渐得到了课题组专家的认可。在"以老带新"取得一定成效之后，开展了"区域协作"课题研究，逐渐形成了"在课题研究中学习课题研究"的思路。

曲折：这个思路并不是一帆风顺的，我们尝试了很多种做法，经历了很多失败，不断地收集信息、不断地调整思路，才走到今天。

漫长："以老带新"的思路是2004年4月产生的，经过与部分骨干教师沟通协商，付诸行动是在2004年9月。在跨越式总课题组专家的指导下，由有经验的教师带领几个年轻教师共同开展课题研究这种方法一直延续了近两年的时间，直到2006年6月，这些经过充分准备的课题骨干教师集体向中山市教育局提出强烈要求，要求扩充跨越式课题队伍，在全市范围内推广取得的课题成果和经验，才打开了跨区域协作开展课题研究的局面。

访谈者　在实践的过程中，您认为教师会遇到哪些问题或难题？

贾建荣　首先是自信心问题。最初实施"以老带新""在课题研究中学习课题研究"时，一线教师基本上都存在疑惑："我只是一个普通老师，怎么可能像那些博士那样指导别人开展课题呢？""课题研究是很复杂的，我没有经过系统的学习，怎么可能去搞课题研究呢？""专家给出的目标过于高远，凭我的能力怎么可能呢？"

其次是利益问题。"以老带新"如果徒弟得到快速成长，师父的利益会受到影响。跨校开展"以老带新"，我校的老师去培养他校的老师，将会损害我校的利益。

再次是时间和精力的问题。一线教师有很多繁杂的事务，已经很忙碌了，哪有时间去考虑别的事情呢？我的课题事务已经够多了，哪有时间去指导新教师呢？

访谈者　为了解决这些难题，您有哪些办法？

贾建荣　最初解决这些问题是靠和校长们、老师们进行无隔阂的交谈，鼓励老师们在现有的基础上大胆尝试；"以老带新"不是给自己树立竞争对手，而是培养工作中的帮手，师父已经积累的成熟经验传给弟子，普通的课题事务由弟子去完成，师父就有时间去思考探索更深入的问题；对于跨校问题，不应理解为我的老师去做你的事情，而是借助你的条件锻炼我的老师。

2008年之后，我总结了以往的做法，利用一个寓言故事简单明了地说明这些问题。苏教版小学语文第三册有一篇课文"青蛙看海"，故事是这样的：

青蛙长期生活在湖边，很想看看大海。苍鹰对它说："喏，只要登上前面那座山，就能看到大海了。"

"天哪，这么高的山！"青蛙吸了口凉气，"我没有一双像你一样有力的翅膀，也没有四条善跑的长腿，怎么上得去呢？"

"是啊，这山是太高了。不过你不登上山顶，怎么能看到大海呢？"苍鹰说完就展翅飞走了。

青蛙很失望。这时，一只松鼠跳到它面前："你想看海吗？"

"是啊，可是这山太高了，我上不去。"

"这石阶你能跳上去吗？"松鼠说着，跳上了一个台阶。

"这有什么难的！"青蛙跟着也跳了上去。

"再跳一下！"

青蛙又上了一个台阶。

"好！你一定能看到大海。"松鼠说。

就这样，青蛙跟着松鼠一级一级地往上跳，累了在草丛中歇一会儿，渴了喝点山泉水。不知不觉，它们已经跳完了石阶，到达了山顶。

啊！大海就展现在它们眼前。

这篇课文展示了课题研究和教师专业化发展整个过程体系。在这里：

青蛙——比喻为我们的一线教师；

苍鹰——比喻为高瞻远瞩、见多识广的各级专家领导；

高山——比喻为专家给我们制定的目标，是教育给我们的期盼，是我们需要面对和解决的困难；

松鼠——比喻为了解了课题研究全过程的一线教师，具备了一定的经验，可以承担指导其他教师的任务。

从我开展教育信息技术课题研究的状况来分析，"高山""苍鹰""青蛙"这些因素都已经具备，而其核心因素是培养一批"松鼠"团队。所以，现在我开展教育信息技术课题、培养新教师的主要策略就是培养经历了课题研究全过程的"松鼠"，由"松鼠"带动更多的"青蛙"共同发展、共同提升，而面对遇到的新问题，还是采用"在课题研究中学习课题研究"的方法。

访谈者 通过这样的培养方式，取得了哪些成效，比如培养了哪些新教师？

贾建荣 通过这样的实践，我们培养了一批新人，比如中山市实验小学英语教师陈玉河、中山市南头镇将军小学校长严玲珍、中山市坦洲镇联一小学副校长陈丽娥、坦洲镇实验中学信息技术教师王怡涵、阜沙镇牛角小学信息技术教师蓝旭雯、中山市杨仙逸中学李建民老师等。

访谈者 让我们一起来听听这批新人的成长之声吧。

贾建荣 好的。

严玲珍 贾老师无私地带领我们进入科研领域钻研，循循善诱，是我们的知心朋友。

蓝旭雯 从"研究"中来，到"研究"中去。贾老师常说不能让课题研究成为负担，而是真正地通过研究，让课题"活"起来，让老师得到更多的专业发展。贾老师十分重视年轻教师的培养，他提供了优质的平台让我大胆地去开展研究，实实在在地深入课题研究，我可以更清楚课题研究要怎么做，也了解到自身的特点，通过不断成长实践，促进课题的开展。这个过程就是"实践—成长—实践—成长"的良性发展过程，这就是"在课题研究中学习课题研究"。

李建民 我认为作为一名一线教师，积极参与课题研究是个人专业成长的必经之路。通过课题研究不仅引领教师教学能力的提升、教研水平的进步，更让教师积极拓展教育视野，更新教学理念。

访谈者 通过聆听这些教师的心声，我们对您的这种想法有了更深入的认识与理解。在未来教师专业的发展中，您有哪些新的想法或打算？

贾建荣 虽然"在课题研究中学习课题研究"取得了一定的效果，但还远不能达到中山教育发展的需求。在未来教师专业的发展中，在延续和完善"在课题研究中学习课题研究"这个思路的基础之上，中山电教站正在酝酿如何使已经成长起来的教师得到更进一步的提升，使他们在教育领域发挥更大的作用。

创新课题"柔性"管理机制
实现教师信息化教研能力提升[①]
——访中山市坦洲镇联一小学陈丽娥副校长

  信息化环境下的科研不能走形式、装门面,学校、负责人、管理者、教师需正确认识、互相督导、真正落实课题研究工作,实现"柔性"管理,体现"以人为本",真正做到信息化教学理论上突破、实践上创新,达到"科研兴校""教研助师"的目标。

——陈丽娥

  个人简介: 陈丽娥,现任中山市坦洲镇联一小学副校长,小学语文高级教师。长期担任中山市信息技术课题过程管理专家,为中山市教育学会小学语文专业委员会会员。曾荣获中山市先进教师、课题研究优秀管理员称号,课题研究论文评比50余次分别荣获国家、省、市各类奖项。2007年至今连续9年积极参与课题研究,其中包括2009年至2013年的"四校"全国教育信息技术课题研究和2013年至今的"五校"全国教育信息技术课题研究。同时还负责指导中山市南头镇全国教育信息技术课题工作,2013年至2016年成功指导坦洲镇和南头镇申报立项了8项全国教育信息技术研究课题。

  访谈者 陈校长,您好!您长期担任中山市信息技术课题过程管理专家,2013年至今成功指导坦洲镇和南头镇申报立项了8项全国教育信息技术研究课题,请问您参与管理了哪些学校课题?

  陈丽娥 "不谋万世者,不足谋一时;不谋全局者,不足谋一域。"不从全局的角度考虑问题,是无法治理好一方地区的。也就是想做好一件事情,就得方方面面都考

[①] 原载《教育信息技术》,2016年第6期。

虑到；想做好具体一个方面，就得从全局出发。2013年，中山市电教站孙仲廉站长和贾建荣老师主张的区域联合课题研究管理方式在中山市已经卓有成效，成立了一支课题管理专家小组，负责管理全市信息技术课题研究工作。本人有幸成为其中的一员，给了我一个锻炼和学习的机会，主要负责坦洲镇和南头镇的课题研究及课题开发。如中山市南头镇民安小学的"利用信息资源库促进教学有效性的研究"；中山市坦洲镇的"五校课题""利用网络视频提高学生写作水平的策略研究"；中山市坦洲镇七村小学的"信息化环境下有效拓展阅读提高小学生阅读能力的策略研究"；中山市坦洲镇裕洲小学"利用信息技术传承非遗产咸水歌文化的策略研究"；中山市坦洲镇实验中学"翻转课堂在数学复习课中的研究"等。

访谈者 在这些课题的组织与管理上，您是如何协调课题学校、负责人、教师之间的关系的？采取了哪些行之有效的管理策略？

陈丽娥 《种树郭橐驼传》中说："有问之，对曰：橐驼非能使木寿且孳也，能顺木之天以致其性焉尔。"郭橐驼不是能够使树木活得长久而且长得很快，只不过能顺应树木的天性，来实现其自身的习性罢了。可见只有顺应事物发展规律，尊重人性特点，才能做好事情，所以在课题管理中我主要采取了"柔性管理"的方式，柔性管理是一种"稳定和变化"的非强制管理信息方略，强调"以人为中心"，其最大特点主要在于不是依靠权力影响力，而是依赖于人的心理过程。柔性管理的特点有多方面，如组织结构的扁平化和网络化、管理决策的柔性化、组织激励的科学化。我更欣赏的是它的扁平化和网络化、激励化。它让每个组织成员获得独立出来问题的能力，发挥组织成员的创造性，提供人尽其才的组织机制。所以我们是带着促进镇区和学校实验学校、教师的均衡发展的目标，在课题研究的组织中做到公平、公正。

比如，现在坦洲镇五所学校共同开展的"利用网络视频提高学生写作水平的策略研究"课题研究，其参与成员有学校的校长、教导主任、语文科组长、骨干教师。采用这种管理方式，主要基于实验成员的特定性的原因，通过层级的管理来实现柔性管理。课题组主要设有课题负责人、课题总组长、小组长、试验教师。在整个研究中采用分工合作的方式。日常工作主要是各所学校根据本校的实际情况在小组长的带领下开展研究。我作为课题研究的管理者，主要是协助课题负责人，根据试验教师在研究中发现或遇到的困惑以及提出的建议，制订每学期的课题研究计划，组织开展研究工作，实际的试验工作都有赖于试验教师。这样逐步形成了自下而上的，注重自主研究、个性发展、追求实效的管理模式。

《三略》有讲：夫主将之法，务揽英雄之心。其实在整个课题开展中，我只不过起到一个纽带作用，协调好教师和学校之间的关系，激发教师的研究热情，工作都是课题组每个成员在做，大家都在默默努力。首先做到优质资源共分享。如组织五所学校轮流举行集体性的研究活动，让大家都享受到优质的资源，让各所学校体会到课题研究给学校带来的深远影响。其次是让所有试验教师享受到优质的学习。如优先参加市内外的各类培训，让每位教师通过学习或培训感受到课题研究给自身带来的意义。最后是为全体教师搭设展示和锻炼的机会。各所学校除了自主研究，课题组还会根据试验教师的需要，为试验教师搭设各种锻炼的机会。如代表镇参加市级公开课的研讨、在镇内轮流上研讨课、开展全员性论文评比活动等，让大家感受到课题研究确实给自己带来了广阔的天空。

访谈者 在这种柔性管理下，取得了哪些成效？

陈丽娥 多年来通过柔性管理，课题研究工作在大家的努力下取得了一定的效果。通过组织结构的扁平化，使得纵向管理压缩、横向管理扩张，横向管理向全方位信息化沟通进一步扩展，形成网络型组织。在整个研究过程中，参与实验的学校和教师都是态度非常积极、认真的，真正是"不待扬鞭自奋蹄"，所有的成绩都来自全体实验教师的努力和付出，教师的课堂授课能力提高十分明显，学生的学习能力得到更好发展。教师获奖的达40余人次，论文发表20余篇。也培养了不少新人，如中山市南头镇民安小学的严玲珍老师、中山市坦洲镇同胜小学的张云老师、裕洲小学的郭金棠老师、安阜小学的李华湘老师、联一小学的苏影霞等老师、中山市坦洲镇十四村小学的杨小良老师、中山市坦洲镇实验中学王怡涵老师等。

访谈者 在课题实践中，参与项目的教师存在哪些问题？如何解决？

陈丽娥 参与项目的教师最大的顾虑是如何兼顾好常规的教学和做好课题研究。往往在这种情况下教师会选择常规教学。我认为教师的顾虑主要是课题研究和常规教学产生了冲突，还没有能很好地将课题研究和常规教学进行融合。所以，教师包括我自己要对课题研究的方式进行进一步的探究。要把课题研究工作作为一种常规的教学来做，既能提高教学质量，又在教学方式上有突破。

访谈者 您长期从事课题管理的工作，有着丰富的课题管理经验，您有哪些经验分享？

陈丽娥 "与众同好，靡不成；与众同恶，靡不倾。"大家有了共同的努力目标就没有不成功的，大家有共同的困难就没有克服不了的。

首先，有一致的目标。申报课题学校、负责人、管理者、试验教师要有正确的认识，课题不是为了装门面、走形式，要以"提高教师综合素养，帮助学生更好成长，促进学校的发展"为目标。

其次，课题研究讲实在。真正落实课题研究，注重过程，定期交流，坚持日常研究，将日常教学和课题研究有机融合。

再次，给予课题研究的教师帮助。课题的管理非常重要，管理中既要站在管理层面考虑问题，也要站在教师层面思考，能多渠道解决课题工作中的困惑，为试验教师创设更多条件，给予教师帮助和指导。

最后，课题研究一定要不断突破。2015年11月19日刘延东副总理的讲话，其中指出：信息化建设推进进度要追求平衡，通过"专递课堂"大力推广"一校带多校"的组织模式……课题研究主题内容的选择以及课题研究的管理方式要顺应教育发展的趋势，根据实际情况大胆突破，敢于创新。

总之，在多年的课题研究中我感受到中山市电教站组织下的教师协作研究共同体的构建管理模式，具有前瞻性，顺应了时代发展的需要。从独立研究走到今天的多校联合和跨区域的课题管理模式，让教师汲取了经验，学习的平台更为广阔，学校之间和镇区之间得到更多的交流和分享机会，也促进了整个中山市信息化教育的更好发展。

统整课程改革 统整教师协同发展[①]
——访深圳市南方科技大学实验学校唐晓勇副校长

  教师成就课程，课程也成就教师。在实施统整项目课程中，我们的重要任务就是让教师在课程设计与实践中成长，把教师专业成长放到社会发展的背景中去思考，让他们理解最前沿的文化，让他们呼吸最新鲜的理念，培养教师的跨界能力、协同工作能力，这或许是新时代教师专业发展的趋势。学校需要按照自身的发展需求，根据教师的专业基础和个性特点等要素进行系统思考，赋予教师安全感、关怀感、满足感和幸福感，让他们得到终身成长。

——唐晓勇

  个人简介： 唐晓勇，深圳市南方科技大学实验学校常务副校长，深圳市十佳青年教师，广东省名师工作室主持人，深圳市教师继续教育课程建设特聘专家，全球创新教师大赛第三名获得者（2009，巴西）。长期致力于技术支持的学习变革与创新的实践研究，独立主持多项国家级和省级课题，撰写70余篇论文在国家级期刊上发表，多次应邀到全国各地讲学，开发的MOOC课程"思维导图支持的学习创新""数字时代小学语文教学的变革与创新""项目学习的设计与实施"在多家在线平台上线，深受欢迎。同时关注儿童阅读、教师阅读、项目型学习、综合实践活动课程的开发与实践。

  访谈者　唐校好！今年（2017年）4月在全省基础教育信息化应用现场会上，你们展示了学校统整项目课程的一节教学示范课"我爱购物"，三位不同学科的老师同堂上课，个观课者感觉这节课"很有趣""很特别""耳目一新"。这节课之所以给人留下这样的印象，这背后的支撑是什么？

---

① 原载《教育信息技术》，2017年第10期。

唐晓勇 "台上三分钟,台下十年功。"对于一节课也是同理的。这节40分钟的课,已经超越了学时、学科和学科教师的概念,不再拘于常规课堂老师上某篇课文或某个知识点的教学,而是以某个综合的学习主题为中心,不同学科教师之间有效协作,共同完成教学任务。"我爱购物"这节示范课,是我校"基于'互联网+'背景下的课程改革——统整项目课程"教学模式其中的一种形态,即基于主题的跨学科教学。这是我们教学改革所呈现的课堂面貌,也是统整项目课程改革所带来的全新体验。

访谈者 这节课给我个人最大的视觉冲击就是一个课堂三位老师。这是我第一次见到。

唐晓勇 应该说这是鲜有的非常规教师团队合作教学方式。统整项目课程悄悄改变教师之间以及师生之间的关系,促进学科教师同"台"合作,学生可以在一个时间得到不同教师的学习支持。这一教学模式主要强调课堂教学中不同学科教师基于某个学习主题进行合作协同上课,每个学科按照本学科的学习方式进行学习,完成学科目标,其核心是聚焦学科素养和综合素养的提升。这需要教师间跨学科的合作,需要教师团队的分工与智慧,需要教师之间建立开放的、融洽的工作关系。也就是说,我们在做课程的"统整",首先就得把教师队伍给统整起来。

访谈者 教师是教学的重要支撑。就这节示范课而言,从选题、备课到上课甚至后面的总结评价,教师之间是怎么协同工作的?

唐晓勇 "我爱购物"这个主题,对于任何一个孩子都是有相应的生活经历和体验。选择"购物"这个内容,能将孩子真实的生活与语文、数学和英语多学科学习内容相结合,实现课程的学习目标。确定这个主题后,语文、数学和英语三科教师共同进行教学设计,按照购物的真实生活流程,在课堂上模拟设置一个立体购物情境,包括商品、价格、手推车、售货员、小票等,让学生在共同协同中完成购物活动。在购物活动中,不同学科教师取舍不同的学科任务,如语文的口语表达、写作与阅读,英语的词汇积累与口语交际,数学的计算与统计等,学科教师有所侧重、有所分工,不同学科在不同情境中交替进行。

各学科都从本学科的学习视角进行备课,完成学习任务,达到教学目标,但是每位教师又不仅仅聚焦于本学科目标,需要"偶尔"兼顾其他学科。在备课过程中,三位学科教师都需要熟悉其他两位老师的"知识点",大家需要共同备课、共同教学,研究好课堂的任务分工和教学流程。当然,三位老师在整个学习中并非平均用力,会安排一位老师作为"主教师"统一协调各学科的教学,完成学习任务。课后各学科的教师进行教学反思,反思的关注点是学科知识目标如何达成、学科教师之间如何配合、学科知识之间如何关联等。总之,教师合作的融洽度是教学成功的基础。

访谈者 南方科技大学实验学校是一所一两年发展起来的新学校,像新生儿一般。为实施统整项目课程,你们对教师团队如何定位,或者做了一个什么样的蓝图?

唐晓勇 教师团队的建设是学校课程改革的核心,更是促发学校创新发展的基础。新学校最大的优势是无须背负历史负担,可以大胆改革,创新构建课程。对于一所高起点的学校,我们对教师的定位也很高,学校每一位教师都应该具备开放精神、国际视野、课程意识、创新精神、团队协作、信息素养、关爱精神等,这些是教师最基本的素养。我们希望通过高起点的教师队伍建设,能构建一支创新的学习型教师团队,既能传承中华优秀传统文化,又能与国际同步,把培养学生面向未来的核心素养融入每一天的日常教学中。

访谈者 怎么让不同的老师进行磨合并认同统整项目课程?

唐晓勇 有经验的老师都曾实践过类似的课程,没有经验的新岗教师因为没有前期经验干扰,可塑性很强,容易接受新课程理念。因此,面对这样的新课程,大家有共识、共鸣的地方会很多,比较容易接受"统整项目课程"的理念。但要想更深入地理解并有效实施课程,我们还需要建立一个更大更强的教师团队。在实践中,我们试图将已有团队的思想、理念、愿景、方法都"统整",逐步达成思路一致,通过在实践中的磨合、培训、对话等,有效整合有不同知识背景和经验的教师的优势,从而构建一支能理解并实施"统整项目课程"的全新的教师团队。

访谈者 你们怎么在已有的团队基础上去选择新教师?

唐晓勇 我们在组织公开招聘时,特别关注教师的选择。选择什么样的教师,我们有三个基本标准:开放精神、终身学习习惯、课程价值的认同感。因为,具有开放精神的教师才能接受更多的新理念和新方法,养成了终身学习习惯的教师才能顺应时代和课程发展的需求不断提升自己的专业素养,对统整项目课程的价值有认同感才能让大家携手同行。

访谈者 如何培养新教师?

唐晓勇 由于新教师间的专业基础和教学经验有所差异,大家对统整项目课程的理解深度和广度难以建立在一个层面上。为了让专业素养有差异的老师成长为满足统整课程教学的实践者,我们在坚持教师选择标准的前提下,"相信每一位教师",通过营造和谐的教育生态,让他们都有安全感,在具有安全感的氛围中大家才能全情投入大胆创造,教师的潜能才能得以释放。此外,采取"教师合作制",让不同学科和专业背景的教师通过合作的方式,协同完成统整课程教学。统整课程本身就需要从不同学科视角进行学习理解,统整课程教学实践的方法很多,但我们选择"相信每一位教师",以"教师合作制"作为培养合格统整教学实践者的最重要的途径。

访谈者 你们日常怎么实施教师团队管理？

唐晓勇 与其他学校有所不同的是，我们学校的"课程图谱"由"国家基础课程、统整项目课程、氛围浸润课程"这三种形态的课程组成。在实施不同的课程时，教师的备课方式、教学方式、课程内容组织形式等是不一样的，那么教师管理也有所不同。比如在实施"国家基础课程"时，教师主要是基于学科教材教学，这一阶段教师的日常教学生活主要是以"个体"为主，而在实施"统整项目课程"时，需要教师间进行紧密的合作，备课方式、教与学方式、课程内容组织、教学时间安排等变化很大，这样教师的日常教学生活也会改变。因此，在我校教师的日常教学生活不是一成不变的，其决定性因素取决于课程的形态。从学校层面讲，我们的具体做法是，每个年级、每个学期共同完成一个课程主题，这主要是由学校层面组织实施，由学校教学科研中心统一管理，管理相对严谨有序；从教师个体层面讲，每位教师每学期自主进行跨学科学习，教师之间合作相对开放松散，学校的管理也相对简单，这主要是激活教师的创新能力。

访谈者 采用什么方式或途径激活教师专业成长和团队建设？

唐晓勇 我们对教师发展进行了整体规划和设计，从制度建设和资金等方面确保教师专业发展工作。一是成立"教师科研中心"，把教学、科研和教师专业发展统整起来，由专人负责教师专业发展的规划、组织和管理，把教师专业发展作为学校持续创新发展的重要工作来抓。二是不断优化教师结构，努力从年龄结构、专业搭配、学科素养均衡等方面构建合理的教师队伍。三是建立新岗教师导师及成长跟踪机制，为每一位新岗教师规划专业发展路径，以确保每一位新岗教师能在两三年间成长为熟手教师。另外，我们还通过创新校本研修模式、推动教师阅读工程、推进教师个性化定制学习方案、建立教师专业发展评价制度等多项举措，提升教师专业素养，从而打造一支有战斗力的师资队伍。

访谈者 两年来的坚持，作为分管学校课程教学的管理者，您对教师团队最骄傲的地方是什么？

唐晓勇 我觉得最骄傲的地方就是每一位教师都很阳光，教师间自由合作逐步常态化，教师间的关系非常融洽，逐步形成了一个温暖的、心态积极的学习共同体。每位教师的课程意识都很强，"让课程超越课堂"已成为南方科技大学实验学校教师团队的新常态。

做有思想的 21 世纪教师[①]
——访广州市海珠区宝玉直小学范谊老师

  教师首先要有教学思想，然后尽可能地均衡发展自己在教学方法、教育技术上的特长，打造个人教学风格，成为一名时代所需要的优秀教师。

——范谊

  个人简介： 范谊，广州市海珠区宝玉直小学信息技术高级教师，广州市优秀教师，广东省网络名师工作室主持人。三度受邀参加广东省小学信息技术教材编写，主持完成 3 项广东省、广州市教育科学规划课题；独立发表 CSSCI 论文 3 篇，发表 EI 论文 1 篇，5 篇教学论文获广东省一等奖，两篇获全国教育技术论文评选活动一等奖，出版学术专著《技能教学绩效改进的研究与实践》1 部；多次获得广州市教学成果奖，并受邀参加华南师范大学的研究生培养工作；主持开发的广州市中小学继续教育网络课程——"信息技术教师教学技能（1-3）"已累计培训教师 3 208 人。

  访谈者 尊敬的范老师，您好，非常感谢您接受本次专访。《教育信息化"十三五"规划》中强调：大力推进"名师课堂"建设，充分发挥名师的示范、辐射和指导作用，以"名师工作室"等形式组织特级教师、教学名师与一定数量的教师结成网络研修共同体，提升广大教师的教学能力和水平。据了解，您作为广东省网络名师工作室主持人，开展了相关研究，您认为作为一位名师应该具备哪些基本素养？

  范 谊 《广东省中小学教师水平评价标准（试行）》中提出：正高级教师应具有较强的信息技术与学科教学整合能力，具有先进的教学思想，形成独到的教学风格和精湛的教学艺术。这意味着一位名师应该有思想、知方法、懂技术、显风格。这四者中，思想是核心、是基础，它引领着后三者；方法是实施教学、解决问题的具体

[①] 原载《教育信息技术》，2017 年第 10 期。

措施，正确的方法再加上恰当的现场调控就是我们所说的教学艺术；技术是实现方法落地、完成教学任务的手段与保障，更是教学效率的倍增器；风格是教师的个性标志。目前国家提出培养创新型人才，而创新的本质是求异，因此教师有风格是培养创新型人才的必要条件。

访谈者 据了解，在您的教学中，您一直坚持"思与试"的教学思想，您的这种教学思想是如何形成的？

范　谊 自2000年新课程改革我省将信息技术课程单列以来，激发学习兴趣、发展学生信息素养、培养学生问题解决能力一直是课程的根本任务。与此对应的是，应用软件课成为信息技术教材的内容主体，它的学习方法可用"做中学"来概括。但现实中部分老师对"做中学"的理解过于简单化，导致课堂教学中"思考缺失"，一度"模仿教学""机械训练"盛行。正是在这一背景下，我开始反思应用软件课的教学，以有效教学为目标，逐步形成了"思与试"教学思想。

访谈者 "思与试"教学思想的具体内容和核心价值体现在哪？

范　谊 "思与试"教学思想中，"思"是思考，"试"是尝试。"思"引领"试"，指导"试"；"试"支撑"思"，完善"思"。

在课堂众多的教学环节中，对问题的分解、定位、转化等一系列思考活动是核心，可信息技术"做中学"的学习特点决定"思考结论"与"操作结论"间有一段距离，且"思考活动"必须借助"尝试操作"才能走向深入、完善，乃至正确。因此，"思与试"教学思想的本质就是引导学生有效地进行"思""试"，让他们掌握正确的思考方法，形成扎实的实践技能，促进学生以"问题求解"能力为代表的学科核心素养的不断发展，成为有智慧的人才。

访谈者 在您的教学实践中，如何将这种教学思想渗透到教学设计中？

范　谊 教学思想需要借助一定的教学行为才能在课堂中落实，我以学科主流的任务驱动教学模式为起点，借鉴"七何分析法"优化思维训练，运用实时测评技术完善学生的尝试过程，修订原模式为"三层五导"任务驱动教学模式（如图1所示）。

"三层五导"任务驱动教学模式有3个主要特点：一是以"三层式"任务为阶梯，让学生分步体验从"学习知识"到"解决问题"的过程，学习的节奏感较合理；二是将五类问题有侧重地嵌入不同层次的任务，并以此为引导，使学生逐步掌握"问题定向—知识建模—调试反思"的思考方法；三是广泛运用实时测评技术支持教学，这些教育信息化手段促使学生在学习尝试中及时发现知识缺陷，在改正错误的过程中明确了问题的解决方向，逐步形成科学的信息技术学习方法。

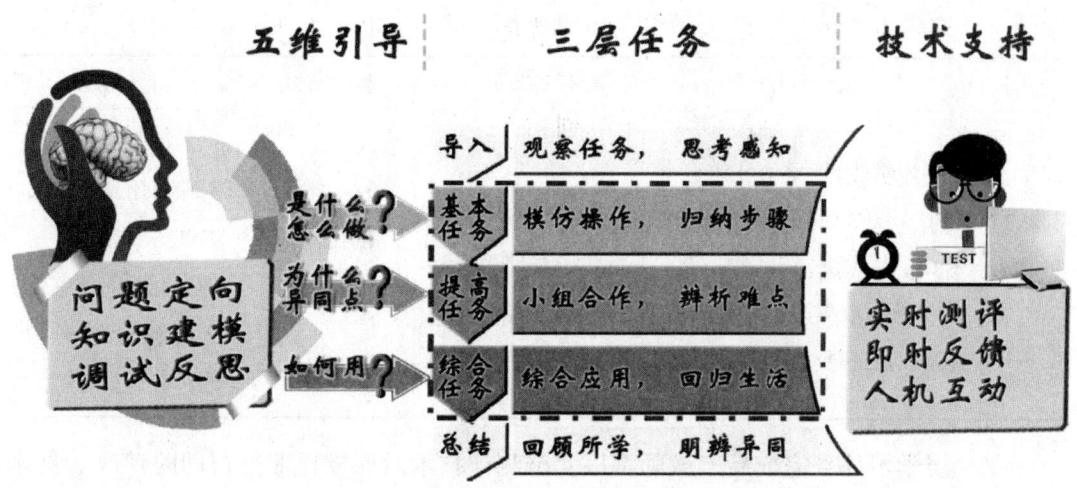

图 1 "三层五导"任务驱动教学模式

访谈者 请您结合具体的教学案例谈谈"三层五导"任务驱动教学模式在课堂中的应用?

范 谊 "三层五导"任务驱动教学模式中,从五方面引导学生,分三步完成学习任务是核心。以广州市初中信息技术教材(2013版)八年级的"Excel 数据筛选"一课为例,任务层次与问题引导如表 1 所示。

表 1 "Excel 数据筛选"教学设计

任务	题目内容	任务目的	教学方式	引导问题
基本	筛选出"男"学生	掌握筛选步骤	演示—模仿	①这种数据处理方式叫什么?②它的操作步骤是怎样的?
提高	①筛选出"身高"大于1.55,小于1.58 的全部学生 ②筛选出"身高"大于1.69,或低于、等于1.42 的学生,再按"降序"排列	学会填写"自定义筛选"对话框 理解"与"和"或"条件	同位合作	①本题为什么要选择"与"条件?②数字筛选和文本筛选有何异同?

续上表

任务	题目内容	任务目的	教学方式	引导问题
综合	根据条件——男；年龄：不大于13岁；身高：1.6～1.8米；"林"姓，二字姓名，在"寻人数据表"筛选出可能的人员记录	体验多字段筛选，尝试使用通配符，解决实际问题	依托教材，独立解决	①解决这一问题实际要用到哪个知识点？②生活中还有什么时候会用到筛选？

每一层学习任务完成后，教师都以实时测评技术对课堂作业进行即时评改。具体来说，封闭型练习以基于VBA宏语言编制的实时测评程序进行评改，程序可向师生双方即时反馈作答数据，促使学生反思所经历的问题解决过程、解决成效，让实践技能、思考方法等同步发展。同时，作答数据对教师课堂的科学决策也非常有帮助。开放型练习基于一款竞争性作业分享平台"志华信息技术云课堂"，让学生将完成的作业上传，通过小组互评形成互相鉴赏作品的学习空间，客观上大幅度提高了学生参与学习任务的程度。

访谈者 "三层五导"任务驱动教学模式实践的效果如何？

范　谊 首先，我和团队除了"数据的分析与处理（Excel）"单元外，还围绕广州版中小学信息技术教材其他的数个单元检验该模式，主要课例有七年级"图像的采集"、六年级"插入超链接（PowerPoint）"、五年级"插入空表格（Word）"和四年级"图像的旋转和翻转（Windows画图）"等。这些课例或是广州市、广州市海珠区的公开研讨课，或在"一师一优课、一课一名师"活动中获评为"省优"。其次，我们还在团队外的多间中小学，对"三层五导"任务驱动教学模式进行了实践检验。检验学校的整体反映是正面的，如该模式将培养学科思维、掌握学习方法放在教学首位；具有差异化处理知识的思路，可操作性较强；以技术手段实时反馈学习效果，学科特点较明显。当然，它也暴露出一些不足。针对这些存在问题，我和研究团队积极寻求对策，不断加以完善。

访谈者 出现了哪些问题，又是如何解决的？

范　谊 例如初期技术手段介入仅关注了成绩反馈，没有考虑到如何保持学生的注意力，造成课堂效益有时会出现前高后低。在检验学校老师的建议下，我采用了一款"班级优化大师"的工具，以"互联网+教学管理"为手段，对学习过程中的学生行为表现做出即时评价，有力地规范了学生课堂学习行为表现，增加了教学净时。另外，目前模式的检验还集中在广州市，学生样本的差异性还不够丰富，团队会寻找机会改善。

访谈者 您认为"思与试"的教学思想对您个人最大的影响在哪？

范　谊 在"思与试"教学思想引领下，同时也在"三层五导"任务驱动教学模式的反复应用中，我形成了"缜密丰富、深邃灵动"的施教风格。

"缜密"指教学设计周密；"丰富"指教学手段多样；"深邃"即学习内容指向知识本质，教学目标围绕发展学生核心素养；"灵动"指课堂调控以教育技术做支撑，因势而动，不拘泥于固有计划。

访谈者 "思与试"教学思想下孕育了您个人"缜密丰富、深邃灵动"的施教风格，您有哪些经验分享？

范　谊 "深邃"是我所面对的挑战，培养学生核心素养是国家深化课程改革的一项重要任务，从学科教学要求的角度看，教学要引导学生理解知识的本质；但从学生年龄特征看，教学必须深入浅出，因此教师要做"缜密"的教学设计。

访谈者 对于未来21世纪教师的发展，您有哪些建议？

范　谊 面对培养学生核心素养的任务，每一位老师都应该问，教师的核心素养又是什么？我认为是教学思想，因为它关乎教师教什么、怎样教，一个没有自己教学主张，仅会人云亦云般教的人是不能胜任21世纪教师工作的，所以即使只是普通教师也应该有自己的教学思想。教学思想的形成固然是一个漫长的过程，但如果没有每一天声声不息的、关于教学思想的自我追问，就只剩下了"漫长"而没有了"形成"。

做教育信息化的有心人　21 年的坚持与沉淀[①]
——访佛山市顺德区第一中学外国语学校曾惠蘋副校长

我们做课题、做研究贵在坚持，当你把一件自己认为正确的事坚持做 10 年、20 年，不管你是研究什么，都能做出成果。我们每个人都是独一无二的，我们都应发挥自己的长处，学会做最好的自己。

——曾惠蘋

个人简介： 曾惠蘋，佛山市顺德区第一中学外国语学校副校长，初中地理正高级教师，第一批顺德区骨干教师，广东省中小学教师工作室主持人，广东省首批特支计划教学名师。曾获全国模范教师、全国巾帼建功标兵、全国优秀地理教师、南粤优秀地理教师、顺德十大杰出青年、佛山市德育先进工作者等称号，获顺德首届巾帼科技创新奖。二十多年来致力于课程资源建设、计算机辅助教学和网络教学的课题研究。参与制作的课件，如"人类与环境""台湾省""地震"等分别获全国软件评比的一、二、三等奖；创建的"中学地理教学资源网"和"地理家园"专题网站被评为"全国首批教育特色网站"；"地理素材库的建立与教学应用"课题成果获 2005 年广东省第五届普通教育成果一等奖，"地理课程资源的开发与应用研究"课题成果获 2016 年广东省中小学教育创新成果二等奖；发表了多篇论文。

访谈者 尊敬的曾校长，您好。非常感谢您接受本次专访。据了解，您致力于地理资源的建设与应用研究 21 年，21 年的坚持与沉淀，您最大的感触是什么？

曾惠蘋 我从 1996 年开始做课件，开始只是用于上公开课，在 1996—1998 年近三年的时间里，专心收集、整理、加工素材，从日常的挂历、地图册、VCD 光盘到刚起步的互联网，从不同的渠道收集整理各种地理素材，包括文字、图片、视频、动画

[①] 原载《教育信息技术》，2017 年第 9 期。

等。1999年，我的地理素材库获广东省中小学教育创新成果一等奖。之后，我和我的学生一起创建了第一个地理学科网站——中学地理教学资源网，通过这个网站让全国各地一大批一线地理教师参与建设，真正实现资源共享。后来还建立了面向学生学习的"地理家园"、用于德育管理的"德育家园"以及现在的"地理微视频点播网"等网站。我一直在探索资源的建设与应用，只是随着技术的发展，资源的呈现方式有所改变，现在可能更多的是微视频、微课及微信平台。

访谈者 新技术层出不穷，新的教学方式也应运而生，如微课、翻转课堂等的出现。新的技术或教学方式对您21年地理资源的研究与探索有哪些影响或改变？

曾惠蘋 我以前做素材库，更多的是收集、整理、加工、制作，收集素材的范围只盯住相关的地理文字、图片、动画、课件等，视频资源一般从VCD剪辑，都比较长，而随着新技术的出现，为了让课程资源的展现更便捷，我着力开展地理微视频的课题研究，希望把一段段有价值的地理微视频变成一节节有意义的微课。

访谈者 据了解，您在地理微视频资源库的建设上经历了积累、沉淀、集成、再创造四个完整的过程，您是如何将这四个过程融入教学实践中的？

曾惠蘋 构建地理微视频资源库，有利于开展微视频教学研究，也有利于资源的共享与交流。这四个过程主要是积累、沉淀、集成、再创造。

积累：多渠道收集，建立原始的视频资源库。地理视频资源可以说无处不在，如互联网、各种科教影片、电影、电视剧、纪录片、新闻联播等，与其说地理视频资源缺少，倒不如说最缺少的是一线地理教师的意识和智慧。我们一方面感叹地理视频资源的缺少，一方面又"无视"资源的存在，浪费资源。因此具有鲜明的时代性、典型的生活性、形式的多样性、内容的丰富性等特点的视频资源库急需建立。

沉淀：多角度甄别，建立实用的微视频资源库。由于收集的视频资源很多，有些播放的时间长，不适合课堂上使用，所以收集到的原始视频素材需要一线教师进一步甄别，在运用的过程中，根据自己课堂教学的需要，对视频资源进行再加工，进一步的截取、合并，使视频资源适用于课堂教学的需要。如在我的地震专题讲座中，选择了一段报道2011年日本地震海啸的新闻，在海啸引起的巨浪破坏海边建筑物的3分钟视频当中，有1.5分钟的记者评论视频，但这段评论不是我讲课的需要，所以必须对视频进行裁剪、合并，剩下的1分多钟的视频就是地震引起海啸的典型镜头，可应用于关于地震的各种课程。各种原始视频经过一线教师的甄别、整理、加工、应用、再加工后，一个实用的视频资源库逐步形成。

集成：多角度分类，建立与课程相结合的微视频库。一段有价值的微视频往往在不同的课程都可以被运用，一线教师收集、整理、加工的视频往往都是单一地为某节课服务。当一群有共同目标的一线地理教师联合起来,把海量的视频资源进行再加工后进行分类整理,根据课程的需要编辑关键字、标注视频的时长、添加视频简介以及适合应用的章节等,这样一个与课程相结合的微视频库初步形成。

再创造:多角度应用,建立微课例视频库。相同的一段微视频,应用在不同的课程所起的作用不同,不同的教师在应用过程中引导学生思考的问题和分析的角度也不尽相同。所以,每一段微视频在被运用于课堂教学前可以进行再创造,如在视频中加入思考的文字字幕、加入老师的旁白,或重新拍成微课等。例如在某日的新闻联播里,其中有"日出东方照亮神州大地"(吉林长白山5:24—山东青岛5:53—河北山海关5:58—安徽黄山5:59—山东泰山6:04—阿尔泰山森林公园6:04—北京八达岭长城6:18—宁夏银川6:57—西藏拉萨8:01—新疆鄯善沙漠8:02)这段美丽壮观的各地日出视频,其在讲经纬度时可用,在讲时区、区时时可用,在讲天气与气候时可用,甚至在讲旅游资源时也可用。同一视频应用于不同的课程中,引导学生思考和观察的点也有所不同,所以把教师在不同课程应用同一微视频时的讲述一起拍摄成微课,这又是一段很好的学生学习微课,比简单的微视频资源对学生更有帮助,更有利于开展翻转课堂的探索研究。

访谈者 这样的教学实践产生了哪些效果?

曾惠蘋 首先,微视频教学有利于调动学生的学习兴趣,兴趣是最好的老师,微视频应用为学生打开了一扇了解地理世界的窗口。

其次,微视频教学能更好地调动学生的学习主动性,各种微视频素材在地理教学被广泛应用,视频资源涉及各个方面、各个领域,尤其与生活紧密联系,这不仅激发了学生的学习兴趣,更调动了学生的学习主动性。

最后,微视频教学有利于学生全面了解世界、了解中国。地理课上利用中央电视台的新闻联播地理教学资源,不仅能让学生同步了解世界、了解中国,同时也能让学生养成对数据进行分析、对事件进行判断以及关心时事、政治的习惯,全面提高学生的综合素质。

访谈者 坚持21年的学科资源建设与应用的研究,您有哪些经验分享?

曾惠蘋 对于学科资源的建设与应用研究,我认为一线的教师只要做一个有心人,不管是哪个学科都可以做得很好。目前很多人喜欢旅游,在游览过程中拍摄的照片、视频就可以成为我们很好的课程资源。比如我暑假去新疆旅游,拍摄的不同城市的日出、日落照片(照片上留拍摄时间、地点)就是讲昼夜长短的很好的资源素材,沿途拍摄的高山草原、沙漠风光、冰川地貌、河谷地貌等,也都是难得的课程资源,加上亲身的体验和感受,这些资源被活用,会让课堂变得更有趣。我准备着手编写《行走中的地理课堂》，让更多有趣的画面、话题成为我课堂的一部分。

访谈者　对于未来基于信息化背景下地理资源的开发与应用您有哪些新的想法？

曾惠蘋　随着新课程改革，初高中衔接课程显得更为重要。下一阶段我将通过我们地理教师工作室的团队，开展"新课程改革背景下初高中地理课程资源开发与应用研究"，希望能针对新课程改革要求，针对不同的学段开发出更多、更好的课程资源。

"互联网+"时代新使命：
提升教师信息技术应用能力[①]
——访中山市坦洲实验中学高艳玲副校长

  在"互联网+"教育大形势下，推进教育改革，实现教育创新，提升基础教育质量的关键在教师。"互联网+"时代对教师的基本素养提出了更高的要求。教育工作者必须迅速转变自己的思想观念，不要把新技术当成洪水猛兽，而是要敞开胸怀迎接新时代的到来；必须增强教师运用信息技术提升教育教学的能力，掌握现代化的教育教学方法，避免落伍乃至被淘汰；必须改变自身的教学方式和学生的学习方式，才能具备"数据精神"和"信息化胜任力"。

——高艳玲

  个人简介： 高艳玲，中山市坦洲实验中学副校长，广东省特级教师，数学高级教师，南粤优秀教师、感动中山的十佳人民教师、中山市劳动模范。2013年被教育部遴选赴澳门进行为期一年的非高等教育指导。主持"十二五"全国教育信息技术研究规划重点课题"'翻转课堂'在数学复习课中的应用研究"。发表论文多篇。从教21年，致力于初中数学教与学研究，随着"互联网+"时代的到来，进一步探究信息技术与教学深度融合、教师信息技术应用能力提升。

  访谈者 尊敬的高校长，您好，非常感谢您接受本次专访。《广东省教育信息化发展"十三五"规划》中明确提出：教师信息技术应用能力提升工程为我省"十三五"教育信息化重点工程之一。您认为提升教师信息技术应用能力对教师专业发展有哪些重要的意义？

  高艳玲 随着"互联网+"时代的到来，信息技术作为一种科学技术进入教育领

[①] 原载《教育信息技术》，2017年第10期。

域，它的全面渗透正深刻影响着教育的理念、模式和走向，教育必须要适应信息化时代发展的要求。它对教师的学习能力有很高的期待和要求，给教师专业发展赋予了新的使命——提升教师信息素养。教师只有不断学习、不断提升，才不至于泯然于众人。在信息时代，全面提升教师信息技术应用能力是破解教育信息化发展的瓶颈问题，是实现信息技术与教育教学深度融合的基础工作，是促进教与学方式转变、深入推进基础教育课程改革的重要抓手，是实现教师终身学习、有效促进教师专业自主发展的关键路径。

访谈者 据了解，您的观点是：在教风建设上抓深化，促进教师专业素养的提升，让教师教学更精、能力更强、效度更高。请您谈谈学校提升教师专业发展的立足点。

高艳玲 习近平总书记在北京市八一学校考察时强调教师队伍和基础教育在中国特色社会主义教育事业中的特殊作用和独特功能，教师是民族振兴、国家繁荣、教育发展的重要基石，办好基础教育的根本在教师、关键在教师。我校立足为每一位教师搭建专业发展的平台，学校摒弃"齐步走"的培训模式，根据教师的学历、资历和能力及他们自身的特长，打造适合教师个性特点的螺旋式上升的专业发展通道。

访谈者 贵校在深化教风建设上，为教师专业发展提供了哪些管理上的保障？

高艳玲 我校主要是立足于常规，采取"三抓""三步走"的策略与措施。"三抓"：一抓制度建设，二抓教师素养，三抓管理与评估。"三步走"：第一步，抓学生的学习常规，规范教师的教学常规。建校之初，我们没有按一般推进工作的常规，先立规再执行，而是选择将抓学生学习常规作为突破口。通过抓学生的常规，间接启动了教师教学常规的规范。抓学生完成作业，也抓教师作业的批改。同时也避免学校管理层与教师的直接冲突，稳定教师队伍，给教师转变观念的时间。第二步，抓制度建设和跟进，推动教学常规的落实。抓常规制度建设，让教学常规"常"起来，有规可依，也就是"立好规矩"。好的常规就是好的制度文化，学校建立起好的常规就是建立起好的校本文化。第三步，抓教师专业发展，提高常规执行效度。教学常规工作的核心是教师，教师的专业发展决定了常规执行的效度。基于此，我们通过以下几方面措施促进教师专业发展：一是打造骨干教师队伍，引领教学常规；二是培养青年教师队伍，夯实常规执行的基础，我们主要从加强常规能力培训、制订个人发展计划、启动"青蓝"工程等三个方面加强青年教师的培养；三是开展教学科研，提高教师专业素养；四是加强微技能培训，提升课堂教学水平。

访谈者 如何增强教师在信息化环境下创新教育教学的能力，使信息化教学真正成为教师教学活动的常态，让教师教学更精准？

高艳玲 教师必须进一步转变观念，认识到教育信息化是教育改革的必然要求。要以创新精神促进信息技术与教学的进一步融合，教师必须对教育新媒体进行再认识，要明白融合的核心是课程改革，教师信息化水平则是课程改革的重要因素。课堂中师生、生生的人际交往和情感交流等仍然是教学过程中十分重要的因素。教师只有智慧地驾驭技术，才能让技术更好地为教育教学服务。当前，云计算、大数据、物联网、移动计算等新技术逐步广泛应用，信息技术对教育的革命性影响日趋明显。因此，学校、教师要准确把握时代趋势，我们从资源整合、教学模式创新、网络学习空间融合三方面让信息化教学成为教学活动新常态。

首先，加强资源的整合。校校通、班班通、教育办公系统的推广等，大幅度改善了学校网络教学环境，但信息技术迭代快、更新成本大、学校负担重，成为教学信息化发展的掣肘。这需要学校有效利用公共资源服务平台，并重视自身教学资源平台的搭建和资源整合。

其次，利用信息技术创新教学模式。推进信息技术与教育教学融合，教师是关键力量。应该将教师信息技术应用能力培训纳入教师培训必修学时，有针对性地开展深度融合信息技术的课例和教学法的培训，培养教师利用信息技术开展学情分析与个性化教学的能力，增强教师在信息化环境下创新教育教学的能力。

最后，融合网络学习空间。依托空间集成网络教学、资源推送、学籍管理、学习生涯记录等功能。融合网络学习空间创新教学模式、学习模式、教研模式和教育资源的共建共享模式。教师要鼓励学生应用网络学习空间进行预习、写作业、自测、拓展阅读、上网络选修课等学习活动，增强师生、生生在教学中的"人机互动"与"人人互动"，逐步实现对学生日常学习情况的大数据采集和分析。在此基础上，教师精准了解不同学生的个性化需求，为不同学生提供适合的学习机会和资源，并做出针对性的指导。

访谈者　请您结合具体的案例进行说明。

高艳玲　比如，我校信息组采用 100 M 宽带专线将整个校园网络接入互联网，共享网络资源，使整个校园网络的资源利用和开发井然有序。我们根据学校教学实际、教学需求，筛选适用内容，并通过优化、整理，将其导入自建资源平台。同时，收集整理本校优秀教师的教学录像、教案、课件等资源，制作出适用于自身教学的教学资源。

再如，我们以"信息技术和学科整合"为主题，重视教学设计能力的提升，开展多种形式的信息化教学和教研活动。从 2015 年至今，学校成功立项全国教育信息技术的重点课题 3 项，教师将平时在教育教学中的研究转化为课题，使得研究更加深入。在针对电子白板的专题培训中，授课教师在教学中巧妙运用 PPT、电子白板，开展交互式教学，白板操作工具中独有的标注、拖放、聚光灯、拉幕、书写等功能都得到了有效的使用。教师还就相关的话题进行讨论，深入挖掘白板功能与教学的契合点，对教学设计进行了修改，并集中分享。这样的培训让教师深切感受到了信息技术的魅力，认识到熟练掌握交互式电子白板技术的重要性。

访谈者 针对教师的专业发展，如何让教师能力更强，比如开展了哪些针对教师信息化教学能力的培训？

高艳玲 我们组织全体教师参加"信息技术能力提升工程"网络全员培训，培训课程作为教师的继续教育学分记入个人成长档案，督促广大教职工增加学习的自觉性。

为了充分利用校园网，进一步提高网络办公系统的使用效率，学校逐步实行无纸化办公，所有的通知、文件都利用校园网向教师传达。

学校鼓励教师加强信息技术理论学习、研究。青年教师参与基于交互式电子白板的教学尝试与研究，推进信息化技术在教学上的应用。以评优课为抓手，促进信息技术与课程整合深入开展。

访谈者 通过这样的培训教师获得了哪些成长？

高艳玲 通过一系列的培训，我们的教师在观点上得到了更新，参加培训的教师普遍反映更新了教育教学观念，拓宽了思路，对新课程的认识与实践都有了质的飞跃，对自身的素质提高有很大的推动作用。我们的教师能力提高了，通过培训教师在多媒体有效运用方面有了较大进步，现在大部分教师可以做到得心应手地制作课件。教师的视野也开阔了，培训让广大教师获得了很多信息，开阔了视野，同时为今后的工作打下了坚实的基础，许多教师都表示培训学习不但学有所获，更重要的是一定要做到学有所用，把学到的知识应用到今后的教学实践中去。

访谈者 对于未来教师的专业发展，您有哪些意见或建议分享？

高艳玲 未来的教师，应该紧跟时代的潮流，不断更新自己的知识架构，不断提升自己运用新的技术组织教学的能力。我个人认为需要做到"四要"：要把教育当成一份事业去执着追求。对教师职业无限热爱，不受外界环境的影响，无论遇到什么困难和挫折，对教育事业都执着地去追求。要具备先进的教育理念。既要形成自己的独特风格，在教育教学方面有独到之处，敢于创新、大胆探索，使教育理论系统化、规范化，符合社会发展的需求。要熟练掌握和运用现代教育技术。教师要逐步摆脱过去"一支粉笔、一本书、一块黑板、一堂课"的教学方式，要能够综合运用各种教育媒介，多角度、全方位刺激和影响学生的认知，大幅提高课堂效率。要做到一专多能。除了掌握精湛的专业知识和专业技能，在自己从事的学科当中出类拔萃之外，还要广泛涉猎其他学科知识，提高自己的知识素养，构建多元、立体的知识体系。

将信息技术教育当作事业：
十几年的坚持与执着[1]
——访佛山市南海区桂城街道桂江第一初级中学刘凤兰老师

才气就是长期的坚持不懈，享受过程，静待花开！

——刘凤兰

个人简介： 刘凤兰，计算机技术工程硕士，广东省特级教师。现为佛山市骨干教师，南海区学科带头人，南海区和桂城街道的名师工作室主持人。曾获全国优秀教师、南粤优秀教师、佛山市优秀教师、南海区十佳教师、关爱桂城丹桂功勋人物等称号。培养的信息学特长生曾15次夺取全国和广东省信息学竞赛初中团体第一名，获奖人数达617人次。在教学科研方面，近几年多篇论文发表或获奖，主持或参与多项省、市、区课题研究，主编南海区地方教材，开展示范课、研究课、专题讲座，培训信息技术老师3 000多人次。

访谈者 尊敬的刘老师，您好，非常感谢您接受本次专访。据了解，您将信息技术作为自己的事业，为了培养学生的创造思维和创新能力，为了学生更好地成长、成才，无论是课堂还是课余，您十几年坚持为学生义务辅导，做他们成长道路上的"引路人"，支撑您一路坚持的教学信念是什么？

刘凤兰 十几年的坚守，我一直认为：第一是这源于我个人的兴趣，我非常享受那种经过自己学习、钻研、不断尝试然后解决问题、得到收获的过程，希望有更多人能体会到这种欢乐和成长；第二是学生能成长与成才是我觉得最幸福的事情；第三是我觉得随着学生的成长，我也在不断成长。也正是这三个教学信念一直支撑着我一路坚守，为学生的成长贡献我的绵薄之力。

---

[1] 原载《教育信息技术》，2018年第1、2期。

访谈者 据了解，您将教学信念融入信息技术课堂教学中，也不断学习、研究、创新，您认为实践的出发点在哪，关键是培养学生哪些能力？

刘凤兰 我是想让学有余力的学生有更多的机会学习与成长，培养更多的专业人才。让学生、老师、学校更有竞争力。通过一系列的实践来培养我们学生的阅读能力、逻辑推理能力、严谨细致的思维习惯、自主学习能力、沟通与表达的能力、反思的能力。

访谈者 在实践的过程中，为了培养学生的这些能力，您构建了以问题为中心的信息学课堂教学模式，形成了自己的教学风格。请谈谈您的教学模式。

刘凤兰 构建以问题为中心的和谐课堂，一直以来，我都注重培养学生提出问题、分析问题和解决问题的能力，我觉得学习是获取知识的过程，其核心思想是"通过问题解决"来学习，因此我一直探索与实践以问题为中心的和谐课堂教学。

问题预设。我在备课过程中按内容要求和学生需求预设问题并做好充分的备课设计，将知识体系和学生的需求转化为问题，进行问题化备课。这些问题一定是基于学生已有知识基础，学生能在阅读教材的基础上，通过思考、分析，同伴间、师生间充分讨论后厘清的问题。而我准备的问题多数为开放性的且具有比较复杂的探究性的问题。在实际的信息学课堂中，这个问题还通常以一道具体的有情境的题目出现，用已有的知识可得"半解"，有些甚至是我都还不会的。因此课堂上的问题除预设的之外，不少是生成性的，在不断思考和讨论的过程中产生出来的。

问题引导。学生根据已有的知识体系、教材内容和学习资源对问题进行充分深入的思考，这个过程是学生自主学习的过程。我引导学生按"问什么""怎么办""为什么"的思路，把自己所思所得有条理地记录下来，如关键词、注意地方、细节、分析过程、在哪里卡壳了、为什么卡壳等。这一环节中环境的创设及时间的把握都很重要，开始时学生总是想到什么就马上说出来，或者我总是等不及就开始引导学生往某个方向思考，但事实上，我不能剥夺学生充分思考的权利，其他学生也不能剥夺别人继续思考的权利。所以，我让学生写下来，特别是那些思绪如潮的学生可以在写的过程中多角度地考虑、反复论证，同时记录自己思考的痕迹，为以后的回顾、反思提供论据。

问题讨论。绝大部分（80%）学生认为可以开始讨论后，我会选择存在思路"卡壳"的学生汇报学习思考问题的要点及过程，在卡壳处由其他同学补充或通过再生问题引导学生继续深入思考，此时，我特别强调"为什么"，就是学生的论点必须是有理有据的，能说服其他学生和老师的。对于有争议的问题，其他同学可以发表不同的意见，鼓励创新思维。在这一阶段，通过对问题的深入讨论，我们经常能得到意料之外的惊喜。例如，在跟五六年级的小学生讨论南海区小学信息学竞赛的某道题时，我认为有 3 种解法，但讨论完得出 6 种不同的解法。这样的过程，我和学生们不仅都获得了对问题的深刻认识，更是享受着这个思维的盛宴。

问题总结与拓展。这是师生共同完成的任务，把已讨论问题的要点有条理地梳理出来，并让学生完善之前的记录，使学生对所讨论的问题获得一个全面系统和完整的认识。此时再进行的解题通常是高效的、一气呵成的，解题完毕，在记录里加上反思和拓展就完成了对此问题的一份完整总结。

访谈者　您在以问题为中心的课堂下形成了怎样的教学风格？

刘凤兰　我从小到大养成了根深蒂固的理科思维，所有的求学阶段，我一直以理科（特别是数学）见长，它使我做人做事都求真务实、严谨理性，并始终相信学无止境，学生会是我最好的"老师"，他们身上有无数的"闪光点"需要我去挖掘和学习，因此，在二十年的教学生涯中，我逐步形成了"思维、理性、和谐"的教学风格。

思维，是指我追求的课堂效果。课堂是学生和教师思维的训练场，我们要想方设法点燃学生思想的火花，让一句句出自学生肺腑的语言在课堂上流淌，让一个个充满个性的思维火花在课堂上迸射，让思想与思想真实地碰撞，使课堂因灵动而精彩，因思维而美丽。

理性，是指教学语言和教学内容严谨，教师讲课深入浅出、条理清楚、层层剖析、环环相扣、论证严密、结构严谨，用思维的逻辑力量吸引学生的注意力，用理智控制课堂教学过程。学生通过听教师精辟的讲授，不仅学到知识，受到思维训练，还将被教师严谨治学的态度所熏陶和感染，学会冷静、独立地去思考问题，内心充满对知识的透彻理解和对人的理智能力发展的执着追求。

和谐，是指课堂内外师生关系的和谐。在课堂上，教师应当成为学生学习道路上明智的指路人，为学生的学习创造宽松的环境、营造和谐的气氛，使学生在愉快的情绪下开动脑筋、活跃思维、展开想象。并以生生平等、师生平等的关系开展讨论，进行思维碰撞，帮助学生主动探索、学会思考，形成良好的思维习惯。课堂外，与学生和家长一起探讨生活上、学习上、心理上的问题，认真倾听学生的心声，参与学生的活动，从而缩短师生之间的距离，实现师生知识共享、情感交流、心灵相通。

访谈者　您的这种教学模式和教学风格对学生的学习有哪些影响？

刘凤兰　培养逻辑思维：建模、分类、关联等。培养发散性思维：一道题目很多解法。严谨细致的习惯养成：程序设计的细节特别多，一点点的失误都会变为零分，功亏一篑。

根据学生的成绩跟踪：绝大部分学生的理科成绩是不断上升的，到了高中，优势更明显。如宋扬、王苏，南海区高考理科状元；黄天，佛山市中考状元；陈代超，南海区中考第10名；梁浩奋，初一转到我校，初一100多名，初二50多名，初三前10名。

访谈者　您将信息技术教育当作自己的事业，十几年的坚持与执着，您有哪些经验分享？

刘凤兰　教师的职责是传道、授业、解惑，这三点放在首位的是传道。在十几年信息学特长生培养中，我觉得自己最成功的是做到了言传身教，也就是"传道"。我的学生最厉害的不是学到多少知识，得到什么成绩，而是他们都很坚韧，不怕辛苦和困难，能够日复一日地坚持。当一个人有方向、有方法，坚持与执着，那么以后无论他做什么都是能成功的。

用自己的言行去感染学生。我十年如一日地做着信息学特长生的培养工作，有欢乐和成功，也有艰难和失落，但从没放弃过。这么多年持续的动力只源于心中的爱。

用自己的品德去影响学生。一个信息学特长生，至少有3年的时间（有些是五六年）几乎是每天来上我的课，可以说我是他们一生中教授他们时间最多的老师，所以我对学生是有一定的影响力的。比如解题的细心严谨（我经常会现场编写程序，而且不经任何编译直接提交），又如谦虚谨慎，审视自我，等等。

访谈者　未来您个人或工作室在信息技术课堂教学方面将有哪些新的研究或实践？

刘凤兰　接下来我和工作室成员将会致力于把思维型课堂教学理论实践于信息技术课堂教学的研究，希望能更科学、更有效地进行学生培养，从而让更多的学生得到收获，也希望能把我们的经验与成果推广到其他学科，让更多的人受益。

借力网络教研 助力山区教师专业成长[①]
——访清远市连山壮族瑶族自治县佛山希望小学黎秀义老师

> 大道固然引人注目,小路也自有风采;太阳虽然被人高歌,星星同样受人关注。不要自惭形秽,不要孤芳自赏,不要故步自封,不要夜郎自大,不断认识自己,不断超越自己,拿自己的今天和昨天比,做最好的自己。因为成长是一种荣誉,更是一种责任。
>
> ——黎秀义

人物简介: 黎秀义,小学英语高级教师,副校长,广东省小学英语骨干教师,清远市教师工作室主持人。20多年来,将激情倾注在少数民族山区的教育事业中。先后成功主持3项、参与4项省市级课题研究,其中广东省教育科学"十二五"规划教育信息技术专题课题"网络环境下山区小学'教研训一体化模式'的实践研究"参加了全国中小学教学信息化应用展览活动。市级课题"基于网络环境下教研与民族地区小学教师专业发展的研究与实践"获2017年广东省教学成果奖二等奖、清远市第四届教育科研成果一等奖。30多篇论文在《小学英语教与学》等各级刊物上发表或在各级比赛中获奖。基于教师工作室成立了教师专业发展共同体,利用网络互联开展教研训等多种交流活动,帮助山区教师实现专业成长。

访谈者 尊敬的黎老师,您好,非常感谢您接受本次专访。从2011年至今,您一直致力于研究网络环境下教研与民族地区小学教师专业发展,请您谈谈山区教师在专业成长上面临着哪些阻碍或瓶颈?

黎秀义 现在山区教师专业成长面临的瓶颈主要有两方面。一是主观认知。部分逐渐步入成熟阶段的骨干教师对自己取得的成就沾沾自喜,产生了自满心理。同

[①] 原载《教育信息技术》,2018年第5期。

时，日复一日的重复工作让他们心情烦躁；不坚定的职业信念、不正确的价值观念让他们迷失自己，内部动机减弱。相对固定的知识结构和教学风格，经验主义和思维定式使他们的课堂教学出现了程序化、模式化倾向，对新的教学理念缺乏敏感和认同，不寻求教学创新。渐渐失去往日的工作激情，进入了专业发展的"瓶颈期""高原期"，无法突破现有的教学现状，专业发展停滞不前。一些资格较老的教师不认同信息技术教育教学环境，固守传统的课堂教学模式，与新的教学模式和专业发展模式产生了对抗。还有的教师创新意识欠佳，故步自封、闭门造车，只会用少许的信息技术技能做一些简单的课件，对广阔和海量的，特别是国内外的与基础教育相关的互联网信息资源置若罔闻，不懂得举一反三，更不会通过自身努力求取进步。

二是客观因素。基础教育信息资源的探索与共享还不够充分。部分山区教师苦于没有配套的硬件和软件设施的支持，其专业发展的深入提升活动只能停留在"有心无力"的程度。教师专业发展的信息技术培训形式单一、教材学习枯燥乏味及学用脱节，严重阻碍了教师专业发展热情和对新知识、新资源的发掘与创新。信息技术环境与具体课堂教学实践行为的结合不够紧密等问题都制约着山区教师专业发展。

访谈者 您的研究主要解决教师专业少数成长上的哪些问题？

黎秀义 网络教研训模式主要解决少数民族地区小学教师专业发展的四个问题。第一是以丰富的网络资源实现教师成长的广泛性。边远山区学校利用海量、广阔的网络资源开展教学教研，解决了教学资源匮乏的问题，使更多的教师通过网络与同行分享经验、优劣互补、强弱互助，提升教学教研活动的层次，更快提高教学教研的水平，找到作为教师的成就感和存在感。第二是以开放的网络空间促使教师成长的自主性。网络的开放性能接纳不同的教研内容，最大限度地体现不同的教学思想、不同教师的个性特点，启发教师的创造性思考，使更多的教师能够在同一个平台上交流学习，学习别人的优点，省时省力高效地改进自己的教学。第三是以即时的网络信息增加校本教研的时效性。教师通过网络能获得国内外最新的消息，掌握教育教学改革的前沿信息，跟上时代步伐，提高教研效率。第四是以灵活的网络学习提高教研活动的互动性。教师在网络学习中根据自己的喜好制定学习内容和进度，自由发表自己的观点，与同伴进行更充分、更深入的交流，同时网络上保存教师的发言、观点、成果，为教师留下再学习、再思考的无限空间，提高学习的兴趣和质量。

访谈者 为解决以上四个问题，您进行了哪些实践与探索？

黎秀义 主要进行了五方面的探索。分别是学生"E-Teaching"的移动泛在学习；以课例点评开展"e+ 个性"的课堂教学微格研究；利用无线推送技术实现"e+ 创意"的智能课堂；自主架构 Moodle 论坛构建 E-Learning 研训平台；以"e+ 用户思维"构架教师在线学习系统。

访谈者 具体如何实施？

黎秀义 具体做法如下：各个教研组全面开展"微课教学"研究，在学校网站开放专区或微信公众号展示优秀微课作品，供学生利用电脑、手机、平板电脑等终端设备进行在线观摩或"E-Teaching"移动"泛在学习"，提高教师融合信息技术与课堂教学能力。利用网络互动性强的特点，即时、延时、随时地开展主题式"一课一评"的评教评学、微课研讨和课例点评打磨研究活动，既研目标，又研过程、研方法、研学生，把教研活动研讨的主题细化到每一种课型的每一个环节中去，进行"e+个性"课堂教学微格分析，以小见大，从小处辐射到整堂课中去，扎扎实实帮助教师提高课堂效益。

在原有设备上利用无线同屏推送技术构建便捷式"e+创意"智能多媒体平台，以简单的步骤轻松打破屏幕之间的界限，实现小屏、大屏、多屏互联互通一键分享等功能，有效提高了山区小学现代化教学设备的使用率。

以互动性强的说课评课、网络研修、集体备课等栏目自主架构出Moodle论坛，建构E-Learning校园网络平台，实现了对网络课程开发、在线学习评价和在线研修的支撑，缩短了本土教师与发达城市教师在教学理念和教学水平方面的差距，改变了耗时长、效率低、形式单一的传统教研训模式，满足新时代、新课程快速高效的要求，提高学校开展校本教研的实效，提升全体教师的教育教学素养。

以"e+用户思维"构架教师在线学习系统。依托各级各类网络平台开展学科教学教研和校本培训，通过师生交流、生生交流等活动促进教师专业成长。与县内外的兄弟学校联网，分享优秀教学资源，共建网络教学资源库，实现区域内教师共同成长的目的。

访谈者 给山区的教师带来了哪些改变？

黎秀义 山区教师的改变主要有以下四方面：一是开展网络学习，更新教师的专业理念。在学校自主架构E-Learning研训平台——"连山佛小"Moodle论坛设置了网络学习板块，教师在每次培训学习后以回帖的形式分享自己的学习心得、听课体会、困惑和反思。教师收集美文上传到"学习交流"的"每周一读"专栏供大家分享学习。各教研组根据学科特点统一在"公共"专栏中开展每月一次的网络主题讨论活动，每位教师根据自己的教学经验和实际进行回帖，使原来定时定点的理论学习形式变得灵活多样。教师在阅读、浏览、回复公共主题学习内容中交流、沟通、分享、传递信息并进行自我反思，不断巩固强化专业知识，更新知识体系和能力结构，使教师更能适应教育变革对教师职业的要求。

二是整合网络资源，丰富教师的专业知识。教师每个假期根据下学期的教学内容在互联网上搜索、查找、下载学科教学资源，上传到教研组专区，形成校本网络资源。在每周集中备课活动前，教师把自己准备的教案放到学校网站的"教学设计"栏目上；同学科组的教师根据自己的特长、优点和学生的实际情况在辅备栏对教案和课件进行删减、补充、调整、替代或重新组合，然后以回复主题跟帖的形式发到校网上。教师全员参与"个人初备、集体研讨、教案生成、个性彰显、课后反思"的集体备课全过程，生成最优化"教案"。通过整合利用教学资源，教师对新课标的理解更明晰，对教学资源的取舍更准确，对教学目标的把握更到位，教师的教学设计能力、整合资源能力、应用信息技术能力和创新能力得到了良好的发展，教师逐步构成精深的学科知识、扎实的教育理论知识、实用的教学实践知识和广博的社会文化知识，促进教师的专业成长。

三是启动网络研训，增强教师的专业能力。少数民族地区的经济落后，很多教师从教后几乎没有机会外出参加培训学习，其专业能力停滞不前。利用网络平台开展专题讲座、看课评课、课例打磨等课堂教学实践研讨活动，能在专家引领、同伴带领下引发思考、交流互动、解决问题，更新教师的专业知识，提高教师的实践能力，实现教师的专业提升。

四是加强网络交流，提升教师的专业素养。基于网络培养教师的学习素养。借助网络平台如BBS、Blog和QQ建立教师专业化发展群，并将优质课录像，专家或特级（优秀）教师的专题讲座、教学设计、案例分析，本校教师同课异构和同课同构教学录像，优秀教学网站等资源通过网络推荐给专业化发展群的教师。例如，在教师工作室专业群中分别建立了课题研究、共享资源、学习心得、成长足迹、工作规划、活动剪影、教学探究、优秀课例、工作简报等专栏，将教师教学教研行动研究的过程性材料分门别类地上传到相应的专栏，留下教师成长的足迹，引导教师在学习、分享和交流中将先进的教学理念迁移并渗透到日常教学中，提升自己的学习素养和专业水平。基于网络培养教师的师德素养。学校将教育专家、名班主任、优秀教师的讲座视频等资源上传到校网德育处板块下"师德培训"栏目的"价值观"和"敬业品德"等专栏，要求教师针对热点问题，观看视频或者阅读文章后回帖研讨。如生动形象、通俗易懂的《魏书生给青年的建议》演讲视频，深深地触动教师们的心灵；《师德修养师德风范——"一二三四五六"》等主题讨论使教师从思考中吸取精神养料，为自己的发展"添砖加瓦"，将更多的正能量输送给学生，激励学生成长为知、情、意、行和谐发展的人。

访谈者 今后在教师专业发展方面，您认为山区教师应该具备哪些能力，或朝着哪些方向去努力提升自己的专业水平？

黎秀义 要成为一个优秀的山区教师，不仅要具备职业道德素养、文化科学素养、教育心理素养，更要注重提高业务能力素养，其中包括全面准确了解学生的能力、进行有效思想教育的能力、把握课标和教材的能力、组织有效课堂教学的能力、开展课外活动的能力、组织或参与教学研究的能力等。在互联网时代背景下，教师信息意识、信息知识和信息能力的高低直接关系着其业务能力素养提升的快慢。一个优秀的教师要有正确的信息意识，认同并接受信息技术在教育教学中的作用，能够积极主动地了解、掌握和运用相关的信息知识，全面提高信息获取能力、信息处理能力、信息利用能力、信息评价能力以及信息创新能力，切实提升自己的专业水平，适应时代发展对教师的要求。

发挥名师示范作用　努力打造骨干教师[①]
——访广州市天河区龙口西小学江梅老师

  我们教育人要有自己的坚守和定力，不盲目、不浮夸、不跟风、不虚假，"安静"地做真教育，执着向善，并以此感染下一代。当我们坚持用真挚的情感和高尚的情操去拨动儿童的心弦，不懈播撒创新的种子，唤醒创新的潜能，鼓舞创新的志向，必将不断收获学生及自我成长所带来的喜悦和职业幸福感。

——江梅

  个人简介： 江梅，广州市天河区龙口西小学高级教师，广东省综合实践特级教师，广东省第二批中小学教师工作室主持人，广东省教育学会小学综合实践活动课程专业委员会常务理事，广州市优秀班主任，广州市名教师工作室主持人，广州市"百千万"教育专家培养对象，广州市"百千万"名教师培养对象实践导师；《中小学数字化教学》封面人物，广东广播电视台"广东教育"及《师道》"南粤名师"等栏目报道过其事迹；所主持的课题研究成果两次荣获广东省基础教育教学成果奖二等奖；出版《为高级思维能力而教——提升教师课程建设能力》《寒梅堪忆》《小学语文阅读高级思维能力训练手册》《鸢尾花（IRIS）综合课程》《杏坛寻梦——特级教师成长记》《面向未来的芬兰新课改》等著作。

  访谈者　尊敬的江老师，您好！非常感谢您接受本次专访。教育部《教育信息化"十三五"规划》中提到，要大力推进"名师课堂"建设，充分发挥名师的示范、辐射和指导作用，以"名师工作室"等形式组织特级教师、教学名师与一定数量的教师结成网络研修共同体，提升广大教师的教学能力和水平。据了解，您自2012年成立名师工作室以来，一直致力于培养优秀的骨干教师，请您简要地介绍一下您的工

[①]　原载《教育信息技术》，2018年第10期。

作室的情况。

江 梅 2012年我被评为广东省第二批中小学教师工作室主持人之后，成立了广州市第一个综合实践活动学科的省级工作室。其成立旨在以本人的综合实践活动课程专业素养、事业心和责任感为示范，集教育、教科研、培训于一体，为工作室成员、学员的专业发展搭建平台，多渠道、全方位地引领教师专业成长，努力造就一批具有良好师德修养和拥有现代教育理念的小学综合实践骨干教师、名教师。

访谈者《广东省教师队伍建设"十三五"规划》中指出，到2018年，教师队伍的规模、结构、素质达到基本实现教育现代化发展的要求，初步建成一支师德高尚、结构合理、业务精湛、充满活力的高素质专业化教师队伍。在信息化时代，您培养教师的目标是什么？

江 梅 我要培养的是综合实践活动教师。先来谈谈综合实践活动这门课程。众所周知，综合实践活动自2001年秋季开始实验探索以来，虽经历了17年的发展历程，但仍然面临如何常态实施和有效实施的问题。原因除了我国的国情之外，还在于它是很多老师口中的"三无"课程。尽管去年（2017）教育部史无前例地为这门课程单独发布了指导纲要，其实施困境依然显性或隐性存在。我个人觉得，指导教师缺乏课程理论知识，专业指导力不足，是导致综合实践活动课程难以常态化、高品质实施的关键。一些学校的"综合实践活动"只存在于教导处的课表上，这与国家设立该课程的意志是相悖的。

所以，进入我工作室跟岗的学员，不管是语文教师、数学教师、品德教师、科学教师、信息技术教师，还是其他学科教师，我都竭力使他们认识到综合实践活动的法律地位和课程意义，使他们了解课程的校本开发策略、基本课型、实施流程、操作策略、评价方法等。学员回到自己学校后想教综合实践、会教综合实践——这就是我培养教师的最高目标。信息化时代，我自己在加强信息素养的同时，也提醒学员们要善于借助信息技术，在用中学，在学中精进，为自己的教育教学插上腾飞的翅膀。

2015年4月底，我得知广东省"一师一优课、一课一名师"活动中有"同步名师课堂"评选内容，要求牵头人组建团队，围绕课程教材知识点，以册为单位建设系列资源，每课资源包括微课、教学设计、课后作业、教学课件、课堂实录（录像）等。一个多月的时间里，团队确实碰到了很多困难。由于综合实践活动课程的特殊性，制作微课成为教师骨干们最棘手的问题。不过，我们最后把困难全克服了，工作室获得了"同步名师课堂"评选省级"优课"证书。

访谈者 您具体从哪些方面着手培养？

江 梅 面对不同跟岗对象，我的培养目标、内容和策略有所不同。譬如，省教育厅分下来的"省培"项目学员，往往出现奇特的"两头尖"现象：一类真的是"综合实践"的骨干教师，另一类是名义上的综合实践教师（兼了课却没上过）或根本没兼课的教师。这种现象虽然给培训的统筹规划带来困难，但我觉得差异也是可以利用的资源——其间能自然形成异质组合的师徒关系，有助于各种"练兵"活动的传、帮、带。于是，我针对学员情况制订周密的培训计划，让"零起点"的学员具有常态实施课程的能力，让"高起点"的学员创新、最优化地实施课程，逐渐成为一方名师。

去年（2017）9月，我接手的是广州市新一轮"百千万"名教师培养对象（综合实践二组）。这五位老师的课程实施经验丰富，课堂教学风格成熟，对综合实践活动课程的理念、课程资源开发、课型的分类及实施流程、教师指导策略、课程评价等了然于心。所以，我把培训的主要目标定为以下四点：一是帮助学员明确专业发展规划；二是指导学员共享课题研究智慧，互助凝练教学成果；三是为学员教学风格的撰写提供范例，引领她们在反思中提升教学思想；四是给学员提供展示教学风采的平台，发挥名教师的引领、示范和辐射作用。

另外，自工作室成立之日起，我注重发挥自身资源优势，加强教学资源的设计和开发，利用个人新浪博客、百度文库及土豆视频及时发布工作室的工作动态、活动安排和研究成果，上传课例课件、教学反思、教学素材等课程资源。这种开放的、动态的分享使那些没有机会进入我工作室学习的老师大为受益。学员们结束跟岗之后，我仍不断更新、充实、丰富教学资源，积极开展基于QQ群、微信群的后继教学研讨，使工作室学员、成员互帮互促，实现成果推广和资源共享。

访谈者　请结合具体的实践进行说明。

江　梅　例如，广州市从化区的刘小芳是我工作室的第一批学员，原本不担任综合实践活动课。2012年10月她来我工作室跟岗三周，回校后就动员校长让她教综合实践活动课，并很快在区的综合实践教研活动上执教公开课，逐渐成为广州市的综合实践教研骨干。三年之后，她发给我的个人业绩登记表里，记录多达89条！她还报喜说拿到了全校最高绩效，屡屡获得市、区论文、案例等评比奖项，成功立项一个市课题。

2014年11月30日至12月14日，我工作室按照省教育厅的安排，圆满完成了第二批省综合实践骨干教师跟岗培训活动。15个日子里，五位学员精诚协作、取长补短、勤奋上进、刻苦钻研，出色地完成了各项学习任务：共制订5篇跟岗计划，撰写23篇跟岗日志，5篇读书笔记，9份教学设计（含重构），7篇教学反思，5份跟岗总结，听、评课43节，修改开题报告5份，完成2份跟岗学习简报。这些任务的完成,不但提升了学员的专业素养和课程实施能力,而且为工作室今后的培训积累了过程资料和宝贵经验,对两者都将产生积极的作用、有益的影响。

我工作室的市级班有一位学员叫陈洁鸿,任教于广州市荔湾区环市西路小学。她特别细致地记录了自己刚加入我工作室时,我如何利用微信等平台指导她"渡过难关"。以下文字摘自她的《一次特别的备课》:

(2017年)4月9日是星期天。一早,我就躲进办公室,为11日即将迎来的紧张的视导工作做准备。我心急如焚,按照课程的进度,我必须赶课,才能上方法指导课。从来没有试过快要上视导课了,自己的思路还如此混乱,不知道该怎么上。

那头,手机的微信群响了起来。一看,原来是江梅老师在"江梅工作室"的微信群里号召大家交流彼此的情况,提出困惑或问题,分享今后的研究设想。江老师设定了讨论的时间,上午8点到晚上10点,学员有问题,随时可以提问。这样的讨论时间,简直就是"全天在线解答",让我特别惊讶!江老师还鼓励我们要多投稿,争取发表文章,并很快给我们列出了投稿资讯,推送了许多她出过的书和发表过的文章。上午的讨论结束后,江老师这位赫赫有名的省特级教师,还仿佛近在咫尺,她的和蔼可亲和热情大方,给我留下了深刻的印象。

我在微信这头,给报喜、道谢,江老师还在群里公开表扬我虚心好学!江老师和我,一个在广州市的东边,一个在广州市的西边,我们虽然素未谋面,却通过广州市教研会搭建的导师工作室这个平台,在微信群"相会"。我是一个默默无闻的一线普通老师,以前从来没有想过会遇见名师,如今却借助"特别的备课"领略了名师的风采,获得了名师的指导。江老师"腹有诗书气自华",没有名师的架子,毫不吝啬地给学员提供可以模仿的"蓝本",处处为年轻教师搭建"脚手架"。足足两个晚上,江老师都被我"占用"着,给我细致地提点!我悟性有限,她却没有丝毫怨言,一直平静、耐心地与我交谈,鼓励我全面思考,细致备课。此刻,我内心仍然充满温暖,充满感动!

访谈者 取得了哪些成效?

江 梅 本着"立己达人、和谐共生"的理念,担任工作室主持人之后的我在发展学员的同时,也成就了自己,与综合实践活动课程共成长:所主持的课题成果两次获得广东省教学成果奖二等奖;被评为广东省特级教师;出版《为高级思维能力而教——提升教师课程建设能力》等六本著作。广东广播电视台、《师道》、《现代中小学生报》等媒体及报刊曾报道、宣传过我借助工作室培养骨干教师的事迹。

三批"省培"跟岗学员中,多名学员已成长为一方名师。例如,毕艳薇老师参加广州市第二届十佳综合实践活动指导教师评选活动，荣获广州市综合活动教学技能比赛一等奖并被评为"十佳"综合实践活动指导老师；邵咏梅老师被评为珠海香洲区综合实践活动学科带头人；广州市新一轮"百千万"名教师培养对象（综合实践科）吴小敏老师在我工作室跟岗学习之后，荣获首届广东省中小学青年教师教学能力大赛一等奖。今年（2018）4月，市级班学员王得刚、王旭冬分获广州市中小学综合实践活动学科第一届研究中心导师工作室学员素养大赛二、三等奖。在刚公布的2018年广州市中小学综合实践活动学科中心组成员名单中，江梅工作室成员7位学员榜上有名。

访谈者 信息技术日新月异，新时代对教师也提出了新的要求，未来您如何带领您的团队适应新时代的要求？

江 梅 成绩属于过去，未来任重道远。以往本工作室以完成上级分配的常态培训任务为要务，通过上级部门组织的培训，我深切体会互联网时代已经到来，需要更新传统的教育理念，形成"融合""连接""跨界""众创"等新思维方式。如何让工作室融入"互联网＋工作室"的建设大潮并焕发异彩，是我今后要深思和笃行的。首先，我会认真学习自媒体时代工作室品牌传播的方法与技巧，努力提炼自身的价值和独特之处，准确定位，明确工作室受众。其次，利用下半年广州市教育局为名教师工作室挑选好苗子的契机，建设新的专业发展共同体。最后，运用品牌营销策略和智慧，依靠团队的力量互联共创，不断提升工作室的知名度、美誉度、满意度、忠诚度。

探索网络协同教研　促进教师共同成长[①]
——访东莞市第六高级中学徐建刚老师

教师的成长永远在路上，而教研是教师成长的摇篮，信息技术为教研搭建一个开放、平等、交互的平台，通过网络开展教师协同教研，会让志同道合的教师团队达到一种协同效应，教师得到共同发展，这对教师的成长、学生的学习、学校的发展，都有明显的促进作用。

——徐建刚

个人简介： 徐建刚，广东省特级教师，高中信息技术正高级教师，广东省新一轮中小学名教师工作室主持人，东莞市第三批名师工作室主持人，东莞市首批学科带头人。参加了广东省第四批基础教育系统"百千万人才工程"名师培养对象班学习，并获评优秀学员。参与粤教版普通高中信息技术教材的编写并被聘为讲师团专家组成员，多次被聘为全国信息技术课程教学案例大赛评审专家。参加第二届广东省普通高中信息技术优质课比赛，荣获一等奖。主持了多项国家、省、市级课题研究，其中"信息技术研究性学习实验与探索"课题获广东省"十五"科研课题成果二等奖。发表论文20余篇。组建的学科教研、教学网站分获全国中小学特色教育主题网站评比一、二等奖。

访谈者　尊敬的徐老师，您好，非常感谢您接受本次专访。《广东省教育信息化发展"十三五"规划》中提到：有效利用网络学习空间和网络研修社区，开展混合式教研、在线教研、校本研修、工作坊研修等活动，构建线上线下相结合的教师终身学习服务体系。据了解，您开展了信息技术教师网络协同教研策略研究，您认为信息技术在教师网络协同教研上起着哪些重要的作用？

[①]　原载《教育信息技术》，2018年第11期。

徐建刚　通过开展信息技术教师网络协同教研的策略研究，我认为信息技术在教师网络协同教研方面起到了以下几个方面的作用：一是让教研突破了时空限制，教师可以随时随地利用信息技术开展网络协同教研，且提高了教研效率和降低了活动成本；二是凸显了教研的交互性、平等性、合作性以及便利性，利用信息技术开展教师网络协同教研有力促进了教师参与教研的积极性和主动性；三是教研形式更加丰富，可以利用信息技术开展在线教研、案例点评、视频教研、集体备课、主题教研、在线直播课堂等多种教研活动。

访谈者　您开展教师网络协同教研为了解决以往教研中的哪些问题？

徐建刚　教师的教学任务本身就比较重，难以抽出更多的时间外出参加教研活动，同时由于经费等方面的原因，教师外出参加教研活动的机会不多。在学校教师的配备中，有些学科的教师配备得比较少，有的只有一两个，往往一个老师要独自承担整个或多个年级的教学任务，集体备课变成了个人备课。像信息技术学科，知识更新比较快，他们还要承担大量的辅助性工作，教师很难有较多的机会外出学习，有些信息技术教师还是由其他学科的教师改行过来的，其信息技术专业知识水平、操作技能水平较低，他们迫切需要提高专业能力和教学水平。以上的问题势必会对教师的专业成长和课堂教学造成严重的影响，不少教师关起门来上自己的课，教学方法机械呆板，教学观念也相对落后，有的教师上课很随意，采用"放羊式"教学。

访谈者　信息技术为您开展教师网络协同教研提供了哪些环境支撑？

徐建刚　随着网络技术、社会性媒介、移动终端等交互功能和智能化的不断增强以及广泛应用，其在教师开展网络协同教研方面的作用也越来越突出，为教师开展网络协同教研提供了多样化的学习和交流支撑平台。一是交流平台，如可以利用QQ群组、微信群组轻松实现利用文字、语音、视频进行交流，也可以利用论坛等进行交流；二是分享平台，如可以利用QQ或微信群组共享资源，也可以在学科教研网、QQ个人空间、微信朋友圈、微博等平台发布信息；三是存储平台，如可以利用FTP空间、百度或360云存储空间、QQ共享空间等平台存储文件；四是教学平台，如可以利用Moodle、ITtools等在线教学平台开展协同教学和教研活动。

访谈者　网络协同教研需要教师具备哪些信息素养？

徐建刚　信息素养成为信息社会每个公民必须具备的一种基本素质，对于教师开展网络协同教研来说，除了需要具备利用多媒体信息技术与本学科整合的能力外，还需要具备熟练使用电脑及移动终端设备获取、分析、加工、利用信息的能力，同时需要具备能够熟练使用QQ、微信、FTP等网络平台进行交流、分享信息的能力，甚至要具备利用网络平台发布信息和开展在线教学的能力。

访谈者 您开展教师网络协同教研的立足点在哪，形成了怎样的教师网络协同教研方式？

徐建刚 开展教师网络协同教研的立足点我认为主要还是提高教师的教学能力、业务水平等综合素质，最终目的是提高教师课堂教学质量，为国家和社会培养更多高素质的人才。

通过实践和研究，我总结了以下几种教师网络协同教研模式：一是利用网络交流平台（如QQ、微信、BBS等）开展在线研讨、集体备课、案例点评、电话会议、视频教研、在线直播课堂等教研活动；二是利用网络平台（如微信公众号、微博等）发布信息，分享教师的教研成果，如教学论文、教学设计、教学案例、教研心得等；三是利用网络存储平台（如FTP、云存储、QQ共享空间等）收集和分类存放学科资料文献、教学资源、教研成果等，便于参与的教师可以随时下载使用；四是利用网络教学平台（如Moodle、ITtools等）开展协同教学和教研活动。有些学校还开发了含在线课堂、作品展示、在线测试、在线讨论等功能的在线教学平台。

访谈者 有哪些具体的实施策略？

徐建刚 根据网络协同教研实际开展及研究情况，我总结出教师开展网络协同教研的以下几条策略：

一是要提高教研意识。网络协同教研还没有形成较大的规模，活动开展在地域上还不够广泛。教师教研意识以及追求发展的自我意识仍不够强烈，学校乃至有关教育行政部门以及学科教研会等组织应通过制度、激励等方式引导和推动教师提升自身发展的内驱力，如多开展教师能力比赛或教学评比活动，让教师主动参与并快速适应网络协同教研活动，这也是教师取得专业发展的前提条件。

二是要确保网络协同教研的实效性。教研活动的有效性将严重影响教师参与活动的积极性，参与网络协同教研的教师特别是活动的组织者、领导者要精心制定教研计划、设计研讨内容，可以通过调查或头脑风暴的方式广泛征集老师们的需求和建议，针对教师专业发展核心问题开展研讨、指导和培训，如集体备课、论文写作、教学设计、课题研究等。网络协同教研活动可以形式多样，如可以通过文字、语音、视频交流等方式进行研讨，充分调动参与者的积极性和主动性。这是教研活动能否持续开展的基本要求。

三是要制定教研相关规章制度。网络协同教研属于非面对面远程的网络型的教研方式，从理论上讲它的系统连接度属弱连接，教研的约束力不强。在参与网络协同教研的人群中，通常发言和互动的只占少数，有些老师喜欢"潜水"，或者仅把网络协同教研作为获取资源和信息的途径，缺乏参与和建设资源的意识。因此要制定教研管理制度，如"签到""发言"制度以及"积分"奖励制度，实现网络协同教研的制度化、常态化。同时要适当布置一些如撰写研究论文、教学设计、教研心得等的任务，挑选优秀教研成果供其他教师借鉴等。

四是要发挥骨干教师的核心作用。骨干教师在教研活动中往往起到带动和引领的作用，在网络协同教研中也一样。在开展网络协同教研时可以推荐这些骨干教师作为活动的组织者，如名师工作室主持人、学科带头人等。当然也可以推荐有发展需求、有问题意识、有网络组织能力，特别是能形成研究话题的老师担任组织者，这样可以大大提高网络协同教研的凝聚力。同时可以适当邀请其他学科的教师参与本学科的网络协同教研活动，以实现跨学科的教研活动，甚至可以邀请本学科的专家加入网络协同教研对教师进行指导。

五是要做到线上线下教研相结合。传统教研在专题讲座、教师培训、听课、说课、集体备课等方面还是比较有效的教研模式，特别在情感交流方面有其优势。网络协同教研与传统教研不是矛盾与孤立的，应该是互相补充、有机融合。如可以通过传统教研的方式组织教师听课，但由于时间有限，不可能每个参与的人员都充分发表自己的见解和看法，再加上碍于面子，有些尖锐的意见还不一定能当面畅所欲言，此时可以再利用网络协同教研的形式开展评课活动，做到线下发展向线上延伸，充分发挥两种教研模式的优势，更好地提高教研的实效性。

六是要多发掘协同教研平台。随着信息技术的发展以及在教育实践中的应用，有关网络协同教研的应用平台会越来越多、越来越好。教师要及时关注这些平台的功能并尝试在网络协同教研中应用，进一步提高网络协同教研平台的实用性和便捷性，让网络协同教研成为教师专业发展的重要途径之一。另外对于大范围的教师网络协同教研活动，可以结合地域、学段以及学校层次，对教师以学校为单位按学段进行异质分组开展网络协同教研活动，以实现对薄弱学校教师的帮扶，同时实现教师资源的共享与均衡化。

访谈者 《广东省教育信息化发展"十三五"规划》将教师信息技术应用能力提升作为我省"十三五"期间教育信息化发展的重点工程之一。作为一名学科教师，您认为应该如何去提升自己的信息技术应用能力？

徐建刚 随着社会信息化水平的不断提高，教师信息技术应用能力的提高是时代的要求，也是创造高质量、高效益教育质量的迫切要求。作为一名学科教师，我认为一是要转变观念，适应时代的发展，树立现代化教育观。充分利用以多媒体和网络技术为代表的现代信息技术改变教学方式，提高教学效率；二是要通过培训、自学等方式主动学习信息技术知识和技能，熟练使用教育教学中用到的信息技术教学设备及软件；三是要将信息技术恰当地运用到教育、教学、教研、学习及生活中，充分发挥信息技术的作用。

播下幸福的种子 打造幸福教育生态[①]
——访深圳市宝安区凤岗小学汪凌校长

坚信每位孩子自出生就是一颗带有幸福基因的种子,我们的教育就是让每一个孩子成为更好的自己。学校教育应为这颗种子的茁壮成长提供一个健康、和谐、良好的自然生态,让每一颗幸福的种子在这样的环境中变得饱满、充实,蕴含无限生机与希望。

——汪凌

个人简介: 汪凌,深圳市宝安区凤岗小学校长。副高级教师,广东省名师工作室主持人、广东省新一轮"百千万人才培养工程"培养对象、深圳市名教师——信息技术学科带头人、深圳市教育信息化领军人才"310工程"培养对象、深圳市人民政府教育督导评估专家库成员、宝安区高层次人才、宝安区未来教育家培养对象、广东省中小学教师发展中心信息技术教育委员会委员、美国加州协和大学访问学者。

访谈者 尊敬的汪校长,您好,非常感谢您接受本次专访。据了解,为打造学校教育生态,您于2015年提出了"幸福种子计划",请您结合贵校的办学理念谈谈"幸福种子计划"是如何贯穿到教育生态各环节中的?

汪 凌 《国家中长期教育改革和发展规划纲要(2010—2020年)》提出把育人为本作为教育工作的根本要求。以学生为主体,以教师为主导,充分发挥学生的主动性,把促进学生健康成长作为学校一切工作的出发点和落脚点。为全面贯彻落实国家对基础教育的要求,结合我校"幸福教育"办学理念,我们提出并把实施"幸福种子计划"作为实现"幸福教育"办学特色的抓手。

我校为"幸福种子"提供的教育生态包括幸福环境、幸福课程、幸福教师、幸福

[①] 原载《教育信息技术》,2018年第5期。

家长四个部分。"幸福种子计划"关注教师的专业发展，关注教师的幸福生活，关注面向核心素养的课程与评价体系建设，关注学校文化的内涵发展，关注家长的家庭教育品质，关注学生当前的发展，关注学生终生的幸福。

访谈者 贵校这种教育生态的核心体现在哪？

汪　凌 我校幸福教育生态的核心是幸福课程生态。每个学生都有不同的起点、不同的发展需求和成长方向。如果学校的课程只有规定课程，而没有可供学生选择的促进身心和个性发展的课程，势必无法满足学生多样化发展的需求。好学校应该为学生建立国家课程、地方课程和校本课程相结合的多样化的课程体系，好学校应具备强大坚实的课程供给力。

访谈者 您认为教师在教育生态的核心中起到了哪些作用？

汪　凌 幸福课程生态建立的关键在教师。教师不仅是课程的执行者，更应成为课程的建构者、创造者。课程的核心理念是把学生发展作为逻辑的起点，根据目标、内容、实施、评价课程四要素，重新审视所有的教学过程。课程的实施过程就是目标、内容、实施、评价四个要素"一贯设计、一体化实施"的过程。

课程开发关注的是学生的发展，应当围绕学生的兴趣和发展进行。课程的开发与利用要充分考虑到学生的实际情况，实现课程内容、学生需要的协调与整合。因此，教师的目标定位能力、课程资源开发与选择能力、教学能力、课程评价能力在我校幸福课程生态的建设中起到了核心与关键性的作用。

访谈者 《广东省教育信息化发展"十三五"规划》将教师信息技术应用能力提升工程作为我省"十三五"期间教育信息化的重点工程之一，请您谈谈"幸福种子计划"在教师信息技术应用能力提升上做了哪些努力？

汪　凌 《广东省教育信息化发展"十三五"规划》中明确提出要开展以深度融合信息技术为特点的按需培训，增强广大教师应用信息技术的意识和能力。在信息时代，或已经到来的人工智能时代，以数字化胜任力为特征的教师信息技术应用能力，已成为教师专业能力的重要组成。具备数字化胜任力的教师能够充分地运用数字化的工具、平台与资源，开展教学与创新，并能够具备科学、技术、工程、数学与人文的融合素养，打破学科局限，培养跨学科发现问题与解决问题的综合能力。

我校"幸福种子计划"在教师信息技术应用能力提升上注意紧跟时代发展的脉搏，注重引导教师在项目式学习、网络学习空间构建、创新技术应用、创客教育等不同领域开展探索与实践。学校有效利用网络学习空间和网络研修社区，开展混合式教研、在线教研、工作坊研修等形式多样的校本研修活动，构建线上线下相结合的教师终身学习服务体系。

访谈者　具体如何实施？

汪　凌　其一，创新学校建设，理念先行。我校以全校师生的"智慧教育，幸福成长"为建设目标，以幸福课堂的建设和应用为抓手，运用"互联网＋教育"的思维方式，依托"智能、高效、易用"的幸福课堂理念，让我们的教学更具结构化、开放性和生成性；让我们的学生更具个性化、社会化、自主化；让我们的课程更具多样性、灵活性和系统性；让我们的学习空间更具有可变性、流动性和泛在化；让我们的学习评价更具过程性、即时性和形成性；让教师发展更加社区化、系统化和个性化。从而更能促进学生创新精神、实践能力的培养，提高学生的核心素养；更能助力师生转变教学模式，向"智慧型"幸福师生发展。

其二，创新课堂应用，教师先行。我校共有专任信息技术、科技类教师10人，学校行政、教师团队具有良好的信息化决策能力以及信息化组织和管理能力、信息化评价能力。我校高度重视对教师的培训，为了让我校教师更快更早地适应未来教育的发展，让信息技术和教学深度融合，让信息技术为教学服务，我们把师资培训和课堂改革相结合，边培训边实践。2017年3月，我校部分老师参加在厦门举行的"VR/AR＋教育"信息技术推动学校教学变革论坛的举办；2017年5月，教师全员参与了宝安区教育资源公共服务平台应用培训；我校教师加入使用了微软公司基于云平台的Office365办公软件应用；2017年8月，我们对学校教师进行了纳米黑板使用培训，为教师把信息技术应用于课堂教学带来便利。基于教师培训、教师自主学习以及各种信息化软硬件条件，我校各学科教师都能应用信息化技术服务于教学，增加了我们课堂内容的形象化、直观化和可视化，加强了体验和互动。如数学、英语学科的翻转课堂；语文、英语学科的网络学习平台、微视频，让学生成为学习的主人；美术学科、信息学科、科学学科等更是在信息化的引领下，让学习变得无时不在、无处不在，为学生插上了未来的翅膀。

访谈者　这样的实践给教师的发展带来了哪些变化？

汪　凌　首先是教师理念更新。教师探索基于智能信息化环境的课程改革、教与学方式变化、评价方式变化。推动学习、教学、评价、教研、管理的流程再造和系统创新，实现信息化支撑下教育组织形态、运行方式和教学过程变革，形成信息化融合创新、智慧教育规模化效应。

其次，通过开展教师信息技术能力方面的培训，教师能够更加充分地利用数字化资源、数字化工具和数字化平台，设计适合学生的自主学习与协作学习环境，让学生逐渐具有数字化学习与创新能力，从而培养学生的学习力、创造力，使学生初步具备跨学科解决问题的综合能力。我校也因此被评为"全国青少年计算机科技创新实践教育示范基地"。

访谈者 对于教师未来的发展而言，您觉得学校将做出哪些新的努力？

汪　凌 "今天的教育和教师不生活在未来，未来的学生将生活在过去"。在当今这个大变革、大发展、大融合的时代，学习、研究、发展将是未来教师专业成长的主旋律。

第一，建设幸福教师学习共同体。把建设师德高尚、业务精湛、结构合理、充满活力的专业化教师队伍作为提高教育质量的重要任务和根本途径。进一步强化教师的事业心、责任感，抓好师德素养建设，推动广大教师在聚精会神教书育人上下功夫。依托青蓝工程、校本培训、凤鸣讲堂等全方位、多途径的培训措施，促进全体教师积极转变教师角色行为，聚焦内涵发展，提升教育品质，努力走向智慧型幸福教师。

第二，打造幸福教师研究共同体。把"互联网+"时代背景下的教育科研作为学校教育发展的第一生产力。进一步完善校本研修制度，创设宽松的教育科研环境，完善以创新为导向的科研评价和激励制度，加强对科研骨干队伍的培养。特别是以名师为抓手，积极推行研究型骨干教师培养工程，定期开展科研成果交流，不断提升学校科研原始创新和集成创新的能力。

第三，实现幸福教师发展共同体。高质量的教育要靠高素质的教师，特别是综合发展的教师去设计、去实践。充分发挥形式多样、内涵丰富的教师社团这一组织形式，让教师在合作中拓展兴趣技能，在共享中怡心健体，缓解职业倦怠，完善专业结构，增强队伍活力，丰富内涵素养，构筑学校人才高地。

05 智慧教育

聆听数据的声音[①]
——访深圳市罗湖外语学校宁革校长

  数据不是冰凉的，每一个孩子都是需要尊重和欣赏的生命，这些数据附载着生命气息，充满了灵性。我们期望每一个老师用心关注数据的光华，用情聆听数据的声音。大数据不是教育"智慧"的全部，就像热播电影《星际穿越》一样，尽管有人看不懂其中的技术细节和相关科学原理，但是人与人之间的美好情感却是谁都看懂了并为之动容。所以，数据需要与艺术结合、与人文相连、与情感相通、与大爱交融，这才是真正的教育智慧。

——宁革

  个人简介： 宁革，深圳市罗湖外语学校校长，深圳市首批教育科研专家工作室主持人，主持广东省教育科学"十二五"规划课题——教育信息技术专项课题的研究"互动反馈技术与认知诊断技术支持下的教学质量监控研究"，是广东省基础教育学科教学指导委员会委员，广东省国家级示范性高中评估学科组专家成员，粤教版高中物理教材必修一的主要编写者之一，广东省教育学会物理教学专业委员会常务理事、深圳市督学。长期致力于开展教育信息化的应用研究，是具有创新意识和创新能力的专家型校长。

"教育大数据"即将到来

  访谈者 宁校长，您好。随着"大数据"时代的到来，能不能说，教育的大数据时代即将来临？

[①] 原载《教育信息技术》，2014年第12期。

宁　革　也许是，也许不是。近几年，世界各个角落都在谈论大数据，逢会必谈大数据。教育无法回避这种趋势。未来的教育在云计算、互联网等技术的作用下变得越来越个性化，通过对大数据技术的应用将有利于个性化教育，标准化的学习内容由学生自己借助于网络完成，教师的角色更多地转变为学生学习的组织者、诊断者、答疑者或帮助者。

教育"数据"支持个性化教育

访谈者　作为校长，您如何理解教育这个"大数据"？这给学校教育教学带来怎样的变革？

宁　革　我想，大数据的关键词是：分布、远程、大量信息、可视化和处理等。但对学校个体来讲，确切地说只有"数据"，是大数据的基础"小数据"。从学校教育教学来看，仅仅是学习内容的视频化还不足以实现真正意义上的变革。理论告诉我们，学习的本质是大脑对信息的加工，而有效的加工源自有效的情景互动。随着信息技术的不断进步，Web2.0技术已经跨越时空把人和人之间通过网络联系在一起，有效促进了情景互动。这样，每个学生个体、每段视频学习内容、彼此之间的交流互动在互联网上汇成川流不息的数据流，为每个学习者搭建一个以视频资源、有效互动为主要特征的学习情境，使学习变得个性化。我们甚至可以想象，未来的学生按需学习；不以年龄画线，弹性学制或学段、终身学习，每个学习者通过这样的学习方式，激发自己的光华和潜能，人人成功。所以，面向未来的教育发展，罗湖外语学校提出了"各美其美、美人之美"办学理念。

数据采集力争廉价、简单与实用

访谈者　"各美其美、美人之美"怎么理解？在数据的应用中，如何实现这种办学理念或教育追求？

宁　革　"各美其美、美人之美"的内涵是：每个生命都有光华和潜能，显示着"各美其美"；教育的要旨在于激发光华和潜能，达到"美人之美"。尊重、欣赏、合作，促使学生成为精神丰富、个性鲜明、自由发展的现代公民，是美的事业。在课程实施上我们不但追求个性化的因材施教，我们更强调孩子"各展其能"，最大限度发展孩子的可能性，包括身心健康、学业成就、人格成长等。然而，学习是一个复杂的过程，影响学习效果的因素实在太多。即便学业成绩都是85分的两个学生，其相同分数背后的原因一定相去甚远，涉及学业基础、学习动机、学习方法、学习风格、各种习惯、自信心、同伴关系、家庭原因、教师原因……所以，教育这个复杂领域长期以来主要还是依靠经验开展工作。但是，随着信息技术的发展，教育主要依靠经验将会悄悄地转向依靠"数据"进行分析、判断和决策。我们希望采集更多的相关数据，也愿意和更多的学校一起分享"数据"。

至于说如何采集"数据"，因技术的进步方法很多，如应用平板电脑、手机等终端通信工具，但是平板电脑、手机也会对学习带来一定的干扰。为此，我们委托技术公司借助物联网短程通信技术开发了一套廉价、简单、实用的"数据"采集系统，专门用于简单的"数据"采集又不影响教学。

数据分析只问"相关性"

访谈者 数据的应用过程包括采集、分析以及决策。原本相当烦琐的"采集"因技术而变得可行。但数据的分析又变得不简单，贵校是如何处理？

宁 革 其实一所学校的数据还谈不上"大数据"，对于数据挖掘和处理，我们是从两个方面来思考这个问题：一是不问原因，只问相关性。比如网络购书给我们启发，很有意思，当顾客购买某本图书时，购书平台常常会向顾客推送他可能感兴趣的其他书籍，结果图书销售量果然有效提升。至于大部分顾客为什么会接受这种推送，其原因商家是无法寻根问底的，但是商家一定在不断根据各种图书购买量进行大数据分析，再根据分析进行推送。这是一种互联网思维方式。同样，由于影响教育教学结果的因素太多，并不是每个结果都能找到单一原因，也不可能是其中的某个或某几个原因。因此，在教育教学中借助数据分析为教师选择相应策略提供依据应该成为一种工作方式。二是就数据分析向专业公司购买服务。学校教师一般都属于学科教学领域，数据分析不是教师的专业方向，尤其是未来的学习分析技术，更是要向专业机构购买服务。

访谈者 如何来衡量数据的"科学性"？

宁 革 目前，教育还是一个主要依靠经验开展工作、提高教学效率和效果的领域，没有绝对的"科学性"，只有不断探索。随着技术的进步和大数据时代的到来，数据及数据分析为这种探索提供了另一种方法和途径。比如罗湖外语学校构建的学科题库，尽量从知识归属、能力层次、学科方法、难度系数、常见错误等多个维度为题库中的试题贴上标签，采集学生的学科训练信息，进而分析这些数据的相关性，为教师改善教育教学提供分析依据和参考，学生也将根据这种分析开展训练，以提高训练的实效性。在管理方面，按照学校教学常规管理制度的要求，借助互动反馈技术采集日常教学中备课、教学、批改、辅导、考试、评价等各个环节的相关信息，并参照学生的家庭、学习习惯、学习基础等因素，建立动态的、实时跟进的教学质量监管体系，及时发现问题、寻找对策、解决问题，提高教育教学质量。

数据的"决策"仍需长期探索

访谈者 目前，数据分析可以支持教学或管理的"决策"吗？

宁　革 现在谈利用数据进行"决策"还有些为时过早，因为我们正在研究运用数据进行教育效果和教学质量管理，这是一个长期探索的过程。具体说主要表现在以下两个方面：一是借助物联网短程通信技术建立教学的全面质量管理体系，达到提升教学质量的目的。面向每个学生，随时采集他们学习过程中的各类相关学习信息，为每个学生建立过程性的电子档案，为教师调整教学策略，为不同程度学习困难和障碍的学生提供不同的、有针对性的帮助与课后辅导，争取让每一个孩子都不掉队。二是借助物联网短程通信技术加强学校管理，建立全员参与的管理系统，使教师、学校管理者、家长甚至学生都参与到对教学质量的管理和关注之中。例如，校长可以通过该系统了解各个班级的宏观统计结果，校长、教师也可以了解每个学生在所学课程中更多的细节；家长则可以通过学校的网站了解自己孩子的学习情况。

访谈者 您如何探索让"大数据"走向"决策"？

宁　革 我们正在积极探索网络信息技术环境下的课程建设和课程实施。在课程建设方面，主要是基于网络的MOOC（慕课）课程作为系列化的校本选修课程，学生通过对课程的自主选择，对学习进度、学习方式的个性化把握，以促进学生多元发展，实现"各美其美"。在课程实施方面，罗湖外语学校正在进行国家课程校本化改造，将学科内容以微课的方式逐步实现系列化视频，为学生提供更加丰富的课程资源。当然，我们也不会忽视纸质教材资源的价值，促进学生自主学习，通过不断采集学生课程选择和自主学习过程的相关信息，以数据分析为基础进行决策，为不同的学生提供个性化服务，达到"美人之美"。

数据不是冰凉的

访谈者 不同人对数据有不同理解。宁校长，您把数据理解为极具生命力。那么，从您的角度，如何"聆听"数据的声音，如何将数据的采集、分析和决策统一进而变革教育，实现教育的"智慧"？

宁 革 的确，我始终认为，数据不是冰凉的。每一个孩子都是需要尊重和欣赏的生命，这些数据乘载着生命气息，充满了灵性。我们期望每一位老师用心捕捉数据的光华，用情聆听数据的声音。从操作层面上来说，学校在物联网技术机构的支持下，按照"以学生发展为焦点、全员参与、全程关注、全面细致、及时反馈、持续改进"的基本原则，建立互动反馈系统，始终坚持关注并欣赏每个生命的成长过程，通过采集过程性的、及时的教学信息，进行小数据分析并实时反馈，达到优化教学过程、提升教学质量的目的。换句话，动态化往复循环"采集数据—分析数据—做出决策—持续改进"的过程，构建教学的全面质量管理体系，将数据与艺术结合、与人文相连、与情感相通、与大爱交融的教育生态环境，我想这就是教育的智慧吧。

智慧校园　大有可为[①]
——访深圳大学教育信息技术研究所傅霖副所长

"智慧校园"是无处不在的网络、无所不在的感知、无所不知的智慧、无时不在的信息、无所不为的服务，它打开了一扇通往教育信息化与现代化的新大门，进入之后我们就能看到一个无比微妙而奇幻的世界。

——傅霖

个人简介： 傅霖，高级工程师，研究生导师，深圳大学教育信息技术研究所副所长。先后担任广东省教育厅多媒体 CAI 软件开发、电教课程实验、电化教育"五个一百工程"、教育技术"151 工程"、精品课程建设、学校网络课程开发等项目的管理、指导与技术支持工作。主持省市课题 6 项，获广东省优秀教学成果二等奖 1 项，深圳市优秀教学成果三等奖 1 项，深圳大学优秀教学成果一等奖 1 项，省级教育技术专业奖项 8 项。目前研究方向集中在在线教育方面，包括多媒体信息处理及教学应用、网络教学资源建设、慕课建设、网络学习课程开发、教育信息技术推广、网络教学平台应用研究等。

访谈者　傅教授，您好！您作为深圳市电化教育馆聘请的专家，曾参与《深圳市"十二五"教育信息化规划》的起草工作，今年（2015）5月又参加深圳市中小学"智慧校园"示范学校的评选工作，您认为"智慧校园"是基于怎样的背景提出来的？

傅　霖　从概念提出的背景上讲，"智慧校园"是随着"智慧地球""智慧城市""智慧教育"等概念的提出而不断延伸衍生出来的一个概念。从具体的实践来讲，可以从两个方面来理解"智慧校园"的背景：第一方面是教育信息化的背景；第二方面是学校教育发展的背景。

[①] 原载《教育信息技术》，2015 年第 10 期。

从教育信息化的背景来讲，《国家中长期教育改革和发展规划纲要（2010—2020年）》指出："把教育信息化纳入国家信息化发展整体战略，超前部署教育信息网络。到2020年，基本建成覆盖城乡各级各类学校的教育信息化体系，促进教育内容、教学手段和方法现代化。"在此背景下，教育信息化发展已清晰地呈现出智能化、开放化、个性化和社交化等特征。智慧校园逐渐取代数字校园，成为当前信息化发展的主题与潮流。

从学校教育发展的背景来说，随着数字校园的不断发展，也存在一些问题，如其面向最终用户的服务支撑能力较弱、应用融合不深入等，为了适应教育信息化时代"智慧教育"的发展趋势，从2010年开始，各级各类学校不断探索"智慧校园"发展之路，纷纷提出要建设"智慧校园"。"智慧校园"是当前教育信息化领域的新理念和新热点，也是"数字校园"发展的一个必经阶段。

访谈者　那我们怎样准确地把握"智慧校园"的内涵？

傅　霖　我认为"智慧校园"是数字校园的进一步提升和发展，是在数字校园逐步完善的基础上，充分运用最新信息技术（如人工智能、移动互联网、云计算、大数据、物联网等），融合优化现有软硬件资源，实现信息共享，营造快捷便利的学习生活服务环境，构建节约型智慧型校园，保证教育资源利用效率最大化、应用更加智能化，从而使校园达到一种前所未有的人性化、更加完美的"智慧"状态。可以简单地理解为"智慧校园"是教育信息化发展的高级阶段，而"数字校园"是教育信息化发展的初级阶段。

访谈者　那您认为"智慧校园"与"数字校园"相比有哪些突破？

傅　霖　"智慧校园"是"数字校园"的进一步深化，是信息化发展的更高级阶段。可以想象这样一个画面，在数字校园时代，当你走进校园时，你可以看到这样的情景：一个网络化、数字化、有机结合的教育、学习和研究的校园平台，环境（包括设备、教室等）、资源（如图书、讲义、课件等）到活动（包括教学、管理、服务、办公等）全部数字化，但最终用户的服务支撑能力较弱以及访问方式上存在着时空的限制。而智慧校园时代，走进校园，你将看到的是一种前所未有的情景：无处不在的网络、无时不在的信息、无所不为的服务，人人都可以参与、人人都可以分享，你将看到一个集移动学习、大数据分析、资源共享、卓越治理、节能环保于一体的校园。

访谈者　据了解，您一直坚持"智慧校园，大有可为"这样的观点，请问"大有可"为的"大"与"为"如何体现？

傅　霖　"大"主要体现在具体应用的广泛性与前景的广阔性，通过国家层面的政策对智慧校园提供的发展空间和学校智慧校园建设的现实意义体现出来。

第一，国家层面的政策对智慧校园提供了发展空间。今年（2015）5月国家主席习近平在致国际教育信息化大会的贺信中指出：当前，科技进步日新月异，互联网、云计算、大数据等现代信息技术深刻改变着人类的思维、生产、生活、学习方式，深刻展示了世界发展的前景。因应信息技术的发展，推动教育变革和创新，构建网络化、智能化、个性化、终身化的教育体系，建设"人人皆学、处处能学、时时可学"的学习型社会，为"智慧校园"建设提供了广阔的发展空间。

第二，智慧校园建设对学校建设有着现实意义。首先，从学校的管理来讲，依据数据挖掘和建模技术，可以在"海量"校园数据的基础上构建模型，建立预测方法，对新到的信息进行趋势分析、展望和预测，实现对校园相关信息、人员的管理；其次，从学校教学来说，以大数据分析技术作为教育变革的基石，通过对学生学习过程中零星松散的大数据进行系统分析，为师生提供更加直观、更具针对性的反馈和建议。个性化的教育形态为学生自主性的学习提供了源源不断的动力和活力。再次，从文化上讲，学校建立有吸引力的校园网上虚拟社区，广泛进行思想与文化交流，创新、繁荣健康向上的网络文化，发展先进文化，促进文化传承创新。

"为"主要表现在通过"智慧校园"建设，优化教育资源、教育模式和教育方法，让学生共享优质教育，共享"智慧教育"，更多地体现在具体的措施上。

访谈者 请您谈谈在"智慧校园"建设上"为"的具体措施？

傅 霖 "智慧校园"打开了一扇通往教育信息化和现代化新的大门，各级各类学校纷纷加入"智慧校园"的建设中，如西南大学、成都大学、同济大学等几十所高校正在筹划、实施智慧校园的建设；浙江大学信息化"十二五"规划，提出建设一个支持无处不在的网络学习、融合创新的网络科研、透明高效的校务治理、丰富多彩的校园文化、方便周到的校园生活的智慧校园；南京邮电大学完成了一个相对完整的智慧校园规划。这里我以深圳市为例具体说明，深圳市的教育信息化一直是全国的一面旗帜，各项指标在全国名列前茅。深圳市电化教育馆承担着全市"智慧校园"建设顶层设计的任务，为推进深圳市"智慧校园"试点工作，促进并引领深圳市中小学"智慧校园"的建设与应用，深圳市电化教育馆根据国家《数字校园示范校建设参考指标》和《广东省中小学信息化基本标准（试行）》等文件采取了很多行之有效的举措。

2012年，深圳市发布了《智慧深圳规划纲要（2011—2020年）》，在教育方面率先提出了要实施智慧教育工程，打造"智慧校园"。同年12月，深圳市被教育部确定为首批全国教育信息化试点单位。

2013年，深圳市教育局在年初下发了《关于开展教育部教育信息化试点工作的通知》，决定组织开展首批"智慧校园"建设与应用试点。

2014年，"智慧校园"试点工作被列入市政府重点工作计划，在6月深圳市教育局下发了《关于公布首批"智慧校园"试点学校名单的通知》，决定在全市122所学校开展首批"智慧校园"试点工作。

访谈者 深圳市在"智慧校园"建设中做了大量的工作，那深圳市在"智慧校园"建设的过程中存在哪些问题？

傅　霖 在"智慧校园"建设中各校也会受到很多因素的制约，因为基础不同，校领导的观念和重视程度不同，各校的发展速度并不一样。受困于人力、物力和财力的短缺，我们在评选过程中也看到了其中一些短板，最集中的问题有两点。

一是各校教育信息技术专职人员比较紧张，运维、培训和技术支持力量跟不上，这是中小学在"智慧校园"建设中普遍存在的问题。二是有一些学校师生的认知度和参与度不够。

访谈者 您长期工作在高校教育技术一线，针对上述问题，您有什么好的建议对策吗？

傅　霖 第一，尽可能地扩充信息技术人员编制，因为信息技术已经成为当代人学习和工作的必备工具，无论是课程的教学还是运维服务，目前学校都迫切需要扩充编制，教育人事主管部门应该考虑到这个现实问题，这是我们在调研考察过程中发现的最重要的问题。

第二，在认知度上，首先应该是提高校领导的观念和意识，真正重视"智慧校园"工作，然后是夯实基础，突出特色，加强教学应用，提高成效。

第三，全省、全市或者各级各类大中小学开展一些丰富多彩的活动来进一步提高参与性，激发师生对"智慧校园"建设的兴趣和热情，比如可以举办师生博客大赛、创客大赛、移动APP大赛、微信优秀公众号的评选、优秀摄影摄像作品的评选等活动，为师生多提供舞台，搭建各类平台，让师生通过创新施展才华，通过实践提高动手能力，通过大赛推动产教结合和教学相长，对"智慧校园"建设、创新人才培养机制具有重要的意义。

"智慧校园"是一个很庞大的框架体系，囊括了教育理念、教育管理、教学理论、教学设计、教学应用、教育统计、教育评价、教育质量、效能与效果等方方面面的建设内容，涉及网络、平台、媒体、物联网、移动互联、大数据分析等最新技术，确实有很多值得研究的对象，每一个有志于从事"智慧校园"建设的人都可以从里面挖掘到自己感兴趣的东西，需要大家持之以恒地努力。总之，"智慧校园"为我们打开了一扇通往教育信息化与现代化的新大门，进入之后就能看到一个无比微妙而奇幻的世界。

立足实践　探索智慧教育发展之路[①]
——访深圳市龙岗区龙城初级中学程俊英老师

　　智慧教育梦想要达成，不是一蹴而就的事情，可能经历十年、二十年，这也不只是教育系统内部的事情，需要教育主管部门、学校教育工作者、相关高新企业的通力合作，打通产学研环节。从教师的视角来看，应该是教师（包括教育管理者）的思想和理念先行，学生的思维和能力为本，新技术开发及应用让青少年更加勤于思考、善于思考，而不应走向反面。

——程俊英

　　个人简介：程俊英，毕业于西南师范大学电化教育系。中学高级教师，广东省骨干教师，深圳市学科中心组成员，深圳市及龙岗区继续教育培训师，深圳市龙岗区名师工作室主持人，兼任中国教育学会高质量学习研究中心副主任，目前负责龙岗区龙城初级中学信息技术科组工作。专注课堂教学及教科研工作，在市区级教研活动中承担研讨课，目前制作微课程近200多部，作品多次在省市级大赛中获奖。曾为北京、西藏等地及省内各地市30个地区的校长、幼儿园园长、骨干教师、培训师、一线教师等做培训，近五年开展各类培训近100场。

　　访谈者　尊敬的程老师，您好，非常感谢您接受本次专访。据了解，您是深圳的教学名师，开设特色工作室，在智慧教育上有一定的研究，您认为如何理解智慧教育这个概念，内涵是什么？

　　程俊英　智慧可以理解为以高品质思维为核心的解决问题的能力，从思维、行动、效果三个维度可将智慧的基本特征表述为：目光深远、善用规律、行动的回报率高，而智慧的最高境界应该是创造发明和幸福人生。因此，我们要研究互联网和高科

[①] 原载《教育信息技术》，2016年第11期。

技背景下高品质思维和解决问题的能力有什么新特点,在这个前提下研究什么是培养智慧的教育理念,要为培养学生智慧创设怎样的环境条件等。

智慧教育的内涵就是在正确的教育观念指导下,利用先进的现代教育技术,培养学生的智慧。具体包括:丰富的学习资源、以学生为中心、有效激发学生学习兴趣、多样化的互动交流方式及大数据环境下的评价和反馈技术。

访谈者 您目前有关智慧教育的研究主要集中在哪些方面?

程俊英 我研究的方向主要包含三个方面:个性化学习、创新精神和实践能力培养。研究内容包含使用地方教材的课堂教学,比如,目前我们使用广东高等教育出版社的初中信息技术 B 版教材,结合我校学生实际开设校本课程;还有机器人创客教育和 App Inventor 编程教学。其中,在我区教师进修学校的支持和引导下,我们对于学习资源开发有较为深入的研究,主要是以微课程为载体的视频学习资源。

访谈者 请结合您的教学实践,具体谈谈这些研究方向与内容是如何体现的?

程俊英 在地方课程教学中,为了体现学习的个性化,我制作了大量破解学科知识重难点的微课程,上传到优酷、腾讯等视频网站,通过 QQ 群、微信群和 AIschool 云空间分享给学生,让学生进行有选择性的学习,实现学习资源个性化。另外,在课堂上,采用电子导学单方式及任务驱动教学法,将学习任务分层,实现学习过程及目标个性化。

在校本课程教学中,主要研究机器人编程及搭建、3D 模型的构建及 3D 打印技术、App Inventor 模块化编程语言与移动终端结合的创新应用等,提升学生的信息学科素养,并且渗透对学生的创新和实践能力培养。比如:利用 App Inventor 与移动学习终端结合的课例"开发涂鸦 App",我将事先准备好的学习资源(包括逻辑设计截图、模块设计微课程、教材内容扫描件)上传到 AISchool 云空间,学生可以在家预习或复习。课堂上,我让学生自主探究、小组合作,完成两个难度层次的学习任务,五个按钮及画线模块的设置为基础任务,拍摄照片并把画布的高度及宽度调整设置为进阶任务,学生用平板电脑分步调试,验证 APP 的效果。然后,进行涂鸦创作,并截图上传作品到班级共享,让学生互评。接下来进行课堂测验,根据及时反馈信息查漏补缺,对本节课的重难点进行再次突破。最后再给一个拓展任务,添加变量,让学有余力的学生继续深入研究。在课堂评价上,对于表现突出的个人和小组会给予奖励。

访谈者 在实践的过程中,您认为开展智慧教育最大的困难在哪里,如何破解?

程俊英 最大的困难不是没有经费购买高科技设备、构建信息化环境,而是如何转变教师的教育教学观念。首先是学校的领导层,如果一直固守传统的教育教学观念,势必会阻碍智慧教育的发展。其次是一线教师,要学习新知识、新技术有困难，特别是对于学习力弱的教师，更不愿意尝试和改变。最后，还有家长，部分家长认为学生接触网络、电脑、手机等都是不务正业。

要扭转这一局面，就需要给以上提到的领导层、一线教师、家长进行相关培训，到有实践经验的学校考察学习，并且上级主管部门开展相应的评比，对行动的学校进行经费资助，最为重要的是，在各级教育评价体系和评价内容中，融入智慧教育的培养目标，实现学校、家庭的联动。

访谈者 为破解智慧教育的困难，您刚提到了进行相关培训，您有哪些经验分享？

程俊英 我曾多次到包括北京、上海、广州等一线城市，也有西北、西南地区的部分欠发达城市去培训，我个人认为不管是哪个地区的老师，参与培训时都非常认真，课堂的参与度和任务的完成度都比较高。对于一线城市的教师，智慧的教育环境是比较优质的，缺乏的是行动的勇气和交流分享的动力。所以，培训重点要落在观念转变和技术示范上。对于欠发达地区，缺乏的主要是经费支持，设备和观念都需要更新。所以，主要分享如何利用现有条件，实现学习的个性化，提升学生的创造和实践能力。比如微课程的开发与制作，一般先介绍微课程的发展历史、案例感受、微课程的分类及应用场景，激发教师的学习兴趣。然后具体介绍三种制作微课程的方法：PPT转视频、录屏软件录制、手机 APP 制作。一般学员需要使用电脑或者手机等学习终端现场操作、实践，加深印象。接着对微课程的开发进行深入讲解，如教师和学生微课程开发的标准，比如目标设定、内容选择、结构组织、创新设计、技术规范等，让学员认识开发优质微课程的必备条件。最后，深入讲解基于微课程应用的翻转课堂和慕课的实施步骤、内容和风险，让学员在开发微课程时具备清醒的课程意识。

访谈者 您认为智慧教育将来的发展前景是什么？中小学应如何去落实和实现这一目标？

程俊英 我认为，智慧教育未来的发展要注重两方面并行，既要依托现代教育技术的力量为教育改革带来生机和活力，也不能忽略简单易用的传统教学手段长期积淀形成的底蕴和基础，我坚信，只有脚踏实地，才能仰望星空。比如，当虚拟现实、3D 打印等思维可视化手段及"互联网+"环境下的网络互动学习日趋成熟的时候，也必须注重学生高品质思维的培养。

中小学要落实和实现这一目标，应做到三个一：第一，构建一个开放多元、智能创新的全球一体化智慧校园环境；第二，培养一支敢于创新、活力十足的教师队伍（包括一线教师和学校管理者）；第三，打造一批带头示范、经验丰富、应用为王的现代化教育技术实验学校。

大教无痕　智慧教育背景下
高效课堂探索与实践[①]
——访东莞市松山湖实验小学冯正华校长

泰戈尔诗云"天空没有留下翅膀的痕迹，而我已飞过"，教育亦然。语言激励无痕、行为示范无痕、教学引领无痕、管理自律无痕、心灵感召无痕、环境熏陶无痕是对"无痕教育"的最好诠释。智慧教育不仅仅是技术的应用，最重要的是将信息技术无痕融入日常教学并助推课程改革，最终启迪和培养学生的智慧。

——冯正华

个人简介： 冯正华，2015年南粤优秀教育工作者，研究生学历，国家二级心理咨询师，出版专著两部，在省级以上刊物发表多篇论文，2015年主持"粤教云"计划专项研究重点课题"智慧教育背景下高效课堂的实践研究"，努力推行"无痕教育"的特色理念和品牌，打造智慧教育背景下的高效课堂，课改经验在《中国教师报》《广东教育》等媒体报道推广。

访谈者 冯校长，您好！很高兴您能接受本次采访。作为广东省"粤教云"示范应用试验学校之一，你们学校在智慧教育创新应用方面做了哪些探索工作？

冯正华 我们学校实施智慧教育项目的最根本原因在于满足学生发展的需要。现在的学生是"数字土著"，他们的学习方式已经发生了根本性改变，为了应对这种变化，我们的教育教学也要做出与时俱进的改变。从建校之初提出"大教无痕，对每一个孩子的终身发展负责"的办学宗旨，倡导"无痕教学、无痕德育、无痕管理的无痕教育"的办学特色，将智慧教育贯穿于整个课程体系建设中，包括国家课程校本化实施、校本课程开发、德育课程建设等。首先，在语、数、英等国家课程中，我们着重

---

① 原载《教育信息技术》，2016年第1、2期。

开展智慧教育背景下高效课堂的研究。我们实施了"智慧教室"项目,三年时间,完成智慧教室全覆盖,人手一台学习终端,逐步实施"粤教云"云互动智慧课堂教学应用,探索平板电脑走进课堂如何提高教学效率、优化教学效果。其次,在常规化的校本课程(晨颂、午练、暮运、男足、女舞)方面凸显智慧教育特色,保证孩子的全面发展。我们把这些校本课程资源数字化,开发数字教材,通过云服务平台实现资源推送和共享,学生可以随时随地学习。最后,我们非常重视体系化、流程化与数字化的德育课程建设,这是实现无痕教育的基础。因此,我们认为智慧教育不仅仅是技术的应用,更重要的是将信息技术无痕融入日常教学并助推课堂教学改革。

访谈者 经过这段时间"智慧教室"项目的应用与实践,你们学校有没有形成一套成熟的应用模式?

冯正华 所谓的模式是固定的,而教学是动态的、千变万化的,我们并不倡导完全按照一套模式实施,但我们学校在实践过程中逐步凝练出一套实施办法,即"一模三核六策略",包括一个模式、三个核心、六项策略,这为全体教师在课堂中进行常态化应用奠定了基础,在各学科教学应用中发挥了指导作用。我们认为教学应用模式终究是一种教学层面的引领,其核心还是"把学习的机会还给孩子,培养他们的自学能力,老师要多去引导"。

访谈者 推进"智慧教室"项目过程中有没有碰到什么困难?

冯正华 困难肯定是有的。首先碰到的就是如何调动和发挥教师的积极性,消除教师对新技术的恐惧心理。我们在"智慧教室"项目整体推进过程中是非常慎重的。2012年刚开始的时候,学校仅建设了两间"智慧教室"。建好之后并不急于让教师使用,而是学校领导采用宣传和培训的方式,转变教师的观念,向教师讲解"教育改革""智慧教育""高效课堂"的理念,因此教师非常期待。在应用过程中,采取逐步推进的方式,在前期教学改革的基础上,教师们已经适应了学生自主探究、小组协作学习等教学模式,"智慧教室"并没有改变教师原有的上课方式,而是帮助教师更好地和学生进行互动以及学生更便捷地进行作品汇报展示,教师使用的时候也容易上手,因此,并没有产生抵触情绪。

跟大多数智慧教室项目一样,如何实现常态化应用是最难达到的目标。我们学校将"智慧教室"作为"高效课堂"的其中一项策略,针对教学流程的每一步为教师和学生提供行为操作规范。首先针对教师要明确课前干什么、课中干什么以及课后干什么等。使用"智慧教室"时,教师课前需要将具有针对性的视频、文字资料分发给学生,课中要保证"一对一",课后教师针对学生未掌握的内容给予针对性的指导。其次通过多种方式来训练和培养学生的行为规范,包括学生的表达能力、平板电脑操作规范、小组合作行为规范等。为此，我们编写了"无痕教学·高效课堂"《教学指南》与《训练指南》，为教师应用"智慧教室"提供了可参考的操作流程与方法，也培养了学生参与讨论、回答问题等学习行为。

访谈者　在"智慧教室"常态化应用中，学生使用平板电脑的频率必然会增加，很多家长最担心的就是影响孩子的视力，你们学校如何解决这个问题？

冯正华　我们从两方面去解决。一是技术保障。现在一些面向教育的专用平板电脑在屏幕亮度、使用环境等方面设计时充分考虑到了对视力的保护，例如，防蓝光和防眩光等，这可以在一定程度上缓解对学生视力的损害。二是引导学生养成良好的平板电脑使用习惯，这是学校和教师能发挥作用的重要之处，也是解决平板电脑影响视力问题的关键所在。我们认为"不是平板电脑影响学生视力，而是使用平板电脑的不良习惯影响学生视力，正如我们不良的看书行为习惯一样会造成近视"。我们要求教师在应用过程中，引导学生养成良好的平板电脑使用习惯，在提升课堂教学效率和效果的同时兼顾学生的身心健康。

为了减少家长对孩子视力下降的担忧，我们在开展"智慧教室"实验时，就召开过实验班学生家长专题座谈会。当全面实施时，学校做了充分准备，为每位学生家长发了《给家长一封信》，一方面介绍"智慧教室"，另一方面针对家长顾虑做了一些解答，例如会不会依赖电脑、会不会对眼睛有伤害等。

访谈者　能给大家分享一下你们学校实施云互动智慧课堂教学应用的经验吗？

冯正华　每个学校的实际情况不同，采取的实施办法也会不尽相同。我们学校的经验概括起来主要为四个方面：一是做好顶层设计。学校在总体规划和分步实施方面形成方案，出台了一系列配套措施保障方案有效实施。学校所在的东莞松山湖高新区政府高度重视教育信息化工作，学校"智慧教室"项目得到高新区在政策保障与资金方面的大力支持。这使得我们学校更加有信心和决心推行"智慧教室"项目。

二是抓好师资培训。教育信息化的主角是教师，实施智慧课堂教学应用的核心也是教师，因此，提升教师信息化应用能力很关键。学校定期组织培训，通过设置评价与训练机制、组织教学比赛、校领导听课等很多方法保障教师达标。根据教师的能力为教师设定不同的标准，要求教师开设不同层次的课，即"引入课""示范课"与"汇报课"等，用智慧从观念上引领，并提供具体方法给予引导。

三是强调执行力。执行力是实现常态化应用的重要保障。要坚持让教师和学生都训练好如何在课堂上使用平板电脑和这一整套教学系统，关注"从老师上课怎么教到学生上课怎么学"过程的每一个细节。当师生对智慧教室的操作很熟悉后，按部就班地开展教学，就能够比较容易地把信息技术的优势发挥出来。

四是技术支持要给力。我们合作的企业为教师使用"智慧教室"提供了很好的支持，特别是学创教育科技公司，其技术解决方案和服务支持团队都很给力，无论是技术还是资源方面，都能够快速响应教师的需求，帮助教师解决智慧课堂教学支撑系统应用过程中的问题。

访谈者 "智慧教室"对学生、教师以及学校层面带来什么样的影响和变化？

冯正华 对学生来讲，一方面学生在课堂上的注意力和学习兴趣都得到了提高。以前上课，教师讲45分钟，学生能听10分钟，而在"智慧教室"环境大多数学生一堂课能认真听20分钟、30分钟或更长时间。另一方面学生的综合能力得到比较明显的提升，知识面拓宽了、语言表达能力提升了、学习能力更强了。

对教师来讲，一方面教师的专业能力得到很大的提升。我们学校很多教师凭借自己在"智慧教室、高效课堂"上的探索与实践在东莞市、广东省甚至全国各类观摩课、示范课大赛中取得了优异成绩。有一部分已经转变为专家型教师，能够出去指导其他教师，教师个人的成就感和价值感大大提升。另一方面，增进了教师之间的友谊和凝聚力。对学校来讲，我们学校已经成为各地"智慧教室"参观学习的示范基地，学校知名度、影响力和整体实力得到了全面提升。

访谈者 2015年12月，你们学校举行了为期三天的主题为"无痕教学，高效课堂，智慧教室"开放日活动，近3 000名教育界同行参加了本次活动，影响力很大，请问接下来在"智慧教室"的实践和应用推广方面有什么计划？

冯正华 一是整合学科资源与国家课程资源，建设学校资源服务平台。目前，我们学校已经储备了大量的校本课程资源和特色课程资源，其中部分是数字化资源，下一步是与国家课程资源整合，通过引进和自建的方式形成优质的数字教材、学科工具类资源、基础题库以及个性化题库等资源。二是实行"包班制"，即三个老师承包一个班，负责这个班所有学生、全科目的教学。"包班制"对老师的要求比较高，要求老师具备不同学科的教学能力，这方面我们已经储备了几年了，对老师也有意识地培养，比如已经有六个音乐老师能够比较好地完成语文课的教学。

在学校推行智慧教育的过程中，在很多方面也遇到一些困难和问题，但对校长来讲，影响和带动学校老师，让他们在共同的价值理念下前进和发展，是最重要的一件事情。希望能与更多的兄弟学校互相交流，共同提升。

创造教育：一种点亮教师与学生智慧的教育理念[①]
——访东莞市松山湖实验中学万飞校长

人的创造性是涵养出来的。我们的教育要给孩子们创设一个相对宽松自由的环境，真正尊重学生、解放学生、激发学生，才能成就学生。创造教育就是一种点亮教师与学生智慧的教育理念，一种与时俱进、勇于实践、守正出新的特色文化，一种基于培养创新思维、以情境激趣和问题导学为手段的教学过程，一种搭建学生创意与创作展示平台、培养学生创业精神的教育活动。

——万飞

个人简介： 万飞，中学物理高级教师，教育部中学校长培训中心特聘专家，教育部初中骨干校长培养对象，东莞市物理名师工作室主持人、东莞市物理学科带头人。先后获得全国中学生物理竞赛优秀指导教师、全国优秀科技辅导员、东莞市优秀教师、东莞市教育科研先进工作者等荣誉称号。主编《小实验，大智慧》等著作多部，被中国教育学会授予"创新型教师"等称号。

创造教育的关键：创新、创作、创业

访谈者 尊敬的万校长，您好，非常感谢您接受本次专访。《关于"十三五"期间全面深入推进教育信息化工作的指导意见（征求意见稿）》中提到：建设"人人皆学、处处能学、时时可学"的学习型社会，培养大批创新人才。由此可知，在"互联网+教育"时代，社会对创新型、实用型、复合型人才的需求已经成为学校教育面对的挑战。据了解，为应对这样的挑战，贵校开展了基于创造教育的课程体系的构建与

[①] 原载《教育信息技术》，2016年第11期。

实践，请您谈谈这种"创造教育"的理念是怎样的？

万　飞　教育既要关注当下，更要关注未来。创新是未来人才必备的重要素质之一，因此，创造适合学生发展的教育，着力发展学生的创新意识、培养学生创新思维能力和创造性实践能力、树立创业精神，形成创造性人格，就显得至关重要。我校以"创造教育"引领各项教育教学工作，我们所理解的"创造教育"可以提炼为三个关键词——"创新""创作"和"创业"。"创新"就是突破常规思维，改进或创造新方法、新元素、新途径，并获得有益效果；"创作"就是培养综合性思维，进行文学、艺术和科学作品等的创作；"创业"是指培养创业精神，以项目实践为抓手，追求自我实现的价值。我们要让学生真正意识到"处处是创新之地、人人是创新之人"。我们希望最终培养的是一批有人文情怀和创造性人格的中学生。

访谈者　这种理念如何落实在"培养创新型人才"教育生态的每一个环节？

万　飞　基于"创造教育"的理念，我校在开展选课走班制、建设"创造型"的教师队伍及创新智慧教学模式等方面进行了积极的探索。学校根据培养目标，每天下午开设选修课程，有分层有分类、有长课有短课。目前开出了120多门选修课程，学生可以根据自己的兴趣爱好、个性特长选课，每个学生都拥有自己的定制课表。学校启动"名师工程""青蓝工程"，培养和造就一批"创造型"教师队伍，尊重学生的个性化发展，营造良好的学习环境，积极探索创新教育教学方法，形成"包容、向上、创新"的班级氛围和友善的师生关系。同时，开展了智慧教学，学校为每一位学生配备了平板电脑作为学习工具。课前，学生通过慕课平台或教师推送获得学习资料，进行基于自己知识基础的自主学习。课中，教师依托智慧教学系统创设充满趣味的教学情境，学生在教学平台支持下开展小组合作，发现问题并探究解决问题的方法。在此过程中，通过系统记录教学和学习过程，并进行学生成绩、素质能力多维度的智能化自动评测。课后，系统通过记录的大数据为每个学生生成专属的"知识地图"，教师通过系统有针对性推送不同的学习资源供学生强化知识点。智慧化教学手段为课程体系的高效运转提供了有力支撑。

创造教育：培养创新人才的新路径

访谈者　贵校在"创造教育"理念的指导下，将"创造教育"发展为"创新""创作"和"创业"三个层次，请您从课程设置的角度谈谈如何从这三个层次来实现新时代人才的培养目标。

万　飞　"创新"层次课程主要是着力发展学生的创新意识，培养学生创新思维能力。"创作"层次课程主要是培养学生创造性实践能力,能让学生看到自己的作品。"创业"层次课程主要是让学生树立创业精神,形成创造性人格。如生物学科的"认识中草药"(创新课程)—"植物压花贴花创作"(创作课程)—"花艺设计与拍卖"(创业课程),由浅入深,注重知识与实践相结合,知识在学习的过程中得到了应用,在应用的过程中加深了理解,使学生的思维品质和学习能力得到了更好的发展。

访谈者 与此同时,贵校也尝试了课程重建,比如上午行政班授课,下午学生走班上选修课程,这样的课程形式培养了学生哪些能力或素养,他们能否适应或接受?

万 飞 还是看看学生的回答吧。学校在上个学期开展了一个调查,学生对学校课程满意率达到了98%以上,对选修走班的满意率达到97%以上。这样的课程形式尊重了学生的多样化需求,尊重了学生的个性发展,也让学生学会选择,学会认识自己,从而增强了学生自信,促进了学生更好地发展。

创造教育:培养"创造型"的教师队伍

访谈者 美国心理学家托兰斯研究发现,教师的创造性与学生的创造力之间存在一种正相关。创造型的教师队伍建设是培养和造就创造性人才的关键,那么这种理念在教师队伍培养上又是如何体现的,"双师教学"是一种体现吗?

万 飞 培养创造型的教师队伍首先要求教师改变观念,相信每一个人都有创新的潜能,从而尊重学生不同的意见。其次要通过培训、学习来提升教师本身的素质,从而掌握有效的教学方法和必备的创新技能。再次,要建立有效的评价机制,鼓励教师激发学生兴趣、激励学生思考、指导创新实践。"双师教学"即是两位教师同时出现在一节课堂上相互配合的教学,是一种全新的教学模式。它依托互联网技术充分发挥优质资源的作用。实施"双师教学",既可以发扬授课老师的优势,还可以借助视频发挥另一位老师的优势,从而提升课堂教学效果。

访谈者 这样的教师队伍对学生的成长起着哪些关键的作用?

万 飞 教师的教学本身就是一种创造过程。"创造型"教师善于总结与反思,善于尝试新方法、新手段。他们在创新教学活动的过程中迸发了智慧和热情。比如,为有特殊需要的学生提供个体"选修课程",为有兴趣爱好的学生提供"个性秀场",利用晚修时间开设的"微课程"翻转课堂实践,等等。这些尝试也感染催生着学生的创造力,为学生的成长与成功提供了更多的可能性。

创造教育：创新智慧教学新模式

访谈者 教学是教育的中心环节，也是人才培养的重要途径，据了解，贵校基于"创造教育"的理念构建了一种创新智慧教学新模式，您能具体谈谈这种新模式的"创新"之处主要体现在哪吗？

万　飞 智慧教学，即利用信息技术、基于问题导学的个性化课堂教学模式。它的"创新"之处在于信息技术与课堂教学深度融合，有效丰富了课堂教学内容，拓展了学生的学习时间和空间，通过各种大数据分析与评测，增强了教学针对性，提升了教学效率。

访谈者 在具体的实践中，贵校在各学科中开展智慧课堂研究与探索，并制定"教学流程指南"，这样的教学流程指南在课前、课中、课后又是如何体现的？

万　飞 课前，通过微课学堂，让学生利用平板电脑登录微课掌上通看微课，并借助导学案完成自学。课中，首先通过教师导学，解决学生预习中出现的问题和疑惑，基本梳理出本节课的知识点、重难点及易错点。然后通过问题导学，引导小组互帮互学，讨论解决更深层次的问题，提升思维水平。老师在关键处要进行点拨提升。课后，根据学生不同情况，老师选择性布置少量练习巩固提升。

访谈者 通过这种创造教育的理念，您认为学校最大的变化在哪？

万　飞 学校发展的最大的变化在于创新成为师生自觉的追求，师生的创意和创作作品越来越丰富。借用家长的评价来说，那就是学校为孩子们提供了广阔的平台，孩子非常喜欢学校、喜欢老师。

访谈者 进入21世纪"互联网+"时代，新理念、新技术层出不穷，您如何看待技术对教育的变革作用？作为学校管理者，应该具备哪些管理的"智慧"去点亮教师和学生的"智慧"？

万　飞 教育技术的应用使教学方法、手段、方式发生了变化，为人类更积极有效地学习提供了便捷，也使得教育的变革成为必然。这是一种大的趋势，浩浩荡荡，不可阻挡。技术可以改变教育，学校的管理者在顺应潮流、与时俱进的同时，也要不断学习、不断创新，依靠大数据分析与决策，用前瞻性的思维和行动点亮师生智慧，让他们的能量超乎你想象！

智慧课堂提升学习品质 让"学习"真正发生[①]
——访东莞市松山湖实验中学潘艳荔老师

每个教师都应该在课堂上寻找职业的高峰体验,关注课堂,聚焦学习是我们永恒的追求。在信息技术与学科教学深度融合的智慧课堂中,以问题为导向,推动学生自主学习;以任务为驱动,培养学生的思维品质;强化学习过程中的目标管理,实施成长过程中的智慧评价,用精准的大数据支持学生的个性化发展,提升学习品质,培养学习能力,让学生走向乐学、好学。

——潘艳荔

个人简介: 潘艳荔,中学语文高级教师。东莞市语文名师工作室主持人,东莞市语文学科带头人,东莞市中学语文教学研究会常任理事,韩山师范学院汉语言文学专业客座副教授,贵阳学院和云南师范大学"国培计划"初中语文主讲教师,广东省语文骨干教师。曾获得广东省中小学教育创新成果奖一等奖、东莞市语文优质课竞赛一等奖,被授予东莞市基础教育课程改革实验先进教师、东莞市优秀班主任、广东省综合实践活动优秀指导教师等荣誉称号,多次执教国家、省、市级公开课并开设讲座,多篇论文在省、市获奖,所带领的"东莞市潘艳荔名师工作室"团队成绩显著。

访谈者 尊敬的潘老师,您好,非常感谢您接受本次专访。据了解,您上过多次展示课,曾代表东莞市在广东省基础教育信息化应用现场会上做智慧课堂展示,探索信息技术与学科教学的深度融合,提升学生学习品质,促使"学习"真正发生。您是如何将智慧教育理念融入您的课堂教学的?

潘艳荔 我认为智慧教育不仅仅是基于信息技术的智慧课堂,更是师生情感与智

[①] 原载《教育信息技术》,2017年第3期。

慧参与的高效课堂。在课堂上老师关注学生的学习活动，关注学生的思维品质，在教学活动中尽可能暴露学生学习中的问题，正视学生间的差异，采用针对性的办法帮助学生学习，明白每个教学行为的价值取向，这样的课堂才是真正的智慧课堂。当然离不开现代教育技术的支撑与辅助作用，我校作为高起点、高投入的新学校，硬件，这条件与软件条件齐备，在我所上的智慧课堂展示课中，我积极贯彻"先学后教、当堂落实"的理念，尝试用"学习任务单"引领学生自学，用"问题导学"的方式让学生思维灵动，强化学习中的目标管理，积极探索信息技术与学科教学的深度融合。智慧学习环境下每个学生都拥有自己个性化的学习路径，学习过程可以全记录，学习完成后，每个学生都可以获得基于大数据的学习雷达图，帮助老师和学生及时调整下阶段的学习内容。应该说智慧课堂突出的优点就是精准学习，我们可以采取更多灵活有效的教学手段，更好地照顾到学生之间的差异，真正做到分层次教学。让智慧课堂"看见"学生的学习真正发生，是我们一直努力的方向。

访谈者　据了解，您探索智慧课堂环境下初中课外名著阅读教学的策略，请您谈谈名著阅读的课型有哪些。

潘艳荔　阅读对于培育学生的核心素养有着不可替代的作用，但是长期以来，课外名著阅读仅仅依赖于学生自发的阅读行为，很少在语文国家课程内开展名著阅读教学的研究。我所任教的班级进行了智慧课堂环境下课外名著阅读教学探索，初步把名著阅读课程分为名著导读课、学生自读课、分享质疑课、文本解读课四种类型。名著导读课以教师或学生的导读为主，主要是激发未读名著的学生的阅读兴趣，了解名著的一些背景知识，并提出相关的问题激发学生的好奇心，以便他们在有效指导下进行阅读；学生自读课是指学生在情境问题的引导和驱动下自行阅读，或精读，或速读，或跳读，或批注，或圈点勾画；分享质疑课是指在学生或老师的组织下，学生以先小组后班级的方式分享自己的读书体会感悟，其他同学可以参与讨论，提出疑问，共同分享，引导学生阅读的深入；文本解读课以小组的方式安排代表就自己感兴趣的问题进行解读，也可以分享一些名家的解读，大家围绕这些解读思考分析，或提出见解，或发表质疑，或品味评析。在这些课程当中，既有老师的导，也有学生的读，更有学生分享与讨论，引导名著阅读走向深层次研讨。

访谈者　请您结合具体的名著教学谈谈如何将教学流程和智慧课堂的技术手段有效融合。

潘艳荔　在学校"创造教育"课程体系下，我校语文科组积极利用智慧课堂教学平台，大胆探索名著阅读教学的实施路径，将初中语文名著阅读的教学流程总结为导读激趣、深入阅读、质疑探究、强化积累、拓展延伸、智慧评价六部分（如图1所示）。在课堂教学中，制定清晰明确且具有开放性的学习内容和目标，设置能启发学生高阶思维的层级制问题，以"学的活动"串联起教学环节，激发学生的阅读兴趣和培养创新思维能力，使学生的学习过程和结果的评价具有实效性和可检测性。在这些教学环节中，利用智慧教学平台的支持，可以实现学科教学与信息技术手段的有效融合，提升课堂效益。

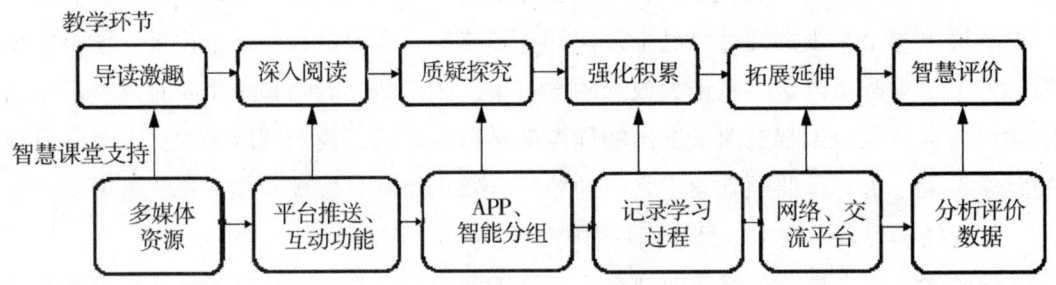

图1 智慧课堂支持的教学流程图

访谈者 您在教学过程中，常用的教学策略有哪些？

潘艳荔 我使用的教学策略有"学的活动"的问题导学、"巧妙设置情境"、"基于主题的讨论"、"从错误中学习"等，我在教学过程中最常使用的教学策略是基于"学的活动"的问题导学，问题导学的确是非常重要的教学策略，好的问题能点燃学生探究的兴趣，培养学生的创造力，让课堂能够"看见"学习真正发生。我认为问题导学要基于学情，基于学习目标，要从学生好学、乐学的角度设计，要有利于持续推进学生阅读的深度和广度。在每节课中，可以设计2~3个能启发学生高阶思维的"学的活动"为抓手，以"为何—如何—若何—由何"的层级问题导学的方式引导学生学会提问、学会质疑、学会探究、学会思考，培养学生综合阅读能力。以《西游记》质疑分享课为例，我们设计了三个活动。第一个活动：孙悟空经历了猴、妖、仙、佛四个阶段，请任选一个阶段讲述他的故事。第二个活动：小组合作，任选话题探究。（1）猪八戒好吃懒做、贪生怕死，读者为何还喜欢他？（为何）（2）沙僧在小说中是不起眼的人物，删除他后小说情节会有怎样的变化？（如何）（3）唐僧功夫最差，有时善恶不分，如果淡化唐僧这个角色，是否可以？（若何）第三个活动：（1）西行路上，如果还有第八十二难，会由什么引起，你们会怎么安排？（由何）（2）畅想唐僧师徒"成佛后的那些事"。这样的任务驱动和问题导学可以引导学生发现规律，提升思维品质。

访谈者 在信息技术支持下，你们的名著阅读课的资源推送和智慧评价很有特色，请您详细介绍一下。

潘艳荔 在信息化平台的支持下，学生可借助网络搜索资源，分析整合信息进行课前导读预习，教师也可以向学生平板电脑上推送相关背景资料和作家作品的相关文章，让学生在课余时间进行阅读，知人论世，增加其对名著背景的了解。教师可以使用平板电脑通过"微课掌上通"等平台把一些优秀的微课、优课、影视片段、音频资料以及电子书籍、相关解读文章等资源分享给学生，增大学生的知识面和阅读量，让学生进行猜读分析、再现分析、对比分析等，激发学生的质疑探究能力，从方式创新走向内涵探索。此外，学生在名著分享时，利用网络资源推荐相关作家作品进行同质文本阅读或者异质文本阅读，并发表在学校阅读平台上，进行成果汇编和固化，拓展阅读的广度。

智慧学习环境下展示的评价不仅是结果，还有过程；不仅是分数，还有全方位的表现，基于大数据的评价雷达图可以很清晰地看到学生学习发展的均衡度、优势和劣势。

我校根据不同名著的学习内容尝试研发了智慧评价系统，制定了详细的阅读考级制度，规定了初中三年学生阅读课外名著的底线，分为十级，每学期利用网络阅读平台进行考级，用基于大数据的学生阅读能力知识点的掌握情况和阅读考级情况分析，来指导课外阅读教学的改进和进一步深入。名著教学的作业及资料也体现层次化，教师可以标记出作业和资料中的必答与选做部分，有助于实现分层教学，使学习落后的学生缓解原有的心理压力，也使优等生提高探求能力，从而使全体学生都能养成从容一致的作业心态。

访谈者 通过这样的实践，提升了学生的哪些学习品质？

潘艳荔 经过一年多的实践，学生渐渐从被动地阅读考级规定的书目，到主动广泛地选择其他经典作品，并且自发地在平台上和阅读小组内推荐新书和分享心得—名学生在"学子讲堂"中分享阅读体验时说："感谢学校的阅读平台，让我们爱上阅读，我们更深刻地领略了名著的魅力，更宽容地去理解复杂的世界，遇见了更好的自己。"学生的表达能力、作文水平、逻辑思维、气质修养等都得到了提升，可以说，基于智慧学习环境下的名著阅读教学探索不仅拓宽了阅读教学的深度和广度，让初中语文名著阅读教学突破时空局限，也有效地增强了学生的学习兴趣，提升了学生的学习品质，让母语教学焕发了新的生机与活力。

访谈者 在未来的智慧课堂教学实践中，您将会做出哪些新的探索或尝试？

潘艳荔　信息技术的发展变革风起云涌，是大势所趋，我将在智慧课堂的持续推进方面加大探索力度，提供更多、更便捷的资源供学生查找，以有效的任务驱动的方式让学生自主学习，用问题导学的方式引发学生的持续学习，打造个性化的课堂教学模式，让学生走向乐学、好学，让课堂充满智慧，见证学习真正发生。

"智能校证"助力学校信息化发展[①]
——访江门市第一中学景贤学校戴旌校长

  坚持就有成效。景贤学校信息化的发展,经历了老师们从不理解到支持,社会从认为多余到成为关注热点,学校从业务细项变成品牌特色的转变。从2006年开始到2016年历经十个年头,"智能校证"为学校发展积累了丰富的管理经验和数据,为学校进一步发展提供了坚实的基础。

——戴旌

  个人简介: 戴旌,江门市第一中学景贤学校校长,广东省和江门市督学,广东省南粤优秀教育工作者和省骨干校长培养对象。在教育信息化的中小学应用领域有较丰富的实施经验,是广东省"千校扶千校"行动实施方案远程支教模式的原型开发者,江门市教育资源实施方案、江门市基础教育质量监测和评价体系实施方案的主要参与者,江门市中小学教育信息化应用领域的一线应用专家。于2008年参与了学生成绩管理平台"数码校园"的开发,该软件平台在江门市400多所中小学和全国多省市得到广泛应用;2012年主持"创新教育资源共建共享模式,构建开放式智慧校园"课题,使景贤学校成为江门市唯一一所获得教育部信息化试点单位称号的学校。

  访谈者 尊敬的戴校长,您好,非常感谢您接受本次专访。据了解,贵校于2013—2014年启动了"智能校证"项目,请您谈谈"智能校证"项目开展的概况。

  戴 旌 该项目由景贤学校提出研发原型和需求,由科技公司——上海心意达科技股份有限公司开发制作;引入江门海归会、江门融和农商银行等社会资源赞助,获得新型实用专利的外观设计2项国家专利。目前已经在景贤学校师生中普及应用。

  景贤学校的信息化项目发展是从动力机制的建设出发,以学校今年(2017)成

[①] 原载《教育信息技术》,2017年第3期。

功发展的信息化相关应用模式为基础，以应用需求为导向，创新教育资源共建共享模式，构建开放式智慧校园。在试点工作中，致力于应用模式的创新，注重应用方案的简单、经济、适用，探索与社会资源紧密结合的、开放式的自我优化生态发展机制，以应用者为核心，以需求为动力，大力促进学校资源交流、应用模式、应用文化三个层面的发展，带动区域学校均衡发展。

2013年下半年，学校在完成了考试平台和作业平台布署后，开始实验基于管理大数据平台下的"智能校证"项目，到2016年初步完成了开发，并开始在社会推广使用，该智能校证将学习、沟通、消费融为一体，构建智慧校园的物联网络，全面提升学校教育管理信息化和现代化水平发挥的实际效益。目前，在广东省江门市和江西省已初步有两万名学生的应用量。

访谈者 请您结合智慧校园建设谈谈启动这一项目最终要达到的目标。

戴　旌 景贤学校作为江门市智慧校园试点校、江门市信息化特色学校和教育部第一批教育信息化试点单位，近年来，持续开展基于数据常态化积累的智慧校园建设，依托"数码校园"平台、智能校证系统、智慧作业系统等，建成了具有校本特色的基于数据驱动的智慧校园。景贤学校的智慧校园围绕教学、管理、作业、考试等海量常态数据的获取和挖掘，以精确化的数据实现教学管理从"经验"走向"科学"，满足师生、家长和管理者的个性化需求。

目前，中小学校信息化的发展偏重于学校内部自我优化的探索，缺乏在社会广度范围内将学校、家庭和社会资源做有效整合的研究。景贤学校构建智慧校园的意图就是希望以体系化运作的方式，构建区域化的新型教育体系，充分取得教育主管部门、各教科研机构、大型网络运营商和科技开发商的支持，在根据我校一线教师的需求而研制的相应的智能教育平台上，形成高效的校园文化运作模式和智能化教学、管理模式，有效地化解区域教育信息化的推广难题，实现共建共享机制下互助互利的资源滚动发展态势，最大限度实现教育公平，带动区域学校的发展。智能校证是智慧校园的其中一个模块——管理模块，解决了学生学习生活中的常态化大数据收集的问题，也就是说，最终目标是以大数据促进学生的个性化管理、以信息化促进学校的开放的校园文化建设，最终具体行动实践教育的公平。特别说明一点：我校在实施教育信息化建设的伊始，就非常重视对农村的支教工作，并且是广东省"千校扶千校"远程教学的课堂原型开发单位。

访谈者 这个项目具体是如何开展实施的？

戴　旌 这个项目的实施是在学校建设智慧校园的大背景下的。学校的智慧校园建设方案和总体思路由于市教育局和市政府相关领导部门的重视，得到了社会各部门的广泛关注和支持。2013年初，景贤学校非常荣幸地获得了江门市海归会55万元的专项建设资金支持，于年中开始了为期三年的项目试验，其间，项目也得到了社会各部门的相应支持和配合。试验过程中，学校分别解决了如下几个问题：一是项目的需求意见征集和长期运作模式的开发；二是寻求合作部门的支持，特别是银行系统和电信部门的整合合作意向；三是系统应用功能和稳定性的测试；四是课堂大数据收集的应用模式（表决器功能）的师生培训；五是面向社会做成果推广的数据呈现方式和切入角度的确定；六是生成的大数据在教学管理应用中的进一步利用和加工，这也是学校现在重点要突破的一个非常有意义的问题。

访谈者 据了解，贵校开发应用"智能校证"，积累常态管理数据，这种常态管理数据有哪些，比如在具体的班级管理、课堂教学上产生哪些数据？

戴 旌 2013年开始，景贤学校着力在"一卡通"的基础上，结合教学和管理的需要，和科技公司合作，开发了升级版的智能校证和管理系统，系统包含了课堂表决器和消费一卡通两大功能，集银行卡、电话卡、2.4G RFID卡等于一身，形成了稳定的数据收集积累机制。具体到班级管理上，常态化产生和积累学生每日的到校离校时间数据、到班考勤数据、消息通知记录、作业完成度及德育考评数据等；在教学上，产生课堂答题数据、考试成绩数据、教师微视频资料等；在校园生活上，收集进出门禁记录、消费充值记录等数据。接下来还将加入选修课走班管理、保安巡逻打卡记录等功能。

访谈者 这些数据对于学校管理、教师教学或学生学习有哪些作用？

戴 旌 一是实现了学校的精准教学和评价。学校现在能日常化地自动采集学生从课堂表现到日常活动记录、考试成绩等多方面数据并已初步具备了对学生测试成绩做大数据分析，判断每次考试答错是粗心还是知识性的问题。智能校证采集的数据，对义务教育阶段学校未来的学生综合测评提供了难得的数据来源。二是减轻了教师的工作量，保护了教师的工作成果。由于智能校证能提供班级学生的走班、考勤和保安巡逻、门禁等数据，通过配套的APP畅通了与家长沟通的渠道，这极大地减轻了班主任和教师的工作压力，受到了老师们的欢迎。另外，智能校证的APP还具备微课的收集整理功能，这对保护教师的工作成果也提供了一个很好的平台。三是方便了学生和家长。现在家长更欢迎移动端的教学应用，智能校证提供了学生考试和在校活动消费等两方面的数据，家长能方便地及时查询学生的各种在校表现并且还可以积累历史数据，成为学生难得的成长档案。

访谈者 据了解，贵校于2016年9月将智能校证系统进行了全面升级，主要在哪些方面进行的升级？

戴　旌　2016年9月，智能校证系统全面升级，除了学生智能校证工艺改进外，在每个班级和功能室还部署了21寸电子班牌，作为智能校证的显示终端，在电子班牌上用校证可进行手动签到、请假批假、课程考勤、德育评价等操作。此外，开发了"智能校证"手机APP，教师、家长和管理者凭账号登录，家长在手机APP上即可查阅通知、查看成绩、浏览微视频，同时，学生在校通过智能校证产生的数据也会随时发布到手机端，如进校离校时间、课堂答题正确率、消费记录、课程考勤等。

访谈者　这样的一个全面升级对贵校建设数字化智慧校园有哪些重要的意义？

戴　旌　升级后的智能校证系统使学校的日常教学和管理基本实现数字化呈现，并且把信息发布和获取的途径从PC端发展到移动终端，这标志着景贤学校基本建成了基于数据积累的数字化智慧校园，学校教育现代化水平大为提升，在中小学校中具有示范引领意义。

访谈者　这一项目从开始到实施，再到如今普及应用，您觉得学校的最大的变化在哪？

戴　旌　有两个方面：一是学校信息化应用能力得到了有效提升。信息化不只是硬件的信息化，信息化已经对学校管理者、教师、学生和家长形带来了深刻影响，老师几乎每天都在使用智能校证平台进行班级管理以及家长沟通，家长也通过移动端APP高度关注学生的在校情况，包括日常情况和考试成绩情况。信息化系统在学校深入应用，与教育教学融合度高，校内校外形成了良好的应用氛围。二是校企发展联动机制得到有效的探索，初步建立了稳定的合作模式。与大型网络运营商、银行及科技企业合作，有效降低了学校信息化建设的基础成本和门槛，并具有良好的推广示范价值。

访谈者　贵校未来将如何对"智能校证"进行推广应用，有哪些经验分享？

戴　旌　从宣传教育的大数据入手，进一步构建校企联动的发展模式，形成良性长效的激励机制，探索日常大数据的分析方法，使之成为所有学校低门槛、易使用的智能管理平台，发挥教育部信息化试点单位的标杆辐射作用。

立足智慧课堂　改变教与学方式[①]
——访东莞市石龙第三中学黄小勇老师

  对于信息技术智慧课堂的构建，除了借助新的信息技术搭建"云、网、端"平台之外，更重要的是信息技术教师教学方式的改变，信息技术学科教师要将本学科的技术优势充分发挥出来，结合慕课、翻转课堂的教学理念，只要肯去钻研和尝试，同样可以构建出颇具学科特色的信息技术智慧课堂。

——黄小勇

  个人简介： 黄小勇，东莞市石龙第三中学教务处副主任，中学信息技术高级教师，广东省"百千万人才培养工程"初中名教师（第二批理科）培养对象，东莞市名师工作室主持人，东莞市初中信息技术学科带头人，东莞市中小学信息技术教研会副秘书长，东莞市初中信息技术中心教研组副组长；主持多个省、市级科研课题，多次承担省、市专题讲座和公开示范课，所撰写的论文有十余篇获得国家、省级奖励或刊载；主管学校的教育信息化工作，开展智慧课堂建设以及莞式慕课、翻转课堂的教学试验；连续多年被评为全国青少年信息学奥赛优秀辅导教师、东莞市青少年科技教育活动优秀辅导员等。

  访谈者　尊敬的黄老师，您好，非常感谢您接受本次专访。东莞市教育局《东莞市教育事业发展"十三五"规划》中提出在"十三五"期间，着力打造东莞"慧教育"。据了解，贵校开展了智慧课堂的构建，请您谈谈智慧课堂的理念。

  黄小勇　"智慧教育""智慧课堂"是当前教育信息化研究的热点问题，同时也是信息技术与教育教学深度融合的产物。2016年东莞市教育局正式发布了《东莞市教育事业发展"十三五"规划》，提出在"十三五"期间，着力打造东莞"慧教育"。东

[①] 原载《教育信息技术》，2018年第9期。

莞"慧教育"是立足东莞本土的教育思想方法体系，以"让每一个学生受到最适合的教育"为核心理念，以智能、融通、创新、共享等为主要特征。"慧"就是要树立新的教育理念，充分运用互联网教育等新技术、新方法，打造智慧校园、智慧课堂，逐步实现智慧教学、智慧学习、智慧评价、智慧管理、智慧服务，促进教育优质、均衡、共享。

我校是东莞市慕课试点学校，自 2015 年 9 月开展莞式慕课教育改革以来，积极进行智慧课堂的探究和实验，取得了预期的阶段性研究实验成果。以传统学科的课堂教学变革为切入点，利用云、网、端（平板电脑）等信息技术构建智慧学习环境，并借助智慧课堂的信息化教学平台，实现了教学决策数据化、评价反馈即时化、交流互动立体化、资源推送智能化，并摸索出了翻转课堂三环五步基本流程与基本模式如图 1 所示。

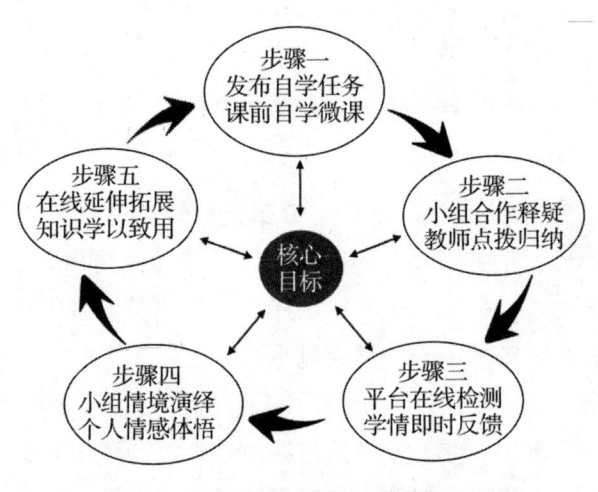

图 1 "互联网+翻转"教学循环图

什么是智慧课堂？从不同的视角来看有不同的理解。因为我自己是执教信息技术学科的，所以从信息技术学科的角度来看，智慧课堂可以理解为以建构主义学习理论为依据，利用大数据、云计算、物联网和移动互联网等新一代信息技术打造的，实现课前、课中、课后全过程应用的智能、高效的课堂。我校的智慧课堂建设，目前主要是莞式慕课与翻转课堂的试验，从理念上来讲，就是贯彻落实教学以学生为中心，让学生"先学后教"；其核心就是充分调动学生的学习积极性，把学习的权利还给学生，凸显学生在学习过程当中的主体地位。而智慧课堂中所应用的信息技术，并不仅仅是作为教学的辅助工具或手段，而是与学科深度融合，成为学科课堂教学中不可或缺的重要组成元素。

访谈者 您认为智慧课堂跟以往的课堂最大的不同体现在哪里，它解决课堂教学中的哪些问题？

黄小勇 与传统课堂相比较，智慧课堂最大的不同是通过大数据、云平台等信息技术手段实现了对学情的实时监控，真正做到了以学定教。

建构主义学习理论的一大特色，是突出学习环境的建构与应用，而且特别强调学习者的自主建构、自主探究和自主发现，并将这种自主学习与基于情境的合作式学习、基于问题解决的研究性学习结合起来。而智慧课堂则是利用"云、网、端"等信息技术的智能化运用，通过教室内无线设备构建智慧学习环境；在教学实践应用中，借助信息化平台进行基于动态学习的数据分析，实现了师生在课前、课中、课后的智能互动交流，这也与建构主义学习环境的建构与应用相吻合。学生在此信息化学习环境中，就能更主动地获取学习资源和信息动态，促进个性化的学习；与同学之间通过信息化平台开展基于网络的小组协作、合作探究，与建构主义对学习者的研究性学习和创新能力培养的要求也是相符合的。

在传统课堂教学中，存在着一定的局限性，例如基于经验的学情分析、粗略滞后的评价反馈、教师的主导地位等。智慧课堂能较好地解决传统课堂存在的一些问题。

访谈者 您所执教的学校是如何打破传统课堂局限，构建智慧课堂的？

黄小勇 我校的智慧课堂教学试验，初步解决了传统课堂中所产生的一些问题与不足，主要是实现了五个方面的翻转：

翻转内容。将每节课的核心目标与基本学习内容前置到预习当中，学生使用导学案和微课进行课前独立自学，完成教师通过网络发布的预习任务，提出学习中的困惑并通过网络反馈给教师，使得教师充分了解学情之后进行第二次备课，课堂上师生互动解决重点、难点、易错点问题，进行当堂检测，实现核心目标的多次循环，从而达成教学目标。

翻转角色。翻转课堂中教师是教学的设计者、学生学习的帮助者，发挥的是导演的作用，通过设计帮助支撑等体现教师的主导性。而学生是整个教学过程的主角，他们在教师教学的设计下，独立或者合作完成学习任务，他们是学习过程中积极的演员，通过生动活泼的学习来体现主体性。

翻转模式。从传统教学当中的讲述式即先教后学模式，转变为翻转课堂的尝试式即先学后教模式。

翻转方法。传统教学以纸笔为主，低速低效。翻转课堂以先进的网络平台为主，从较小信息量变为大信息量，从受到局限变为不受局限，从受到限制的线下变为不受时间空间和数量限制的线上。

翻转评价。传统教学只能采用延时评价，翻转课堂实现了即时评价；传统教学是慢反馈，翻转课堂因为大数据的统计实现了即时的快反馈。

访谈者 在您的课堂教学中是如何做到"慧教育"的，具体体现在哪些方面？

黄小勇 我是学校教育信息化工作的负责人，所以经常会去了解和观摩其他学科的智慧课堂或翻转课堂，对其他学科的智慧课堂教学模式也比较熟悉，而且与信息技术的融合也是比较好的，确实能利用"云、网、端"等信息技术的智能化运用实现"慧教育"。要在信息技术课堂中实现"慧教育"，我在课堂教学中采取了以下的措施：

首先，选择信息技术智慧课堂"云"教学平台。在信息技术课堂的教学实践中，选择了ITtools教学平台作为信息技术智慧课堂的"云"平台，利用其专门为信息技术学科打造和设计的各项信息化辅助模块，来变革传统的信息技术课堂"教—学—练"的模式，构建智慧、高效的信息技术课堂，其作用就类似于学科智慧课堂中的PAD教学系统平台。

其次，基于ITtools信息技术教学平台的智慧课堂实现教学方式的变革。在教学中，考虑到信息技术学科的特殊性，例如每周只有一节课、一般不布置课后作业，我们采取了"课内翻转"的形式，将教师准备好的微视频、导学学案等资源，导入ITtools的"教案管理"模块，并根据本节课所学的内容设计好若干课堂练习题。

在课堂开始阶段，用5~8分钟的时间让学生根据导学学案开展自主学习，并将完成的预习题在线提交；而教师则可以通过ITtools的"成绩查询"模块，及时了解学生的掌握情况，安排不同的学习任务。至于学生分组，教师在课前就可以通过"分组管理"模块，根据前期的学情分析预先设好分组情况，便于学生在课中的任务探究阶段开展小组合作，将知识的内化环节通过课堂内学生的课堂答疑、作品分析、小组协作探究、师生互动交流等形式完成。因为信息技术教师不可能像其他学科一样，可以在课前或课后根据学生自主学习进行二次备课，因此就需要教师在课前设计多一些不同层次和难度的学习任务，以便在课堂中及时应对和调整；学生则根据自己的学习情况去自主选择相对应的任务，不再按部就班地跟随教师的指引，在ITtools教学平台的支持下，也就使得信息技术课堂师生角色得以翻转。

在评价环节，由于ITtools能支持Flash、VB等多种格式的学生作业进行自动批改，学生能即时查看自己和同学的作品、成绩等相关情况，及时在平台上进行评价反馈。同时也减少了教师课后整理和批改作品的时间，使得教师能够实时记录学生的学习进程，及时了解学生的学习状况，获得更多时间来进行智慧课堂（课内翻转课堂）的教学设计和教学资源的组织，这样一来，既实现了学习环境的翻转，也体现了智慧课堂的运用。

最后，创设信息技术智慧课堂学习情境，在信息技术条件下构建的智慧课堂，有了云（ITtools 教学平台）、网（互联网和局域网）、端（学生 PC）这些要素后，教师需要做的则是学习环境的情境创设，这也刚好契合了东莞市的信息技术文化主题性教学课堂的理念。在课堂导入阶段就为学生创设与之相关的生活情境，让学生带着问题进行自主学习，探究解决问题的方法。

访谈者　请您结合具体课堂实践谈谈智慧课堂的构建。

黄小勇　例如，在 2017 年石龙片区的教研活动上，我们在 ITtools 教学平台的导入环节中，通过展示近期发生的几起青少年轻生事件，组织学生展开了讨论，营造了珍爱生命的学习情境，而本节课的学习内容是 Flash 的形状补间动画，巧妙地设计了以生命、成长为主题的学习任务。

在课堂开始的自主学习阶段，用 6 分钟左右的时间让学生根据导学案完成学前预习题，并在线提交。可以及时通过平台的在线评测系统公布学生的练习题完成情况，并将错误率较高的题目所涉及的相关知识与学生进行分析，解决了形状补间动画的设置元件存在的难点。

关于学习任务，我在备课时将任务设计作为基本任务和拓展任务，学生小组在课中的任务探究阶段开展小组合作和探究合作，实现并完成知识的内化。在巡堂时，我会注意观察学生的操作情况，收集小组反馈的问题，组织、提问学生进行课间讨论，解难释疑。评价环节，则是利用了 ITtools 教学平台的作业互评功能，学生可以查看其他同学或小组提交的作品，给出等级评价或是建议意见。各小组简要地汇报完成任务的步骤和解决的问题，也可以对其他小组的作品进行评价。整节课下来，我讲述点评的时间为 10 分钟左右，大部分的课堂时间都留给了学生，在具体的教学实践中争取做到"以学生为中心"，让学生主动成为课堂的参与者，而不是旁观者。

访谈者　您有哪些可供分享的经验？

黄小勇　从我这几年的经验来看，智慧课堂的构建，硬件设施是基础，更重要的是软件，特别是教师的教学理念的改变。在智慧课堂环境下，教师的角色发生了变化，从讲授者变成设计者，从强势的主导者变成指导者，为学生搭建学习的脚手架。

还有是教学平台系统的选择，有些平台功能比较丰富，但资源较少；有些平台则操作步骤略显烦琐。信息技术学科的教师在接触了翻转课堂之后，会觉得工作量太大，在备课、制作微课资源时，也希望能有及时的技术和资源支撑。这就需要集体的力量，通过集体备课发挥集体优势，教研组成员分工协作，共享资源。

相比较而言，学生对智慧课堂的适应能力还是比较快的，在小组合作、自主探究时，小组分工可以设置得更加精细，让人人有事做，人人都动脑。

访谈者 您认为未来还有哪些创新点可以作为您今后教学的突破口？

黄小勇 如果只是一所学校，或是一个学科在做翻转课堂，那是很难走得长远的。因为我是东莞市名师工作室主持人和市中心教研组副组长，所以从2017年开始，我借助工作室这个平台，加强校际的交流、合作，充分开发、利用、共享教育资源，积极探究基于ITtools平台的初中信息技术校际联盟发展共同体，成立东莞市初中信息技术基于ITtools教学辅助平台校际联盟，从最初的6间加盟学校，到现在新增的十多所学校申请加入。通过这样的校级教研联盟，实现了校际间资源共享、优势互补、合作共赢的目标。我还联合工作室成员一起搭建了面向全市的ITtools资源服务器，收集了近百个自主原创的智慧课堂教学资源包，并通过校际交流、片区教研、送课到校等教研活动，加强对ITtools信息技术教学辅助平台的宣传和推广工作，鼓励更多的学校、教师参与进来，联合开展基于ITtools的信息技术智慧课堂的研究。

在2017—2018学年，我和工作室成员、中心组成员一起，组织开展了利用ITtools信息技术辅助平台向全市展示的教研活动共有十余次，让全市更多的教师关注信息技术学科智慧课堂的建设，促使教师在教学实践中去思考、去探讨、去尝试、去创新，深入挖掘和剖析ITtools的优势及其教学特点，形成其独特的教学风格，推广教学经验，同时促进教师的专业成长。

做有温度的智慧教育　成就师生未来幸福[①]
——访深圳市教育信息技术中心杨焕亮主任

  "智慧校园"是基于信息技术如大数据、云计算、物联网等新技术构建的智能化的校园教学、教研、管理、学习以及生活的新校园形态。智慧是无穷的,智慧教育没有终点,永远在路上。

——杨焕亮

  个人简介：杨焕亮,深圳市教育信息技术中心主任,中学语文高级教师,广东省基础教育系统"百千万人才工程"省级名校长培养对象,曾获聘广东教育学院和华南师范大学客座教授,先后任深圳市罗湖区靖轩学校和深圳小学（深圳市唯一直属完全小学）校长,2009年获评"深圳市优秀校长"。多次主持国家、省、市级重点教育科学研究课题,曾获省级课题研究"优秀成果奖",市级"教科研优秀成果奖"二、三等奖。在国家、省、市级专业刊物发表多篇教育教学论文,负责主编出版"生态教育"和"智慧校园"案例集三辑。

  访谈者　尊敬的杨主任,您好,非常感谢您接受本次专访。"智慧教育"工程作为我省"十三五"期间教育信息化的重点工程之一,各地相继开展了智慧教育的探索与实践。据了解,深圳市率先开展了智慧校园建设与应用的尝试,经过近三年的探索和努力,共评选出了100所"智慧校园"示范学校,请您谈谈深圳市开展智慧校园建设与应用的出发点。

  杨焕亮　为推进教育信息化,我市开展了基于智慧校园的教育装备建设与发展实践,我们觉得有三要：一是要有一个抓手,提升校长教育信息化领导力；二是要有一个项目,促进信息技术与教育教学融合创新,以信息技术推动教育改革发展,为全国

[①]　原载《教育信息技术》,2018年第1、2期。

创造新模式、新经验；三是要有一个使命，助力深圳"智慧城市"的建设发展。我们的主要目标是通过提升师生信息素养，进而助力提升师生综合素养和助力培养智慧型师生，成就未来幸福。

访谈者 您如何理解智慧校园？

杨焕亮 我们所理解的智慧校园，是指运用新一代信息技术，为师生构建一个网络化、数据化，具有一定智慧（如感知、推理、辅助决策）的教学时空环境，从而推动教与学观念、方式和方法的创新，并利用教育大数据促进教育管理与服务的创新，最终促进师生智慧发展的新型校园。

访谈者 请您谈谈深圳市开展智慧校园建设与应用的思路。

杨焕亮 为顺应信息技术时代背景下"智慧校园"建设提出的新要求，深圳市如何构建自己的智慧校园呢？浙江大学鲁东明教授曾表示：智慧的校园信息化系统，应当涵盖便捷的办公模式、泛在的育人模式、时尚的娱乐模式和实时的科研模式，而智慧型校园建设的目标是要使我们拥有一个"绿色节能型、平安和谐型、科学决策型、服务便捷型"的校园。因此，结合深圳市教育信息化发展的实际，我们重点从促进师生智慧发展、推动信息技术与教育教学的融合创新、推动学校教育管理智能化、创建泛在的教与学环境等四个方面探索智慧校园建设与应用，并提出了相应的举措。

访谈者 针对以上四个方面的探索，深圳市提出了哪些相应的举措？

杨焕亮 在推动智慧校园建设与应用的道路上，我们的主要举措有：一是加强领导统筹。成立"智慧校园"示范学校评选领导小组，市教育局领导挂帅任组长，市教育信息技术中心牵头成立工作小组，确保组织工作保障有力。二是制定标准指引。从2014年起开始探索制定《深圳市中小学"智慧校园"建设与应用标准指引（试行）》，并在2015年初颁布，有效引领学校开展创建"智慧校园"示范学校活动。三是开展专业评价。通过公开招标购买第三方服务的形式，确定专业机构、专家团队承担智慧校园示范学校评选工作，既确保评选的权威性和公平性，又因为专家进校指导、提炼典型案例使智慧校园示范学校的创建成果更具专业性和示范性。四是进行资助授牌。给每所智慧校园示范学校资助20万元，并在年度全市基础教育信息化工作会议上，邀请市教育局领导亲自隆重授牌，有效调动校长参与创建智慧校园示范学校活动的积极性。

访谈者 经过三年的努力，深圳市评选了三批共100所智慧校园示范校，并开展了系列的专题培训，请您结合具体的实践谈谈取得了哪些成效。

杨焕亮 智慧校园建设与应用的主要成效：一是点了火。智慧校园建设与应用最大的成效就是点燃了全市中小学校校长、教师重视教育信息化的热情。如三批"智慧校园"示范学校评选竞争越来越激烈，申报入围率分别是80%、70%和50%，可见创建"智慧校园"示范学校这个抓手，有效地提高了校长对教育信息化的认识；2016年组织全市近700所中小学校长开展5天封闭式的"教育信息化领导力"专题培训，有1 000多名正副校长报名参加培训，可见校长对教育信息化的重视程度越来越高；2017年组织100所"智慧校园"示范学校开展5天封闭式的"'智慧校园'示范学校教育信息化应用骨干教师高级研修班"培训，非信息技术学科教师占比45%，其中语数英等传统"考试"学科教师占比高达38%，以往类似培训非信息技术学科教师占比才28%，可见教师参与教育信息化应用的自觉性提高了，信息技术与学科教学的融合面扩大了。

二是结了果。智慧校园建设与应用点燃了校长和教师的热情，热情又引燃了校长和教师的智慧。目前全市中小学教育信息化应用呈百花齐放的好局面，如深圳市高级中学"学生成长紫色城堡系统"，全程记录学生生活、学习情况，有助于客观、科学评价学生"八大素养"；深圳市第二实验学校结合维果斯基的最近发展区学习理论，建立在线作业系统，对不同学力水平学生推送不同难度的作业，让学生在自己的最近发展区内提升自己；南方科技大学附属学校"基于信息技术的课程统整项目"的开发与应用，在全市甚至全国产生很大的影响；南山区珠光小学基于微信平台自主研发的"学校卓越绩效管理系统"，打破了信息孤岛，实现了移动办公、移动管理、智慧物联、全程记录教师工作数据，学校管理信息化有效支撑学校管理现代化。深圳市宝安区海旺学校构建了"基于动态学习数据的采集与分析平台"，学生的行为数据经过采集分析后生成学情分析报告，并推送给师生，以便及时调整下一阶段教学内容。

访谈者 您认为这些示范案例最突出、最值得推广的地方在哪？

杨焕亮 我总结起来主要有以下四个方面：一是智慧成长，让师生更幸福。深圳智慧校园建设与应用，以成就师生未来幸福为根本宗旨，以国际标准为参照，探索信息化条件下人才培养新模式，助力提升深圳市中小学学生品德、身心、学习、创新、国际、审美、信息和生活八大素养，又实现师生教学相长，促进师生的智慧成长。二是智慧教学，让学习更快乐。通过构建"智慧教学，快乐学习"的智慧课堂，推进了信息技术和课堂教学深度融合，变革、创新教与学的观念和方法、方式，使教师乐教，学生乐学。快乐教学提高了教学效果，助力深圳教育质量的提升，为信息技术与教育教学的融合实践积累了宝贵的经验。三是智慧管理，让决策更科学。充分利用网络技术提升教育治理能力，开展大样本的抽样调查和大数据的准确分析，实现了学校教育发展情况、教育教学质量和学生综合素养发展水平的智能监测与分析,推动学校教育科学决策、高效管理。四是智慧环境,让校园更生态。通过构建泛在、生态、智能的智慧校园环境,为智慧校园建设与应用提供了稳定、可靠、安全的基础支撑环境。

访谈者 为总结经验,提炼案例,更好地发挥典型示范校的辐射作用,深圳市出版了三本《智慧教育·成就未来幸福:深圳市"智慧校园"建设与应用典型案例集》,请您谈谈"未来幸福"体现在哪?

杨焕亮 我们所提到的未来幸福,就是利用信息技术手段助力培养具有未来素养的师生,让他们在未来过得更幸福。关于未来素养,《21世纪技能》(作者:伯尼·特里林)提出21世纪需要三大方面的技能:学习与创新技能、数字化素养技能、职业和生活技能;美国哈佛大学教育学博士托尼·瓦格纳在《教育大未来》中提出未来世界创新人才需具备7个关键能力:批判思考与解决问题的能力;跨界合作与以身作则的领导力;灵活性与适应力;主动进取与开创精神;有效的口头与书面沟通能力;评估与分析信息的能力;好奇心与想象力。我们通过推动智慧校园建设与应用,就是利用信息技术教会师生获取未来生活的能力,以帮助他们更好地去理解和解决真实生活中的各种挑战,从而成就未来的幸福。

访谈者 为成就未来幸福,深圳在智慧校园的建设与应用上将会有哪些新的举措或思路?

杨焕亮 未来智慧校园建设与应用的思路:一是达成"一个共识"。推动"内涵式"发展,探索建立网上创客教室和"STEM创新学习实验室",通过网络和实训让师生开展创客式教学,培育"智慧型"师生,助力深圳创客精神培育发展战略。二是采取"五一行动"。在100所智慧校园示范学校的基础上,开展"五个一"行动,即一校一特色、一校一示范、一校一课题、一校一结对和一校一骨干,促进智慧校园示范学校创新发展、特色发展、持续发展,发挥示范引领作用。三是聚焦"一个中心"。推动"智慧校园"的主阵地、中心环节——"智慧课堂"的建设与应用,目前已制定"深圳市'智慧课堂'评价标准指引"和评选方案。

回归教育本真　培养学生核心素养[①]
——访广州市南海中学谢虎成校长

>　　课堂教学要"教会学生像科学家一样思考",教育是一种潜在的影响,教育终归要回到学生品性培养上来,相信"好教育唤醒师生生命自觉"。
>
> ——谢虎成

个人简介: 谢虎成,广州市南海中学校长,正高级教师,特级教师,广州市中学名教师工作室主持人,华南师范大学硕士生导师。从事教育工作38年,主持和参加国家、省、市级课题13项,获各种教学研究类奖励40余项;编著教材和教辅读物50本,公开发表教学管理和教学研究论文80余篇;先后获省教育学会积极分子、省优秀教学研究人员、市优秀教育工作者、市优秀教师、市优秀教研组长、市十佳班主任等称号。

访谈者　尊敬的谢校长,您好,非常感谢您接受本次专访。据了解,贵校开展了数字化环境下核心素养培养策略研究,请您从学校办学理念和培养人的角度谈谈对核心素养的理解。

谢虎成　教育部《关于全面深化课程改革落实立德树人根本任务的意见》中提到:教育部将组织研究提出各学段学生发展核心素养体系,明确学生应具备的适应终身发展和社会发展需要的必备品格和关键能力。我校经历百年文化沉淀,传承和发展"任重致远"的校训,提出了培养勇担责任的现代公民的育人目标,这个目标与当下提倡的核心素养是高度契合的。"勇担责任"是未来社会发展的必备品格,而"现代公民"指向学生的未来,未来是一个信息化、全球化的时代,所以我们以"数字化环境下核心素养培养策略研究"入手来培养学生适应未来社会发展的关键能力。

[①]　原载《教育信息技术》,2018年第9期。

访谈者 您认为数字化环境下培养学生的核心素养有哪些必要性？

谢虎成 学生将来面对的就是一个数字化社会。其实数字化当下就已经改变着人们的生活。数字化不仅是一种技术的变革，它改变着社会的生产方式、人们的生活方式，也改变着人们的学习方式、思维方式，甚至改变着社会形态和社会结构。我们培养的学生如果不具备信息素养，就无法适应这个社会的发展。

访谈者 贵校培养学生核心素养的立足点在哪，重点培养学生哪些方面的核心素养？

谢虎成 《中国学生发展核心素养》以培养"全面发展的人"为核心，分为文化基础、自主发展、社会参与三个方面，包括人文底蕴、科学精神、学会学习、健康生活、责任担当、实践创新六大核心素养。我们学校数字化环境下核心素养培养有两个方面：一是培养学生的信息素养；二是以数字化技术手段来培养学生的学科核心素养，最终实现学生综合核心素养的发展。

访谈者 您认为这两种核心素养的培养上有怎样的关系，贵校在培养学生信息素养和学科素养上给予了哪些体制机制保障？

谢虎成 学生发展核心素养（综合素养）必须依靠学科教学来完成，所以在学生发展核心素养的框架下，各学科都制定了本学科的学科核心素养。信息素养是学生发展核心素养十八个要点中的一个要点，在信息化社会中具有突出重要的作用。信息素养与学科核心素养是互相促进的关系，信息素养高的学生在未来社会中能够更快捷地获取知识和信息、更准确地甄别信息、更精确地筛选知识，学习能力更强，学科核心素养发展更快，而在这个过程中学生的信息素养又得到相应的提升。而我们在培养学生核心素养上主要在以下几个方面给予了保障：

首先是领导层面的重视。《中国学生发展核心素养》发布后，我们第一时间组织教师学习，并分别邀请北京师范大学、华中师范大学、华南师范大学的专家进行解读与辅导；尤其认识到信息素养与其他素养的高度关联性后，我们第一时间组织老师在课程上进行试行与实验。

其次是数字化学习环境的创建。在数字化学习环境的创建上，我们进行了学校网络改造，学校每间功能室都能连接 Wi-Fi，建立了摩灯学习平台和智慧课室，我们以智慧校园、智慧课堂和智慧学习来推动现代学校建设，在数字化环境中培养学生获取、甄别、使用信息的能力，培养信息道德和信息安全意识。同时通过项目学习和 STEAM 课程培养学生创新能力、实践能力和团队合作精神。

最后是教师的积极参与。此前学校就鼓励教师将信息技术运用于学科教学之中，多数老师积极响应，数字化手段确实能提高学科教学的质量，师生从中受益，但这种改革是个人化的、零星的。《中国学生发展核心素养》发布之后，老师们突然发现现代信息技术不仅是手段，同时也是目的，在提高学生学科核心素养的同时，信息素养也得到了相应的提升，所以我们把这些教师组织起来，整合经验，申报了课题进行系统研究，数字化手段与学科教学从渗透到结合再到融合，师生乐于其中，彼此学习、共同促进，其研究来自内在的动力。

访谈者 《关于全面深化课程改革落实立德树人根本任务的意见》中也提到：各级各类学校要从实际情况和学生特点出发，把核心素养和学业质量要求落实到各学科教学中。贵校是如何将学生核心素养和学业质量要求落实到各学科教学中的，具体有哪些培养策略？

谢虎成 为了落实学科核心素养和提高学业质量，我们进行了四年的深度教学研究与实验，包括三方面：一是倡导智慧学习，利用数字化技术促进教学方式的转变，促进学生学习方式的转变，促进学生对学科知识的深度理解。二是沉浸式学习，不仅理解知识，更要理解知识背后的学科思想、学科方法和学科逻辑，促进知识对学生核心素养发展的价值转化。三是体验式学习，通过科学实践和社会实践活动促进知识转化为能力、转化为良好的品行。

访谈者 贵校在培养核心素养中取得了哪些成效？

谢虎成 我们通过学生学科素养的培养来发展学生的综合素养，近几年来主要表现在学生层面的变化。首先，我们的学生比原来更有责任心了，在家里愿意做家务，在社会愿意参加志愿者活动，在学校愿意承担学生会干部，会主动承担公益劳动等。其次，比原来更加有爱心，愿意对需要帮助的人施以援手，比如为病重的人士捐款、扶起摔倒的老人家等。再次，比原来更自信，课堂上回答问题有条有理、接受媒体采访侃侃而谈、与陌生人交流大方得体。最后，比原来更加会学习，从入校到毕业，我校是广州市学生成绩提高幅度最大、"加工能力"最强的学校之一。

访谈者 在培养核心素养的过程中，遇到了哪些问题？

谢虎成 首先是认识上的问题，核心素养虽然是近年来教育界最热的词，但并没有引起所有教师的高度重视，尤其是一些年龄较大的教师，还一时理解不了这些新观念，对于不断更新的数字化技术还一时接受不了。其次是核心素养如何进课堂，在操作层面上没有可供借鉴的经验，一些教师还不知道如何去做。最后是高中学生升学压力大，学生的长期发展、全面发展与学生当下的考试分数仍然存在矛盾，如何处理好应试与培养学生核心素养的关系，还需要进一步探索。

访谈者 如何去解决这些问题？

谢虎成 从研究的视角分析教育改革和发展中出现的问题，把教学过程变成研究的过程，用研究的方法研究事物的规律，用研究的手段寻找解决问题的方法。目前，我校教师根据工作中出现的实际问题申报各级课题进行研究，在研课题达到40项，参与课题研究的教师占学校专任教师的94%，我相信广大师生的智慧和才能。

访谈者 今后在学生核心素养的培养上您有哪些新想法？

谢虎成 课堂是落实学生核心素养的主阵地，课程是落实学生核心素养的主渠道，活动是落实学生核心素养的抓手。我们将以深度教学促进核心素养在课堂上落实，以学校课程和校本特色课程的规划、建设与实施增加课程的多样性和选择性，满足学生自主发展和个性发展，增加学科课程的活动量，培养学生的动手能力和创新能力，用好活动课程培养学生合作交流能力和实践能力。

06 优质教育资源共享

让优质数字教育资源向公平与效率迈进[①]
——访茂名市教育装备中心陈廉主任

个人简介： 陈廉，电气工程师，中学电教高级教师。1985年大学毕业分配到茂名市教育局工作，现任茂名市教育装备中心主任，广东省现代教育技术专业委员会常务理事，茂名市电化教育研究会理事长。曾获"茂名市技术创新先进个人""茂名市优秀教师""全国电教先进工作者"等荣誉称号。

访谈者 尊敬的陈主任，您好！根据您的观察，面向课堂、面向教与学的数字教育教学资源在茂名总体应用情况如何？在管理、教学与师生成长上，主要面临哪些问题和挑战？

陈　廉 茂名作为欠发达地区之一，邻山靠海，经济总量较低，教育资源薄弱。学校数量多、分布广，师资、设备都存在很大差异，教育不均衡现象也较为突出。目前，我市通过教育创强和教学点资源全覆盖项目，在硬件配备方面有较大进展，全市中小学校全面实现了"校校通"，已通过教育创强的学校，按标准配备了电脑室，有60%以上的班级配备了多媒体平台，教学点配备了远程教学设备。在软件上，山区、农村学校在数字教育教学资源总体应用率还不高。总体上看，一是山区教师信息技术应用意识不强、能力不高；二是与教材相配套的数字教育教学资源或支持学生拓展学习的工具有限；三是山区教师参加业务培训和教研活动少，自主发展意识和创新改革意识不强。

此种情形与我省当前教育信息化发展的形势和要求存在一定的距离。从管理上看，作为主管教育信息化部门，我们感到压力重重，改变观念、增强意识、投入经费、创建机制等都面临着较大的挑战；从教学与学生成长看，引导资源走向公平与效率兼顾发展的良性循环，需要对内容、手段、方法、绩效等进行应用研究以及跟踪指导和定期培训。

---

① 原载《教育信息技术》，2014年第5期。

访谈者 从学校办学定位和育人目标看,您认为什么样的优质数字教育资源(以下简称"优质资源")才能支持教育教学变革与师生共同成长?你们市(学校)有做过哪些具体的探索?

陈　廉 我认为支持教育教学变革与师生共同成长的优质资源有几类:一是与教材配套的名师资源、互动资源和创新资源;二是与教材配套的拓展资源,帮助学生全面发展;三是有探究性和层次性的个性化资源,做到因材施教,为学生提供自主学习空间;四是资源内容动静结合、通俗易懂,有趣味性和挑战性等。

我市(茂名市)在优质数字创建与汇聚资源方面以"团队引领,学科共建,城乡共享"为指导思想,积极发动和组织教师们参与优质资源的共建共享,通过整合、征集、开发等多种方式将资源汇聚到教育资源公共服务平台。具体做了以下四项工作:一是以教育综合改革试点项目支撑,建成并充分发挥15个优质资源制作基地的作用,有组织、有计划地安排优质资源的开发制作任务,特别是开发制作地区特色教育资源,比如本市名师课堂、优课共享、智能题库、国学特色教育、艺术特色教育等资源;二是积极开展评优活动,收集市内优秀课例、课件、论文、教学设计等,不断充实教育资源;三是努力推进网上共享工作,精选全国各地开放性资源网站,有效整合、丰富教育资源;四是争取企业捐赠或购买等方式,汇聚优秀的商业教育资源。目前我市汇聚了电子书包、名师课例、动漫课堂、试题库、教师专业成长课程、师德师风建设、国学经典、安全教育、德育故事等各类优质资源达 13 TB。

访谈者 在推进优质资源建设中,你们形成了哪些典型经验?

陈　廉 为实现优质资源真正支持并促进教育教学的变革,我市以促进应用为核心,切实加强教育部门间的沟通,创立教育部门互动新机制,有效推进了信息化的全面应用。

一是部门共建专业团队。建立信息化应用讲师团队、教育信息化应用系统管理员团队、学科骨干教师团队和德育专业团队,聘请各学科的特级教师、名教师、优秀教师和德育骨干教师及安全教育骨干教师等,整合和审核各类教育教学资源,指导教师开展教学教研活动。还邀请名师团队,开展教育教学专题讲座。

二是协调制订应用计划。市、县级教育局各部门根据"茂名市教育资源公共服务平台""茂名市教育视频网""茂名市教育'人人通'网络学习平台"等系统功能,并结合自身工作实际,制订了推广应用计划,做到教育信息化应用"有计划、有步骤、有组织、有内容"。

三是共同推进网络应用。一方面加大教师教育信息化应用能力的培训力度,通过岗前培训、校本培训、远程培训等形式,完成新一轮的教师全员培训;另一方面通过教育视频网，积极开展网络教研、远程培训、网上专题讲座、名师网络课堂等活动，指导并引领教师把信息技术与学科深度融合，促进师生应用的积极性，让教育信息化发挥其更大效益。

四是合力加强督导检查。我省明确把教育信息化建设标准纳入"创建教育强市"工作中，切实加强对学校教育信息化工作相关业务的指导和督查，将教育信息化建设与应用纳入学校或个人考核的范畴，对推进教育信息化建设成绩突出的单位及个人予以表扬和奖励。

总的来讲，利用数字资源共享，促进了学校信息技术与学科深度融合，大大丰富了教师课堂教学内容，拓展了学生们的知识面，让教育信息化效益得到更充分的发挥，提高教育教学质量，有效促进城乡教育均衡与公平发展。

访谈者 从2008年省里的"教育资源行动计划"，到当前的"粤教云计划""广东省教育视频网"及"三通两平台工程"等项目的实施，请您从教育公平、教育效率以及个性化教育的角度，谈谈如何通过项目实施实现优质资源真正支持并促进欠发达地区教育教学的变革。

陈　廉 不管是2008年开展的"教育资源行动计划"，还是2012年后启动实施的"粤教云计划""广东省教育视频网"或"三通两平台工程"等项目，其本质都在于国家到省从宏观层面推动城乡优质资源走向公平与效率，其宗旨是促进教育教学与信息技术的无缝融合，通过技术手段促进城乡教育均衡发展。本身出发点好，但在落实上存在较大差距。我认为，优质资源作为"准公共产品"的属性，它应该由政府在其中发挥公共资源配置的基础性作用，从经费、决策、人员等方面承担责任。一是加强顶层设计，保持政策的适应性、衔接性、灵活性和统一性，加强执行力度。二是用"优质数字化资源券"方式购买或激活市场，学校或个人资源共享，引导资源走向公平与效率兼顾发展的良性循环。三是用项目的形式促进不同区域的合作，比如我省已有的合作模式——"广佛肇优质数字化资源共同体"，促进不同区域优势互补。这种形式尤其适合发达地区与欠发达地区的合作，以发达地区作为引领和带动。

建设优质资源已有10多年的探索，但尚未有里程碑性的突破。我期待，乘借国家"三通两平台工程"和省"粤教云计划"项目实施的契机，发挥政府基础性作用，加强部门之间的合作，通过需求分析、顶层设计、应用研究、培训指导、评估跟踪、个性化服务，真正推动我省尤其是欠发达地区的优质资源向公平和效率迈进。

"冷"眼看微课 理性用资源[①]
——访华南师范大学教育信息技术学院况姗芸教授

个人简介： 况姗芸，教育学博士、教育技术学教授、硕士生导师，现任华南师范大学教育技术学系副主任，师从华南师范大学李克东教授和美国匹兹堡大学艾伦·雷斯格德（Alan Lesgold）教授。广东省财政厅、广州市科信局和广州市财政局评审专家，全球华人教育技术协会会员。主要研究方向包括计算机支持的协作学习、移动学习、思维可视化、信息技术与课程深度融合等。

访谈者 况教授，微课正在刮起一阵"旋风"。在这股旋风之外，我们更需要冷静的思考。学者对微课进行不同层面的研究，提出各种各样的概念，各级各类教育部门大力开展微课建设与应用，您怎么看待这种现象？

况姗芸 2006年萨尔曼·可汗推出可汗学院，他录制的微型视频在美国基础教育领域风行一时，并波及世界。2008年，美国教学设计师戴维·彭罗斯提出微演讲（micro-lecture）（注：有学者译为"微课程"）。2010年，佛山市教育信息网络中心胡铁生老师在国内率先提出"微课"概念，掀开了国内"微课"研究和实践的序幕。如今全国各地从普教到高教系统都如火如荼地展开微课大赛，相关课题研究逐步推进，一线教师制作微课的热情高涨，以微课为主题建立的社交群体数量增多。微课也受到社会培训机构的追捧，全国奥数培训中占有较大市场份额的机构"学而思"等近年来一直利用微课开展在线教育，抢占市场份额。

应当说，微课的出现和兴起是顺应"微时代"的需求，对于学校教育和社会教育都有着非常重要的现实意义。全民关注微课，这是一个好现象，说明我们的主管机构、社会机构和一线师生都能主动顺应时代发展趋势，紧跟教育信息化发展变革步伐，变革传统的以教师为中心、面对面、"黑板+粉笔"为主导的教学模式，不断探索创新新型教学模式，提升教育绩效。

[①] 原载《教育信息技术》，2014年第5期。

在感触微课迅猛发展的同时，我们也应关注到微课发展过程中的一些不协调因素，主要有实践发展迅猛、理论研究严重滞后，重建设、轻应用、轻评价等。举个例子，目前关于微课的概念尚未达成共识，国外学者提出的有一定影响力的概念有minicourse、microlesson 和 microlecture，国内学者提出的主要有微课、微课程和微型课程，这些概念间虽存在相关性，但其内涵和外延均存在差异，由于有学者对概念定义和理解不够严谨，造成概念混乱，一线教师无所适从。同时微课资源建设存在蜂拥而上、缺乏系统规划、建设标准不统一、应用激励措施不到位、评估方法和指标体系不建全等问题。这些问题若不尽快加以改善，旋风过后，一切照旧，一线教师开展信息化教育教学改革的热情会被极大地挫伤，也会让主管部门再一次陷入迷茫，走进新一轮的"建设与应用脱节"旋涡。教育信息化发展历程中"课件制作""视频课例"等经历已经给了我们非常深刻的教训。因而，对于微课旋风，我认为要支持，但更需冷静思考，深化研究，加强引导，理性推进，高度重视应用绩效评估。

访谈者 微课作为一种教育资源，从优势上分析，您认为其在教育教学中的积极影响和表现在哪？您又看到微课存在哪些不足？

况姗芸 正如我前面提到的，不同机构和学者对微课的概念界定不一致，教育部教育管理信息中心将其界定为"微型视频课程"；教育部全国高校教师网络培训中心将其界定为"以视频为主要载体，记录教师开展的简短完整的教学活动"；著名学者焦建利教授将其界定为在线教学视频；微课概念提出人胡铁生老师先后提出过三个版本的定义，反映出他对"微课"的概念界定的不断深化。总的来说，机构和学者认为微课的资源形式包括两类，一是教学视频（包括教师出镜和不出镜的教学视频），二是教学过程及相关资源的有机结合体，即微课资源包。这一差异折射出人们对于教育资源形式的心理期待和深层理解，不同的资源形式有利于满足不同学习风格学习者的需求，因而无法对两类资源形式的优劣进行等级评判。

微课的主要优势就在于"微"。"微"有利于促发碎片化学习，有利于与其他教学资源融合，也有利于促进教学模式的变革。微课资源形式不同，"微"优势的体现也不尽相同。就教学视频而言，我认为"微"优势主要应落在"时间简短而精彩"；就微课资源包而言，我认为"微"的优势应落在"知识点小"，针对细微知识点提供较齐全的相关资源。"微课"特别适合于两种情境：一是应用于课堂教学促进教育均衡。在教育相对落后的地区，由于师资力量及相关教学设施不足，教师可借力优秀微课教学视频讲解部分教学知识点，弥补师资力量的不足，或借助"微课资源包"扩展学生视野，加深学生理解，促进优质教育资源均衡配置。二是应用于在线学习和移动学习情境，特别是与智能手机和平板电脑等移动终端设备结合，实现学习者时空异步的碎片化学习。这一情境尤其适用于教师专业发展、社区教育和其他形式的自主学习。

"微"是一把双刃剑，它一方面有优势，另一方面也导致微课资源先天不足。首先，由于"微"，这一资源形式只能解决某一个非常小的问题，不利于学习者对问题进行系统而深入的学习；其次，由于"微"，学习者会习惯小认知负荷的资源学习，不利于培养学习者的学习意志力；再次，微课也不利于培养学习者的系统思维和全局观。

访谈者 微课在优质资源建设与应用中应当扮演怎样的角色？您认为我们应当如何理性地推进微课的建设和应用？

况姗芸 优质资源建设及应用是促进教育均衡及教学模式变革的基础，微课是一类特色优质资源，它与视频教学课例资源、多媒体课件资源、试题库资源、教学案例资源、专题网站资源等有同等重要的作用。但微课作为一种特色突出、顺应时代发展的新型资源，在优质资源的建设和应用过程中，尤其应该得到重视。我认为应当抓住机遇，以微课为抓手，做好"三要三不要"，提高微时代优质资源建设和应用的效能，实现信息技术支持的教育均衡，创新教学模式，提高教学绩效。

"三要"包括：

一要加强理论研究和标准建设。系统梳理国内外研究现状，深入研究微课资源设计和开发，加强研发具有交互功能的微课。与此同时，确定微课资源建设的基本标准，促进微课资源建设的标准化、规范化。

二要建立有效的管理机制，加强顶层设计。从课程层面梳理建构微课系列结构，开发系列微课，做到微而有序，解决微课开发零散、不成体系的现状。

三要建设有效的评价制度，建设和应用两手抓，两手都要硬。微课资源建设已进入快速发展期，在这一阶段，主管部门要采取有效措施，推动微课资源应用实践，边建设边应用，以应用促建设，深入探讨利用微课资源有效解决教育均衡问题，促进教师专业发展，实现翻转课堂、在线教育、移动学习、反思性学习等教学模式变革的途径与方法。

"三不要"包括：

一不要只重视微课开发技术途径探讨和培训，忽视微课设计指导。微课资源的质量影响它的应用价值，技术永远是为设计服务的，微课质量首先取决于内容和交互性设计，其次才是技术制作水平。

二不要采取单打独斗的开发方式，忽视微课开发团队建设。团队开发模式是有效提升微课设计和制作水平的保障，团队建设也有利于为微课应用进行研究及提供相关服务，不断提升微课资源应用绩效。

三不要只局限在学校教育领域应用，还应关注社区教育。社区教育涉及国民教育素质的提升，包括生存教育、职前职后教育等，这些领域迫切呼唤微课资源。

"四个创新"破解区域优质数字化教育教学资源转型
——访佛山市教育信息网络中心岑健林主任

数字化学与教资源建设坚持"各级联动、共建共享、特色发展"的原则，以学生学习需求为导向，以降低学生认知成本、减轻学业负担为目标，通过把资源开发应用与"日常教学、教研、科研、专业发展"紧密结合在一起，培养一支教学创新、教研能力强、科研成果精、专业水平高的资源建设骨干教师队伍，打造"多元化、可视化、可交互"的数字化学与教支撑资源体系，促进资源共建共享，实现教育公平与均衡全面发展。

——岑健林

个人简介： 岑健林，佛山市教育信息网络中心主任，研究员、高级工程师、高级教师。华南师范大学教育信息技术学院客座教授、硕士生导师，佛山科学技术学院电子与信息工程学院教授，佛山科学技术学院教育科学学院教授。广东省教育与科研计算机网专家组专家、可视化学习联盟执行主席兼首席专家、广东省现代教育技术专业委员会副理事长、佛山市计算机学会副理事长兼学术委员会副主席、佛山市教育学会现代教育技术专业委员会理事长。长期从事教育信息化、计算机与网络、远程教学等的研究工作。

访谈者 岑主任，您好！国家、省、市各级教育部门日益重视优质数字教育资源的建设与共享。去年（2014）7月，教育部组织开展"一师一优课、一课一名师"活动，11月教育部联合财政部、国家发展改革委、工业和信息化部、中国人民银行等部门下发《关于印发〈构建利用信息化手段扩大优质教育资源覆盖面有效机制的实施方

---
① 原载《教育信息技术》，2015年第4期。

案〉的通知》，我省也于今年2月份转发了此文。从国家到省，从政策制定、活动引领方面都在进一步探索优质数字教化育教学资源的建设与共享问题。作为一名区域教育信息化管理部门的负责人，您如何看待这些举措及背后的意义？

岑健林 我认为教育部组织开展"一师一优课、一课一名师"活动是十分有意义的。这个活动最大的意义在于把全国不同地区、不同层面的各级各类名师汇聚在一起，形成合力，实现优质资源的高度共享，用实际行动有效支持教育公平与均衡发展，提升教师专业素养。同时，广大教师将以此为抓手转变教学理念，不断优化课堂结构，促进技术与教学的融合，提升教学的绩效。

从这次活动来看，我个人感觉国家层面着重推进"三通工程"建设的同时，也愈加关注信息化的应用内涵和实质，而且强调引领广大教师共同参与、积极投入，将教师视为优质资源重要的生成者、创建者。我省对这个活动也做出特别部署，把"名师团队"作为优质资源生成、创建的核心力量和重要引领者，鼓励广大教师在名师的引领下，组成有机的团队共同承担创建优质资源任务，以达到"以点带面"优化、提升的目标。

访谈者 国家、省、市各级教育部门如此重视优质数字化教育资源建设，是因为我们"缺乏"优质资源吗？

岑健林 互联网发展到今天，不管是珠江三角洲地区还是欠发达地区，从理论上讲，我们并不缺乏优质资源。学习者可以在网上随心所欲查找、搜索到各种各样的资源，包括国内外名牌大学的各种网络课程等在线学习资源。但这并不一定能够从课程的意义上满足我们学校的教育教学需求。从佛山看，目前数字化学与教资源正在处于转型期，开始探索可视化、可交互、非线性等形式的资源。虽然做了一些有益探索，但还不够系列化、不够深入。特别是随着信息技术带来学习的变革，教学过程中尤其是学习者对优质数字化资源的个性化需求日益增强。从某种意义上讲，我们仍然缺乏一系列能适应"学与教"且满足个性化学习需求的优质数字化资源。

总的来说，支持师生学习并满足他们个性化需求、要求的资源不多。这也给我们的资源建设带来新挑战。当然，佛山的资源建设方向会逐渐朝着这个方向努力。

访谈者 根据学习者的需求，佛山在资源建设行动中对资源类型或内容做了什么样的定位？

岑健林 这个问题很重要。总的来讲，佛山比较关注可交互软件、知识节点视频、可交互微课、课堂实录、学案、教学设计等资源的设计与开发，特别注重微视频资源。当然，在此我也特别强调微视频不等于"微课"，我们制作这些微视频资源，目的在于为学习者对某个知识点、某个问题做分解式学习。这种资源能够满足不同终端的学习用户随时随地随需地学习。另外，我们比较注重为学习者提供"学习工具"做支持。

访谈者 这个定位主要基于什么样的考虑？

岑健林 作为资源的设计者、创建者、引领者，我们需要从两个方面考虑资源的要求。一是轻负荷型资源。以减轻学生认知成本与负担为目标，大力研发可视化、节点化、可交互、非线性的优质学习与教学资源，实现抽象原理具体化、知识建构可视化、学习模式个性化的目标。二是强化支持"学"型的资源。过去我们更多地侧重于为教师提供"课堂实录""教学设计"类的资源，这类以"教"为主的"以教师中心"型的资源，应该及时转变为以支持学生"学习"为主导，以支持学生知识"建构"为路径，实现学生"学"与教师"教"的效益最大化的方向，真正体现的是减轻学生学业与教师教业的负担。

特别强调一点，在推进资源建设的过程中，我们通常忽视了教师作为资源创建主体的一方协作者——那就是我们的学生。学生既是资源的消费者，也是资源的创建者。只要我们设计合理、组织得当，学生将会成为资源建设的新生力量，会带着他们更多的创意丰富资源类型，增强资源的活力。

访谈者 由学生来参与、协助资源的创建，这的确是一种思路的转变。这不仅实现了学生"做中学"，还能够积累、丰富资源的内容和类型。那么，佛山在激励和支持教师为主体来创建、共享资源上有什么经验呢？

岑健林 活动是强劲的驱动，课题是重要支撑，教师是最好的主体。"资源"始终不是一个静态的东西，而是像源泉一样，不断喷发，不断生成。

佛山市历来重视资源的建设与应用，始终把资源确立为教育信息化生态系统的五个重要因素之一。早在1999年，就开始全面启动教学资源的建设与应用研究。从学科教学资源的建设开始，经历了学科教学资源建设、学科教与学"主题"资源建设、学科系列化资源库建设、课改配套资源建设。2010年，又启动教学难点与重点视频数据库的建设，后来随着"微博"的兴起更名为"微课"。这些工作都取得了一定的效益，但无疑"微课"视频资源最受欢迎，其原因是在先进技术环境支持下，应用形式发生了根本变化。其短小可视化的视频学习内容，无论是学习者还是教学者，都更易接受，在全国掀起了一股与"微博"同步发展的"微课"热潮，佛山市委领导也充分肯定了这种创新的学习模式。

回顾佛山数字化学与教资源建设与应用的历程，我们姑且可以说，探索出了"行政主导、课题承载、活动驱动、骨干引领、广泛参与、共建共享"的数字化学与教资源建设模式。在行政部门主导下，建立学与教资源开发与应用骨干教师机制，发挥课题研究管理优势，使参与的教师专业水平得到了有效提升，所开发的资源在日常教学中得到验证，多样化的学与教资源汇聚成区域优质资源库，实现共建共享，为促进教育公平与均衡发展提供支持，展现了信息技术在教育教学改革中的作用与地位。

访谈者 您认为各级教育部门应如何破解资源建设由"教"型资源转向"学"型资源？

岑健林 我认为，优质资源建设转型需要突出四个创新：一是创新模式，着力探索"行政主导、课题承载、活动驱动、骨干引领、广泛参与、共建共享"的数字化学与教资源建设模式。二是创新理念，信息技术应用更多需要由关注教师的"教"向关注学生的"学"转变，信息技术与课程"整合"向"融合"转变、学生学习方式由"被动"向"主动"转变。三是创新机制，把资源开发应用与"日常教学、教研、科研、专业发展"紧密结合在一起，培养一支教学创新、教研能力强、科研成果精、专业水平高的资源建设骨干教师队伍。四是创新形式，以课程标准为主线，以名师"微课"为主要呈现形式，组织名师队伍创建网上名师工作室，开展名师在线辅导，解难解疑；也可以形成名师精品课程资源库，实现名师资源的共享，彰显政府对促进教育公平与均衡发展的决心。

访谈者 未来，佛山优质资源建设将会朝什么样的方向发展？

岑健林 在未来，佛山的"微课"将包括非线性视频、交互软件、结构化课程等形式。在资源建设的组织上，将继续由专家带领，发挥骨干教师队伍的引领作用，以及课题研究的支撑作用，全面推进可视化学习。最近，佛山市组成了由华南师范大学李克东教授为首的专家团队，全面推进可视化学习的研究。并以此为依托，探索学习方式与模式的创新，落实减轻学生学习成本与负担的理念，促进教育公平与均衡的发展。

"优课"实现个性化资源的嵌入与定制[①]
——访韶关市教研室吴秉健老师

"优课"首先让名师从"舞台"走向"平台",带领更多的教师成为名师,让更多的名师打造"优课",让一批批的"优课"如涓涓细流汇聚成广大师生个性化共同成长取之不尽、用之不竭的源泉,成为普通教师追求自身专业发展的不竭动力。

——吴秉健

个人简介: 吴秉健,韶关市教育局教学研究室小学英语教研员,市学科带头人,英语本科,现代教育技术专业教育硕士,广东教育学会网络教育专业委员会常务理事,全国中小学教师信息技术应用能力提升工程专家库成员。2011年3月为华南师大网络教育学院设计和主讲了在线培训课程"小学英语网络教学资源(理念与实践)",2014年7月为华东师范大学开放教育学院设计、编写和主讲了技术改变教学系列课程"小学英语教学中的信息技术应用"和"Voki平台应用网络课程"。在省级以上刊物发表教学研究论文50余篇。

访谈者 吴老师,全国中小学教师都在忙于参加"一师一优课、一课一名师"的网络实名制晒课活动。韶关教师参与这个活动总体情况如何?

吴秉健 这次的"一师一优课"活动由过去少部分教师为主角变成了"人人为主角"的名师海选活动。韶关市教育部门比较重视这项活动,市教仪站和市教研室联合组织实施,10个县(市、区)城乡骨干教师踊跃报名,积极主动公开"晒课"亮相。当然,有教师认为这仅是一场教师的"造星"活动,也有人困惑于展示型与实用型"优课"之间的平衡点。因此,我觉得思考什么是"优课"以及中小学老师需要什么样的"优课"作为支撑教与学的资源非常有必要。

[①] 原载《教育信息技术》,2015年第4期。

访谈者　那您怎么理解优课？

吴秉健　国内"一师一优课"中的优课是指基于新课程标准，整合正版数字化教材、数字化教学工具软件、嵌入式教学资源、资源管理工具软件，及基于网络的管理端平台于一体的数字化教学应用系统。我所理解的优课至少包括三个优：一是"优选"预设资源，用资源管理工具软件或移动学习客户端去登录相关学科资源库定制"嵌入式资源"。二是"优化"学习路径，将优选的系列可视化资源按照学习路径以微件（widget）形式嵌入班级、小组或学生个性化学习空间，形成个性化学习界面。三是"优设"课堂环境，将优选的预设资源按照优化的学习路径融入课堂多维交互的认知活动中，将预设资源转换成生成性资源并得到及时的评价和反馈，有效完成教学任务。

访谈者　这种优课有什么样的特点以及价值？

吴秉健　优课这种资源能支持教师个性化资源、校本资源、区域资源的导入，并为国家、省公共资源平台提供公共的优质数字教育资源等，促进资源共建共享。其中教师的个性化资源应用，是指教师通过"在线学科分类资源库"在开放的课程资源平台中通过检索、加工、生成和定制自己的微课程资源，获得站外跨平台应用和分享嵌入式代码，用于优课教学。它能充分体现教师自主融入专业学习共同体的意愿，彼此协作、共建、共享优质教育资源，对促进教育均衡发展发挥不可替代的作用。

访谈者　对于支持教与学来说，我们需要哪种类型的优课？

吴秉健　基于资源平台的特点与学习者的需求，我们需要从资源的可嵌入、可移植、可加工性等角度考虑。因此，从形式上，我觉得"微件"是一种较好的优课资源。结合当前我们国家、省、市各级层面推进的"三通两平台"，对于欠发达地区来讲，发挥优课资源优势，有助于真正实现"学习空间人人通"。在学习空间里，可为学习者所在的班级、小组、个性化学习界面嵌入可视化的微件。这个国外常用的可视化微件可归到国内微视频范畴。微课在知识分享、技能学习上有较为突出的优势，师生可通过录制增强实境、实现语义互联的简短视频或动画，又能成为被学习者定制和嵌入的维基资源分享内容。优课采用这种可视化微件资源的嵌入与定制，使资源整合变得高效、无缝、无痕，实现了跨平台、跨桌面分享资源，还通过营造学习环境的方式嵌入学生认知过程以及整个课堂学习活动中。

访谈者　您认为欠发达地区教师应如何整合个性化数字资源并设计好自己的优课呢？

吴秉健　我结合自己的学科，以英语教师为例，整合个性化资源并设计好自己的优课。一是要掌握国内外在线英语微课视频库的使用方法，比如：englishcentral.com 英语微视频库,其视频的优点是播放时视频英文字幕可提前预览、鼠标对字幕可触屏释义。watchknowlearn.org 微视频库可按照学生年龄(3岁至18岁)分类检索所有学科内容的微视频,所有微视频都提供用户评价等级。二是要掌握某些在线生成性资源平台的应用,比如多语种动画定制和嵌入的在线技术平台(voki.com)以及增强现实技术应用的在线资源平台(zooburst.com)的应用。三是要掌握个性化学习界面、学习空间和学习路径的设计与呈现工具,比如掌握 Wikispaces 的应用或 Microsoft office 2010 版以上的 PPT 嵌入资源代码的技巧,以及掌握某些可当浏览器使用的在线工具软件或资源平台移动客户端的操作方法。

不同学科之间的优课有不同的切入点,比如英语有"语感"培养,数学有"数感"培养。前者可从多维交互的情境、话题、语法和交际四个维度培养,后者可从多维交互的情境、数、运算和估计四个维度进行训练。不同学科之间可以借鉴彼此的优课设计策略。

访谈者 您认同教师应当成为一个优课的创建者、引领者这样的说法吗?对欠发达地区而言,"一师一优课"可行吗?

吴秉健 我想,普通教师可以成为优课的创建者,名师可以成为优课的引领者。对于欠发达地区教师而言,敢于晒优课的过程,虽不算"披荆斩棘",但仍需莫大的勇气,敢于亮相,勇于追求进步。然而,目前许多教师仍然面临着较大的一些问题。在技术方面,包括资源平台中数字身份管理和资源平台之间预设资源的有效流转、在线课堂学习生成性资源的整合、在线生成性学习资源的数据分析,以及在线学习有效评价问题等;在教师自身能力方面,教学设计理念有待提升,视频制作能力有待提高。不言而喻,只要能解决诸如此类的问题,就能找到优课设计、开发的有效方法。

访谈者 从教研角度看,如何实现"一师一优课"?

吴秉健 欠发达地区教师学习技术的热情不比城市的低,但是应用技术的动机深受山区学校传统教学管理和评价的现实条件所束缚,难以迈开技术变革课堂教学的步伐。从教研需求出发,除了关注教师"在场"教学和"在线"反思之外,同时也需要让在场教学的教师通过优课视频实录,跳出自己作为教学事件当事人的角色,从而以旁观者身份去观察和审视自己在课堂情境中的教学行为和设计理念。因此,有效教研不但需要增强教师对优课的信心,调动他们的积极性,而且也需要有效管理好优课资源平台。这个管理过程也是教研部门将教师的在场教学过程可视化复现与在线集体反思和交流进行整合的深度教研过程。

总而言之,有效的网络教研推动"一师一优课"的普及与提升,群体教师实名制"晒课"不但能反映区域优质教育资源分布的"晴雨表",还能帮助晒课教师诊断是否存在专业知识结构的缺失、技术技能短板。教研员通过优课去关注教师的教学设计能力、学习资源的整合能力、课堂教学的实施能力,了解学生的认知水平、教学质量状况等。由此,我想,教研部门通过"一师一优课"活动的深入开展或将找到有效教研的新抓手。

理性对待微课　一切为了孩子[①]
——访东莞市塘厦镇中心小学陈如丽老师

  所有新生事物我们都不能一概而论，因为它们都有两面性，在利与弊同时存在时，我们应该遵循"利大于弊"的选择原则。现在微课的资源很丰富，微课教学模式也层出不穷，但是如何理性对待微课是关键。我们可以尝试新方法、新途径，但是前提是：一切为了孩子。

——陈如丽

  个人简介： 陈如丽，小学英语高级教师，东莞市第二批学科带头人，广东省小学英语教师培训 PPET 项目主讲教师，广东省名师工作室成员，东莞市"优微课制作"培训老师，塘厦镇"拔尖教师"，"塘厦镇青年教师研修站"指导老师。曾两度参加英国小学英语教师技能培训，对"故事教学法"和"Phonics 教学"有一定的研究。主持课题多项，其中"运用'故事教学法'，提高小学生听、说、读、写、演综合能力的研究"获省级科研成果二等奖。录制的多节微课获奖，其中"巧用'微课'，探究小学英语'三导、三学、三用'的思维课堂"获市一等奖。发表论文多篇，其中论文《巧用故事教学，激活学生的多元智能》发表在全国核心期刊上；2015 年，论文《思维导图微课在提高学生思维品质中的作用分析》获全国一等奖、省级一等奖，并发表在《教育信息技术》杂志上。

  访谈者　陈老师，您好！近几年，开放教育资源运动的蓬勃发展助推了微课的应运而生，一股"微课热"也悄然兴起，各种微课大赛和培训活动如火如荼，方兴未艾。越来越多的中小学教师投身于微课的教学与科研中。您作为英语学科带头人，也是东莞市"优微课制作"培训老师，您是如何看待这股"微课热"的？

[①]　原载《教育信息技术》，2016 年第 4 期。

陈如丽 所有新生事物我们都不能一概而论，因为它们都是有两面性的，对于这股"热"，我个人认为应该理性地去对待，我们可以尝试新方法、新途径，但前提是：一切为了孩子。

近年来，东莞一直在进行"高效课堂"研究，我校是"高效课堂"实验学校，而"少教增效"的课堂是我们追求的教学模式。为了改变传统教学"满堂灌"的模式，我把微课运用到了教学中，一是为了激发孩子的兴趣，微课视频里生动有趣的动画和故事有利于激发孩子们的学习兴趣；二是为了培养孩子们的学习习惯，让孩子们养成"先学"和"延学"的学习习惯；三是为了培养孩子们的21世纪技能，让孩子们在微课学习的过程中，培养收集和筛选信息的技能、自主学习技能等。总之，我的出发点是：一切为了孩子。

访谈者 一切为了孩子，为了孩子的兴趣、学习习惯以及21世纪对他们技能的要求您去尝试、去改变，那在尝试与改变的过程中，您又是如何从培养孩子的角度去发挥微课在英语学科中的优势的？

陈如丽 基础教育阶段英语课程的任务是：激发和培养学生学习英语的兴趣，使学生树立自信心，养成良好的学习习惯和形成有效的学习策略，发展自主学习的能力和合作精神；而微课具有"短小精悍"的特点，在学科教学中，运用微课可以实现"翻转学习、移动学习、混合学习、碎片化学习"等多种新型的个性化学习模式。老师运用微课可以实现"多个老师、多种方式、多种风格"讲解教学重点、难点的教学模式，课堂教学更活了，有助于提高课堂教学的效率。微课的教学是契合基础教育阶段英语课程的任务，学生运用微课可以培养学习英语的兴趣，可以养成"反复回看、课前先学、课后延学"的学习习惯，形成有效的学习策略，良好的学习习惯和有效的学习策略有助于提升学生的学习力。

访谈者 新生事物的出现，对于孩子来说，需要一定的时间去适应、去调整，为了让孩子更好地去适应这种微课教学，您在课堂教学设计上与过去有哪些不一样？

陈如丽 运用微课教学后，我的课堂教学模式有了变化，从以前的"关注如何教"到现在的"关注如何学"有了明显的转变，课堂教学逐步形成了"三导、三学、三用"的教学模式。具体操作如下。

用"三导"策略，激活思维。一导"微课"，备课组在上课前根据教学目标和学习目标，搜集或制作微课，并设计《微课导学案》。做好前期准备工作后，把课前微课共享到QQ群，学生在家下载后，一边观看微课，一边思考问题，一边完成《微课导学案》。同时，也方便了家长在家里辅导孩子先学。通过"课前微课"导学，激活学生对话题的思考和学习。二导"情境"，在课堂上，首先进行课前热身和情境创设。通过情境的创设，引导学生进入话题的讨论和思考，在情境中激活学生的思维，让学生自然而然地进入话题的学习。三导"合作"，在情境中引出了本课的学习话题后，组织"小组合作"，开展《微课导学案》互查互助的活动，引导学生发现问题，并用小组互助的办法解决问题。老师在小组活动中，重点关注学生的易错点和困惑点。在接下来的授课过程中，突出重点和难点。

用"三学"步骤，诱导思维。一学"微课"，对于在先学中无法解决的问题，在小组合作后，组织和引导学生带着问题观看"课中微课"，诱导学生对于重、难点问题进行深入思考，并谈谈对重、难点学习的收获，培养学生的批判性思维。二学"重点"，对于重点内容的学习，多以师生互动或生生互动的形式进行。主要是通过转换情境、变换情绪、替换角色等互动活动，让学生对重点内容进行学习和展示，有助于培养学生的思维和自信心。三学"导图"，在话题的学习中，引导学生和老师一起，以"思维导图"的方式解读文本、分析文本、复述文本，通过导图学习文本。

用"三用"方式，拓展思维。一用"口述"，在新课学习完毕后，更多的时间是在"练中学、学中用"。学生根据导图，开展改编、拓展、创编等口语活动，引导孩子们进行口头运用的练习，培养学生的发散思维。二用"笔述"，在口语活动的基础下，指导学生根据导图，把文本改写成短文、创编成故事、绘制成小书等，以巩固本课学习的重、难点内容，提高学生的语用思维。三用"延学"，在课后，把"课后微课"视频发送到QQ群，让孩子们观看课后微课，并布置有趣的任务，如拓展本话题的课外知识、创编对话、绘制小故事书、丰富思维导图、提交作文录音、讲故事录像、对话录像、表演录像等。目的是把课堂的学习和巩固延伸到课外，以"延伸学习"的形式，进一步巩固本节课所学的知识。

访谈者 针对孩子所需学习的不同知识与内容，比如就英语学科来说，在孩子的"听、说、读、写"四方面的培养上有哪些不同？

陈如丽 在教学中运用微课，在"听、说、读、写"四方面都有不同程度的涉及。根据我校的实际情况和学生的学情现状，我们重点选择了在读、写方面进行实验尝试，如运用 Phonics 微课，提升孩子们的拼读能力。运用思维导图微课、故事教学微课，提升孩子们读写能力。在实践中，我们也发现，这三类微课也是孩子较喜欢的微课，孩子们的读写能力也的确有所提升。

访谈者 不同孩子因学习风格、学习动机与倾向的不同，学习存在一定的差异性，怎么适应不同的孩子？

陈如丽 我班的孩子比较活泼好动，个性比较明显，全班 50 人，大部分孩子都有弹、唱、跳、画、演等爱好。学习氛围较好，暂时没有出现大面积的两极分化现象，但是，仍有个别孩子接受能力较弱。根据我班的实际情况，针对接受能力差异的不同，我会设计不同的微课学习任务。任务一为基础水平，任务二为提高水平，任务三为拓展水平。根据孩子们的兴趣不同，我也会设计不同的作业，如文字作业、绘画作业、导图作业、音频作业、视频作业等，以满足学生的不同需求。

访谈者 通过这样的尝试，您觉得孩子们最大的变化在哪？

陈如丽 通过这样的尝试，最大的变化是我把讲台交给了学生，把时间让给了学生，把展示留给了学生，一切为了学生。同桌互助、小组合作、小组展示等活动，成了我的课堂的常态活动。孩子们在课堂上的表现更自信、更大胆了，合作意识有了明显的提高，合作方法也有了明显的进步。我们的孩子在学习上变得更主动了，从以往的"被动接受者"变为"主动的学习者"。我的角色从原来的"主宰者"变成了"主导者"，从原来的"主演者"变成了"旁观者"。

孩子们这种变化不仅仅表现在课堂上，还表现在家里。家长说："自从有了微课学习任务后，我家的孩子做英语作业变得主动了，都不用我催促了。"也有家长说："有了这个微课视频，孩子们每天都会抽空学习英语，我们不懂英语的家长，也不用担心辅导的问题了。""我家孩子会跟着微课大声读英语了。"还有家长反馈："我家孩子学得慢，微课视频有利于我们家长了解老师课堂中所讲授的教学内容，也可以帮助我家孩子回家再学一次，这样，课堂上没有学会的，在家里也可以有针对性地辅导和复习。"

访谈者 对于微课在学科中的应用，您有什么建议？

陈如丽 我们不能过分夸大微课的作用，微课不能完全取代课堂教学，也不能完全取代老师，并不是有了微课，老师就不必备课、不用讲课了。相反，我认为，有了微课，更应该多花时间筛选适合自己学生的微课，更应该站在学生的角度，多思考和关注学生的学。微课的使用也不能生搬硬套，不是所有的微课都适合自己的学生，不是所有的微课教学模式都适合自己的教学。总之，在运用微课时，应从学校实际情况出发，从学生和老师自身出发，只有适合学生的、有利于学生成长的，才是运用微课的价值所在。

导图导读写：一种创造性的教学理念[1]
——访华南师范大学附属小学江伟英老师

教育者应该认识到：导图工具是多种多样的，孩子的学习潜能是无限的，要智慧地、创新地应用好这些可视化思维工具，为每个学习个体一生的发展打好基础，让每个学习个体都能获得走进知识与文化世界的工具，提高借助思维工具不断学习、探索、创造未来世界的能力！

——江伟英

个人简介： 江伟英，语文特级教师，南粤优秀教育工作者，首批广东省中小学教师工作室主持人，首批"广东特支计划"教学名师，入选2015年国家高层次人才特殊支持计划教学名师，广州市、肇庆市教师继续教育课程建设特聘专家。2013年获第八届广东省普通教育教学成果一等奖，2014年获首届国家基础教育教学成果二等奖。先后在核心刊物发表教育教学论文55篇，出版教育著作《释放语文学习的原动力》《图解语文》，编写多套帮助学生高效学习的书籍。

访谈者 江老师，您好！我们了解到，您从教20多年，提出了"导图导读写"的创造性教学理念，该理念体现以人为本的时代精神和素质教育要求，同时也被列入教师"国培计划"培训内容。请您谈谈当时提出"导图导读写"这种教学理念的背景。

江伟英 2008年，我提出"导图导读写"这种教学理念，并开展实践研究，主要是面对基础教育中亟待解决的一个问题：语文教学过程走向"平面化"。课堂上，教师重对文章段落层次划分的细节讲解，轻读写知识的整体性、串联性和系统化建构，导致学生个性化学习缺失、思考主动性不强、思维方法缺乏、思考能力不足等实际问题出现。学生大多对文章读写知识的认知和理解支离破碎，这不但影响了学生对

---

[1] 原载《教育信息技术》，2016年第5期。

字词意义的理解和应用能力的发展，更严重影响学生对文章架构的理解与谋篇布局能力的培养。从发展的长远角度来看，还会影响学生系统化的思维发展，影响学生的终身发展。

访谈者 请问如何理解"导图导读写"这种理念？

江伟英 导图导读写，实际是指能够直观引导思维过程的图形工具，如思维导图、蝴蝶图、环状图、韦恩图、"X"线图、桥型图、鱼骨图、年轮图等多种可视化的思维工具，统称为导图。通过导图，将学生的理解、观点等个性化思维过程进行可视化表征，从而引导学生顺利进行个性化学习，对此导图引导阅读与写作的过程，简称导图导读写。

访谈者 请您结合"国培计划"谈谈"导图导读写"对于普通教师提高专业技能的作用与价值。

江伟英 全国各地都响应教育部的号召，进入一种教师培训的新常态：重视教师培训，坚持组织落实各层次、各地域的教师不同发展阶段的培训工作。结合"国培计划"，带动培训教师、跟岗学员加入"导图导读写"的研究和实践中，可以在短时间内让普通教师提高专业技能；在回归工作岗位后，仍旧能结合学生实际，创造性应用可视化思维工具于具体教学情境，层出不穷的新课例与新的教学实践，能使普通教师步入跨越专业发展的"高原期"；在革新和反思教学实践过程中，主动击破自身能力弱点与知识盲点，找到自己需要加强和提升的方向，更快走向卓越的康庄大道。

以在我的工作室跟岗培训的广东省骨干教师与汕尾名师为例，学员通过跟岗学习，加入到"导图导读写"的实践与探索；回归教学岗位的日常教学，"导图导读写"的课例不断丰富，不断创新，让每节常态课堂都充满活力，引发许多反思与创造。不少学员在继续实践与研究中提升，一两年后，徐锦燕等获评中山市名教师，屈小玲获评广东省特级教师。我相信，这就是最好的跟岗学习的延续。

访谈者 从培养学生的角度来讲，您认为这种教学理念能培养学生什么样的能力？

江伟英 我认为传统小学语文课堂教学模式化、平面化，局限于让学生知道、理解低阶思维，学生长期思维深度不足。为了培养小学生的高阶思维能力，我认为在小学语文课中创新应用可视化思维工具，能让学生以绘图思考为起点，在绘图过程中进行高阶思维训练，训练学生的语言实践、综合运用、细致分析、理解和归纳、大胆创造等较高认知水平层次上的心智能力。

访谈者 随着可视化工具的不断发展，各种导图的形式也层出不穷，如思维导图、概念图等，其宣传更是铺天盖地，令人眼花缭乱。甚至有人将其包装为"包治百病"的灵丹妙药。对于这种现象您是怎么看待的？

江伟英 常言道："工欲善其事，必先利其器。"人脑对图像的加工记忆能力大约是文字的1 000倍。各种导图因此比词汇更富有感召力，更精确也更易于触发广泛的联想，从而加强创造性思维和记忆力。各种导图，能使知识学习过程变得丰富多彩、形象具体，为教育改革提供更直观、有效、可操作的新途径，使我们能真正从思想理念上革新基础教育。值得注意的是，思维导图、概念图等各种导图是"器"，是可视化思维工具，是能帮助把事情做得更好的工具，绝对不是能"包治百病"的灵丹妙药。就像夹药的钳子，不能保证一定夹出良药；或是剪纸用的剪刀，不是一定能剪出漂亮的剪纸作品。能否用好工具、做好事情，主要还是在于用工具的人。

访谈者 这些"器"能做什么、不能做什么，如何去协调、互补他们之间的"能"与"不能"？

江伟英 导图包括思维导图、韦恩图、蝴蝶图、"X"线图、鱼骨图等多种直观引导思维过程的思维工具，每种导图"能"做什么、"不能"做什么各有不同。

例如，思维导图就能很快地调动学生追求完美的心理，克服人生来就对思维过程走向深入所存在的排斥心理，克服思维惰性。画思维导图，利于学生展开联想，想象画面，记录个性化的、感性的理解。如阅读人教版小学语文四年级上册的"母鸡"一课，画出思维导图，就一目了然：课文内容的前后对比，作者对母鸡由"讨厌"到"不敢讨厌"的细致情感变化。最后作者那种只能意会不能言传的，不是简单的喜欢，而是对无私无畏、日夜操劳的母亲一种纯洁、神圣的尊敬，完全可以通过思维导图、让人感受到、直观分享到。但对于文章结构、内容层次等，这样的思维导图就不易看出。而鱼骨图就能清晰呈现文章是从哪些角度把母鸡的特点描写出来的，作者对母鸡的主观情感是如何逐层贯穿在整篇文章中的。因此，对一篇课文的理性分析，用鱼骨图更合适。

"一千个读者就有一千个哈姆莱特"，就会有一千幅独具特色的导图，只要教师能多鼓励和引导学生，大胆选择合适的工具，协调、互补不同导图之间的"能"与"不能"，就能更好地帮助学生提高学习效率，顺利完成学习任务。

访谈者 在您的教学中，针对不同学年段的学生您如何去用好这些"器"？

江伟英 不同年段的语文教学中，运用不同的可视化思维工具，可以帮助学生更轻松地掌握学习方法，自发自动投入学习，突破全盘接受的思维方式，提高学习效率，张扬学习个性，引领学生回归本真的个性化学习模式。

比如在低年段（小学1～2年级），采用基于蝴蝶图的批判性阅读、基于环状图的归类记忆拓展；在中年段（小学3～4年级），采取基于韦恩图的分类对比分析、基于"X"线图的多向思考以及基于桥型图的对照品析研读；在高年段（小学 5~6 年级），采取基于思维导图的多元化理解、基于鱼骨图指引的全面分析、基于年轮图的逐层深入理解。

把可视化思维工具引入课堂，给予小学生更多更具体的思维方法指引，凭借各种导图，帮助小学生回归本真的个性化学习的教学实践，其真正意义在于：点燃智慧的火种，培养学生终身学习的能力，激发学生大胆实践和勇于创新的精神，为学生的终身学习奠基。

访谈者 通过这种实践，您认为给您的教学、学生的学习带来的最大的变化是什么？

江伟英 通过这种实践，我认为"导图导读写"使教师和学生在以下三方面都有很大变化。

第一是成就感："导图导读写"主要专注于培养学生的学习能力，促进学生的自主发展，最大限度地实现每一个人的成就感，尤其是展现每个学生自身的知识积累和能力水平。如学生主动选择不同的导图，选择不同的绘图方式，辅助完成学习、思考、探究过程，引导追求甚解、追求完美，提升学习自信。每一幅辅助学习的图都是一份最能显示本真个性的学习成果。

第二是多元化："导图导读写"注重增进学习的广度和深度，尊重学生多元化的理解，为学生个性的协调发展创造条件。"导图导读写"适用于所有学生，无论是天才还是有特殊需要的学生。"导图导读写"能为那些有特殊能力和特殊需求的学生提供强力支持，确保每一个学生在学习过程中都获得提升、取得成功。如在个性化学习过程中，学生是主体，教师是点拨者、引导者，鼓励多元化的理解，支持不同层次、不同进度的学习状态，都能获得学习成果，让个性得到充分尊重。

第三是互动性："导图导读写"构建的是开放性的、以学生学习为中心的教学，引发一种直观的互动学习，让每个学生与所有可以支持他的人，包括老师、同学等，进行清晰可见的、直观的交流互动，共享彼此思想，教学相长。

访谈者 对于"导图导读写"的研究，下一步您将有哪些新打算或实践？

江伟英 对于"导图导读写"的研究，下一步我打算从自然的视角反观教育现象与问题，以教育叙事的方式，深入探索"导图导学"教育理念。为了方便更多教育同行、家长和孩子们，能更直接地分享到"导图导学"这一教学成果，让每个小读者都能体会"导图导读写"的乐趣，我准备精心编写"导图花钟"系列丛书。

以应用为导向　以课题为纽带　构建网络学习空间[①]
——访中山市石岐中学田世兴校长

我们希望，教师利用网络学习空间开展教育创新应用，完成学生管理、作业批改、考试改卷、心理辅导等活动，打破时空界限，从而促进教学质量提高；学生利用网络学习空间进行讨论、作业、考试、拓展等创新型开放学习，在不断的体验中获得知识、发展能力；通过网络学习空间各种活动的展示、展播、推荐、评选等，促进资源共建、互动与共享，使学校的信息化环境与教育教学实践和谐交融，互相促进。网络学习空间不只是学生获取更多知识，还应让学生知道如何来获取知识，更为重要的是，希望能改变学生的人生。

——田世兴

个人简介： 田世兴，中山市石岐中学校长，中学数学高级教师、中山市石岐区名校长、中山市名校长培养对象、广东省名校长工作室优秀学员、中山市优秀教育工作者。主持多个国家、省、市级课题并获奖，2008年主持国家级课题"基于Moodle的教学、管理与培训的应用研究"，并获得广东省中小学教育创新成果奖；主持了全国"以现代教育技术构建和谐校园的研究"课题；主持了省级"网络环境下帮扶学校之间的校本培训实践研究""网络环境下学生发展性评价研究"以及市级"创建科学与人文融合的学校精神研究"等课题。

访谈者 田校长，您好！《关于"十三五"期间全面深入推进教育信息化工作的指导意见（征求意见稿）》中指出：大力推进"网络学习空间人人通"，网络学习空间应用普及化，基本形成与学习型社会建设需求相适应的信息化支撑服务体系。2016年教育部教育信息化工作要点明确指出要加快推进"网络学习空间人人

[①] 原载《教育信息技术》，2016年第4期。

通"。据了解，贵校以课题"以现代教育技术构建和谐校园的研究"作为纽带，将网络学习空间作为切入点来实现和谐校园，请您从学校办学理念的角度谈谈其中的原因。

田世兴 我校以全国教育信息技术研究"十二五"规划课题"现代教育技术构建和谐校园"的研究来开展网络学习空间的探索。以现代教育技术构建和谐校园是指以现代教育技术为纽带，以和谐为价值导向，构建教师、学生、学校共同发展的和谐校园。我们希望在现代教育技术这一手段与和谐校园的根本目标之间架构一座桥梁，运用现代信息技术独特的交互性和智慧性，促进学生个性发展的和谐、促进教师自我内化的和谐、促进师生互动的和谐、促进家校协作关系的和谐、促进组织管理服务的和谐。目前我校"以现代教育技术构建和谐校园"主要体现在：利用班级博客建构和谐班级，开辟学生心理健康咨询网站，发挥校园媒体（学校网站、广播站、电视台）在构建和谐校园中的作用，建立"学与教"网络个性化学习平台，建立虚拟班级和虚拟课堂，实现师生间互动式学习，促进师生互动的和谐。在课题统领下，把"网络学习空间"作为课题研究的新切入点。通过"网络校本研修"为学科组老师之间搭建互相"学习、研讨、交流、互评"的交流平台，促进教师自我内化的和谐；建立网上家长学校，形成社会、家庭、学校共育教育和谐；开发档案信息资源，为构建和谐校园服务；构建 OA 办公系统和校园安全管理系统。

访谈者 贵校构建网络学习空间的切入点在哪？

田世兴 在"以现代教育技术构建和谐校园的研究"课题项目的驱动下，我校开展了基于微信、微课平台和智能在线布置作业系统的"个性化学习空间"的建设与应用。个人网络学习空间是集合虚拟学习环境和个人学习环境的"中部空间"，是协调教与学的第三方空间。个性化网络学习空间建设的具体目标包括以下方面：提供学习者个性展示平台；构建个人学习资源中心；搭建个性化网络学习平台；建立互动交流学习社区；在空间上师生之间、生生之间可以实现沟通、互动交流，改变传统的互动联系方式，建立学生学习生活社区；记录学生的成长过程，包括学习者的档案信息、学习过程信息、学习成果信息、社会活动信息等，全面记录学习者的成长信息。

访谈者 学校将重点放于微信、微课平台和智能在线布置作业系统的"个性化学习空间"的建设与应用上，具体是如何开展的？

田世兴 我们以应用为导向，多学科共建丰富"微信公众平台"。我们以课题组教师为龙头，发动学科能力强的教师参与，建起了个人"学科学习专栏"微信公众号。学科教师定期向学生推送一些教学相关内容、学习任务和作业。学生可以直接用微信将答案回复给教师，也可以通过微信进行小组讨论再提交给教师，便于教师及时解答疑难问题。而教师也可以利用这个微信平台，查看某个同学的回答和作业，及时进行点评，与学生交流。

为了方便教师发布微课，利用自有的微信公众号，教师可以将制作好的微课发布到微信平台上，微信平台现有功能有查看微课、查看课单、搜索微课、关注课单、微课建议（学生可以主动提出希望看到的微课内容，可以给微课打分，可以给微课提出文字、语音的评论，系统会自动反馈给教师）。主要分课前、课中与课后三个阶段，在不同的阶段学习目标、学习方式、学习媒体有所不同。在课前，学习目标是自主学习授课知识点、观看微课、阅读教材及其他材料、完成学习任务单，学习媒体为微信平台；在课中，学习目标是解决学生课前学习所产生的困惑，引导学生总结和提升所学内容，学习方式以答疑、研讨、讲授并用，学习媒体主要有电脑、平板电脑、多媒体课件、微信；在课后，学习目标重点在于引导学生对所学内容进行反思、总结和提升，学习方式有课后习题、研讨等，学习媒体包括微信平台、作业盒子。

智能在线布置作业系统——作业盒子是一个新的平台工具，它可以快速实现在线布置作业、自动批改、成绩跟踪及分析学习者作业数据的功能。智能在线布置作业系统在一定程度上满足了学生个性化需求，有利于激发学生的学习热情。

初二数学的"数学预习学习空间"就是教师搭建的以微信公众号、QQ师生群、作业盒子为主的数字化平台，学生在QQ师生群中接受学习任务单、在微信订阅号中观看视频、在作业盒子中完成进阶作业，在这个数字化环境中，学生探究、讨论、交流，让预习更有效。利用平台推送专题微课帮助学生理解数学概念、拓展知识、提高解题能力，进行典型习题讲解；为学生解决易错题、易混点。

访谈者 在构建这种网络学习空间的过程中，遇到的瓶颈与困难有哪些？

田世兴 网络学习空间的建设，虽有一些成效，但仍达不到实际教育教学需要，教师和学生的参与程度不高，参与方式和交互性也还不够灵活，需要不断更新和补充。有家长担心学生过多使用互联网会影响学业，但我们不这样认为，因为这不是互联网的问题，而是管理的问题。只要教师和家长监督得当，学生自我管理素养养成，互联网就能发挥作用。

访谈者 采取哪些行之有效的策略去解决？

田世兴 第一，在资源打造上，一方面是精心打造自己的微课资源，另一方面是整合利用现有网络资源，逐步形成涵盖所有知识点的学科微课资源，便于教师教学应用和学生自主学习。

第二，促进学生利用网络空间学习的内在动机，适应"互联网＋教育"所带来的教学方法和教学手段的转变。我们将微课视频播放页的网址制成二维码发送到微信平台，学生在手机上长按二维码，即可跳转至微课播放页面。在练习题的最后附上详细答案的二维码，在需要教师讲解的难题旁印上一张链接有我们提前录制好的微课视频网址的二维码，学生只需要扫描题目旁边的二维码即可获得观看链接，点击即可观看视频，从而增强拓展和延伸性。

第三，培养学生网络素养。网络素养和德智体美劳等传统素养一样重要。培养网络素养，让学生从小接触网络，学会活用网络，用网络来扩大知识的视野，掌握用网络提高学习的技能，这对学生未来发展十分重要。

访谈者 在未来以现代教育技术推动和谐校园的建设中，您还有哪些好的建议？

田世兴 一是数字化导航。基于网络的数字化校园，可以让信息触手可及。据此，我们将为学校每一处文化景观、植物表明身份，并设置二维码。学生能利用手机、平板电脑等终端，依托网络，扫描二维码信息，自主游览校园文化。游览者或学生游览到学校任一处文化景观时，可以实时通过扫描二维码了解参观景物的文化背景、来源信息。

二是打造学校特色"微官网"，建设和谐校园。对于一所校园，它是学校的移动网站，是信息的发布平台，也是沟通平台，更是教育教学的管理平台、学习平台。它让家长和学生及时了解学校的动态、当天的作业，随时向老师咨询疑惑，同时记录孩子成长经历，留下孩子成长足迹。"微官网"为每一个校园搭建一条信息高速公路，为学校开通了纵横驰骋的快车（应用），可以全力解决校园的教育教学管理、班级的管理，以及家校沟通、学生成长记录、管理数据分析等；可以轻松解决校校通、班班通和人人通。

三是将实验教师的个体行为提升为全校老师共同创建教育教学资源的群体行为，实现学校教师共同发展。构建网络学习空间目前还处于初步阶段，未来在利用成熟技术和平台，集成教学、学习、管理等功能，拓展课堂外延，构建可管可控的网络学习空间，促进传统教育与信息化教育优势互补；引导教师应用网络空间开展备课授课、学习指导、教学分析等教学活动，鼓励学生个性化学习、自主学习和协作学习等方面，还有待进一步探索。

充分利用名师资源　打造学校教育特色[①]
——访深圳市龙岗区平安里学校毛展煜校长

　　文化及内涵建设逐步成为区域内校际竞争的焦点、重点。努力打造核心竞争力，提升文化内涵，推动品牌建设，建成特色学校，实现高品质、可持续发展，将是学校今后一段时期内的工作重点及重大挑战。

——毛展煜

个人简介： 毛展煜，现任深圳市龙岗区平安里学校校长。中学高级教师，广东省骨干校长培养对象，深圳市教育督导室兼职督学，深圳市龙岗区高端人才培养对象。曾公派到澳大利亚、美国考察学习，三次在香港特别行政区学校挂职锻炼，教育视野开阔。兼任教育部教育管理信息化专业委员会理事，全国生命教育教研员。发表著作及论文《牛津英语深圳版课文语言点的有效教学模式探究》《创设多种英语学习情境，提高学生语言运用能力》《香港教师的职业精神》。主持中国教育学会"十二五"教育科研规划课题"培养具有合作精神的初中英语自主学习能力的探索与研究"。

　　访谈者　毛校长，您好！《关于"十三五"期间全面深入推进教育信息化工作的指导意见（征求意见稿）》强调大力推进"名师课堂"建设，充分发挥名师的示范、辐射和指导作用，名师带动教师队伍建设，提升广大教师的教学能力和水平。据了解，贵校拥有强大的师资资源，请您结合学校的办学理念，谈谈您对师资资源建设的看法。

　　毛展煜　好的。近年来，学校秉承"德才至善，和谐发展"的办学理念，始终坚持走特色化、内涵式发展之路，不断开创教育教学新局面，同时，我们始终认为教师队伍是办学理念落地的主要力量，也是学校建设成败的关键，我们主要通过以下做法

[①] 原载《教育信息技术》，2016年第5期。

培育师资资源。

  首先，健全评价机制，发挥激励导向作用实施岗位聘任制，全员竞聘，全面实施岗位绩效工资。各项评价制度、考核办法的制定、修改均通过了充分酝酿、集体讨论、广泛征询、教代会表决等民主决策程序，在实施过程中注重自评与他评的有机结合，引入互动式评价，有力地提高了全体教师对各项考核、评价、评先办法与过程的认可度与支持率，有效地保证各项考核、评价工作的公平、公正。

  其次，我们注重教师队伍的梯队建设，学校本着"在实战中锻炼，在锻炼中提升"的原则，深入开展"教学论文评选""教学案例评选""教育故事评选""课堂教学基本功大赛"等教育教学业务竞赛，以此提升教师专业水平。学校已成功举办了八届青年教师课堂教学基本功竞赛，青年教师在竞赛中磨炼，在评比中成长。"师徒结对"培养年青教师。学校35岁以下的青年教师占了将近一半，针对现状，学校要求青年教师制定三年发展规划，对青年教师采用"师徒结对"的方式进行一对一培养的师徒帮带模式。每学年初就落实该工作，让学科带头人和骨干教师对青年教师在业务上实行"传、帮、带"，要求青年教师扩大听课力度，多向师父和其他老教师学习，每学期上汇报课，推动他们专业素养的提高。

  再次，学校通过"请进来，走出去"的教师培训制度，学习新课程理念、课程标准，转变教学观念。学校开办以来，先后派出向莉、张雯、张丹、曾小毅4名教师到加拿大、英国、美国等地学习进修，近3年派往北京、上海、成都、山东、香港等地学习进修的教师多达284人次。学校每学年都邀请专家学者来校开展专题讲座，如嵇成中、王一梅、胡一帆等20多名中外教育专家曾来我校进行讲座、授课与培训。学校加入了全国新学校联盟、自主课堂教育联盟，在与全国各地的学校交流中更新教师教育教学观念，提升教师专业素养。在校际交流活动中，黄琦、孙野、魏巍等名师，经常在校内外承担自主课堂PAD教学的示范课和展示课。

  最后，教科研是教育的孵化器，是教师专业成长的助力器。学校注重教育科研的专业引领作用，建立和完善了学校教科研常规管理制度、校本培训制度等，使学校教科研工作进一步规范化、制度化。坚持"工作问题化、问题课题化、课题工作化"的原则，以教育教学研究引领学校教育管理，引领课程建设和教学改革，引领教师专业化成长。在全体师生的共同努力下，近年来平安里学校的中考成绩一直名列全区前三甲，在今年（2016）3月底的深圳市办学水平评估中，被评为"深圳市快速发展学校"。

  访谈者 您能结合学校的特色举一个具体的例子吗？

  毛展煜 学校将创客教育当作学校的特色教育工程来抓，立足课标，着眼未来，成功地创建了创客教育特色。学校在龙岗区率先打造了第一个面向中小学生的创客实践室，这也是柴火创客空间在深圳设立的首个"创客教育示范基地"。学校拥有强大的师资资源，成立了创客导师团。

2015年，学校新聘滕全新老师，滕老师充分发挥了名师的激励、示范作用，引领韩静轩、何晓晖、周金、李宇宇等老师，在学生的创新思维、动手能力、口头表达能力等素质教育方面，能力明显加强，创客教育水平进一步提升，辅导学生依次在全区、全市、全省的第31届创新大赛上勇夺佳绩，成为龙岗区科技教育的优秀学校代表；学生作品已层出不穷，其中自动铲车、盲人拐杖、水果键盘等6个作品，被深圳市教科院选送到青岛参加教育部组织的全国教育信息化应用展演，再次为龙岗区的科技教育增添了色彩。

目前，学校还在不断引进和吸纳校外的名师，比如，已经引进了广东省信息技术教育名师工作室的王继华老师、创客教育的何川老师，还通过创客导师团活动，引进了一批创客导师，开展创客交流、辅导、展示活动。

访谈者 您刚才谈到了贵校成立了创客导师团，那么他们是如何带领学校教师开展具体实践的？

毛展煜 学校拥有强大的师资资源，成立了由中国创客第一人李大维、全国知名创客教育专家谢作如老师、广东省高端人才吴向东、熙龙玩创工坊负责人郑罡等二十余名专家组成的创客导师团，导师团还在不断发展壮大中，每位导师每年至少来平安里学校一次，跟师生做面对面的沟通交流，现场展演或辅导。导师们来自各行各业，带来了许多科技前沿信息，展演过一批新出笼的高科技产品，详细介绍作品的制作原理、制作过程、功能和应用，让师生开阔了视野，并激励师生大胆创新，勤思考、多动手、常交流，这不仅提升了本校老师的创客教育水平，更让学生亲身经历了导师新颖的玩创过程，体验了成功的喜悦，强化了创新精神，坚定了创新意志。

访谈者 实践的效果如何？

毛展煜 通过这样的实践，我们已经培养了一大批青年才俊，组建了自己的名师队伍，各学科都有了优秀的名师，比如语文有杨琼、魏巍、汤琳秀老师，数学有何跃华、陈玲老师，英语有黄琦、蔡浩然老师，等等，而且打造了一系列的名师课堂，充分发挥了名师的示范、辐射、引领作用，名师们和自己的教研组成员，共同提升了整个学校的课堂教学能力和水平。

师生创新能力的提高，创客作品层出不穷，学校有了底气，积极组织师生开展了各种创客展演和竞赛活动，并获得好评。比如，参加2015年深圳市文博会会展并受到吴以环副市长的好评；参加2015年深圳市创客周活动并承担龙岗区分会场展演任务；参加全国创客教育大会及创客成果展并荣获"全国创新名校"称号；参加在南山区前海小学举办的深圳市创客教育展演活动，参加在第二实验学校举办的全国创客教育展演活动；参加香港九龙塘民生书院90年校庆DIY环保车邀请赛获奖；学校的梦想创客社团和三模创客社团荣获深圳市优秀创客社团称号；梦想创客实践室获得深圳市首批创客实践室称号；在2016年全国青少年未来工程师博览与竞赛活动中，平安里学校的参赛团队凭借一款精美的伊斯兰风格的建筑群作品，一举拿下了博览项目的金奖。

访谈者 随着新的教学理念、教学形式的不断出现，如STEM、翻转课堂、微课、MOOC、创客教育等，对于教师的专业素质、专业水平也提出了新的要求与挑战。在今后教师队伍的培养上，您还有哪些好的建议？

毛展煜 教师队伍的培养要与时俱进，教师的专业素养和综合能力都必须适应时代的发展，要为培养未来的创新型人才服务。我提以下几个建议：首先要转变教师的教育思想和理念，高度重视"互联网+"带来的改变，将教育信息化和新理念充分融合，用新的"互联网+"的思维去构建新的以学习者为中心的教学模式、学生成长体系和评价体系等。其次是在教师培养中，要适应未来发展，不仅仅要提升专业素养，更加要提升信息素养，特别是和专业知识相结合的信息技术运用综合能力，才能真正地培养创新型人才。再次，建议有关教育行政部门，多组织STEM教育、翻转课堂、微课、MOOC、创客教育等专项的研讨、评比等，树立典型，建立更多的资源。最后还可以开展数字教师认证等工作，并将相关的认证和职称的评聘相结合。

关注学生发展 践行 IAHL 教育理念
——访佛山科学技术学院陈子超副教授

与 STEAM 教育相比较，IAHL 教育的目标重点关注人的终身发展，从人性的角度更关注人的成长和终生幸福，强调将爱好与学习相结合、将爱好与工作相结合、将爱好与生活相结合，在服务社会的同时提高人的生活质量和幸福指数，进而促进科技发展、社会进步和家庭幸福。

——陈子超

个人简介： 陈子超，佛山科学技术学院儿童发展与教育研究中心主任，副教授，硕士生导师，广东教育学会网络教育专业委员会常务理事，教育信息技术杂志特约编审。长期从事微课开发和翻转课堂教学研究，在全国各地开展微课开发和翻转课堂培训，培训高校教师和中小学教师 3 000 多人，主持完成国家级科研课题 2 项、省级课题 8 项、市级课题 8 项、校级课题 12 项。出版了 3 部著作，其中普通高校国家级本科规划教材 1 部、微课开发教材 1 部。发表学术论文 30 多篇，微课和翻转课堂研究论文荣获评国家级和省级优秀论文一等奖各 1 篇、全国学术会议优秀论文一等奖 2 篇。指导本科生和研究生参与科研工作，获得专利和软件著作权证各 1 项、全国大学生"挑战杯"创业大赛金奖 1 项。

访谈者 陈教授，您好。据了解，您从 2012 年开始进行开展翻转课堂的理论研究和教学实践，并将 IAHL 理念融入翻转课堂教学中，请您从学生发展的角度谈谈对 IAHL 教育理念的认识与理解。

陈子超 随着社会发展的需要，近年来国内外纷纷提出了各种各样的教育思想或

---

① 原载《教育信息技术》，2017 年第 6 期。

教育理念。例如美国早在10年前已经提出了STEAM教育，旨在培养和提高学生在科学、技术、工程、艺术和数学五个方面的知识和技能。事实上，这些教育思想也存在一些局限性。随着社会发展和科技进步，社会对人才的要求也不断提高。无论从社会需要的角度还是从个人自身的角度看，都要求社会成员不仅要掌握知识和技能，还要掌握终身学习的能力和关注终身发展。

IAHL教学理念正是基于上述背景提出的，I代表兴趣（Interest），兴趣是一切活动的动力源泉。对于学习来说，兴趣是最好的老师；对于工作来说，兴趣是最好的动力；对于生活来说，兴趣就是幸福指数。

A代表综合能力（Ability），其中包括学习能力、工作能力、生活能力、社交能力等。教育的本质是对人的培养，需要关注人的终身发展，教育的根本目标是培养人终身受用的综合能力。

H代表习惯（Habit），其中包括学习习惯、工作习惯、生活习惯等。拿破仑说，习惯影响一生，习惯影响成败。

L代表综合素养（Literacy），人活在世上，不仅要有科学素养，还要有人文素养、艺术素养、道德素养等，以满足工作、学习和生活等各方面的需要。

IAHL教育注重培养学习兴趣和工作兴趣，培养综合能力，形成良好的行为习惯，将人培养成高素质的人才，从人性的角度关注人的成长和终生幸福，提高人的综合能力、综合素养、生活质量和幸福指数。

访谈者 请您从学生发展的角度谈谈翻转课堂与IAHL理念的必然联系。

陈子超 简单来说，IAHL教育关注的是教育的目标，翻转课堂是实现这一目标的有效路径。

IAHL教育理念注重人的终身发展，从人性的角度更关注人的成长和终生幸福，提高人的生活质量和幸福指数，强调将爱好与学习相结合、将爱好与工作相结合，通过激发人的学习兴趣和工作兴趣，培养综合能力，形成良好的行为习惯，将人培养成高素质的人才。

翻转课堂颠覆了传统课堂的灌输式教学，知识传授通过信息技术的辅助在课前完成，知识内化则在课堂中经老师的帮助与同学的协助而完成，学生由灌输式被动学习变为主动学习和探究式学习，由集中性和统一化学习变为碎片化和个性化学习，由课堂学习变为课外学习和泛在学习，学习效率和教学质量大大提高。以IAHL教育为指导开展翻转课堂教学，可让学生在学习时间、地点、内容、方式、方法等各方面都拥有更大的自由空间，有利于提高学生的自控能力、自学能力、信息获取和加工能力、分析和解决问题能力、协作探究能力、沟通能力和创新能力。

将 IAHL 教育理念融入翻转课堂目的是培养学生终身学习的能力和终身发展的能力。具体来说，就是培养学生终身学习的意识、学习兴趣、学习能力、学习习惯以及终身发展所需的综合能力和综合素养。

访谈者 据了解，您前期的研究中，构建了适应学生发展的基于 IAHL 教育理念的翻转课堂教学模型"一个模式、四个基本点"，请您具体谈谈该模式和基本点。

陈子超 基于 IAHL 教育理念的翻转课堂教学模型，是以 IAHL 教育为目标，以翻转课堂为教学模式，根据学科特点以及学生身心发展规律构建的教学体系。这种教学体系包括"一个模式、四个基本点"。一个模式是指翻转课堂教学模式，四个基本点是指 IAHL 教育理念中的兴趣、能力、习惯和素养。在教学目标实现方面，要牢牢抓住"四个基本点"开展各项教学活动，通过翻转课堂培养和提高学生的学习兴趣、学习能力、学习习惯和综合素养。

访谈者 您在实施基于 IAHL 教育理念的翻转课堂教学中通过哪些环节来实现育人目标？

陈子超 在具体的教学实践中，基于 IAHL 教育理念的翻转课堂教学体系主要按照课前准备、资源开发、课堂学习以及学习评价这四个步骤加以实施。

课前准备：根据 IAHL 教育目标，结合具体学科的特点、分析学科的核心素养组成，设置合适的教学目标和方式，合理安排课前学习。

资源开发：根据教学目标、学科性质、学生特点设计制作符合教学需要的微课、电子书或网络链接等，为学生开展课前学习提供帮助，为培养学生的自学能力、信息获取和加工能力、学习习惯等创造条件。

课堂学习：课堂学习是基于 IAHL 教育理念的翻转课堂教学的关键一环，设计课堂学习方式多元化，可采用情景教学、小组合作、独立探究、协作探究、互教互学、成果展示、讨论答疑等多种教学方式，在实现知识内化的同时，培养学生分析和解决问题能力、协作探究能力、沟通能力、创新能力、学习兴趣、学习习惯和综合素养。

学习评价：基于 IAHL 教育理念的翻转课堂学习评价，除了对知识和技能的评价以外，在情感、态度、价值观方面要重点评价学生的学习兴趣、创新意识和团队精神等。在能力方面，要重点评价学生的学习能力、协作能力、分析和解决问题能力等综合能力。

访谈者 请举一个教学案例进行说明。

陈子超 在实际教学中，我们以兴趣为抓手，通过生动有趣的动画和游戏激发学生的求知欲，培养学生的学习兴趣。在教学过程中，借助动画、游戏和教具开展学习和探究，培养学生的学习能力、学习习惯和探索精神。

例如在小学低年级的语文教学中，我们运用Flash动画软件进行资源开发，自主设计制作汉字演变的动画教学软件，在课前学习阶段提供给学生观看，让学生了解从古至今汉字的产生和发展过程，从而加深学生对中华文化的了解和热爱，培养学生对中国传统文化的学习兴趣。在课堂学习过程中，同时借助汉字动画、成语动画、汉字游戏和教具等开展小组学习、协作探究、互教互学、成果分享等多种学习活动，让学生在掌握知识的同时培养学习能力、学习习惯和综合素养。在课堂学习评价环节，评价的原则强调轻知识重能力、轻结果重过程。

访谈者 通过这样的实践，您有哪些经验分享？

陈子超 我认为，从人的终身发展需要来看，培养兴趣和能力比掌握知识更重要。翻转课堂是培养兴趣、能力、习惯和素养的最佳路径。兴趣、能力、习惯和素养的培养是一个持续的过程，需要在整个基础教育阶段持续实施。兴趣、能力、习惯和素养最好从学前儿童开始培养。幼儿的好奇心和求知欲强，是培养学习兴趣的最佳时期；幼儿是性格形成期，是培养良好学习习惯和生活习惯的最佳时期；通过游戏化教学，让幼儿边玩边学，在轻松愉快的环境中培养和提高其学习能力和综合素养是最佳选择。我们从幼儿园—小学衔接班的教学实验中也证明了这些。

访谈者 对于学生终生发展来说，您认为21世纪的学生需要具备哪些基本能力才能适应未来社会的发展与变化？

陈子超 联合国教科文组织提出了未来教育的四大目标，分别是学会认知、学会做事、学会共处、学会生存。我国明确素质教育是以提高民族素质为宗旨，要面向全体学生，承认个性差异，因材施教，使每个学生在原有的基础上得到生动、活泼、主动的发展，要为学生获得终身学习能力、创造能力以及生存与发展的能力打好基础。

"互联网+"时代开展有"魂"的教育信息化[①]

——访广州市长堤真光中学蔡练校长

信息化不是教育的目的,没有人性与灵魂的信息化会误人子弟。要知道,教育信息化服务于人,其运营及内容也由人来决定并服务于人的灵魂成长。基于此,教育信息化没有最好,只有合适与否。所以,一间学校的教育信息化工作必须立足校情实际,在学校文化、办学理念的引领下,着眼于教师观念和教育方式的转变,以此提高教师队伍的专业水平和学生学习力。服务并帮助人的灵魂与生命成长的信息化才是有"魂"的信息化,才能实现教育效益的最大化。

——蔡练

个人简介: 蔡练,广州市长堤真光中学校长。教育硕士,中小学语文高级教师。2016中国年度教育杰出贡献奖获得者、广州市首期卓越中学校长、广州市优秀教育工作者、广州市创文先进个人、广州市三八红旗手、广州市劳模创新工作室主持人、"广州市好教育"之"好校长"金奖获得者、广州市第十一次党代会代表、广州市越秀区第十二次党代会代表、广州市越秀区政协第十五届委员。

访谈者 尊敬的蔡校长,您好,非常感谢您接受本次专访。据了解,贵校致力于在E+时代,开展有"魂"的教育信息化,您能谈谈教育信息化的"魂"主要体现在哪些方面吗?

蔡 练 最近,有一则消息说由国家"863超脑计划"牵头研制的"高考机器人"将参加2017年的高考,目标是要超过重点本科分数线。从这个消息我们可以看到,信息技术将大力推动教育领域的变革。可以说,未来的教育就是教育的信息化。

[①] 原载《教育信息技术》,2017年第6期。

但是信息化对于教育来说，它只是工具，或者是平台，其自身只是数字 0 和 1 的无限组合，只有给它融入指向性的应用，它才有了"魂"、有了生命，才会有具体的实质意义。什么是指向性应用呢？在我看来，一是时时、处处、人人可学可用的信息化支持的学习环境；二是信息的丰富性、运用的选择性和适用人群的针对性，以体现个性化教育和特色化办学的教育文化。这是信息化有"魂"的关键所在。

长堤真光中学教育信息化的"魂"，主要是指在"世之光"理念的引领下，科技与人文并行，构建新型学习环境、高质高效课堂，激发学习者的学习需求，创新智慧型人才培养方式，给学习带来革命性的变化。例如，教育信息化的实施，云终端和各类平台蕴含着丰富的美的资源，可以对学生进行审美情感的陶冶，是培养人文素养的重要途径。同时，通过实践操作教学，还能培养学生的实践能力和创新精神。

访谈者 您认为这种有"魂"的教育信息化能解决教育教学中存在的哪些问题？

蔡 练 我们所期望的有"魂"的信息化教育应当是让学生发自内心地主动学习，尽可能让学生的智慧得到提升，让学生高质高效地学习，在学习过程中感觉轻松、愉快、满足。针对现实存在的教学时效不够最大化、师生教与学环境较传统、学生知识信息来源较单一等问题，学校在推进教育信息化的过程中，致力于按照以下思路开展应用工作：一是利用信息技术支持，构建最佳教育教学流程；二是应用信息技术支持教育教学活动有效实施；三是利用信息技术，构建学校文化与课程建设的资源平台、实操平台、宣传平台与互动平台。

访谈者 作为一名管理者，请您从管理的角度谈谈如何做到有"魂"。

蔡 练 做到信息化的有"魂"，我们主要从这两方面着手：一是明确学校的教育文化内涵和育人理念，使其渗透到师生内心和学校教育、教学、德育、管理等各个层面，形成文化的整体性和一致性，从而使信息化建设与运用也能充满文化基因与人文情怀；二是信息化设备设施及技术的应用，要充分结合学校文化特色、师生需求与学校发展诉求的实际，才能充分实现信息化的最大效能。总之，就是运用科技力量，传承传统文化，培养师生素养，这正是有"魂"的信息化建设的核心所在。

几年来，长堤真光中学成为广州市义务教育阶段特色学校，学校"世之光"文化特色鲜明，在教学改革与课程改革方面卓有成效，声誉日佳，课改成果辐射效应日益增强，这正是信息化建设与运用的成效体现。

因此，我觉得在教育 E+ 时代，学校亟须教育信息化的强力支持，以高位构建、常态应用、信息与科技素养提升来进一步强化学校品牌。

访谈者 请您从课堂教学的角度谈谈如何做到有"魂"。

蔡 练 实践中，学校不断优化和完善"世之光"课程体系，进行线上线下、校内校外、教师与校外导师联动的特色课程实施体制，有力地支持师生开展课程特色化、学习个性化、项目主题化、选择自主化的教与学活动。在此基础上，学校着力搭建课程云平台，进一步强化特色课程的融创应用，通过云平台为师生提供系统的课程管理和学习过程管理。在云环境下，通过构建线下课程和线上云端课程的多维立体课程体系，帮助学生进行全学科学习、跨界融合学习和个性化学习，以此培养具有独立思考和创新能力的面向国际与未来的人才。

在此基础上，进一步实现知识传播与知识内化、能力提高、思维提升等学习过程的优化，进一步满足学生多元化和个性化的学习需求，优化学校特色办学的实践探索与成果辐射。

访谈者 请您从教师专业发展的角度谈谈如何让教师做到有"魂"。

蔡 练 这里我可以举一个教师成长的案例：在信息技术与教育融合的潮流下，如何让学校的信息教育独具特色、脱颖而出呢？我校陈嘉洁老师开展了校本融合课程——"动感长真，学生手机APP"的开发。这门课程在信息技术"APP开发"教育的基础上，融合了学校文化，提升学生的人文气韵；引导学生在开发APP的过程中领悟如何正确面对与运用当今日新月异的各种信息技术，提升学生的道德品质；同时，该老师还带领科组的老师发挥所长，积极辅导学生参加各种信息技术的竞赛，包括电脑手抄报比赛、网页设计比赛、机器人竞赛、手机APP的开发与应用竞赛，获奖较多。积沙成塔，教师与科组的专业成长显著，这正是推行有"魂"的信息技术教育下成长了有"魂"、有特色、有亮点、有情怀的教育者。

当然，在倡导教师运用信息技术开发校本课程的同时，我们也要进一步加强教师信息技术素养的提升，着重落实计算机学科教学常规，加强对随堂课的调研、分析与评价，重视学生信息技术能力的期中期末考核。加强每位教师的E+时代教育观念和信息技术意识，多进行教学、教材探讨和考核分析。继续以各级微课比赛为契机，加强校内外的相关培训，提高学校教师信息技术的运用能力。

访谈者 在未来的实践中，您有哪些设想？

蔡 练 当然，要紧跟教育E+时代的改革步伐，真正实现教育信息化还存在很多的瓶颈问题。如信息技术与设备的日新月异与教育信息设施设备更新速度滞后的矛盾；信息化技术的专业知识与一线教师的经验性常态教学的矛盾；学校信息化教育教学要求与学生、家庭的信息化学习支持的矛盾；翻转课堂、慕课等现代教学方式与传统学校教育形态的矛盾。此外，学生信息化学习成果如何转化为学习效益和经济效益，成为学生自创的独有知识版权等，都是教育走向信息化过程中必须解决的问题。

立足现在，着眼未来。下一步，学校将进一步依托教育信息化，将教育教学改革工作引向深入。如何充分利用大数据、人工智能等技术、方式和思维,打破学校地域边界、教育资源边界,办一所没有边界的学校,帮助孩子拥有无边界的人生?如何更好地利用现代教育技术帮助学校教育质量的提升?如何将学校百年古建筑与现代AR、VR技术相结合,更好地实现传统文化有创新地传承和发展?带着问题思考,我们将继续深入学习,大胆实践,提高教育信息化的应用质量和水平,为新课程改革和全面实施素质教育服务。

07 创客教育与STEM教育

创客教育促进知识"物"化[1]
——访华南师范大学附属小学吴向东老师

"创客"是来自平民化的草根行动。创客教育正是基于一种平民思想,不以功利性竞赛为目的,让每一个孩子都有机会把学到的知识与现实世界对接,都有机会通过知识的"物"化活动,享受创造与分享的乐趣。

——吴向东

个人简介: 吴向东,华南师范大学附属小学科学特级教师,教育部国培计划等多个项目的专家,广东省中小学教师工作室小学科学工作室主持人,中山大学、华南师范大学和广东第二师范学院兼职教授、教育硕士导师,是国内最早推动 Scratch 儿童编程的教师之一。协作成果 "为创作而教:小学信息技术课程与教学的新探索"获首届国家教学成果二等奖,出版的专著有《数字时代的科学教育——鸢尾花(IRIS)数字化探究之旅》等。

访谈者 吴老师,您好。您在 2015 年 5 月广东省中小学教师培训中心等部门组织的广东省第一届创客教育论坛上提出了促进知识"物"化的观点,期望把创客教育融入科学教育,这是基于怎样的考虑?

吴向东 自从李克强总理关注创客,并从国家政策的高度提出培育众创空间,推动万众创新,创客教育自然就进入了教育工作者的视野。几年前已被介绍进国内的不温不火的创客教育越来越引起人们的关注。但问题接踵而至,贴标签、沾政策红利的教育部门和机构也在创客教育上一哄而上,使原来的课外科技活动、艺术活动等摇身一变成为"创客教育",原来的机器人比赛活动摇身一变成为"创客比赛",如此等等,让人感到担忧。创客教育本身是件好事,我希望这件事情能够保持"初心",希

---

[1] 原载《教育信息技术》,2015 年第 6 期。

望更多的教育工作者,能够理性思考、平和心实践创客教育。

访谈者 在现实中会因实践者的经验或角色的不同而对"创客教育"产生各种理解,甚至被误解。您认为"创客教育"等于"科学教育"吗?

吴向东 在这次的创客教育论坛上,专家和一线教师共同思考什么是创客教育、怎样做创客教育。我个人认为,创客教育不仅是科学教育,而且是多学科、多课程融合的教育,是要到日常教学中去实施的,绝不是只适合少数人的高大上的玩意儿。当然,创客教育更侧重于一些科学探索。因此,我认为,创客教育是一种围绕应用知识去组织教学的活动,其目的是表达创意、解决难题,它更强调促进知识"物"化,能为更平民化的科学探究与创新实践提供路径。

访谈者 的确,这样的出发点才能让创客教育惠及所有的孩子。在此,我们怎么理解促进知识"物"化这一观点呢?

吴向东 我们很清楚,在应试教育的笼罩下,学习指向的几乎都是掌握知识、应对纸笔考试。考试之前知识滚瓜烂熟,考试之后很快就遗忘了,甚至由于"恨死数学了",数学忘得最干净彻底。从小学到中学,孩子们花了12年的时间学习数学,最终留下的却是小学数学水平的知识,多少人还记得初中三角函数,多少人能够记得高中概率与统计,为什么会这样,因为我们很少将数学、物理及其他学科知识与现实的世界对接,很难运用已学的知识去解决实际问题。即便是记得住,也难以把这些知识调用出来解决问题。西方教育家怀特海把这样的知识叫作惰性知识,在中国,我们则称它为"死知识"。促进知识"物"化就是要解决这个问题,要让学生把学到的科学知识应用到现实问题中,将知识转化成"人造物"。比如,可以用反冲力、弹力、摩擦力、推力、拉力、机械结构的知识做出一个跑得又快又远的气球小车,教学活动就围绕设计这样的气球小车来组织,而不是像现行教材那样,主要围绕知识点来组织活动。

访谈者 物理的知识有可能用"人造物"体现出来,生命和宇宙方面的怎么做呢?

吴向东 我们不要把"人造物"理解为一个物品、一个用物质生产的产品。在现代学习理论中,人造物包括用知识设计的实物,也包括研究报告、解决方案、方法策略等概念性的"人造物"。其实,生命科学领域和宇宙科学领域的知识不是不可以变成人造物,比如学了诸多动植物的知识,为种植一种植物、养一种小鱼构造环境,就是"创客教育"的一种实践。宇宙方面,可以做模型,或者把知识变成天文科幻故事作品。促进知识"物"化的形式有很多,选取合适的方法是很有必要的。总而言之,把知识应用出来,与现实世界对接,这是创客教育的一个基本追求。

访谈者 我想,促进知识"物"化会是教育者的共同追求。然而,我们也会面临一些困难,比如学生要学的知识很多,大量采用这样的方法经济吗?

吴向东 人类已有的知识的确丰富，而且仍在爆炸式地增长，采取诸如脱离情境的方法去学习，是以往人们认为有效地让学生去掌握知识的办法。但是，人类几千年文明积累下来的知识太丰富了，脱离现实情境的学习让学生记住了知识，但在发展能力方面却不合适。20 世纪 50 年代，为解决课程内容过多问题，西德的瓦根舍因等提出范例教学理论，他们提倡教学内容要选择最基本的、基础的、范例性的知识来学习，而不是什么都学。现在，美国 K-12 科学教育框架提出要让学生学习核心概念，并深入地学，花大量的时间学，也是出于同样的想法。目前，国家着手高中新一轮课程标准修订，其更加强调培养学生核心素养，学习核心概念，精简教学内容，让学生有更多的时间去思考、体验、解决现实世界中的问题，让知识与现实世界对接起来，让掌握知识、发展能力与人格品质协调起来，这是我们今后努力的方向。

访谈者 创客教育有对象年龄的限制吗？

吴向东 不存在年龄的限制，孩子是天生的创客！幼儿园时期让孩子玩积木，自由搭建，就是一种有价值的创客教育。随着年龄增长，把传感器、单板机、编程、3D 物品设计与打印、激光切割机等技术逐渐纳入进来，他们构造物品的能力会越来越强。

访谈者 小学生玩创客，他们有哪些优势？

吴向东 从我们做儿童数字文化创作课程、"鸢尾花"团队的实践看，小学生是有能力去"创"作的，很多教师也有这方面的成功经验。小学生思维活跃，较少羁绊，想象力丰富，这是成年人都难以企及的。我们做创客教育，就是期望能为小学生提供好的环境，发挥他们的想象力、发展他们的创造力。

访谈者 相信，随着对"创客教育"了解的深入，教师会逐渐认同其价值，但这对教师的能力、素养的要求是不是很高？

吴向东 不一定。不要被创客教育这个词吓着了，它本来就是自下而上、由草根玩出来的最接地气的事物。创客教育不是非要把电子编程的内容加进去，低技术的创客活动同样能做出高大上的作品。多与孩子一起玩，我们才真正体会到什么是教学相长，孩子们的创意是令人吃惊的。如果还是没信心，最好的办法是，把任务提出来，为孩子们提供解决问题的条件，给充足的时间，看着孩子们去做吧，肯定会有惊喜！

访谈者 没有门槛或者低门槛的教育创新实践是广大教师所期待的。如果有兴趣，教师应该如何开展自己的创客教育实践呢？

吴向东 行胜于言，这是加入创客教育实践最好的办法。只要教师能够积极"卷入"，自己去尝试做一些"物"化的"产品"，对创客教育就不会感觉有什么困难。但任何一种教育实践，单靠个人的力量是不足的，我们需要团队，需要协作的共同体。我们期望有更多的人参与到创客教育中来，不仅仅是科学教师和信息技术教师，艺术学科的教师以及其他学科的教师都可以参与进来。我们的理想是所有的学科都在创客教育中自然而然地融合在一起，不分彼此，不再学科本位，使学生不再因为学科的割裂而片段性地理解世界，而是感受到世界是完整的，是相互联系的，是和谐共生的。

从机器人教育到教育创客[①]
——访广州市教育信息中心王同聚老师

　　创客教育的载体非常丰富，可以是智能机器人设计制作、3D 打印技术、开源软硬件、Scratch 创意设计、App Invertor 创新设计、虚拟与增强现实技术、无人机、数控机床、激光切割机、可穿戴设备、陶艺、艺术剪纸、木工雕刻等基于 STEAM 教育的多种学科知识的汇聚与融合。一名创客教师需要掌握多种学科知识，具有较强的动手能力，具备跨界与融合的基本特质，再通过不断进取，开拓创新，全身心地投入创客教育事业，才能有机会成为一名教育创客。

——王同聚

个人简介： 王同聚，广州市教育信息中心教研员，中学高级教师，广东省中小学新一轮"百千万人才培养工程"首批名教师培养对象优秀学员，华南师范大学教育信息技术学院兼职教授和硕士生导师，省、市"百千万人才培养工程"第二批名教师培养对象实践导师，广州市基础教育系统名教师，"智创空间"创始人。主持或担任的科研项目荣获 2014 年（首届）基础教育国家级教学成果奖二等奖 1 项、广州市教学成果奖一等奖 2 项；主持或担任的市级以上科研课题 10 个，其中已结题的 5 个课题获 10 多项省级以上奖励；申请国家发明专利和著作权登记 4 项，其中已授权 2 项；在《中国电化教育》等学术期刊发表论文近 40 篇；编著的创客教育与创新应用教材《智能机器人制作与程序设计》由教育科学出版社出版。

　　访谈者　王老师，您好！从前年（2014）我们的话题"机器人教育"到这次的"创客教育"，您一直在行动。请教您，这两者教育之间有什么联系吗？

　　王同聚　机器人教育是以机器人为载体，让学生以项目学习的方式，通过活动、体

[①] 原载《教育信息技术》，2016 年第 6 期。

验和课程让学生学习机器人知识，以培养学生的动手实践能力、科学探究能力和创新设计能力。创客教育是利用各种开源硬件设计、"智造"东西的教育实践，强调创客文化与教育的结合，基于学生兴趣，以项目学习的方式，使用数字化工具，倡导造物，鼓励分享，培养跨学科解决问题能力、团队协作能力和创新能力的一种素质教育。

这二者之间有着非常密切的联系，即都强调项目学习、设计与创新，学生在活动过程中可以玩中做、做中学、学中做、做中创。但也有明显的区别，创客教育的内涵更加丰富，而机器人教育是创客教育的一部分，即创客教育包含了机器人教育的内容。

访谈者 机器人教育与创客教育有许多交集，但二者所表达的教育理念还是有些不同取向。

王同聚 是的。从二者概念上来看，机器人的"人"是指机器人像"人"而不是真正意义上的"人"，是一种具备人的某些功能或者像人一样能够完成某些任务的"机器"，强调的是教育的"作品"的智能性。而创客的"客"特指的就是"人"，是指努力把各种创意转变为现实的"人"，强调的是教育中的"人"。从这里也发现，从机器人的人到创客中的人，我觉得也反映了当下教育取向，我们更关注教育中的学习者本身，注重发挥人的创意、创新和"智造"能力。

访谈者 您认为创客教育可以代替机器人教育，还是两者吸收性发展？

王同聚 创客教育和机器人教育之间没有替代关系，只能说创客教育包含的内容更加广泛、载体更加丰富，除机器人外，如开源电子制作、3D模型设计、Scratch创意设计、App Invertor创新设计、虚拟与增强现实技术、无人机、数控机床、激光切割机、可穿戴设备、陶艺、艺术剪纸、木工雕刻等都可以作为创客教育的元素，即创客教育的范围更大。因此创客教育更强调跨界与融合、创意与创新、兴趣与爱好。通过创客教育所培养的人，不一定就是高精尖和高大上的人才，创客教育的受众面更加广泛，所培养的人具有平民化、跨界融合、复合型、创新性等特点。而机器人教育所培养的人应该具有高科技、智能化、前瞻性、创新性等特点。但机器人教育可以作为创客教育的一个重要组成部分，毕竟它们之间还有一定的区别，因此不能互相替代，可以依托机器人作为载体来开展创客教育。

访谈者 您如何在机器人教育的基础上通过"智创空间"开展创客教育？

王同聚 从机器人教育到创客教育，不仅是理念的跨越，也是技术的升级。"智创空间"正是基于理念转变的基础，利用技术作为支撑条件，开拓了线下实体空间和线上虚拟空间两部分。"智创空间"开展创客教育的资源结构是由创客教育硬件资源、创客教育人力资源、创客教育教学资源和创客教育课程资源等内容构成。通过线下空间和线上空间开展创客教育，实现了优势互补、协同创新，可以全方位、立体化、多层次、高效率地进行创客教育的普及推广。

线下空间是基于智能机器人创客教育体验中心而创建的实体创客空间，组建了创客教育核心团队；线上空间是由"智创空间"微信群、公众微信号和在线网络课程而组成的一个虚拟创客空间。通过线下空间与线上空间融合组成了一个规模庞大的创客教育团队。

"智创空间"线下空间是由本中心5名核心成员组成的创客教育团队，线上空间由创客教育团队开设了"智创空间"公众微信号，每天推送3~6篇有关创客教育与STEAM教育的文章放在智创空间云平台供大家浏览下载。同时按全国、省、市进行分类创建了8个"智创空间"微信群，在群人数1 500多人，我每天都会精选出与创客教育和STEAM教育相关的5~10篇文章推送到每个群中，通过资源推送，打造创客教育人的成长共同体，营造一种学术交流的氛围，潜移默化影响创客教育工作者，共同了解、关注创客教育和STEAM教育的趋势与技术，实践新模式。进而由这一批创客教育工作者再二次影响并促进身边人的行动，逐步扩大创客教育和STEAM教育的普及面。

访谈者 效果如何？

王同聚 近一年来，"智创空间"得到健康发展和快速成长。通过线下空间和线上空间进行虚实结合、优势互补、纵横拓展、开放共融、协作分享，汇聚一群志同道合的创客教育工作者，融合了集体的智慧，发挥了集体的力量，开辟了一条普及创客教育的创新之路，为每个创客教育爱好者搭建了一个通往教育创客之门的云梯。

访谈者 智创空间通过虚实结合、线上线下互补的方式影响了一批创客教育工作者。在您看来，这批人是否足以推动中小学的创客教育？

王同聚 毫无疑问，这拨人必定是发展创客教育的主体，也是关键要素。但在开展创客教育的过程中，虽然有一拨推动者、实践者，其实还会面临着其他的机制、经费以及整个环境等制约。具体地说，面向中小学创客教育，会遇到诸如空间难建、缺少设备、缺少教材、缺少师资、难以普及等多种问题制约。

我是全国最早一批开展机器人教育的教育工作者，在我看来，个人的想法、行动固然重要，但更重要的是一个好时代、好环境。我们发展创客教育，恰是遇到这样的机遇。2015年1月，李克强总理视察深圳"柴火空间"后，"创客"火了，国家出台了发展"众创空间"的政策，在全国推进"大众创业，万众创新"的背景下，创客教育也创入了中小学校园，"智创空间"也便应运而生，顺应了"互联网+创客"的时代潮流，加速了创客教育发展的步伐。

因此可以说，有了这一拨教师作为实践主体，发挥创客教育团队的精诚合作的优能，再充分整合并发挥各种社会资源优势，包括国家政策大环境的支持、全国各地创客大师们的鼎力相助、教育部门和领导的大力支持就能共同促进创客教育的快速推进。

访谈者 如何破解开展创客教育所遇到的难题？

王同聚 为破解开展创客教育所遇到的难题，"智创空间"创客教育团队通过建设创客空间、购买相关设备、开发配套教材、创客师资培训、构建教学模式、普及创客教育等方式探索出了一条开展创客教育可行之路。具体来说，建成了全国电教系统第一个市级"智能机器人创客教育体验中心"，配置了一批创客教育软硬件资源；创建了"智创空间（ZCSpace）"并获得著作权登记授权；出版了创客教育与创新应用教材《智能机器人制作与程序设计》；构建了适用于开展智能机器人创客教育的"微课导学"教学模式；提出了以智能机器人设计制作、3D打印技术应用和Scratch与机器人融合作为创客教育"三剑客"，以虚拟与增强现实技术（含可穿戴设备）、无人机、App Inventor与机器人融合作为创客教育"新三剑客"；发明了"一种智能机器人创客教育工作台"和"一种悬空感应式电子爵士鼓"等创客教育和STEAM教育的教具；探索了开展中小学创客教育的推进策略：即面向教师开设创客教育继续教育课程、面向学生开设创客教育体验活动课程、面向家长开设创客教育亲子互动课程、面向学校组建创客教育协作联盟、面向社会开放创客教育科普基地、面向欠发达地区开展创客教育普及活动等。

访谈者 您对中小学实施创客教育、培养创新人才有何建议或期待？

王同聚 "冰冻三尺非一日之寒"，创客教育切忌急功近利。衷心希望中小学通过开展创客教育、STEAM教育，能够建设一批富有特色的校园创客空间，培养一批创客教育指导教师，开设跨学科的创客课程。通过校园创客运动促进教育创新；通过创客空间孕育创客文化；通过创客教育推动教育改革；通过创客教育培养创新人才。

创客教育　立足学生发展[①]
——访珠海市文园中学刘伟忠老师

开展创客教育需要教育主管部门、各级各类学校、学科教师和学生的积极参与、相互配合，从教育理念、课堂模式、课程设计等多个方面加以改革和创新；进一步加大投入，像装备图书馆、实验室一样，为学生构建创客空间，并做到因人而异、因材施教，为每一位学生搭建一个施展才华的平台。发展学生核心素养，充分发挥创客教育的优势，切实提升学生的创新能力，真正让他们逐渐从学习者向创造者转变，为他们的智慧人生、精彩人生开好头、铺好路。

——刘伟忠

个人简介： 刘伟忠，珠海市文园中学物理教师、教务处副主任，柴火创客空间第二期培训的创客导师，青少年三维创意社区全国优秀创客导师。在教育教学工作实践中，注重科研和创新，取得了丰硕的教育科研成果。曾在珠海市中小学首期"数字故事"评选及珠海市中小学"促进学生高阶能力发展案例研究论文交流评选"中获奖。近年来参加广东省中小学教师教育技术能力建设项目中级培训、"乐高技术教育创新人才培养计划"中小学骨干教师培训项目、英特尔·未来教育及21世纪课堂评价项目培训，并获得优秀学员、优秀教学设计奖。

访谈者 刘老师，您好。教育部《教育信息化"十三五"规划》中提到：有条件的地区要积极探索信息技术在"众创空间"、跨学科学习（STEAM教育）、创客教育等新的教育模式中的应用，着力提升学生的信息素养、创新意识和创新能力，养成数字化学习习惯，促进学生的全面发展，发挥信息化面向未来培养高素质人才的支撑引领作用。请您从人才培养的角度谈谈对创客教育的理解与认识。

---

① 原载《教育信息技术》，2017年第5期。

刘伟忠 创客教育是创客文化与教育的结合，将创客运动倡导的"动手操作、实践体验"理念融入各学科教学过程，开展基于学生兴趣，以项目学习的方式，使用数字化工具，倡导造物、鼓励分享，培养跨学科解决问题能力、团队协作能力和创新能力的一种素质教育。创客教育不仅向学生讲解事实性知识、解释概念性知识或展示原理的应用过程，更需要激发学生创造的兴趣与激情，培养学生的设计思维能力和原型制作与测试能力。创客教育倡导以创客活动为载体，打破学科界限，通过跨学科、跨界的合作探究，培养具有创新意识、创新能力和创新思维的创新型人才。创客教育将推动我国人才培养模式从标准化转向个性化，从单一化转向多元化，培养"实战型"科技创新人才，为创新型国家建设提供人才支撑。

访谈者 贵校以"一个核心、两大策略、三种渠道、四个转变、五个结合"的理念构建依托学生社团活动的青少年科技创新特色项目的教育体系和运行机制，全面提高学生科技素质，促进学生综合发展。请您具体谈谈"一个核心、两大策略、三种渠道、四个转变、五个结合"的理念。

刘伟忠 学校把创客教育作为实施学生核心素养培养的突破口，将创客教育活动与学生社团活动的实施有机结合，以"一个核心、两大策略、三种渠道、四个转变、五个结合"的理念构建依托学生社团活动的青少年科技创新特色项目的教育体系和运行机制，全面提高学生科技素质，促进学生综合发展。创客教育构建的核心理念是"以学生发展为本"的教育核心思路，发挥传统科技特色项目优势策略，开拓创新依托学生社团活动科技特色项目品牌策略；面向全体学生，面向特长学生，面向精英学生；实现四个转变，即教师角色的转变（从指导者到合作者、参与者和指导者）、指导方式的转变（从教学问到教学习）、活动内容的转变（单一学科到多学科综合、渗透）、评价机制的转变（从结果性评价到形成性评价为主）。创客教育实践的五个结合分别为：学生成长与教师发展相结合，校内资源与校外资源优势互补相结合，普及与提高和谐发展相结合，课程改革与创客教育有机整合相结合，从事教育教学科学研究与有效指导创客教育相结合。

访谈者 具体是如何实施的？

刘伟忠 近年来，文园中学依托全国青少年三维创意设计示范校，着力打造学校创客教育实验室和社团活动。目前，学校创客教育已经初具规模，形成了以晨天工作室、3D打印、机器人创意、创意电子搭建为主的科技创新区，以及以理化生学科实验为主的实验探究区。各种社团活动蓬勃发展，机器人创意搭建社团、3D打印与三维设计社团等科技社团树立了学生的团队意识、社会意识、科学意识及创新意识，使学生接触、感知和体验更多最前沿的技术，开阔了学生视野，提高了创造性思维及能力，激发了学生求知欲望和创造热情。基于社团活动室的创客教育突出"兴趣特长、动手实践、创意创新"特质，着力培养学生创新思维和实践探究能力，探索实现学生发展高成长性的有效模式。

学校开展的创客教育，要求教师为学生设计相关的教学活动，引导学生在实际动手过程中进行探究式学习，促进他们在"做中学"。"做中学"强调教育应该面向社会和学生个人生活的实际应用，使他们运用所学知识思考问题并解决问题，且能够在不同情境中解决类似问题，教师可以开展相关的手工艺活动和科学探究活动，如创意电子积木、三维设计和3D打印模型构建等。"做中学"有具体时限，并包括反思性观察、思考和验证的循环，其模式可以认为是学生通过观察、提问、假设、动手、表达、交流等活动，在体验探究的过程中学习基础知识，发展思维和探究能力。

3D打印和三维创意设计的创客课程已成为创客教育的典型代表。基于STEAM的教育理念，"三维创意设计"课程将多学科的基础知识整合在若干教学项目中，以培养创新人才为目标，采用多种手段与多种途径、综合多学科知识与技能的创新课程成为培养学生创新精神和实践能力的主要手段，在课堂中进行系统的情境教学。在对三维设计和3D打印等先进技术手段的应用过程中，有助于学生学会设计、学会思考，形成良好的思维习惯和行为习惯。

访谈者 通过创客教育实践，您认为学生相比以往有哪些不一样？

刘伟忠 创客教育提高了学生的科学素质，表现为：一是增强了科学兴趣，科学探究蔚然成风；二是形成了初步的科学态度和科学精神，他们追求真理，百折不挠，实事求是，不迷信权威，不轻信传说；三是增强了观察能力、想象能力和创造思维能力；四是掌握了基本的科学探究方法，收集资料、鉴别材料、实验操作、分析对比，归纳总结得出结论；五是养成了科学习惯，他们严谨务实，勤于观察思考。在创客教育活动中涌现出一批优秀学生和优秀成果，一批科技创新积极分子与社团活动骨干因文园中学的培养，正在茁壮成长，升入各高中后在各级科技创新大赛中大显身手。近年来，有280多人次获得市以上的科技创新大赛奖，这些学生升入高中后，是科技活动的骨干。

访谈者 作为柴火创客空间第二期培训的创客导师、青少年三维创意社区全国优秀创客导师，您有哪些经验分享？

刘伟忠 创客教育的核心目标是在基于项目的实践中，培养学生发现问题和解决问题的能力，应以培养学生的创新精神和实践能力为切入点，以提升学生的核心素养为目标，以学校创客空间建设为着力点，逐步形成创客生态体系。现阶段的创客教育关注"造物"，关注基于真实世界的学习，是一个综合性、实践性很强的以跨学科学习为特色的教育领域。创客教育应该注重过程，让学生体会创客乐趣，从中找到自己的价值和自信心、成就感等。创客教育的可持续发展，需要更多学科的教师的参与，如科学、数学和艺术。尤其是当前的科学教育轻实践操作，过于重视解题，非常需要汲取创客教育的优点，用各种有趣的科学项目来吸引学生投入科学研究中。创客教育要深入课程，以"核心素养"为指引，以系统观来统整原有的教育系统，构建起一个联通教研、科研、管理部门，学校和教师、学生、家长等多方共同参与的育人环境，一种强调过程性评价、表现性评价和多元评价的新型环境。创客教育还要充分利用外部力量，借助"外脑"，引进高端"智库"，让创客教育真正为落实学生核心素养的发展助力。

访谈者 请您谈谈对创客教育未来发展的展望。

刘伟忠 创客教育是对传统课堂教学的有效补充，不在于一定要让孩子们创造出什么，而是要让他们注重创新创造的方法，培养创新意识，适应未来社会的需要。创客教育要树立"围绕现实生活创新创造"的培养理念，从顶层设计、基地创建、师资培养、课程建设、活动融合五个方面着力，全力推进创客教育发展，引导学生将科技创新知识应用到科技创新项目的实践中。打造中小学生创新创造成果的展示平台，举办中小学创客文化节暨科技创新大赛。大力发展校园创客空间，让教师、学生开展科技创新实践活动有固定的场地、工具和适当的经费保障，让创新实践活动成为学校的常规教学活动。未来的创客教育，将逐步开启互联、智能、感知、泛在等新型的教学形态，借助信息技术，融合多学科知识，通过发现学生兴趣点、挖掘学生潜力点，激发学生"动手、分享、解决问题"的行为，提升学习内驱力，促进学生个性化发展。

创客文化教育和未来创新学校的建设之路[①]
——访深圳市前海港湾小学罗朝宣校长

  我坚信不管是管理人员、普通教师还是学生，如果具有勤于实践、勇于探索、敢于创新的创客精神，如果具有精益求精、持续改进、追求卓越的工匠态度，就必然受益终生。

——罗朝宣

  个人简介：罗朝宣，中国教育学会会员，全国教师创客联盟常务理事，广东省第三批骨干校长培养对象，广东省教育学会校本课程专业委员会理事。目前担任深圳市前海港湾小学校长，参与南山区4所学校的改造和创建，都取得显著成绩。长期致力于信息技术与课程深度融合以及课程综合化的研究，主持和参与多项国家级、省市级、区级课题的研究，率先将创客文化教育导入学校课程建设，撰写的多篇论文在研讨会中获奖、在刊物上发表，制作的案例和电子教材由出版社出版发行。

  访谈者 罗校长，您好。据了解，贵校荣获2016深圳教育盛典"教育创新特色学校"奖，同时也是深圳市第三批智慧校园示范校。贵校在顶层规划、学习环境、课程与教学、管理等方面进行了创新，请您结合创客教育的实践谈谈学校在顶层规划上的创新。

  罗朝宣 很高兴有机会和大家讨论创客文化教育，我个人始终坚持认为学校应开展创客文化教育，而不是创客教育，两者虽然只差两字，但内涵截然不同。港湾小学把创客文化作为学校文化的底色，对创客文化有自己的解读。我们对创客文化的精髓可用一个等式描述："创客文化底色 = 创客精神 + 工匠态度"，创客精神可诠释为勤于实践、勇于探索、敢于创新的精神；工匠态度指精益求精、持续改进、追求卓越的态

[①] 原载《教育信息技术》，2017年第5期。

度。港湾小学把"创客精神+工匠态度"作为学校文化的底色,从而促进学校顶层设计创新。学校的顶层设计主要包括三个层次内容,首先是核心教育思想,其次是学校培养总目标,再次是学校特征。港湾小学的核心教育思想是"爱的港湾,梦想起航",我认为学校应办成培育爱、传递爱的港湾,用梦想激励孩子起航的陆地。做有根的现代特区小公民是学校培养总目标,有三条主根:健康之根、中华之情、创新之魂。学校有四个特征:国际化、信息化、创新和传统相融、科技与人文互进,这些特征是未来创新学校应具备的鲜明特征。港湾小学快速优质发展的密码就是以创客文化底色为支撑,用系统的顶层设计引导课程与教学方式、学习空间、学校管理与治理创新。

访谈者 这样的顶层设计为学校创客文化教育的实践提供了哪些保障?

罗朝宣 显而易见,顶层设计已经把创客文化作为学校的文化底色,给学校文化注入创客文化基因,这样创客文化教育就自然地渗透到课程与教学、学习空间等方方面面,让创客文化教育成为全体教职工、家长、学生的自觉行为。我们开发"科学与技术创新课程",从一年级开始将创客文化教育和学科教育融合,另外学校还建设了信息科学创客文化中心,成立少年创新院等学生创客社团,引进专业的创客组织SZDIY进驻校园,并广泛与美国、芬兰等国家的创客教育机构开展交流活动,这样就可以持续推进创客文化教育。

访谈者 从学生发展的角度来讲,贵校在开展创客文化教育的实践中为学生创设了哪些学习环境?

罗朝宣 以走廊博物馆和室内学习空间融合的形式,打造智慧、生态、审美的信息科技创客文化中心,自然历史博物馆、信息科技博物馆、科学探究室、未来教室、学生创客活动空间、设备加工间与"中草药坊""竹林""童爱田园"等生态学习空间,互补相融形成不同主题的开放式空间,融博物馆、展览厅、休闲交往中心、学习探究中心为一体,满足移动学习、探索发现学习、跨学科综合学习的功能,不但满足课程开设和教学需要,学习空间本身也是丰富的课程资源和系统的氛围课程,显著的创新就是学习空间课程化。

访谈者 请您结合具体的案例进行说明。

罗朝宣 港湾小学不是简单地一味堆积设备和平台,而是将移动互联和多点触控技术、物联网和大数据思维融合到学校整体建设,通过导入创客文化,打造一个智慧、生态、审美的学习空间,我们以"全域信息化"的思路打造全新一代的智慧校园、国际生态校园和未来的学习空间。遍布校园的传感器,通过物联网所提供的大数据,帮助学校的管理团队更快速地了解校园内正在发生的事情。校园里的每一处植物上都配有二维码，学生只要拿出智能设备，扫一扫二维码，植物的名字、习性、特点等知识就完全呈现。环绕教学空间的21个品种的竹子和中药草等植物、校园中的小动物、鱼菜共生系统，都是我们教学的资源与课程。

访谈者 从课程与教学的角度来说，贵校通过引入创客文化助推核心课程的改革与创新，建设"智慧与生态"校园，构建"吾爱"课程体系，请您具体谈谈"吾爱"课程体系。

罗朝宣 课程是达成培养目标的总体策略方案，是学校的核心竞争力，港湾小学的课程文化是：导入创客文化，促进课程变革力，构建"吾爱5I"（Informational 信息化，International 国际化，Integrated 综合化，Intelligent 智慧型，Innovative 创新型）课程体系，课程体系纵向贯通目标，横向融通边界，促进跨学科综合学习，从而弥补分科教学的不足，培养学生面向未来的关键能力和综合素养，以课程和教学方式创新推进未来创新学校的建设。港湾小学课程以创客文化为底色，具有根学科综合化的鲜明特征，根植于学科，通过拓宽和生成的方式，对学科课程进行校本化改造，以学科融合为基础，形成学科课程、活动课程、氛围课程相互依存和促进的综合化课程体系。

综合化的课程体系是为了促进学生学习而设计，开足开齐国家规定的课程，在不增加学生学习负担的前提下，积极设计开发校本课程。通过学科拓宽的方式开发语言交际课程和艺体情趣审美课程，通过融合生成和交叉领域拓展生成的方式，设计开发出科学与技术创新课程、中华茶文化课程、基于数学财商教育课程、基于美术的摄影课程等，活动课程以统整项目的方式开发以国际理解教育为目的的"难忘的节日"系列课程，以环境教育和社会责任教育为目的的前海地域文化课，以博物馆、展览厅等形式设计开发氛围课程。港湾小学还根据培养目标和课程内容要求等因素，设计开发游戏化、多元化、综合化的评价体系（如图1所示）。

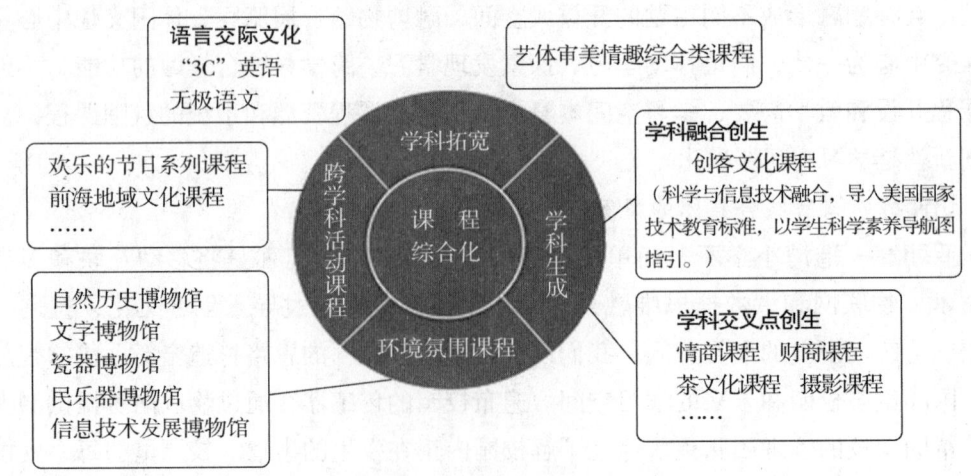

图1　课程综合图谱

访谈者 这种课程体系又是如何将创客精神和工匠态度渗透到教育教学的每一处细节的？

罗朝宣 以科学与技术创新课程（简称"科创课"）为例，这门课程将科学与信息技术课程融合，导入美国国家技术教育标准，根据儿童科学素养导航图，嵌入创客教育模块，形成基于学科融合的跨领域综合课程，从小学一年级开始开设。从内容维度来说，一方面针对常规教学采取模块化教学，以教材的单元主题作为课程主题，将知识和实验进行整合，结合信息技术和创客进行了多种特色教学；另一方面针对特色教学采取项目式教学，如本学期以生物圈为主题开展课程整合活动。另外，从课堂表现形式来说，有鉴于标本和软件的虚拟环境式教学，也有让学生置身于真实情景的科学教学。从技术维度来说，借助传感器等先进的现代化信息工具进行科学探究实验，全面推进科学课程的重构与创新。同时引入3D打印技术、智能机器人技术等创客模块教育，建立DIY社区，培养学生的想象、设计、操作、创作等综合能力。学校广泛开展科技创新社团活动，积极创建符合本校特色的学科创新社团或科技创新社团。开展区域合作研究，积极参与国际合作项目，尤其是以信息科技为基础的机器人创新、环境工程、OM创新、3D打印等领域的项目，通过学科课程、活动课程、氛围课程三位一体来培养学生的创客精神和工匠态度。

访谈者 创客文化教育的实践给贵校带来了哪些变化？

罗朝宣 我们学校提倡并积极推行创客文化教育，把具有港湾内涵的创客文化作为学校文化的底色，把创客文化教育植根于课程，弥散于环境，强化于学校管理和治理之中。港湾小学开展创客文化教育的目的不是培养创客，而是在孩子幼小的心田播下创客文化的种子，用爱心呵护，用梦想浇灌，期待这颗种子在创新文化土壤里生根、发芽、开花、结果。这样的创客文化教育的实践，也促进了教职工的创新意识、创新思维与创新能力，创客文化成为推动学校创新发展的巨大引擎，保障学校快速优质发展。港湾小学虽然建校不到两年，但收获颇丰，荣获南山区第三届教育改革创新奖"特等奖"和深圳市办学先进单位称号，被评为"深圳市100所智慧校园示范校"，挂牌成为"全国教师创客实践基地学校""深圳市中小学创客实践室""南山少年创新院分院""南山区教师发展基地学校""中国摄影家协会青少年摄影学校""深网小记者站"，国内外多家媒体报道学校的创客文化教育，学校被誉为"未来学校的样本"。最大的变化就是短时间内，从一所新学校变成社会各界广泛认可的优质学校。

访谈者 贵校力争打造高品质的"未来创新学校"，着力培养学生面向未来的关键能力与核心素养。您认为创建这样的未来创新学校，管理者、教师、学生需要具备哪些能力或素养？

罗朝宣　拿破仑说过:"一头狮子带领的一群羊,可以打败一头羊带领的一群狮子。"我提倡在港湾小学"人人都是引领者"!由此,学校设置了并行不悖的两条线:"行政线"精简机构,实行扁平化管理,人员相对固定,大胆任用有能力、有冲劲的新人;"项目线"的人员相对灵活,人人都有机会成为项目负责人。

我认为中层的管理能力决定学校发展的水平,港湾小学就是把中层当作未来校长来培养的,所以无论课程领导力,还是行政事务协调解决、学校的宏观发展规划,这些本属校长应该具备的能力,都是中层的必修课。他们需要把握360度全方位管理原则,向上沟通领导、横向协调同事、向下管理下属,每个人都要有一定的课程领导力、质量控制能力和综合执行力,管理人员还应具备精益求精、持续改进、追求卓越的工匠态度。

教师是我们学校可持续创新发展的核心力量。从师德方面来说,具有爱心与奉献精神是首要的;从教师专业能力来说,应具有TPCK素养,即技术知识(T)、教学法知识(P)、学科内容知识(C)、整合技术的学科教学知识(K),更高的要求是具有为促进学生的学习而设计与开发课程的能力。

对学生的培养,我们致力于将学生培养为"有根的特区现代小公民",即具有健康之根、中华之情、创新之魂,又有国际视野、规则意识和合作意识,具有面向未来的核心素养(资讯素养、媒体素养、ICT素养)和关键能力(创新能力、国际竞争能力、终身学习能力)。

创客教育：培养创新型人才[①]
——访珠海市斗门区莲洲镇横山中学梁辉晖老师

  创客教育我们才刚刚起步，正所谓"路漫漫其修远兮，吾将上下而求索"。我相信通过我们全体创客教师的努力，先改变自己，自我学习，不断锐意进取，在政府的大力支持下，在专家的引领下，为国家培养创造型人才的理想一定可以实现。

——梁辉晖

  个人简介： 梁辉晖，广东省"百千万"人才名师培养对象，广东省信息技术学科带头人，2016年被评为珠海市首批教师工作室主持人、珠海市第四批名教师、广东省网络名师工作室主持人。珠海市斗门区莲洲镇横山中学副校长、信息技术中学副高级教师。多节优课在国家、省、市级获奖，多篇论文在省级以上核心刊物发表，主持多个省、市级课题。近年来专注学校创客教育工作，2017年曾随广东省"百千万"理科名师团赴澳大利亚、香港学习，随省"百千万"名师团多次到省内各地讲课，在市内也多次开办关于创客教育的讲座，起到示范带学的引领作用。

  访谈者 梁老师，您好。《广东省教育信息化发展"十三五"规划》中提到要构建新型学习模式，有条件的地区探索信息技术在"众创空间"、跨学科学习（STEAM教育）、创客教育等新型教育模式中的应用。据了解，您目前主要研究创客教育，请谈谈您对创客教育的理解。

  梁辉晖 李克强总理在2014年9月的夏季达沃斯论坛上提出，要在960万平方公里土地上掀起一个"大众创业""草根创业"的新浪潮，形成"万众创新""人人创新"的新形态。这需要社会有创新型的人才，而创新型的人才需要学校的培养。学校培养创新型人才一个最好的抓手就是创客教育。我们把创客教育引进学校，旨在培养

[①] 原载《教育信息技术》，2018年第7、8期。

学生的创造性思维。北京师范大学傅骞教授说:"只要有创造和分享就可以定义为广义的创客。"基于这一点,我们可以在每一个学科进行创客活动,如音乐,我们先做好曲再拿出来演奏分享,这样就是创客;再如美术,我们的画是自己创作的,再拿出来办画展或是跟人分享我们的创作思路,这也是创客。因此,创客不单单是信息技术学科独有的,要把创客落实到信息技术学科里,我们可以把它用来着重培养学生的计算思维,体现信息技术的学科素养。而这表现出来,体现在我们开设的机器人竞技、电子创意编程、App Inventor、3D 打印、无人机等项目学习课程。

访谈者 请您谈谈开设的这些课程融入了您的哪些教育教学理念。

梁辉晖 科技是为了人类更好的生活,不论我们要创造什么,我们都是以改善人们的生活为出发点。广东省教育技术中心林君芬博士曾讲过,信息技术教学要在人文视野环境下进行,我们不能在信息技术学科教学中只教技术。因此,我在教学过程中一直强调在人文视野环境下进行创客教学。

建构主义认为,知识不是通过教师传授得到,而是学习者在一定的情境即社会文化背景下,借助其他人(包括教师和学习伙伴)的帮助,利用必要的学习资料,通过意义建构的方式而获得。由于学习是在一定的情境即社会文化背景下,借助其他人的帮助即通过人际的协作活动而实现的意义建构过程,因此建构主义学习理论认为"情境""协作""会话"和"意义建构"是学习环境中的四大要素或四大属性。这正是我强调在人文视野下进行创客教学的初衷。首先要为学生创设情境,其次在教学过程中给学生分组,每个学生在组内要有角色任务,让他们有"协作"和"会话",并且让他们在试错中不断地学习成功。

如上 Micro:bit 第一课"显示图形"时,我为学生创设了制作智能贺卡送给父母的情景,先上心形图案跳动,再学习如果按 A 键就出现 I LOVE YOU Father(Mother)的技能,把整节课的课题设计成"感恩父母—Micro:bit 第一课显示图形与文字"。总的来说,创客教育必须要融入人文环境,结合技术,解决实际问题。

访谈者 您认为创客教育培养学生哪些能力?

梁辉晖 创客教育本身是跨学科的,因此它培养学生的是一种跨学科解决问题的能力,同时还有团队合作精神。如我们要做一个智能灯,其功能是:如果有人在室内,并且光线过暗的情况下,灯就会自动开启;如果没有人,哪怕光线再暗灯也不能开启。这样需要先把灯的线路接好,再对 Arduino 板进行编程,最后为了美化外观,我们还要对灯进行包装。这里,线路连接就是物理知识,而 Arduino 板编程就是计算机知识,美化外包装就是美术设计的问题。所有的这些都是在跨学科的背景下完成。如果完成的工程比较大,则需要一个团队才可以完成。另外,像这样一个智能家居系统，团队合作精神是必不可少的。所以创客教育培养学生的能力是多方位的。

访谈者 信息技术与教育教学融合已成为一种趋势，请结合具体教学谈谈如何将创客教育融入您的课堂教学。

梁辉晖 珠海从2017年开始就在探究同课同构的教学模式，即两位教师用一样的教案给一样的学生上同一节课。可能有人要问，这样的课有必要吗？我觉得是有必要的，这样的课在跨学科的深度融合上是非常有必要的。我将在今年（2018）的9月与我校的物理学科张庆敏老师同上一节"智能温度计"的市级公开课，我的设想是先让张老师讲温度计的工作原理，这是物理知识，物理教师讲非常合适。接着我就讲，随着科技的进步，出现了电子智能温度计，今天我们的目标就是要利用Micro：bit做一个智能温度计。一般情况下，温度计会显示当前的温度，而我们的智能温度计会做出高温和低温提醒，让人们做好应对准备。最后还要留一个作业给学生，如何把我们的智能温度计改得更智能呢？让学生在课后继续创客的思考和研究。

访谈者 在开展创客教育的实践中，您遇到了哪些瓶颈？

梁辉晖 在开展创客教育的过程中，我觉得瓶颈是师资的问题。现在学校要做到闭环的教学非常困难。所谓闭环的教学就是先把创意电子部分的电路程序做好了，接着做外包装，最后可以通过App Inventor控制这个创意电子产品，做到物联网。但这样我们需要计算机程序设计类的教师、美术教师、物理教师等。我们很多教师之前没有创客教育的经验，这些教师要在不同学科间做到无缝链接是非常困难的，它需要教师具备以上几个学科的综合素养。

访谈者 如何破解？

梁辉晖 首先，给教师提供学习培训的空间和时间，加强教师自身对创客的认识。其次，给教师提供交流的机会。创客教育本身是一个提倡分享交流的教育。因此，要鼓励教师通过公开课、作品展等形式多交流。最后，教科培可以通过少年宫或区域办学的形式，把各个学校的优秀教师集中起来，建设人才库，完成闭环的教学环境。

访谈者 您有哪些经验分享？

梁辉晖 珠海市教研室在这方面做了大量的工作，我市每个月都有一次由各个创客基地承办的交流活动，有的是电子创意编程类，有的是3D打印类，还有一些是请外面的专家进来讲学，形式多样，给整个珠海市进行创客教学的教师提供了交流学习的空间。另外市、区两级教研室大力支持，拨款专项经费，给各创客基地学校购买必备的设备和器材，提供到市外学习交流的机会，积极参加比赛交流心得。

访谈者 您认为作为一名教师，如何成为一名合格的创客教师，需要具备哪些素养？

梁辉晖 我觉得一名合格的创客教师要具有以下几个方面的素养：

一是创新的意识和创新思维。我们要求学生要创新，首先教师自己要有创新的意识和创新思维。

二是设计的意识和设计思维。一个好的创意作品往往需要经过仔细的设计才可以成形，小到电路和程序，大到作品整体的外观，都要经过设计。

三是实践意识和工匠精神。往往我们有一个很好的概念或是想法，但在做下去时就会遇到很多问题，这时如果放弃就会前功尽弃，因此我们需要一种坚持不懈的工匠精神才可以完成一件作品。

四是分享的意识和团队精神。创客不是闭门造车，而是需要分享，因此当我们有好的作品时，需要通过科技节或是公开课等形式把作品与他人分享，也可以听同行的意见进行改进，听取意见和建议时需要我们的团队合作精神。

五是安全意识和试错精神。其实每一项发明创造都是在不断的错误中产生的。我们在做创客作品时，需要反复试错，同时要教育学生有安全意识，进行试错不是盲目地试错。

开展 STEM 教育实践　培养未来创新人才[①]
——访广州市天河区教育局教研室雷晓晖老师

为未来而教，为未来而学，为未来培养有社会担当的科技创新人才。

——雷晓晖

个人简介： 雷晓晖，广东省特级教师，广东省第二批教师工作室主持人，广州市名教师，广州市首批教育专家培养对象。曾被评为全国学会系统优秀教师、广州市劳动模范、广州市优秀教师、首届广州市小学优秀科学教师（十佳），多次获评广州市青少年科技教育活动先进工作者。中国教育学会科学教育分会会刊《科学课》曾将其作为广东省小学科学教师的"领军型"人物予以报道，其执教的课例多次作为广州市教育信息中心（广州市电化教育馆）培训范例。近年来研究 STEM 教育，指导多个学校在 STEM 的教育教学案例和通过 STEM 推动学校整体发展。

访谈者　雷老师，您好。2017 年 6 月，中国教育科学研究院发布的《STEM 教育白皮书》中提出：STEM 教育是面向所有学生的培养综合素质的载体。教育部《教育信息化"十三五"规划》中也提到了有条件的地区要积极探索信息技术在"众创空间"、跨学科学习（STEAM 教育）、创客教育等新的教育模式中的应用。请谈谈您对 STEM 教育的理解与认识。

雷晓晖　首先 STEM 并不是一个很新的概念，它来源于理科的综合教育，甚至可以说我们小学科学是 STEM 的一个很好的代表。STEM 教育成为当前教育信息化发展的热点，对推动教育教学改革是非常有意义的，因为可以打破我们传统的分学科学习，培养单一人才的惯性，实现多学科融合的应用，避免了教育信息化发展中过于强调技术的应用，让信息技术真正为解决真实的问题服务，反过来还会促进技术的革新。

[①] 原载《教育信息技术》，2018 年第 10 期。

访谈者 请您从培养未来创新人才的角度谈谈 STEM 教育的价值主要体现在哪。

雷晓晖 STEM 教育的价值主要体现在跨学科的学习和运用上。因为它真正地回归到我们学习和运用的本质。像我们在生活中解决一个问题，你是不是只按某个学科的知识去解决？其实，我们都是把我们所学过的知识进行综合运用，才能够解决一个实际问题。

访谈者 您认为 STEM 教育的关键点是什么？

雷晓晖 STEM 教育的最关键之处在于师资，或者说短板之处在于师资。目前来说，我们的老师都是分学科教育出来的，受综合理科教育的极少，只有个别师范院校开设了科学教育专业，但是科学教育专业的学生在上大学之前同样也是分科学科教育出来的，甚至高考也是选择相对单一的理科进行考试。所以老师们不管是在学科知识储备还是在综合运用能力，或者教学理念上，都是准备不足的。当然课时如何得到保障和教育政策上的导向，也是 STEM 教育实施的关键。

访谈者 据了解，天河区开展了 STEM 教育实践，立足点是什么？

雷晓晖 前面提到，STEM 教育的最关键之处在于师资。所以我们培训先行，面向全区中小学校，深入开展 STEM 教育的学习与培训，使校长和老师们全面了解 STEM 教育的发展历程、课程特征、课程内容及实施的方法与技术。天河区教师进修学校今年（2018）4月邀请李克东教授、张新华教授和我，对全区骨干教师开展专项培训，让老师们充分认识 STEM 教育的课程价值。区教育局教研室组织各学科教师开展教学研讨，力图在各科教学中渗透和体现 STEM 教育的思想方法。

STEM 项目的推进，不仅仅是教研室的事情，我们的努力得到领导的重视，天河区教育局和教师进修学校都参与其中。根据天河区科技教育的传统，结合综合实践活动课程（Comprehensive Practice Activities，简称 CPA），以培育 STEM 教育特色学校为抓手，探索 STEM 教育实施模式。天河区高等院校和科研机构、高新企业林立，借此资源优势，校企合作、校校合作，利用高科技智库开展多种形式的合作。在 STEM 课程标准研制、资源采用、课程开发、实施策略、成果形成等层面上，予以资金支持。今年3月开展宣传和动员，9月采取学校申报、专家评审的方法，评出 STEM 教育科普基地1个，予以10万元经费支持；STEM 教育特色学校2个，每个学校予以5万元经费支持；10门 STEM 教育特色课程，每门课程予以2万元经费支持。

访谈者 具体开展了哪些实践，请您结合具体的案例进行说明。

雷晓晖 STEM 教育理念对学校整体发展有着意义重大。我们选择了对 STEM 有充分理解并且用于改革的两个学校，骏景中学尝试在理科、体育西路小学尝试在全学科以 STEM 教育理念为指导，引领学生进行多种形式的学科融合学习活动，推动教师教育理念的更新、学科教学的改革。

在广州市教育局、广州市青少年科技教育协会组织的 2018 年首届"穗港澳 STEM"年会上，南国学校的"走进现代农业"和体育西路小学的"让课堂情景动起来"的课例，受到与会教师的好评，香港多位教师在点评时认为这两节课，是真正体现理科思维的学科融合课。

其中，"走进现代农业"一课，通过家庭菜园导入，结合生物、物理、化学等学科的相关概念尝试设计智能菜园，以体验、讨论、探究等方式，使学生在活动中提升数据分析与整合的能力、探究能力以及严谨求知的科学态度。

"让课堂情景动起来"的教学对象是小学六年级的学生，通过一项关于语文课文插图的调查，提出了用 Scratch 指令来让课文场景动起来的任务，丰富语文学习的资源。此项目源于学生真实的学习需求，Scratch 指令为解决学习中的问题提供学习支架和交流的平台。从学习兴趣上来看，六年级的学生喜欢用 Scratch 软件来创作作品、表达信息、交流想法，体现个性与创意，希望创作出生动、有趣的语文课文插图动画。

这两个成功的案例，除了我从选题到设计一直参与以外，南国学校的李荣荣校长和体育西路小学的林雁校长与项目组老师一起一直参与集体备课，通过多次的磨课、颠覆性的修改，这样的教学实践让大家对 STEM 有了更深的理解。

访谈者 在开展 STEM 教育时遇到了哪些困境？

雷晓晖 有的。刚开始很多学校的领导和老师不了解、不理解、不重视。在得到重视后，又对 STEM 教育理解上有偏差，甚至有方向性错误。例如，将某个科技项目或者单一的信息技术运用就作为 STEM 教育，比如 3D 打印、无线电测向等。

访谈者 面对这些困境，您有哪些好建议？

雷晓晖 还是要继续做培训和指导。比如有个学校拿着 3D 打印申报 STEM 课程，我就告诉他们，纯粹教授 3D 打印技术是不能作为 STEM 课程的。如果以项目学习的形式加入对现实问题的观察，对解决问题进行分析与设计，用 3D 打印技术造物从而解决现实问题，这样才是 STEM 教育。该学校很快转变思路，在课程设计上初见成效。

访谈者 对于未来学校开展 STEM 教育，您有哪些新的想法？

雷晓晖 我认为学校教育必须面向社会、面向未来。这不是一句口号，是需要通过课程落实到学校教育中。比如，校企合作，特别是企业中的高新技术应用，让学生接触、了解甚至参与其中。还可以通过物联网，让更多有共同兴趣的人参与同一问题的解决，可以跨年级、跨地域、跨学科等。

用创新教育思维 培育未来特区人才[①]

——访深圳市龙岗区同心实验学校方昱校长

创新是一个民族进步的灵魂,是一个国家兴旺发达的不竭动力,也是中华民族最深沉的民族禀赋。创新的关键在人才,人才的基础在教育。我们推行的创客教育为创新型人才的培养铺下了重要的基石。我们将一如既往,努力为中小学生营造创新的氛围,搭建创新的舞台,用创新的教育思维培育新一代深圳特区少年。

——方昱

个人简介: 方昱,中学高级教师,深圳市龙岗区同心实验学校校长,"中国青少年创造力大赛"2016年度创新型校长,深圳市优秀教师,龙岗首届数学学科带头人,龙岗区首届十大优秀青年,"问题导学"特色工作室主持人,龙岗区名校长工作室主持人。多年担任九年一贯制学校校长,多次主持省、市级重点科研课题,在省、市级刊物发表多篇教育管理论文。

访谈者 方校长,您好。据了解,您原来供职的深圳市龙岗区横岗街道梧桐学校在您带领下探索智慧校园环境下的创客教育模式,请您结合学校的办学理念谈谈开展创客教育的必要性。

方 昱 正如习近平总书记所说:"我们必须把创新作为引领发展的第一动力,把人才作为支撑发展的第一资源,把创新摆在国家发展全局的核心位置,不断推进理论创新、制度创新、科技创新、文化创新等各方面创新,让创新贯穿党和国家一切工作,让创新在全社会蔚然成风。"在创新驱动发展、创客运动蓬勃兴起的大背景下,深入实施创客教育,以促进学生发展以及教师的专业成长,培养创新人才,培养勇于探索的创新精神和乐于解决问题的实践能力,已成为物联网时代的迫切要求。

---

① 原载《教育信息技术》,2018年第11期。

我们学校一直秉承"为每个孩子创造人生幸福打下基础"的办学理念，在这一办学理念的指导下，我们探索智慧校园环境下的创客教育模式，追求创新素养下的师生智慧成长，成就师生未来幸福。

我认为创客教育是学生动手创造、交流分享、展示自我的教育模式，学校开展创客教育的目的在于培养一批动手能力强、勇于实现自己想法的创客。创客教育的本质，是激发学生的创造力，其中有两个重要的点：创造能力和创造方法。

访谈者 您认为创客教育与传统教育在培养人上有哪些不同？

方　昱 开展创客教育的重要性在于与真实生活有更多的交集，让学生会觉得这些知识更有趣，而在传统教育里，每个学科都只有自己的知识点，脱离了真实情境，所以创客教育的开设打破现有的教学结构。创客教育的开展能够减少标准化教学和测试对学生个性化发展带来的损害，用一种新的方法鼓励创造和创新。创客的意义，是培养学生想象力的重要途径，学生通过对生活中的观察，激发创新创意，提升观察力和分辨力等能力。创客教育抓住了学生的兴趣，为他们提供实现创意想法和自由创造的条件，让学生在做中学、学中做，培养他们解决实际问题的能力。创客教育的课程除了培养动手能力之外，还需要鼓励重要的分享环节，因为勇于和其他人分享表达创意，不仅仅是培养学生自信表达的能力，更是对他们创新创意的一种鼓励。

访谈者 据了解，您用创新教育思维去培育未来特区人才，具体培养他们哪些素养？

方　昱 教育部《教育信息化 2.0 行动计划》中提到：加强学生信息素养培育。加强学生课内外一体化的信息技术知识、技能、应用能力以及信息意识、信息伦理等方面的培育，将学生信息素养纳入学生综合素质评价。为推进立德树人，全面实施素质教育，主动应对未来经济社会发展的新挑战，深圳市以成就师生未来幸福为根本宗旨，以国际标准为参照，提出进一步提升全市中小学生综合素养，并将中小学生综合素养分为品德素养、身心素养、学习素养、创新素养、国际素养、审美素养、信息素养以及生活素养八个方面，除了要着力培育学生八大方面的综合素养外，还针对这些素养推进八大行动。我校全面贯彻落实市局的部署要求，将八大素养的培养融合进智慧校园建设的体系中，通过各种课程落到实处。我们开展的创客教育，就是为了大力培养学生创新素养、信息素养、国际素养。

访谈者 学校开展创客教育培养未来特区人才的立足点在哪？

方　昱 保护学生的好奇心、鼓励孩子们的探索精神、激活有利于创客承载的教育体制是创客教育的立足点和出发点。创新的关键在人才，人才的基础在教育，我校努力为中小学生营造创新的氛围，搭建创新的舞台，用创新的教育思维培育新一代深圳特区少年。

访谈者 请您具体谈谈学校的培养策略。

方　昱 我们通过用创新的教育思维培育新一代深圳特区少年，具体说来，我们做了以下几个方面的工作：

第一，硬件增设，软件升级。在智慧校园硬件设施建设的基础上，学校合理调配教育教学的空间场所，投资十余万元建设了"机器人创客梦工坊"及"创立方实践室"两个专门让学生搞创客活动的场所。投资引进了创客实践活动用的工具、模具、加工台、车床、3D打印机、无人机等一大批有关机器人和科技创新创客类的设备，先后总投资超过40万元。

第二，设立管理团队，成立导师。学校专门安排了副校长负责"创客"教育的开展，同时设立了信息中心，联合信息科组和科学科组两大科组成员，成立了导师导学制度，共同推进"创客"在学校的全面展开。

第三，开展课程超市及学生社团活动。为加强对学生兴趣的培养，我校在全校各年级开展了"课程超市"项目，开设了40多门课程，固定每周三第七节全校走班制开展教学。其中创客类的课程有六门。学生采用网上选课方式，自主选择喜欢的课程进行学习，这些课程的实施，实现了"夯实基础、丰富生活、展示个性、培养兴趣、拓宽知识、开发潜能"的目的，极大地提高了学生的综合素养。

我们还成立了十多个社团兴趣小组，比如乐高机器人社团、萝卜圈虚拟机器人社团、科技创新社团、小创客社团等。社团兴趣小组活动每周至少固定三次，同时场地随时开放，只要学生有时间，都可以进入创客空间进行社团自主的学习活动。

第四，教师智慧教研及培训。学校加大对"创客"导师的教研及培训力度，定期开展教研活动，开发校本课程，开展课题研究。实施"请进来""走出去"的制度，即一方面请国内外知名创客教育的专家前来学校指导，另一方面将本校的创客导师派出去学习交流。开展创客课题的理论与实践研究工作，组织学生开展小课题研究工作。我们的创客教育案例入选了深圳市智慧教育案例集，学生的创客小课堂荣获市级一等奖。

第五，智慧教学管理、学生智慧学习。学校倡导各位创客导师自主开发教学微课，并在Moodle网络教学平台上创设自己的课程。学生则利用课余时间，自由进出"创客"实践室，自由选择自己喜欢的课程进行个性化学习。导师根据学生的掌握情况给予针对性的辅导。

第六，带领学生在各级各类比赛中历练成长。学生的创意与其学习的课程知识相融合创设出来的作品，需要得到展现的机会，我们除了在校内进行展演，还带领小创客们参加各级教育主管部门、信息技术专业委员会、科学技术协会等单位主办的创客竞赛活动，包括机器人创意设计比赛、机器人工程挑战赛、机器人现场挑战赛三大类比赛，我校每年参与活动的师生近100人。

访谈者 取得了哪些成效？

方　昱 我们形成了优质化的师资、体系化的课程、多样化的学习、个性化的创意、针对性的辅导。经过多年的探索实践，我们培育了一批优质师资，开设了体系化的校本课程，让学生能根据自己的兴趣爱好进行多样化的课程学习，学生在具备一定的知识积累后，将其个性化的创意想法通过做出作品呈现出来，教师再通过智慧教学管理系统进行针对性辅导，指导学生将自己的创意想法变成现实。如此一来，学生学得开心，教师也教得轻松。具体体现在以下几个方面：

首先是学生智慧学习能力提升，专家称赞。我们的小创客们不仅在机器人创客上玩得很好，在各科学习成绩上也不落后。我们已有多名学子考入深圳四大名校就读。我们的创客作品受邀到区、市、省以及全国大赛上展出，受到各方好评。

其次是教师智慧教学能力提升，同行认可。创客教育的开展和实施促进了我们教师团队的快速成长。叶小辉、李世生、秦绍荣、彭小珊等创客梦工坊导师分别多次被评为"优秀指导教师"及"年度创新型教师"，还被邀请担任市、省、国家级机器人竞赛活动裁判员，多次与区、市、省级的同行们开展交流学习活动。

再次是学校智慧创客教育成效显著，社会肯定。近年来，我校科技创新创客教育的做法及成果被《晶报》《深圳侨报》《深圳特区报》等多家媒体报道多次，接待了国内外多个参观考察团。我校承办了两届"深圳市学生创客节虚拟机器人竞赛"活动，承办了"第四届广东省虚拟机器人竞赛现场总决赛"，还协办了"2017年深圳市中小学电脑机器人"活动，受到各校参赛师生的肯定和赞赏。

2015年，我校的"机器人创客梦工坊"被评为"深圳市中小学创客实践室"。2016年，我校被评为"中国青少年创客奥林匹克系列活动实验基地"以及"中国青少年创造力大赛2016年度中国创新型学校"。我本人被评为"创新型校长"，叶小辉和李世生老师被评为"创新型教师"。经过多年来的发展成长，"梦工坊"已发展成为省、市乃至国内外知名的创客教育基地。

访谈者 在未来人才培养上，您有哪些新的想法分享？

方　昱 实现"两个一百年"的奋斗目标，建设社会主义现代化强国，依赖全面发展的创新型人才。随着"互联网+""工业4.0"和"人工智能"的到来，新时代对人才的定义和要求发生着深刻的变革，教育也得紧跟时代步伐逐步发生变化，新时代的教育应当更加注重对学生创新能力的培养。

未来人才的培养需借力最新技术手段，如"互联网+"、VR 虚拟现实、人工智能等。具体说来，"互联网+"技术打破了传统的课堂教学模式，学生可以在一定程度上根据自己的兴趣爱好和发展愿景来选择学习内容，随时随地进行个性化学习。VR 虚拟现实应用于教育是教育技术发展的一个飞跃。它营造了"自主学习"的环境，由传统的"以教促学"的学习方式代之为学习者通过自身与信息环境的相互作用来得到知识、技能的新型学习方式，能够全方位调动学生的视觉、听觉、触觉、嗅觉、味觉等，实现身心感受的联结，增强学生的感受力。随着图形识别技术、云计算、大数据等新技术的发展，人工智能和教育的深度融合已经成为一个热点问题。人工智能技术可以形成以学习者为中心的智能化学习平台，提供丰富的个性化学习资源，实现人才培养的个性化，而个性化的学习将成为未来人才培养的基本模式。借助这些新技术，教师可以实施互动式教学、三维立体教学、仿真式实践教学等，对课堂教学方法的改革意义重大，对未来人才的培养影响深远。

未来人才的培养还要注意实现科学与艺术的融合。科学认识世界的纽带是逻辑，艺术认识世界的纽带是情感。科学与艺术的融合是未来人类思想智慧发展的主流。只有实现了这种融合，才能最大限度激发学生的发展潜能。如果说发散思维是创新思维的本质，那么想象、直觉、灵感等思维形式则是创新思维的翅膀，没有翅膀的理性思维飞不高也飞不远。创新能力强的人，一般是科学思维与艺术思维都十分活跃的人，两种思维协同作用、协同发展，最终的结果就是人才的健康发展、全面发展。

未来的人才的培养应该更加开放，更加贴近学生的生活实际，可以开展更为丰富的创新教育活动，使学校的创新教育课程化、系统化，让每一个孩子受益终身。

08 职业教育信息化

理性选择技术　虚实相加优化课堂[1]
——访广州市交通运输职业学校陈高路老师

从教十多年，恰是信息技术突飞猛进的一个黄金时期。我见证了信息技术从教学辅助到教学整合，再到当前的教学深度融合。从技术的可能性看，信息化能够满足学生个性化学习、移动化学习、情景化合作学习等多元需求，将工厂、公司搬进学校，将车间搬到课堂，将"老师"带到身边，这是一个非常激动人心的景象。信息技术通过视频、动画、模拟仿真等手段把一些生涩难懂的知识更为直观地展现在学习者面前，降低学习难度，甚至一些优质的教学软件、教学平台可以帮助老师较为便利地实现参与式教学。因此，要理性选择信息技术，将虚与实手段相加得以优化课堂，进而提高教学效能。

——陈高路

个人简介：陈高路，高级讲师，广州市交通运输职业学校交通工程教学部主任。主要成绩：国家级教学成果奖一等奖（第一完成人）；连续五年指导学生在全国中等职业学校汽车运用与维修技能大赛中获得一等奖，连续两届蝉联全国冠军，获得永久冠军奖杯一座；负责T-TEP校企合作项目，令学校连续十年被丰田公司评为优秀合作院校，个人获中国T-TEP项目负责人特别贡献奖；获首届全国中等职业学校汽车运用与维修专业教学设计与说课比赛一等奖。主要荣誉有：万人计划教学名师、全国优秀教师、广东省特支计划教学名师、南粤优秀教师、广东省职业技能大赛先进个人、广东省职业院校教学名师、广州市"121人才梯队工程"后备人选、广州市教育系统优秀共产党员、广州市交通系统优秀共产党员。

---

[1]　原载《教育信息技术》，2016年第10期。

访谈者 陈主任，您好。请您谈谈中职教育的特点有哪些。

陈高路 与基础教育不同的是，中职学校的育人目标指向性很强，将中职生培养成具有综合职业能力和职业认同感的职业人，在强调专业知识、专业能力习得的同时，学生还要学会与人沟通、学会服从执行、学会收集和应用信息，具备安全生产意识、责任感等。然而，中职学校大部分刚入校的学生，他们学习能力相对较弱，学习兴趣不浓，甚至还未养成良好的学习习惯，且自学能力较弱，不喜欢长时间听老师讲课。因此，寻找恰当的教学方法，借助丰富的教学资源，降低学习难度，让学生尽可能在操作体验中学习，将这些学习能力参差不齐的学生变成一个适合走入社会职场的"技能""素养"同时兼备的职业人，是我们中职教师重点研究的课题。

访谈者 您是怎样看待目前的中职课堂教学的？信息技术在中职课堂教学中是否有用武之地？

陈高路 目前，中职学校的课堂教学现状差异性还是很大的。有些学校是理念先进、实践前沿，教学由过去的以"教"为重转变为以"学"为主。这种教学方法强调学生在完成工作任务的过程中完成学习任务，学生主动参与性强，其教学效果好，学习目标达成度普遍较高。而有些学校由于受制于教学环境和教师的教学理念，仍然采用非常传统的课堂讲授为主、实操训练为辅的理论与实操分离的以教师为中心的教学方法。这种学习方式不适应学生现代职业教育的需求，也未能很好地实现人才培养的目标。

其实，恰当的信息技术的选择和应用，可以帮助一体化教学经验欠缺的老师较好地实施这类课程的教学，也可以在一定程度上降低硬件设备对一体化教学实施的制约。但是，目前由于信息技术仍存在一些缺陷，其在实际教学中的应用还未达到理想状态。

访谈者 那么，您觉得影响信息技术在中职课堂教学中应用的根本障碍或者"瓶颈"在哪里？

陈高路 很重要一点，就是人与技术的对接。一方面，人并不太亲近技术，学校老师不知道有哪些可用的技术、可用的工具；另一方面，一些技术也不太适合学校，或者投入成本太高，或者难度太大。

访谈者 我知道，您平常并不使用微信、QQ，在技术的选择上您有什么看法？

陈高路 说起来惭愧，作为最流行的社交工具我居然没用。当然我也了解这些软件的功能和使用方法，选择不用微信、QQ这样的软件，主要是在这个无处不在的技术环境中，感觉自己时刻被信息所包围。但我们更需要保持独特的理性态度，思考技术是否提高工作效率，技术是否深化教学，技术是否让生活得到更好更幸福的改变。

从社交意义上来说，我希望自己是一个就近的有温度、有气息的交流者，而不是一个"手机控",就在眼前却遭受对方冷落的谈话者。从专业的意义上来说,我希望做个信息时代的主动获取者,能够筛选、过滤、重组自己所需要的信息,按照自己需求上网搜集资料,喜欢在论坛发帖,喜欢关注支持深度教学的技术理念和工具,比如自主学习的工具、虚拟实验软件、学习跟踪以及大数据挖掘和学习评价等。

访谈者 其实,您并没有远离技术,也在始终密切关注新技术与新理念,对吗?

陈高路 是的。从2002年至今,我与信息技术有种时远时近、若即若离的关系。参加工作后,我就开始接触到信息化教学,用得最多的是PPT,那时感觉效果非常好。后来还接触了一些软硬件结合的仿真软件,有些知识的难点用仿真软件很容易突破。特别是在2006年,我的一个信息化教学课例在首届全国教学设计与说课比赛中获得一等奖,让我对信息技术产生一种"感恩戴德"的心情。

然而,随着教学经验的增长,学校教学硬件设施越来越完善,加上大量的并未从教学角度出发的教学软件的出现,我开始感觉信息技术在教学中的应用华而不实,比如软件使用极度不方便,系统出错非常多,专业技术错误比比皆是,封闭的软件系统难以和学校教学配合,以及模拟仿真的操作与实际操作差别太大等状况,我开始远离信息化教学,甚至开始排斥信息化教学。

访谈者 在应用中发现问题,也有所审视和反思。那您又有哪些新的发现?

陈高路 后来,我有幸参加全国教师信息化教学大赛的评审工作。以全国教师信息化教学大赛评委的身份,我又开始用新的眼光重新审视信息化教学。其实信息化教学的不受教学场地和教学时间限制、能够实现教学过程的完全监控、可以再现学习过程和重复操作、可大量节省学习耗材、具有强大的统计分析功能、能很好地解决大型珍稀和高危险设备的初步学习使用等优势一直存在。

访谈者 这个时候,您还是认为中职课堂以及教师是非常需要技术的,对吗?

陈高路 是的。中职学生需要建立与社会最近的距离。而教师也是需要将真实的时代、真实的社会还原给学生,让他们有时代意识、文化观念,亲近并且融合未来职场。首先,中职教师对信息技术应用应持欢迎、信任、亲近的态度;其次,能熟练使用各种常见的信息技术;再次,能够在教学设计中将信息技术合理地植入教学中,并在教学实践中实现;最后,如果可能的话,能配合专门的信息技术人员,将自己的教学设想提供给他们,开发出符合教学需要的信息化教学产品,深化教学内涵。

访谈者 结合您所主讲的"汽车发动机控制系统检测与维修"这门课程,具体如何实施?

陈高路 "汽车发动机控制系统检测与维修"是汽车运用与维修专业的核心课程,也是实用性很强的一门课程,大量的实际操作和"奢侈"的企业见习几乎是达成这门课程教学目标的必备条件。但是实操和见习往往意味着高教学成本和高时间成本。在我的课堂上，我结合实际车辆、发动机运行台架、各种检测设备、教学资源库、教学仿真软件等各类教学资源，在校内的理论与实践一体化教室里完成教学。

一般而言，课前布置一些简单的学习任务，让学生配合教材通过网络搜索和教学软件预先学习一些基本的概念和知识。上新课时，借助 PPT、视频、动画等，深化知识理解，建立对所学知识的概括性、整体性的认识。然后开始布置工作任务，在有仿真软件的情况下，一般会先让学生在软件上先试操作一段时间，让他们熟悉基本的操作步骤。接下来，学生开始在软硬件结合的汽车发动机实验台架上完成工作任务，如果有必要的话，会再安排学生到实际车辆上完成工作任务。为了让学生对企业的实际生产有更多的了解，我会将企业的一些生产情况制作成小视频，供学生点播观看。在学生学习的过程中，一般会通过手机的照相和录像功能将学生学习过程中的问题点、优秀点拍摄下来，用来辅助评价反馈阶段的教师点评。对于学生的成绩统计分析，由于现在没有太好的系统平台，我利用 Excel 制作了一些简单的统计分析表，一般在每次测评后就可以立即进行统计分析，并将测评结果公布给学生，实时反馈他们的学习结果。至于在学习平台上发布学习任务、布置作业，我比较少用到。我觉得中职学生的学习特点不太适合这种方式。

访谈者 这样的课堂，您自己和学生都满意吗？

陈高路 我的课堂上几乎没人睡觉、玩手机，我挺满意的。这是很多中职学校老师的心愿。课后，学生会主动去获取其他学习资料，或者是希望老师提供更多的学习资料以供学习，他们对课堂产生了兴趣和学习动力。而我的学生走出学校、走进社会后，用人单位对他们的满意率挺高，认为他们能更快、更好地融入企业，一旦有新的用人需求，他们都首先考虑我们学校的毕业生，我想他们还是挺满意的。

访谈者 从未来看，您还期望课堂有怎样的提升或者得到哪些支持？

陈高路 首先，作为我自己，我希望不管是个人或者机构能开发出更多的信息化教学产品，给我们一线教师更多的信息技术支持。其次，我推荐建立教学资源库，教学资源应该向碎片化方向发展，并配以强大的搜索功能，便于教师选取所需资源。再次，希望能增强教学平台的统计分析能力，能帮助教师轻松地完成全面的、科学的教学效果分析。最后，就是鼓励和共享。希望出台有利的政策制度来鼓励教师尝试信息技术的应用，并提供信息资源共享渠道，制定资源共享机制。

挖掘数据中的"宝藏" 助推教学质量提升
——访广州番禺职业技术学院李绍中教授

高校作为技术研发和推广的前沿阵地,推动大数据战略在学校落地理应成为近几年高校信息化建设的重点。让我们携手前行,挖掘数据中的"宝藏",让数据更好地服务学校的管理、教学,让大数据应用成为提升高职院校教学质量的助推器。

——李绍中

个人简介: 李绍中,计算机应用专业教授,广州番禺职业技术学院教育技术与信息中心主任,兼任广东省高等教育学会信息网络专业委员会常务理事、广东省职业教育信息化与信息安全专委会常务理事、广东省高等教育学会教育技术专业委员会理事、广东省高职教育技能竞赛工作指导委员会委员,中央电化教育馆职业院校数字校园建设实验校专家,湖南商贸旅游职业技术学院客座教授。长期从事计算机教学和管理工作,曾主持或参与过国家、省、市、院级十多项教科研课题;在《微电子学与计算机》《计算机仿真》《中国职业技术教育》等期刊发表论文30多篇;主编由高等教育出版社等正式出版的《计算机组装与故障维修》等教材7部(其中两部为国家规划教材),参编教材3部;获国家发明专利5项,软件著作权2项;获省教学成果二等奖1项(参与),主持学校教学成果特等奖1项。

访谈者 李教授,您好。《广东省教育信息化发展"十三五"规划》指出,要建设涵盖省内学生、教师和学校信息的教育基础数据库,推动基于大数据的教育规划与决策支持系统建设与应用,动态掌握办学条件、学生素养、教师专业发展、教育综合发展等业务并汇聚形成数据仓库,为教师和学生的个性化发展提供服务,探索教育发展、教师发展和学生成长可监测、可评估的新路径。您认为大数据给教育教学带来了哪些变化?

---

① 原载《教育信息技术》,2017年第12期。

李绍中 目前，我国教学过程质量管理、学生学习成长监测、教育管理智能决策能力不足。随着教学、管理、服务等信息化程度不断提高，各类数据都存储在数据库中，且越来越齐备，加之大数据处理技术的快速发展和云资源的不断丰富，数据利用的条件已基本成熟。教育大数据是学校智慧校园建设的核心内容之一，是学校创新驱动的重要抓手，也是实现教育现代化的必备条件。随着大数据应用的普及和水平的提高，学校的决策方式、管理模式和教学方式都将发生很大的变化。传统的决策往往是主要领导说了算，这种决策结果受学校管理者个人知识、经验、能力等影响较大，有时会导致决策效率低下，而在大数据时代，学校的决策可以做到让数据说话。如学校在进行专业调整时，可以通过全面对比分析专业教学质量，制订专业调整方案。同时，通过利用大数据，可以实现精准管理、个性化教学等。

访谈者 据了解，您前期开展了"大数据分析在高职院校教学质量评价中的应用研究"，并持有这样的观点：通过大数据分析，能做到"以数据说话"，适时、准确地开展教学质量评价、诊断与改进，实现教学工作的适时监测和及时预警。在学校教学管理中，如何做到"以数据说话"？

李绍中 目前，我校基本实现了师生全生命周期的信息化管理，在数据中心汇聚着大量的教与学的信息，其中绝大部分数据都与教学质量相关联。学生方面，包括学生个人信息、日常纪律、选课数据、课堂教学活动、网上学习、自习室使用频率、课后作业、实习实训、图书借阅、考试成绩、奖惩记录、学习成果、学生互评、教师评价、课程表现，以及参加各类社团、竞赛、讲座等第二课堂信息等，还包括毕业生的薪酬、岗位、职业发展等数据；教师方面，主要有教学任务、教学过程数据、各类数字化教学资源、所教学生的学习成果、学生指导、学生评价、同行评价、奖惩记录、社会服务以及科研项目等教学、科研数据；管理者方面，主要有师资信息、招生信息、就业信息、社会评价、资源及使用效益等数据。另外，通过感知设备、网络日志等记录的一些行为数据也与教学质量密切相关，如师生通过网络访问哪些网站、关注什么样的内容等。通过对这些数据的处理，让数据变成有用的信息，实现教学质量的诊断与改进。

访谈者 您认为职业院校应该如何通过大数据分析对教学工作进行监测和预警？

李绍中 在大数据应用中，数据是通过积累，而不是通过采集产生，即数据都是来自源头的适时数据。依托大数据提供更智能的学习过程支持，通过云端评测与个性化学习服务，实现规模化与个性化的统一。

要做好教学工作的监测和预警，必须要了解教学工作适时状况，通过大数据解决这个问题是不二之选。要通过大数据分析对教学工作进行监测和预警，首先要设计科学的教学工作监测指标体系，明确评价标准，确定数据的呈现方式和预警规则，然后明确数据的来源，并构建数据处理模型等。

《教育部办公厅关于建立职业院校教学工作诊断与改进制度的通知》中指出，"以诊断与改进为手段，促使高职院校在学校、专业、课程、教学、学生不同层面建立起完整且相对独立的自我质量保证机制"。而激活这种机制的载体和流程便是培育"8字形质量改进螺旋"，它由静态和动态螺旋叠加而成。所谓静态螺旋指的是一个完整的工作流程：目标—标准—计划—组织—实施—诊断—激励—学习—创新—改进，其中诊断与改进在实施后完成；所谓动态螺旋是指在质量生成过程中，根据实时监测到的数据，及时发出预警和即时跟踪调控、改进的过程（如图1所示）。"8字形质量改进螺旋"强调以数据为基础，以大数据处理技术为保证，通过"数据说话"，达到实时、持续改进的目的。

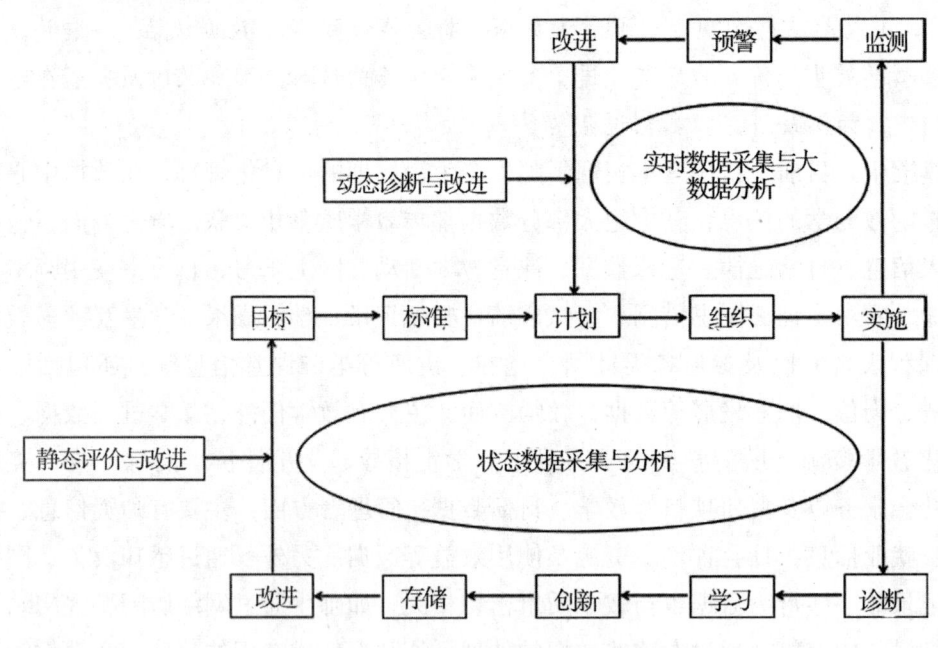

图1 "8字形质量改进螺旋"模型图

访谈者 请举一个具体的例子进行说明。

李绍中 通过对学生日常生活、学习行为数据，如学生出勤率、上网情况、网上学习情况、作业完成情况、课堂表现、师生对他的日常评价等，可以适时分析每个学生每一门课程的学习表现，如果发现学生学习表现达不到设定的标准，就可以通过系统及时给学生推送预警信息，提醒其在某门课程的哪些方面要改进，从而实现教学工作的监测和预警，而不会像传统的评价方式，等到课程结束了才给学生一个分数。

访谈者 您还提出，通过对数据进行全面、深度的分析处理，寻找"深藏"在数据背后的影响教学质量的因素。您认为影响高职院校教学质量的因素有哪些？如何通过挖掘数据中的"宝藏"，寻找这些"深藏"的因素？

李绍中 影响教学质量的因素非常多，主要包括教学条件、师资队伍和学生情况等几个大的方面。传统的评价方法往往通过定义指标体系，通过计算加权平均值来形成对教学质量的评价结果，在这样的评价方式中，指标体系往往是显性的，对隐性的因素往往考虑不到，且指标权重主观性过强。而借助大数据来分析教学质量，可以将"深藏"在背后的影响教学质量相关的因素"挖掘"出来，如我们分析学生学习成绩与学生消费数据、上网数据、学生在校行为轨迹等之间的关系，可以发现一些"不为人知"的影响教学质量的因素。

利用大数据技术"挖掘"影响教学质量的因素，就是通过利用大数据分析与处理工具，对与教学质量相关的广泛异构数据源进行抽取和集成，并将数据按照一定的标准统一存储，再利用合适的数据分析技术对存储数据进行分析，从中抽象出有益的知识和模式，并利用恰当的形式呈现给终端用户，即带给教师、学生以及管理者的是教学质量的评价结果、影响因子以及改进建议和方法。

访谈者 在整个实施的过程中，有哪些瓶颈？

李绍中 目前，大数据应用出现的瓶颈应用可从数据、应用、技术三个层面来分析。

从数据层面面临的困境看，学校内部数据其实远远不止各部门掌握的自身业务数据，还须清楚地认识到不同系统数据的内在关系，知晓数据结构是否存有冗余，数据存储是否是"信息孤岛"。就外部数据而言，在大数据建设过程中，必须清楚究竟还需要哪些外部数据，外部数据通过什么方式获得，数据获取过程中需建立怎样的合理机制。比如评价一个学校的办学质量，一定要同整个同层次的学校数据做比较分析。

从应用层面看，现在很多应用场景并没能逃离以往的场景设计。"真正的大数据应用并不是仅仅根据现有数据绘制一份报表、一个曲线图，就能称之为大数据产品，这些依旧是一种传统的统计和数据分析。"

另外，从数据到具体应用场景的实现过程来看，大数据技术的重要性自然不言而喻。而随着具体应用场景的细化和复杂度加深，数据操作方如何采集数据？如何对原始数据脱敏、加密？如何进行数据建模？这些问题需要我们通过技术层面不断加强来解决。

访谈者 面对数据、应用、技术三方面的瓶颈，您有哪些好的建议？

李绍中 要解决数据层面的问题，首先从信息标准制订抓起，学校应参照教育部信息标准，制订学校的"校本"信息标准，从根本上解决数据不一致的问题。另外，做好数据治理工作，做好数据标准和数据动态管理，消除信息孤岛。从应用层面来看，主要是需要提升大数据的应用层次，利用大数据技术，对数据进行深度挖掘，寻找"深藏"在数据背后、鲜为人知的知识、规则等。从技术层面来讲，主要解决数据采集、清洗、数据建模、处理等关键问题。作为学校，主要是做好处理大数据的相关产品的选型，如数据共享平台软件、数据可视化工具、大数据管理平台等。

访谈者 您认为未来大数据分析用于高职教育的发展和实施方向在哪？

李绍中 目前，国内大数据行业在数据和技术方面发展程度与国外步伐相近，但与国外大数据应用还存在很大差距。随着国内教育信息化的发展，信息化将逐步解决业务加速和职能高效的问题。在此基础上，大数据应用也将呈现出从无到有再到优化和增值的趋势。在大数据应用推广中，要冷静思考，切忌盲目跟风。目前，高职院校通过大数据应用可以重点对学生学习、教师教学、专业办学质量等进行分析、诊断和预警等，同时，也可以对学生行为习惯进行分析，推动个性化管理与育人。

从数字校园到智慧校园:
实现学校信息化跨域发展[①]
——访广东女子职业技术学院何文华副院长

　　智慧校园是数字校园升级到一定阶段的表现,是数字校园发展的一个阶段。智慧校园的基石是前期数字校园的建设与发展。也就是说,智慧校园首先要有一个统一的基础设施平台,要拥有有线与无线双网覆盖的网络环境;其次,要有统一的数据共享平台和综合信息服务平台。

——何文华

　　个人简介: 何文华,计算机应用专业教授,广东女子职业技术学院副院长。曾兼任广东省职业教育研究会电子信息专业委员会副主任,广东省计算机技能鉴定专家,现兼任中国教育技术学会高职高专专业委员会副主任委员,广东省电子信息类专业教学指导委员会委员,中央电化教育馆职业院校数字校园建设实验校专家。主要从事计算机应用、高等教育等方面的教学和研究工作,主持承担了广东省科技厅科技计划项目、教育部人文社科专项等多项省部级以上课题的研究,曾获得广东省"南粤优秀教育工作者"等荣誉称号。

　　访谈者 何院长,您好。《教育信息化十年发展规划(2011—2020年)》提出:加快建设职业教育信息化发展环境,加强职业院校数字校园建设,全面提升职业院校信息化水平。据了解,贵校于2012年被确定为教育部首批教育信息化试点单位,2016年被中央电化教育馆列入职业院校数字校园建设实验校,并开展了相关研究,请结合学校信息化的实践谈谈你们开展数字校园建设的重点。

　　何文华 我校数字校园建设的重点工作主要从数据中心、质量管理信息平台、网

---
① 原载《教育信息技术》,2017年第12期。

络教学平台三个方面展开。

首先,建立基于高校信息标准的数据中心。基于高校信息标准和人才培养状态数据、学校应用系统现状等需求制定统一数据标准,构建共享智能数据交换平台,建立校本数据中心,破解信息孤岛,实现数据呈现和大数据预警研判决策分析。统一信息门户,实现业务系统数据的自动抓取和呈现,实时查看关心的数据和相关信息。建设大数据中心,为预警研判功能和决策提供数据支撑。

数据中心的建立,主要是将数据信息进行集中性管理,从数据管理、分析与应用等层面,都能为高校的发展提供重要的信息借鉴。数据中心建设的整个过程不仅是软件设计与搭建的流程,更涉及门户统一与标准化等多项问题,以实现对数据的科学性管理与规范。

其次,构建基于诊断与改进的质量管理信息平台。学校已经形成构建了"34551"的质量保证体系,输入质量、过程质量和输出质量三个环节;计划、执行、检查、处理,即PDCA四个动态循环阶段;围绕学校、专业、课程、教师和学生五个层面建立完整的自我质量保证机制(我们讲的"五纵");学校的决策指挥、教育教学、资源建设、支持服务和监督控制五个系统;建设一个基于诊断与改进的质量管理信息平台。

诊断与改进是一个动态循环过程,即PDCA动态循环过程,无论是输入质量、过程质量和输出质量,还是学校、专业、课程、教师和学生层面都要按计划、执行、检查、处理的动态过程实现诊断与改进循环,可见质量保证体系中不仅要有结果数据,更重要的是要有大量过程性数据,如教师课堂教学、实践指导、学生管理以及科学研究、个人提升等方面的过程数据,学生专业和课程学习、社会实践、校园生活等过程数据。实现源头数据生成即予采集,人人是源头数据采集者,人人是数据使用者、管理者。有了过程数据,才能确保基于诊断与改进质量保证落实到位;有了过程数据,才可以及时掌握和分析人才培养工作状态,也才能获得全校某个时间节点的人才培养状态数据。

建设网上办事大厅,打通各业务系统的流程,破解各业务系统流程的互通问题,实现网上便捷办理各类事务,实时采集各业务系统运行的过程数据。建设学校大数据分析和展示平台,汇总各个业务系统的关键数据,为人才培养质量、预警研判和决策咨询提供依据。

最后,建设基于混合式教学的网络教学平台。混合式学习将传统课堂面授与网络在线学习相结合,实现在线课程资源与传统教育资源的结合,能增加学生与教师之间的互动以及个性化学习时间,是一种全新学习方式和教学理念。根据混合式教学活动的需求,构建一个能够连接学生、教师、资源和学习过程的综合系统平台,能够支持学生自主学习、小组讨论、交流分享、项目化学习、过程评价、展示成果等。从对教学过程（课件的制作与发布、教学组织、教学交互、学习支持和教学评价）的全面支持，到教学的组织管理（用户与课程的管理），以及与网络教学资源库、管理系统的整合，集成网络教学需要的主要子系统，构建完整的线上线下混合式教学支撑环境。

通过数字化教学资源平台、数字化教学平台、数字化教学管理平台的整合，实现数据与资源的共享、对教学过程的有效监控与管理。建立共享学习平台，破解课程教学诊改信息传播的实时性与共享性问题。开发智能化教学诊改平台，记录课前、课中、课后各类教学行为的过程数据，向学生推送每次课的学习报告，向教师和管理者推送课堂质量分析报告，实现实时诊断和及时改进。学期结束自动形成各类课程质量报告、二级学院以及全校的课程教学状态数据，为专业和课程的教学诊改提供依据。

访谈者 贵校如何从数据中心的建立、管理、教学平台的构建来助力数字校园的建设与发展？

何文华 学校开展数字校园建设，向学校各管理与服务单元提供软件模块，通过直接或间接的数据服务，通过系统平台日常过程管理，采集与人才培养工作状态数据相关的数据项，构建并丰富校级数据中心。在校级数据中心的基础之上实现与国家数据中心对接，形成状态数据，为诊断与改进工作提供数据基础。为信息化教学提供稳定可靠、移动学习的泛在学习环境。搭建线上线下混合式网络教学平台，通过试点课程改革和资源建设运行机制改革，探索推动信息技术环境中教师角色、教育理念、教学观念、教学内容、教学方法与教学评价等方面的变革，使信息化教学资源渗透到教学、培训、实习、实训及管理等各个环节。

访谈者 作为一所有30多年办学历史的女子高校，在数字化校园建设中如何凸显女子高校这一特色？具体从哪几个方面开展？

何文华 在高等教育大众化的今天，女校的存在为受教育者提供多样化的选择，一所现代女子高校应该为女性提供更有针对性和个性化的教育，为在女校学习的大学生提供适宜的成长和发展环境，更好地自主成长，增强自信，培养自立精神，发展独立人格。个性化人才培养是科学技术和社会经济发展的必然要求，当前各类高校也都在推进个性化的人才培养，女子高校在这方面具有先天的优势，我们设立了颇具特色的"4+1"模块化课程体系，包括通识课程、职业平台课程、职业能力课程、职业能力拓展4个显性课程模块和1个自主学习隐形课程模块。其中的拓展课程模块，是为个性化人才培养提供专门化的专业课程、跨专业的交叉融合课程或者创新创业课程等，让受教育者可以自主选择个性化发展方向。

在数字化校园建设方面，应该为上述女子高校人才培养的特色服务，如更好地为学生自主成长和个性化发展服务，学籍和学工管理系统就应提供更多的自我服务和个性化选择的功能。上述"4+1"模块化课程体系中的"1"模块是自主学习（隐性课程）模块，在数字化校园管理系统中就既要体现学生自主学习，也要体现自主管理这方面的学分。而在拓展模块中要体现个性化发展的要求，应提供更方便快捷的学生自主选择拓展模块课程的功能。

校园信息化是一个长期建设的过程，需要的投入也比较大，所以在建设过程中更重要的是根据学校的实际解决现实问题。如质量是一个持续诊断改进、螺旋式上升的过程，不可能一蹴而就，所以不仅要持续性诊断，更重要的是诊断之后，要持续性地改进。专业人才培养的质量，很重要的途径是对毕业生进行跟踪调查。在这方面，学校做的时间最长、效果最好的是利用学校自行开发的毕业生跟踪调查系统，从首届高职毕业生就开始进行跟踪调查，另外也跟第三方合作跟踪调查。这些毕业生跟踪调查的数据实际上是非常珍贵的，应用于专业诊改，可以发现专业建设、人才培养过程的问题，针对这些问题持续地进行改进，修订人才培养方案，取得了比较好的效果。虽然这些早期的诊断改进投入不大，但解决了专业建设和人才培养质量提升中的实际问题。

访谈者 随着"智慧地球"概念的兴起，不少专家和学者相继提出了"智慧校园"的概念和建设思路。据了解，贵校致力于从"起步""应用"的数字化校园阶段向"融合""创新"的智慧校园阶段跨越。您认为数字化校园和智慧校园有哪些联系？

何文华 数字化校园、智慧校园是校园信息化建设中的两个渐进的概念。

在数字化校园建设阶段，要能解决三个标志性的问题：一是解决单点登录后完成所有网络教学、管理工作问题，二是解决校园网下不同应用系统数据不能共享的问题，三是解决校园的各类资源信息进行数字化的问题。

智慧校园则是比数字化校园更高一级的阶段，更注重应用人工智能、大数据、云技术等先进技术，实现智能分析和校园决策智慧化等功能。智慧校园应该具有三个核心特征：一是为广大师生提供一个全面的智能感知环境和综合信息服务平台，提供基于角色的个性化定制服务；二是将基于计算机网络的信息服务融入学校的各个应用与服务领域，实现互联和协作；三是通过智能感知环境和综合信息服务平台，为学校与外部世界提供一个相互交流和相互感知的接口。

数字校园是建立在互联网基础之上的校园网，而智慧校园则是建立在物联网基础之上的校园网；数字校园强调统一的信息编码及通过单点登录提供系统授权后的服务，而智慧校园是在数字校园基础上将服务延伸及扩展到物，提供人与物、物与物信息互通互联的智能化服务。

访谈者 您认为应如何实现数字化校园阶段向智慧校园阶段跨越发展?

何文华 智慧校园建设工作是一个复杂的系统工程。在推进智慧校园建设过程中,一是学校层面要做好顶层设计,注重统筹协同推进,要标准先行,打通数据共享的障碍,按照统一数据标准进行设计,实现学校的各类数据的融合,要打通学校各业务系统的流程;二是要以学校实际需要为引领,以真正的应用为驱动,应用驱动是智慧校园建设的第一原则;三是要突出特色,根据学校实际,围绕学校改革与发展的重点,突破提高人才培养质量的难点。

推动数字校园和智慧校园建设①
——访佛山市顺德职业技术学院李旋波主任

  信息技术对教育发展具有革命性影响，必须予以高度重视。我们要善于运用互联网技术和信息化手段开展工作，办好网络教育。推动数字校园和智慧校园建设，以教育信息化带动教育现代化。

——李旋波

  个人简介： 李旋波，佛山市顺德职业技术学院信息管理中心副主任。毕业于中山大学信息管理系。1999年参加工作，在多年的计算机教学与信息化管理工作中，对教育信息化有较深入的调查和研究。参与撰写专著1部，发表学术论文多篇；参与教研、科研课题4项，其中省（部）级1项、横向3项；获得广东省教学成果一等奖1项；《制冷与冷藏技术专业》国家级教学资源库项目技术组负责人。

  访谈者 李主任，您好。贵校于2015年成为中央电化教育馆首批职业院校数字校园建设实验校，2017年"建设职业教育专业教学资源库推动教学模式改革创新""基于物联网的节能监管平台"两个案例入选教育部首批职业院校数字校园建设实验校典型案例，为我省职业教育信息化树立了典范。请您谈谈贵校在职业教育信息化建设方面的主要任务有哪些。

  李旋波 顺德职业技术学院"职业院校数字校园建设实验校"项目的建设内容与任务包括启动学校智慧校园顶层设计建设内容，应用国际通行的成熟高校管理软件，以先进的信息技术手段助推我校国际化接轨和转型，提升管理水平；通过教学模式的转变、学习方式的变革，提高教育教学效果及人才培养质量；通过专业教学资源库、精品资源共享课等数字化教学资源的建设，为本校师生以及社会人员提供能学辅

---

① 原载《教育信息技术》，2018年第3期。

教的开放网络教学资源，使其成为学生专业学习的落点、教师教育教学的宝库、社会交流合作的窗口以及社会人员学习的平台；通过校企合作平台、教师发展平台、节能平台等平台的建设，进一步提升促进产教融合，提升师资队伍建设质量和服务师生的能力与水平。

访谈者 据了解，贵校在信息化支撑的管理模式和理念的变革上有所创新，学生全生命周期ERP系统是亮点，请您具体谈谈这个系统的管理流程。

李旋波 学生全生命周期ERP系统应用国际通行的成熟套装管理软件，从学生基本业务需求出发，借鉴企业资源规划（ERP）中业务流程管理生命周期管理方法，对各类业务进行定义、建模、模拟、启动、执行、监督、分析、优化等，从而实现学生业务流程的全局优化，构建学生从招生、在校学习、就业离校、校友管理的全视图。

以学生为中心，实现从学生招生、入学、培养方案设计、学籍管理、排选课、财务、成绩、授课、排考、教材、师生自助服务、毕业直到校友管理等全过程的跟踪管理、服务、指导。

按照进校、在校、离校三个阶段管理服务学生，打通教务、招生、财务、学工系统等部门与业务的边界，突破传统管理模式，实现教育治理上的统一协调、流程再造。

访谈者 解决了以往教学管理上的哪些突出问题？

李旋波 规范学校管理流程。通过系统的模块配置和客户化开发，满足学校各种不同的管理需求。

其一，课程标准化管理。有利于学校实现学分制改革，确保教学管理工作的规范性，以学生为本，切实提高学校的人才培养质量。

其二，灵活强大的管理功能。为学校未来发展提供强有力的技术支持，能够同时支持学校现行学年制和完全学分制培养形式；为学生在学习上提供更多的自由选择，使学生在擅长的学科上有施展才华的机会，最大限度发挥学生自身潜能。

其三，数据集中，消除信息孤岛。从学生视角，打破各部门业务界限，融合各部门管理业务。以学生全生命周期一体化贯穿学生管理全流程，集中管理数据，消除信息孤岛。进行即时有效的信息共享，提升管理效率和服务能力。数据的集中，便于实时掌握学生生活学习状况，了解学生的思想动态，做出学业或财务状况预警；用数据说话，对学生在校期间的表现给予客观公正的评价。

其四，学生能全面掌握并自主安排学习计划。通过该系统，学生入学即可查看全部专业学习计划，随时跟进自己学业进度，确保按时完成，顺利毕业。教师通过该系统，跟踪掌握学生学业进度，及时督促与辅导学生按计划完成学业。

其五，电子化流程。不仅把传统的申请、审批等流程实现电子化、无纸化，而且其附带的数据直接进入系统，提高了工作效率及数据准确性。通过移动端如微信等，发出考试成绩、缴费情况、学业预警、欠费提醒、调停课等通知信息。

访谈者 学校给予了哪些体制机制保障？

李旋波 一是组织保障。2016年4月28日我院成立学校网络安全和智慧校园建设领导小组，夏伟院长任组长，并将"顺德职业技术学院数字化校园建设实验校领导小组"纳入其中。组建由校内外专家组成的信息化专家组，作为辅助决策和技术咨询机构；加强我校信息管理中心队伍建设，提高队伍建设和运维水平；充分发挥我校电子与信息工程学院相关专业教师的技术力量，制定制度激励其参与我校数字校园建设工作。

二是制度保障。学校制定了信息化项目管理办法、运维管理办法、网络与信息安全管理办法等，确定了数据架构、业务架构、技术架构、应用架构等相关技术标准，编制了各类系统维护的技术手册和操作指南，以及首席信息官制度、人员培训制度、绩效考核制度等。

三是经费保障。数字校园建设各个项目所需经费纳入学校年度预算，予以优先保障。此外，积极争取企业捐赠和上级部门的配套经费支持，保证高水准完成各项建设任务和软硬件条件的持续更新。

所有建设项目采用立项管理，由相关职能负责人担任项目负责人，协调推进相关建设工作。所有项目建设完成后的推广使用，纳入部门绩效年度考核指标，保证项目的推广应用和持续更新。

访谈者 取得了哪些成效？

李旋波 自2014年以来，顺德职业技术学院智慧校园建设以应用、用户、数据三个要素为主线，以关键业务系统为重点，组建项目团队、实行项目化管理、合作开发，集成已建和在建系统，对教学、科研、管理和服务变革的支撑作用逐步显现。

学校采用Oracle数据库及IBM中间件等软件，建成了统一身份认证、统一信息门户、公共数据、移动校园等平台和系统，实现了与教务系统、办公系统、科研系统等10个业务系统的对接。通过数据平台完成了学校信息标准的建设，信息标准使学校信息更加有序流通，最大限度地实现信息资源共享，使学校信息系统得到协同发展，发挥信息资源的综合效益。

学校紧跟国家职业教育信息化发展战略，以国家、省、校三级专业教学资源库建设为抓手，辅以数字化学习资源中心、各级精品课程建设等手段，通过政校行企深度合作开发了一大批高质量的教学资源，并积极推动基于资源库的教学模式变革以及学习者学习成果认定转换机制变革，朝着真正实现"智慧教学"的目标迈进。

学校以开放的理念建设各种网络教学和资源库平台，搭建全面支持精品课程、专业教学资源库、在线开放课程、混合教学改革等先进教学方法及教学理念的教学业务生态，以更好地服务于对教学平台有不同需求的老师、学生、管理者及社会公众。智慧教学平台，融入教学育人全过程。

以学生全生命周期管理 ERP 系统为突破口推进学校"智慧 ERP"工程。学生全生命周期管理 ERP 系统借鉴国外高校普遍采用的管理模式和业务流程，倒逼学校业务变革，规范教育教学管理，优化业务流程，提升学校竞争力，推动学校战略目标的实现。

学校节能监控系统于 2014 年 8 月通过教育部和住建部组织的专家组验收。该系统主要有两大功能：一是对学校水、电、燃气等所有能源消耗的多级计量监测，平台涵盖全校 86 栋建筑，53 万多平方米，包含监控中心、数据中心、平台软件、电计量监测系统、水计量监测系统、液化石油气计量监测系统等，新增远传计量点总计 3 151 个。二是在计量监测的基础上实施有效的管理控制，包括定额管理，教学楼课室用电设备、图书馆空调、学生宿舍热水系统等的节能控制。近三年，每年平均节省 85 万元以上。

学校校园安防系统包括数据中心和监控中心，全校安装了 2 900 多个摄像头。监控范围包括课室、考场、实训室、宿舍、食堂、电房、电梯、天台、交通卡口等区域，系统使用后，大幅度提高破案率，降低发案次数，教学监控与安防监控使用同一平台，节约资金及人力成本，有利于提升教学质量和学风建设。同时，对师生员工的日常行为起到较好的规范作用。

学校一卡通系统建设主要包括 155 个商务消费点，4 290 个学生宿舍热水控水点，3 659 个学生宿舍电控点，8 179 个门禁。一卡通系统实现了全校范围全部用校园卡消费和身份管理，实现了校园卡补助发放，图书超期罚款收费，自助打印、复印收费，自助缴交考试报名费，自助缴交上网费，极大地提高了工作效率；实现了全部学生宿舍智能用电、用水管理。

访谈者 存在哪些问题？

李旋波 智慧校园项目实施周期长、投入大，牵涉管理及技术层面广，成功与否受到诸多因素的影响，当中可能出现的风险有：首先是业务人员缺乏接受新事物能力，抵触改变工作习惯，实施阶段难以被业务部门所接受；其次决策力、推动力不足，实施涉及整个学校的业务变更，需要高层的深入理解，高效决策。我校在学校领导的亲自挂帅决策力和推动下，智慧校园建设取得了显著成效。

访谈者 如何去解决这些问题？

李旋波 第一，整体布局，统一规划。智慧校园是庞大的系统工程，涉及计算机技术、网络技术、项目管理等多个方面，具有投资高、建设难、周期长、涉及部门和人员多等特点。因此建设之前必须站在整个学校的层面，做好项目分析和规划设计工作，整体考虑、整体建设、统一规划，确保信息标准、技术路线、基础架构和组织管理的统一性。

第二，统筹安排，分步实施。智慧校园建设周期长，涉及需求调研、方案论证、系统选型、部署与集成、人员培训、推广应用、运行反馈、修改完善等多个过程，因此整个建设过程必须统筹安排、分步实施，确保项目进度和质量，降低项目失败的风险。

第三，加强应用，科学决策。智慧校园的核心目的是"应用"，使各个职能部门实现管理信息化，上下级部门之间快捷沟通，不同职能部门之间数据共享与交换，形成充满活力的新型管理机制，为广大师生提供个性化的综合信息服务。因此，信息化建设必须坚持加强应用、以应用为主导，加强应用、以"应用起来"为主要目的。

第四，整合资源，共享数据。许多高校经过多年的信息化建设，购置、开发了不少应用系统，沉淀了大量的信息资源，智慧校园建设必须考虑保护原有的投资，充分利用已有的信息资源，充分发挥其作用。

访谈者　学校未来有哪些新的措施？

李旋波　在应用系统方面，基于职业教育的特征，创新使用网络教学、大数据等信息化手段，为打造以实践为导向的教学体系，以就业为导向的课程体系提供支撑；参考企业人财物大模块化管理经验，形成学校规范化、标准化的管理流程，提高管理效率，从而推动学校整体管理模式的国际化升级；借助互联网手段，开放学校资源，满足学生共性需求以及高职院校特色的实践需求，打造人性化的服务体系；构建跨学校业务领域的大数据分析体系，为学校的管理决策提供科学、智慧的支撑。

以人为本，重构教育治理模式；以学习者为中心，重构教育教学模式；以用户为中心，重构教育服务模式（如图1所示）。

在基础设施方面，以云计算技术重构校内基础设施和网络，打造无线校园，并系统提高校园基础网络的访问便捷性、稳定性和安全性；集中化存储，解决传统分散式存储计算带来的诸多问题，提高资源的利用效率。

在IT管控方面，参考国际通行的CIO制，以大机构制进行集约化的IT管控，统一规划、统一建设、统一管理，降低成本，提高服务水平；参考IT行业的员工管理机制，试行市场化职员制，提高IT员工的能力水平和忠诚度。

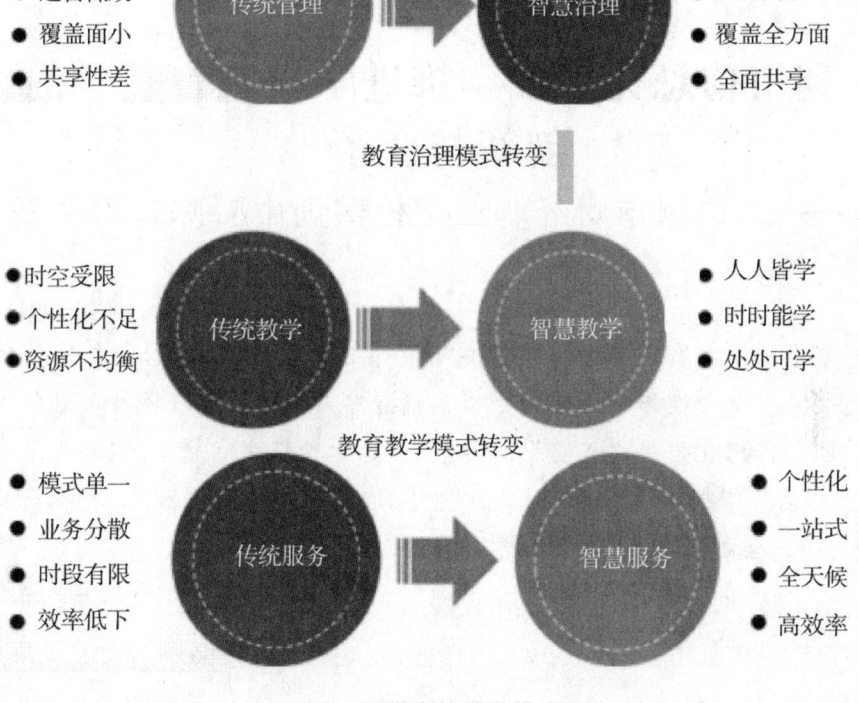

图1 重构教育服务模式

利用信息化手段　推进学校教育教学的创新与变革①
——访广州市财经职业学校实训中心陈二军主任

《国家中长期教育改革和发展规划纲要（2010—2020年）》指出"信息技术对教育发展具有革命性影响，必须予以高度重视"。在"互联网+"时代下，学校一定要"取"信息化发展之"势"，"明"信息化价值之"道"，"尊"信息化建设之"法"，"优"信息化应用之"术"，"利"信息化技术之"器"，把信息化作为一个"牛鼻子"，全面推进学校教育教学与管理的变革。

——陈二军

个人简介： 陈二军，信息系统项目管理师、中级经济师。广州市财经职业学校实训中心主任，广州市中职财经专业指导委员会副秘书长，广东省政府采购评审专家，新道科技股份有限公司、广州福思特软件技术有限公司、畅捷通股份有限公司等企业专家顾问。长期从事企业管理信息化解决方案咨询与实施工作，了解多个行业在财务、人事、生产、销售等环节中的信息化实践应用。多年主持学校信息化项目规划与建设，专注于中职学校管理信息化平台的应用实践研究和教学信息化平台的应用实践研究。

访谈者　陈主任，您好。《教育信息化十年发展规划（2011—2020年）》提出：大力推进职业院校数字校园建设，全面提升教学、实训、科研、管理、服务方面的信息化应用水平。据了解，贵校的数字化校园建设比较完善，请您谈谈贵校现阶段数字化校园建设及投入使用的情况。

陈二军　我校自2013年开始进行数字化校园建设，是广州市比较早建设数字化校

---

① 原载《教育信息技术》，2018年第12期。

园的中职学校。按照"科学规划、统筹协调、突出特色、整合资源、强化应用、分布实施"的原则，结合信息技术的发展逐年部署专项投资，开展信息化项目建设。截至目前（2018年）已经完成学校基础网络万兆主干改造、网络安全等级保护建设、智慧校园大平台建设、信息化教学环境建设以及配套的信息化管理制度建设。各项建设均已陆续投入使用，比如智慧校园大平台中的移动应用，让全校教职员工可以及时收到学校通知、新闻、待办、工资条、周程等资讯与工作流程；再比如智能教室改造与使用，改变了全校老师课堂教学的模式，越来越多的信息化教学手段在课堂上呈现，提升了课堂教学的有效性。类似的案例还有很多，数字化校园的建设推动了学校教育教学的改革，提升了学校教育管理的水平。

访谈者 支撑贵校教育教学的主要数字资源来源有哪些？

陈二军 数字资源是数字化校园建设的重点和难点，也是推动课堂教学信息化的核心。我校高度重视资源建设工作，多途径、多方式开展专业资源建设工作，主要途径有如下几个方面：

首先是全国职业院校共建共享。我校作为第二批国家中等职业改革发展示范学校，学校专业教师参加了职业院校数字化资源共建共享课题，共建12门，共享18门，累计30门课程资源可以共享使用，有效支撑了专业信息化教学的开展与实施。

其次是市级精品课程。两年来我校教师申请立项市级精品课程10门，结合信息化教学的发展要求，每一门精品课程都同期开展了资源的建设工作，这也是我校课程数字化教学资源建设的有力支撑。

最后是教师自主开发。通过一系列培训，我校有60%的教师可以使用数字化课程资源制作工具，如Camtasia、Focusky、万彩动画大师、Articulate Storyline 2、Adobe Captivate等软件平台，制作专业课程数字化资源。结合课程内容和授课要求，教师利用信息化工具开发数字资源已经成了常态。

访谈者 基于以上数字化资源的使用，在教学模式方面有何创新之处？

陈二军 我校于2017年推进了智能教室建设项目，建设完成84间智能教室和1间数字智能公开课室。智能教室投入使用一年来，借助智能设备与教学平台，通过教师们不断实践和总结，形成了教学过程中的新模式，促进了学校新一轮的教学改革。

第一，混合式教学。教师借助智能教室的资源库和教学工具功能实现混合式教学，形成了以学生为主体、线上线下互动、资源共建共享、同课异构等新的教学特点。主要体现为：一是混合备课。教师在家或办公室备课，按课前预习、课中内容和课后作业等阶段进行设计。在教室打开平台，可以查看学生的课前预习情况，调用课中授课内容进行授课，实现O2O混合备课授课。二是混合教学。授课时，教师使用线上课程资源，根据备课的内容，运用视频、音频、3D模式、模拟软件、虚拟仿真等多种素材，丰富教学内容和形式，实现O2O混合教学。三是混合评价。授课时，教师对学生的表现进行观察，利用提问或测验获得反馈，考察教学目标的完成情况，提交学习中的评价。线上，通过学生的测试题库、平时上交的单元练习、网上讨论的表现等进行评价。

第二，互动式教学。"所见即所得，所触即所动"是智能教室呈现的实时互动体验，调动了学生的参与度和积极性，提高了课程效果。主要体现为：一是课堂互动教学。基于触屏技术的实现，智能教室改变了传统多媒体平台所欠缺的互动教学环境，课堂上师生可以直接在触摸一体机上进行手写操作，可以完成单据填制、课堂测试、屏幕演示、模拟操作、3D展示等多种教学互动场景。二是手机互动教学。基于无线同屏技术，教师授课时通过手机上的授课助手APP实现授课教学，达到移动教学目的。通过手机授课，实现控制课件播放、批注重点、拍照上墙、手机同屏等移动教学互动场景。三是实时互动管理。上课点名，通过教室触摸一体机上的"班级优化大师"，现场签到。教师设置课堂行为管理指标，如积极发言、遵守课堂纪律等，在课堂进行中，结合授课、互动、测试内容等随时调用进行现场评价，实现课堂行为管理。

第三，直播式教学。我校日常的教学计划中，涉及全校或一个年级同上一门课，如"安全教育""职业生涯规划"等。直播录播同上一门课是智能教室的扩展使用，使得原本课室的智能多媒体平台变为一个个终端应用载体，并合成为学校数字化教学平台一个整体。主要体现为：一是直播课程。84间智能教室可直接观看授课教师的直播课堂内容，直播结束后，授课内容自动形成课程视屏，可供后期点播学习。二是录播课程。借助于课程资源管理平台，教师将录制好的课程放在平台上，结合平台的权限功能，在规定的时间内，不同年级或者班级可以同时收看不同的录制课程。

访谈者　贵校作为一所具有50多年办学历史的财经学校，是如何利用现有的数字资源推进师生专业发展的？

陈二军　通过教学信息化的实践、数字资源的建设与应用，在教与学两个方面得到了很大扩展，学校师生都受益匪浅。

教师方面。学校专职教师中45岁以下80%的教师可以熟练使用信息化教学工具进行教学设计与应用；2017—2018年，我校教师参加全国职业院校教师信息化大赛，获一等奖1项、三等奖1项；参加全国中等职业学校财经类专业"创新杯"教师信息化教学说课大赛及教师会计技能比赛获一等奖2项、二等奖1项、三等奖1项；参加广东省职业院校教师信息化大赛，获一等奖2项、二等奖3项、三等奖3项。

学生方面。学生的学习方式更为多样，翻转课堂、网络教学、自主学习、互动研讨等让学生有更多机会选择自己喜欢的学习方式，关注到不同学生之间的学习差异，让学习均等化；学生的学习内容更为丰富，大量的资源、丰富的知识、多样的载体、仿真的实操让学生有更多机会接触到自己喜欢的学习内容，扩展了学生的学习空间，让学习趣味化。更为重要的是通过数字资源推进和信息化教学的实施，培养了学生信息化素养，构建学生连接未来的能力。

访谈者 贵校在推进数字化校园建设过程中还存在哪些问题？

陈二军 回顾数字化校园的建设过程与实践应用，主要存在下面几方面问题：

第一方面是专业特色数字化资源建设进度缓慢。中职学校专业种类多、专业性强、专业内容变化快、单个专业师资力量不均匀等因素，导致学校校本专业资源的建设存在瓶颈。个别小专业特色数字化资源建设起步晚、难度大，学校教师制作资源的能力需要进一步提升。

第二方面是基于网络空间的学习覆盖面不广。由于中职学校的生源情况，大部分学生喜欢动手操作，理论学习和主动学习的意愿不强，课余时间参加网络学习的动力不足。再加上专业特色资源不足，网络空间上的学习内容特色不明显，学生们在网络空间学习方面总体上不乐观。

第三方面是信息技术智能化不够，信息化教学数据挖掘不足。新兴的信息技术，如物联网、AR增强现实、VR虚拟现实、MR混合现实、大数据挖掘与应用等方面还比较缺失。信息化教学过程中产生的教学数据缺少挖掘分析和应用，没有很好地支撑教学过程的改进和评价。

访谈者 针对以上这些问题有哪些改进策略？

陈二军 第一，共建共享，加大数字化资源的制作。结合职业学校专业发展的特点，校企合作产教融合，联合推进专业特色资源开发与制作。开展学校与学校、学校与企业、学校与行业之间的合作，探索联合开发、共建共享的资源开发模式，充实本校特色数字化资源建设的途径和方式，从而建成与企业岗位同步、与行业标准同步、与实际专业发展同步的专业特色数字化资源库，支撑学校专业发展和人才培养。

第二，依托网教平台，探索移动应用，提升网络空间学习效果。积极探索移动应用和学分制管理模式，将网络空间学习的成绩纳入学分制管理，丰富网络空间学习的内容，开发移动端学习的功能，让网络空间学习变得简单、方便、有价值，让网络学习成为一种支撑学生成长的有效途径，培养学生网络学习习惯和信息化素养，为学生的终身学习打下基础。

第三,"请进来"与"走出去"相结合,加强交流与学习。结合学校管理和专业建设,积极探索新技术、新设备的应用,尝试在安全教育、专业学科等领域使用VR与AR技术,解决教育难点。深入挖掘学校教学与管理的数据,充分发挥数据的作用,让数据变信息,让信息支撑决策,让决策推动学校建设与发展。

创新教育教学模式　助推数字校园建设[①]
——访广东行政职业学院尹继卫院长

　　数字校园建设的重要任务是依托信息化手段开展混合教学改革，而混合教学改革的推动应坚持以学校、专业、课程为三大核心主体，学校从宏观层面制定科学合理的改革规划和激励性的政策措施，各专业从中观层面探索适合自身特色和市场需要的人才培养改革方案，各课程从微观层面把线上线下教与学有机结合，实现教学手段和教学方法的创新。

——尹继卫

　　个人简介： 尹继卫，广东行政职业学院院长，行政管理学教授，中共广东省委党校（广东行政学院）硕士生导师。主持省部级科研课题15项，主编和参编著作、教材10余部，公开发表学术论文30余篇，获得省部级科研奖励6项。

　　访谈者　尹院长，您好。《教育信息化十年发展规划（2011—2020年）》指出，要加快建设职业教育信息化发展环境，加强职业院校数字校园建设，全面提升职业院校信息化水平。《职业院校数字校园建设规范》（以下简称"规范"）中提到，职业院校数字校园的实施应秉承信息技术与教育教学深度融合的理念，注重学生信息化职业能力的全面提升，增强教师信息化教学能力与素养，促进职业院校改革与发展目标的实现。请您结合贵校信息化的实践谈谈数字校园建设对职业院校的作用。

　　尹继卫　信息技术赋予职业教育新的内涵和要求，职业教育的办学模式和教学模式也应随之发生革命性变革。教育信息化作为职业教育的外在力量，以快速的变化发挥着时不我待的加速发展的示范作用和推动作用，起着高速发展的榜样力量，同时发挥数字化的变换作用，职业院校可以依托数字校园建设的契机，除了建设数字化资源、建构数

[①] 原载《教育信息技术》，2018年第12期。

字化环境，为学院职业教育现代化创造以信息技术为基础的物质条件，还能推广信息化手段的教育教学应用，同步提升师生的信息素养，不断提高人才培养水平。

访谈者 贵校在数字校园建设上的基础设施有哪些？

尹继卫 我院每年通过信息化专项经费部署或更新信息化硬件设施。目前，我院以"智慧校园"与"CRP系统"两大平台为抓手，分别与中国联通广州市分公司、广州工程技术职业学院签订了《智慧校园共建合作协议》和《CRP系统合作备忘录》。我院首创的"智慧党建"平台，融合了思想建设、组织建设、作风建设、反腐倡廉建设、制度建设和党建创新六大功能模块，打造了全国高校"智慧党建"第一品牌。在无纸化、网上协同办公建设方面，我院依托CRP系统形成统一的共享数据中心、统一的工作门户和统一的学生门户，智能地改进学院的工作流程。全景式"仿真校园"已在校园网平台推出，"互联网+课堂""二维码上校道"和Wi-Fi全覆盖工程亦正在积极推进。

在教学手段方面，学院在2013年投入30万元采购了清华在线网络教学平台，并于2016年对网络教学平台进行升级基本实现移动教学，积极开展翻转课堂、"互联网+课堂"等线上线下混合教学改革。

在实训室建设方面，我院共有实训基地39间，其中10间公共实训室，29间专业实训室，覆盖全院20多个专业。已投入使用专业教学软件共27套，新购置各类设备总数超过1 600套。2017—2018年新建11间多媒体课室，总数达到58间。首期投资360万元建设"公共管理与社会服务公共实训中心"获广东省教育厅立项。

在智慧图书馆建设方面，我院专门设立了电子资源专项经费，根据学院师生需求，引进了各种电子资源。目前，我院图书馆数字资源种类共67种，试用数据库达到了47个，为师生读者提供了良好的网络学习、教学参考、科研检索、文化休闲等多功能平台。在后勤保障方面，学院大力推动"一卡通"建设工作的开展，实现消费、借还图书、考勤、水控等基本功能，多卡统一，功能丰富。还实现了网上在线充值、查询使用详情、自助挂失、补卡功能，给全院师生生活、学习、工作等方面提供了极大的便利和支持。

访谈者 据了解，虚拟仿真实训系统是贵校的一大特色，请您谈谈在教学中虚拟仿真实训系统是如何建设与应用的？

尹继卫 学院大力支持专业实训软件、虚拟仿真实训系统建设，2012—2017年间，采购专业实训软件、虚拟仿真系统共计45套，总投入约475万元。其中公共管理系6套、经济贸易系12套、经济管理系6套、法律系1套、电子信息系15套、外语系4套、中文系1套。

我院近两年投入超过200万元建成移动电子商务实训室、现代物流实训室、智能化云网络自主学习中心等信息化实训室，为探索信息技术与高职教育深度融合提供现实基础。2016年，我院申报的"面向花都区域社会管理与公共服务专业大类公共实训中心"获准立项为2017年省高职教育公共实训中心。该公共实训中心建设是打造以社会管理与公共服务岗位"通用能力链"为核心，整合学院现有实训资源，改善校内实训教学环境，加大投入建设出"一个园区、两个中心、多点布局、'线上+线下'、'云端+终端'"的新型公共实训中心，主要包含四大建设子项目：面向社会管理专业大类的实训区域建设；面向公共服务专业大类的实训区域整合升级改造；利用信息技术手段建设教师支持中心和学生自主学习中心构建公共实训中心；开放共享的运行管理机制。

当前，学院采用"云桌面"技术已建立"学生自主学习中心"及"教师技术支持中心"并试运行，为全校师生提供云桌面，可利用校内各种终端设备在教室、图书馆、宿舍以及家里，通过即时连接学校的云端获取云桌面，方便轻松地获得教与学的资源。

访谈者 请结合具体的例子谈谈贵校虚拟仿真系统的应用。

尹继卫 我院外语系3D虚拟导游综合实训室的建设和应用相对较为成熟。我院3D虚拟导游综合实训室建成于2016年6月，总投资100多万元。由三个实训室组成，包括3D导游综合实训室、旅行社综合实训室和智能化云网络自主学习中心，所有实训室本学期已全面投入使用。

实训室建筑面积240平方米左右，主要配置有一个10米长、120度环绕的投影屏，3台高亮度专业投影机，1台高性能图像校正融合播放一体机，1套全国基础三维虚拟仿真场景教学资源库，1套广东省内三维虚拟仿真景点库等，以及1套数字化体验式教学系统。利用虚拟现实技术和模拟导游实训系统，可以实现对导游教学环境的仿真模拟，教师和学生都可以身临其境，模拟出触手可及的各类景区3D立体场景，将教学与实训相结合，为旅游管理专业教学提供了一个新颖、互动的教学模式，为学生提高导游讲解技能和导游服务能力提供了完善的实训平台。

智能化云网络自主学习中心在坚持经典语言教学思想的前提下，先在校园网络上搭建一个平台，通过开放的接口与原来的校园网络进行有机融合，然后把语言教学的备课、上课、作业、自习、考试、评估、管理等环节搬到这个平台上，建设一个涵盖教、学、评、测、管各环节的一体化的外语教学平台，最终实现依托计算机网络构建一个"网络上的外语系"的目的。此外，配备专业化语言实验室，针对听、说、读、写、译等不同的教学方式，分别嵌入了先进的教学模式，设计了专业化的听力教学系统、口语教学系统、阅读教学系统、写作教学系统等，改变传统"广播式单向教学"，实现了互动式、反馈式双向教学。

旅行社综合实训室可以进行旅行社实际工作中所涉及的产品设计开发（产品资料库）业务、人事管理工作、计调业务（计调中心）、产品销售（销售平台）业务、客户管理业务、财务管理统计业务以及总经办综合操作业务等共计7大业务实训。

访谈者 据了解，贵校在运用信息技术促进教育教学模式改革方面有所创新，尤其是混合教学改革，请您具体谈谈混合教学主要体现在哪几个方面。

尹继卫 不同专业的混合教学改革核心应是一致的，即重视线上线下教与学相结合。在课前线上学习环节让学生明确学习目标和学习进度，突出考查知识点的习得情况；在线下课堂教学中通过多样化的教学活动着重考查学生的知识点能否转化为技能点。各专业各课程应在这一共识下探索各自的改革模式。

作为文科类专业为主的高职院校，我院清楚地认识到文科类专业在实训教学方面的特殊性以及教学改革方面面临的瓶颈与困境。因此，我院混合教学改革的核心内容和亮点是针对文科类专业的特点探索开展文科类混合教学改革，并从学校、专业和课程三个层面推进。组织实施的内容包括：在学院层面的教学改革整体策略制定，在系部层面形成符合专业人才培养需求且有专业（群）特色的教学改革模式，以及在课程层面开展全员混合教学模式的课程设计。

在学院层面的混合教改具体举措主要有：第一，完善教改软硬件环境，建立教师技术支持中心，购置云资源平台、云终端、交换机、交互式智能平板、家具及综合布线施工等设备，以及桌面云管理软件、桌面云软件、云实验室教学支撑系统等软件，同时教学楼多媒体教室教师机加装"云桌面"虚拟化软件，实现"云端+终端"多媒体教学环境；对采用实践教学方式或多媒体教学方式的教师，提供"云桌面"等软件技术支持，实现"线上+线下""云端+终端"教学和教研新模式。对正在使用的"清华教育在线"教育综合平台进行升级，为开展混合教改奠定了基础。第二，组建教改领导服务小组、成立教学发展促进委员会，负责混合教学改革的项目组织、部门协调、项目管理、项目技术支撑、项目评价与过程监控。同时组建混合教改顾问小组、信息化技术支撑团队，用于项目咨询、教育技术支持、监理与项目验收与评价。第三，开展人性化的指导评估与技术支持服务，教与学互动，邀请教学名师或专家学者来校举行专家报告会，针对每位教师进行一对一帮扶指导，组织一次见面会、一次回访、一次总结交流会并进行人性化评估反思；定期举办教师教学主题午餐会、学生学习午餐会；针对教学录像进行自我评估自我反思。学院组建专业化教学设计支持队伍为混合教改提供团队支持，包括教学设计人员、艺术设计人员、多媒体技术人员的通力配合。第四，出台教改奖励政策。第五，进行混合教改专项培训。2016—2017年，学院组织了3次混合课程改革全员专题培训，还组织骨干教师30人次赴各地进行数字课程资源建设、混合课程设计、混合教学实践的专项培训。第六，制定混合教改实施方案并严谨稳健地推进执行。第七，持续优化教改评价指标，从课程建设效果、课堂教学应用、混合教学效果三个方面制订了评价指标及混合课程试点项目评审办法。

"混合教改 + 精品课"的遴选与建设是混合教学改革重中之重的内容，我院采取"应用驱动、建以致用、自然淘汰、择优立项"的原则，以全员参与、试点先行、积累经验、逐步推开的方式，通过"混合教改 + 精品课"系列课程的建设，旨在改善文科类专业学生理论学习与实训操作的学习体验，对全院混合课程改革起到示范作用，对全国同类兄弟院校开展混合教学改革提供借鉴，推动文科类专业的教学模式改革。

访谈者　学校在完善信息化建设方面有哪些体制机制保障？取得了哪些成效？

尹继卫　第一是工作机构保障。我院根据"数字校园建设实验校"建设工作需要，成立了教育信息化工作领导小组和网络与信息安全工作领导小组，并设立13个建设专项工作小组，明确各部门和各专项工作小组的具体分工。第二是人员发展体系保障。我院努力构建教师能力发展体系，着重在备课环境、教学设计、资源建构等方面实现发展更新常态化；建立培训与分享机制，制订教师能力发展培训计划，立足于学院发展战略，以"双师素质培训"和"企业实践活动"两大项目为着力点，针对全院的教师，系统组织了全院师资力量的学习培训工作，全面提升了我院师资力量的教学水平和实践能力。第三是政策与机制保障。根据省教育厅关于"创新强校工程"的部署要求，我院编制了《广东行政职业学院"创新强校工程"2014—2016年建设发展规划》，专门规划了教育信息化协同创新"智慧校园"项目，计划充分运用云计算和虚拟化技术，构建我院的智慧云平台，通过智能终端访问，实现"智慧校园"的全方位覆盖，在技术上建成学院的两大基础平台，搭建资源高度共享的业务及应用平台，提供个性化信息服务，构筑智慧的教学、科研、管理和校园生活环境。第四是经费保障。以教学为中心，积极投入经费用于数字校园实验校建设，利用包括财政专项经费、公用经费、自筹经费及社会服务取得的经费等各项资金来源，全力保障学院智慧校园、在线课堂的建设。

在建设成效方面，我院与中国联通合作开发的"智慧党建"平台，是全国职业院校开发"智慧党建"平台的首创，被中国信息产业网、网易新闻、中国通讯网等新闻媒体广泛报道并受到广东电视台采访介绍，为其他职业院校开展"智慧党建"提供参考。目前，该平台已通过验收并在全院范围内投入使用，学院也获得"智慧校园Wi-Fi网络校园全覆盖单位"称号。我院组织实施的书记项目《以"智慧党建"构筑信息时代党建新模式》还受到中共广东省委教育工委全省通报表扬。我院混合教学改革也逐渐探索出适合文科类专业课程建设的改革模式，"网络营销实务"课程的混合教改模式"基于i博导实施教学信息化"从众多典型案例脱颖而出，成功入选"全国高职高专校长联席会议2017年年会"教育信息化主题的成果展，并在年会上向全国高职院校展示课程改革的特色教学、分享改革成果。我院参与广东省职业技能鉴定省属考场服务项目投标的传统考场和智能化考场两个子包均中标，成为花都地区唯一一处由广东省职业技能鉴定指导中心授权的省属考场。学院受"全国职业院校教学工作诊断与改进专家委员会"委托，完成2017年高职院校人才培养工作状态数据采集与管理平台相关任务，运用云计算技术和大数据技术，具体设计并研发高职数据监测中心平台，学院还承担对高职数据监测中心的整体运作进行项目管理。

访谈者 学校未来有哪些新的计划？

尹继卫 我院将借"数字校园建设示范校"项目的东风，继续大力完善学院信息化基础设施建设，继续加强师生信息化能力培养，继续在更大范围、更广深度开展混合教学改革，继续运用信息化手段提升管理水平。

09 翻转课堂与微课

小微课　大融合[①]
——访广州市第三中学廖小兵校长

　　信息技术与教育教学融合，涵盖方方面面，涉及点点滴滴。我们试图通过"小微课、大融合"，践行"弘爱教育"理念，以寻求在深度融合探索过程中促进教师专业素养、课堂教学形态、课程体系和教育教学管理等方面的质变，让百年老校焕发时代气息、发展活力，更重要的是，培养与时代同行、与技术同步的具有时代素养的人。

——廖小兵

个人简介： 廖小兵，第二届广州市名师，中学正高级教师。主要研究方向为元认知在课堂教学中的应用、普通中学的生涯教育、骨干教师培养有效性策略等。元认知研究成果获广东省普通教育教学成果二等奖；人生规划教育成果获广东省德育创新成果一等奖和教育部优秀德育案例奖。2014年主持中央电化教育馆全国教育信息技术研究规划课题"面向优质教学资源共享的中学学科视频教学资源库建设"的研究，开展微课资源库建设的探索。

访谈者　廖校长，您好！从《国家中长期教育改革和发展规划纲要（2010—2020年）》提出"信息技术与教育教学深度融合"至今已经有五年多的时间。而在2014年，你们学校已开展了全学科的微课程视频资源建设（以下简称"微课建设"）。请问，这个微课建设，是不是你们深度融合的具体探索呢？

廖小兵　是的，可以这么说。从学校的视野来说，信息技术与教育融合不仅发生在学科教学，也发生在学校治理与服务等教学工作与校园生活的方方面面。而微课程作为一种短小精悍的学习资源，具有可嵌入、可改造、可创作等诸多的优点。我们发挥微课程的"小"，试图融入学校教与学改革的方方面面，实现一个大的改变与突破，特别是能够在课堂教学的重要场域实现全覆盖、经常用、大家用等目标。

[①] 原载《教育信息技术》，2015年第7、8期。

访谈者 从你们学校的设计上看,你们对"微课"资源支持信息技术与教育教学融合做了怎样的定位?这个"大融合"的"大"体现在哪些具体内容上?

廖小兵 我们的微课程资源是以某一知识点或某一问题为专门话题,以 2~5 分钟短、小、精的视频为主的小课程视频库。我们期望"微课"资源能够满足教师课堂教学和学生自主学习的需求,探索微课程资源建设与教育教学的深度融合的路径,实现"全覆盖、经常用、大家用"的应用目标。

访谈者 比如,你们重点解决什么问题呢?

廖小兵 我们学校以"面向优质教学资源共享的中学学科视频教学资源库建设"全国信息技术研究课题(重点课题)的研究来开展。基于我校的教学实际问题:一是可用的教学资源很多,但已有资源与课堂应用没能呈紧密结合状态,即真正适用、实用、好用的优质教学资源不够充分;二是生成性的微课资源贫乏;三是没有一个主题起到统整不同资源类型的作用。我们正试图通过微课资源建设予以支撑。确切地说,微课资源建设面临的这种问题只是表象,而背后离不开我们本身所面临的教学理念、教师队伍、课程建构等方面的局限。原有资源内容的建设和购置都是与学校教师队伍教育教学观念关联的,原有资源使用状况受教师现有教育教学习惯影响,微课资源整体使用效益由学校在这方面的管理、服务和技术环境决定。所以,其本质还是教师或者教育工作者在教育教学观念、行为及管理、服务措施等方面的提高与完善的问题。这几个问题又都是聚焦于教师队伍专业素养的核心内容——教师教育教学观念上,直接影响学校教与学的改革与发展。在微课视频资源库的建设过程中,通过关于微课视频的理论培训、技术指导、具体制作等途径对这些问题加以解决。

访谈者 那从学校一年多的实践看来,这个"小微课"在学校的教与学的改革中,实现您刚才提到的"全覆盖、经常用、大家用"这种大范围的融合,依您观察看,可行吗?

廖小兵 这是可行的。抓住教师观念改变与完善的核心问题是关键,只有教师的观念变了,制作的微课适用性提高,才能实现资源的"经常用、大家用",而观念改变的教师群体越大,"全覆盖"的实现就越有基础。当然,教师观念改变不是一轮理论培训就能解决的问题,而是要依靠"小微课"的"培训—制作—交流"这种螺旋循环的提升过程,让教师的观念在培训中变化,在制作中践行,在交流中完善,然后在新的水平上开始新的循环。

访谈者 具体如何投入微课程的融合实践中呢?

廖小兵 刚才我们提到"全覆盖、经常用、大家用"这几个方面,归结起来,就是我们开展微课建设与教育教学融合的前提与保障是基础设施问题、管理机制问题以及管理效果问题。我们将微课资源建设覆盖到所有学科教学，对于作为以开展教学活动为本的场域的学校，涉及人、物与力的全面到位。因此，我们通过这样一个课题科研的形式与主题促进信息技术环境下的教学模式、课程建设、教职工团队、管理制度的全新变化，才能形成教学理念、人才培养目标以及课程资源的提升与创新，才能通过"小微课"的制作努力实现"大融合"的目的。

在具体操作中，我们主要落实几项任务：一是将"微课"建设作为学校当前的教学实践与变革的重要抓手，也作为教学理念转变、教师队伍开展教学活动的重要内容之一，确保所有的学科教师甚至包括教辅人员从意识到行动上能关注、参与并支持此行动。二是制定经费管理方案，落实微课程建设、课题研究、师资培训的经费到位，并且能够将这些经费管好用好。三是学校完善了资源库点播系统，购置课室一体机平台，努力使校园网络无线 Wi-Fi 全覆盖、购置 APP 系统实现学生手机终端上网，为学校的微课程视频资源能够有效运用提供环境。四是开展全员教师培训，解决教师的教学理念、教学能力以及教学方法问题，让教师切实改变课堂教学结构，探索以学生为中心，并创设该观念下的教育教学行为措施。五是探索多元化的学习机制与激励机制。对教师，除开展外派学习、分享式交流外，学校还有全员理论培训、制作技巧培训、分科组或备课组的分层交流、校学术节的微课专题研讨会、优秀微课作品评比等活动；对学生，提供多元学习方式的发展的平台，增设网络选课系统，探索学生的学科分层选课、校本课程选课、研究性学习课程课题选择等操作及相关制度，为逐步形成学校立体化课程的信息技术支撑系统。

总而言之，我们将微课程建设作为教学实践探索活动纳入学校管理抓手，借助管理信息平台，形成兼顾人性和科学理性进行学校文化管理的分析、分享与指挥的中心。

访谈者 这个项目实施一年来，您有何心得呢？

廖小兵 全学科参与制作、大面积使用微课对教师的影响较大。通过微课建设这个抓手，在微课的培训、制作、评选、分享等过程中能切实有效地实现教师观念的改变、教师教学行为的创新、课堂教学方式的完善，促进了教师队伍的发展。微课程丰富了学校的教学内容，拓宽了教学的时空，实现学校的课程体系的完善。而微课效果的跟踪、使用情况的记录与分析、学生建议的反馈与收集等一系列新的管理行为的产生也促使学校管理的变化。一个短小精悍的微课，涉及方方面面，带来正面的促进作用。

访谈者 下一步，你们从"大融合"如何走向深融合？

廖小兵 学校发展要走教育现代化之路，除了教育装备现代化外，主要还有教育观念、教育内容、师资队伍、教育管理等的现代化。这几个方面的核心还是教育观念相对应的学校文化或是学校的办学价值追求。深度融合在上述几方面变化的基础上，糅合学校"弘爱教育"理念，在信息技术环境下创造更多、更好的教育教学方式方法，使学校各个方面都朝着教育现代化的方向迈进，让百年老校焕发时代气息、发展活力，更重要的是，培养与时代同行、与技术同步的具有时代素养的人。

变革教学结构 诊治"翻转课堂"三大问题[①]
——访华南师范大学汪晓东副教授

不要把翻转课堂想得太神奇,翻转课堂并不是通过翻转就能解决所有的问题,也不要把翻转课堂想得太困难,觉得翻转课堂是完全不可能。翻转课堂操作有很多变通的方式,最重要的是厘清它的独特作用,并将其独特作用发挥出来,让自己的教学能够往前走一步。哪怕是一小步,也是一种进步,翻转课堂有大好前景,仍需努力。

——汪晓东

个人简介: 汪晓东,华南师范大学教育信息技术学院未来教育研究中心副教授,教育技术学博士,广东教育学会网络教育专业委员会副秘书长,教育部首届全国中小学教师微课大赛策划人,教育部第二届高校教师微课教学大赛终审评委,教育部"全国教师信息技术培训"特约讲师,主持人社部课题"基于移动学习方式的新型职业培训模式研究"的研究工作。目前主要关注的研究有微课、慕课与翻转课堂、教师信息行为研究、教师教育技术培训、教育技术学基本理论等。

访谈者 作为广州市天河区教育局、华南师范大学教育信息技术学院"应用融合,协同创新"合作项目(颠倒教室、ICT技能)专家,请您从推进策略、实施方法做法、技术平台支撑等方面谈谈翻转课堂。

汪晓东 好的。

项目推进亟须满足多层面人员需求

访谈者 有的教育部门或学校,听说"翻转课堂"这个新名词,就觉得特别

[①] 原载《教育信息技术》,2015年第11期。

好，就开始"大动干戈"组织实施"翻转课堂"。您认为这样妥当吗？

汪晓东 从教育部门推进的策略与途径看，我们通常会遇到两种问题：一是一些教育部门或者学校的主要领导认同翻转课堂，急切想着大面积、日常化去铺展；二是教育部门在推进中，并未形成项目实施的"链条"，比如领导很想推动，但没有具体的执行人员，想做的事情难以落地或者难以持久进行。对于推进翻转课堂或者其他项目来讲，都不适宜"大动干戈"，但也不应"无动于衷"。

访谈者 作为教育部门，推动翻转课堂应用，需要做哪些方面的考虑？

汪晓东 一个项目的实施，包括意识、观念、资金、人员、技术路线、行动等一系列的要素。看一个地区或学校适宜不适宜以及应该如何开展翻转课堂，首要考虑的是"意识""观念"。领导认同固然重要，但也需要一批在实施过程中予以参与、支持的人，他们对项目的认同感、价值观也十分重要。我认为在项目推进中应尽量考虑项目链条中所有成员的利益诉求，让他们能在行动中各取所需、各尽其能，让他们获得职业成就感、发展空间、专业地位或影响力等，才能够不断激发他们的积极性，持续推动项目的实施。因此，我会想些办法让翻转课堂中所有参与者获得"好处"，这个好处，不一定是物质的、功利的，也可能是超物质的、超功利性质的。

其次需要重点考虑技术路线或者实施方案。单有激情和理想是不够的，必须找到一个适合区域、学校和教师的操作方法，才能把项目真正落实下去。因此需要对"翻转"的操作方法做本地化改造，需要在目标、任务、要求、过程、经费保障、时间节点、分工以及负责人安排等方面做整体部署，在行动中做明确的设计与安排，才能保障项目的最终落地。

访谈者 有哪些成功的案例或经验？

汪晓东 我个人认为，广州市天河区教育局联合华南师范大学教育信息技术学院"应用融合，协同创新"合作项目（颠倒教室、ICT 技能）项目推进方式是挺不错的。2012 年 12 月，广州市天河区教育局领导来我们学院"选"项目，随后确定了 4 所实验学校，包括 2 所中学、2 所小学，实施"翻转课堂"和"ICT 技能"两个项目，由我们研究所的专家团队指导学校开展项目。原本只是计划 1 年的项目，但是随着项目的深入实施，现在已经开展了 3 年。天河区很重要的一个"经验"，就是除了教育部门的领导有这种理念和意识，有专业判断和选择，且有推进的力度，容易与校长、教师建立强烈的认同感、共同的目标，更重要的是在合作中形成一种"松散性"，没有强令学校或教师参加，而是他们自主选择，专家团队提供培训、指导、研究等方面的支持。随着项目的不断推进，参与的教师和学校不断积累经验，同时也获得各种成功和奖励，就会带动和吸引更多的教师参与进来。这批项目学校逐渐从一个学科或者某类型的知识点的教学，拓展到多学科，从点的尝试拓展到常规性的教学活动。而项目教师也从过去的默默无闻到影响力扩大，获得了各级奖励、证书，成为学科专家去各处传授经验。显然，这是项目推进的"成功之处"，让教师得到成长，让校长得到进步，也让领导有了"业绩"。

另一个案例，一个很重要的经验，特别强调了教研队伍参与的重要性。我们参与指导了青岛市市南区的翻转课堂项目。这个区从教育局主管领导到教研室的领导、从行政到专业，一拍即合，有领导"倡议"，有教研员去"执行"，这是项目推进中不可或缺的要素。教研员作为学科教学专家，具有较高的专业地位和影响力，他们的加入对翻转课堂的落地是很有帮助的。

访谈者 对教育部门推进翻转课堂有什么建议？

汪晓东 不管对翻转课堂的认同感有多强，在实施过程中都不宜"反应过激"，操之过急。我个人的做法有这么几点：一是由点到面。确立某个学科或某个部分教师或者个别学校先做试点探索，等到实践的方式较为成熟后，再做逐步拓展，避免出现"顾不上""难以解决"等问题。二是循序渐进。在新的教学理念、教学实践中，教师必然会面临新的挑战，比如教学活动设计、课堂管理、教学资源建设等，参与的教师不可能一下就掌握，需要一个学习的过程。所以我们要有耐心等待教师的成长，也需要给学校渐进式发展留出足够的空间。

课程实施需改造教学流程，加强教学设计

访谈者 您自己既是大学翻转课堂的实践者，也是中小学和职业教育翻转课堂的专家。从中小学到大学乃至职业教育领域，在翻转课堂实施中，有哪些实施或应用上的"偏误"？

汪晓东 从表现上来说，翻转课堂被误解、误用，一定程度上把"翻转课堂"等同于"微课"，将"翻转课堂"作为一种技术应用形态，导致很多领导和老师在一说到翻转课堂时，马上就考虑要买什么设备、建什么资源。事实上，在我们的实践中，技术并非决定性因素。另外，教师在看待翻转课堂的时候往往容易走向两个极端：一个极端是，觉得翻转课堂非常好，是全新的教学模式，是"革命性"的变化，把它神化，觉得"翻转"之后，所有的教学问题就都解决了。这种期望并不合理，就像我们不能把所有的好处都加在翻转课堂身上一样，也不能期望翻转课堂可以解决所有的教学问题。但用了翻转课堂，可能会比不用效果更好，虽然不能达到理想的效果，但有进步，这就是翻转课堂的价值。另一个极端是，认为翻转课堂在国内水

土不服，根本就实现不了。说实话，当在不同领域实践之后，我已经有充分的信心去实施翻转课堂，不再去想是否可行，而更有兴趣思考如何"翻转"得更好。

访谈者　导致翻转课堂实施失败的原因主要是在哪些方面？

汪晓东　我个人认为，首要的原因仍然是教育观念的转变问题。很多教师，习惯了去"讲"，去"教"，去传授知识，去主宰课堂，而缺乏"放手"的机智与智慧。其次，教师翻转不过来，达不到预期效果，不是因为学科性质问题，也不是因为学段问题，而很大程度上是因为教师的教学设计能力的问题。传统课堂中，教师主要的精力在于如何按照学科结构将知识讲清楚，而翻转课堂中，教师需要将结构化的学科知识打通，用一个真实有趣的任务或活动将这些知识重组，在活动中帮助学生掌握相应的知识，再引导学生总结回归到学科的表达上。目前，这种活动式教学设计的能力对许多教师而言是不够完备的。

访谈者　在课堂中实施翻转课堂，需要做哪些方面的准备？

汪晓东　翻转课堂强调"先教后学，以学定教"。对学科教师而言，在实施翻转课堂的操作流程一般包括"三部曲"：自主学习、反馈调整、总结提升。用"鱼形图"详细描述主要是：发布学习指南和资源、自主学习和在线辅导、学生完成并提交任务、作业分析并调整课堂活动、解决个性化问题、发展高阶认知、总结。因此，教师至少需要做两个方面的准备：一是"二阶"教学设计，把整个学习活动中的两个阶段的学习活动描述清楚，以实现"自主学习"和"课堂讨论"两个环节学习目标的达成；二是需要为学生提供一些"前置性"的学习指引和资源，也就是平时强调的"微课"等教学资源，这个资源同时需要为"课中"的学习提供必要的知识基础或技能基础等。没有前置"自主学习"的有效开展，也就无法顺利完成课中的教学任务，也就无法发挥翻转课堂的独特作用。

访谈者　如何走向翻转课堂的成功？

汪晓东　这个问题比较难回答。我也在思考，到底怎样才算成功的翻转课堂。个人来看，我姑且把"成功"描述为三个维度：一是学习是否有成效；二是学生是否自主学习，是否高度参与，是否发展高阶思维能力；三是教师是否课堂"放手"，是否学习"授权"。分开看，或许并不是翻转课堂的典型特征，但综合起来，这些表象必定预示着课堂发生了结构性的变化，教学流程被改造。因此，要让翻转课堂走向成功，就在教学设计上去下大功夫，把教学的流程贯穿于所有的学习过程和细节，让教学变得立体化，真正提升学生的高级思维能力。

技术并非本质特征亦非操作障碍

访谈者 翻转课堂作为一种理念,本非新事物。但作为信息时代的一种教学模式,需要技术支持。技术应用上,有哪些失败的教训?

汪晓东 技术并不是翻转课堂的本质特征,更不是翻转课堂的障碍。当然,在信息时代,技术这种工具辅助工作与生活已成常态。在教学上,肯定也有技术引起失败的例子。比如有的教师准备好了一堂预期设想很棒的课,但发现把学生带到机房去"前置学习",电脑出状况了,操作不了,后面的教学无法继续了。这种技术问题实际上是很低端的问题,更是可以避免的问题。但也需要考虑细节支撑上的所有问题。

访谈者 对于技术,主要需要哪些方面支撑?

汪晓东 翻转课堂是一种教学方法,而非一种技术应用模式。我们试图降低技术门槛,甚至鼓励"零技术门槛"的翻转课堂。如果一定要提到技术,一是学习工具,比如录屏、信息查询搜索、思维导图等,这些工具能够为教师提供课前学习资源的搜集和制作支持,也能为学生自主开展学习提供支持。二是学习平台,给师生提供更高级的支持,比如提供信息发布、作业批改、资源共享、课后辅导以及学习跟踪与评价等功能。

访谈者 如何合理有效利用技术支撑翻转课堂?

汪晓东 因需求而用技术,因技术而提高学习的效率和质量。

翻转课堂翻转的不仅仅是课堂[①]
——访广州市华颖外国语学校马新校长

正如教育大师怀海特在《教育的目的》一书中指出：教育的目的是激发和引导学生的自我发展之路。而翻转课堂是师生强烈互动而生成新想法、新观点的深层次思维活动课堂，带来的将是勇于从现实中发现问题并探索解决问题的精神转变。翻转课堂是一种理念，它最终留给我们的将不是一种刻板的模式，而是在尊重学生差异中落实因材施教，实现有教无类的行动；是在和乐的课堂氛围中实现师生生命成长中的价值提升。

——马新

个人简介： 马新，广州市华颖外国语学校校长，中学物理高级教师，广州市"中小学优秀校长培养工程"第四批优秀校长培养对象、广州市首批卓越校长培养对象实践导师、广州市天河区首批名校长培养对象、吴颖民名家工作室成员。从教27年，曾获评广州市优秀教育工作者、广州市职工业务能手、广州市教育统一考试优秀主考、广州市天河区首届教坛新秀、天河区优秀教师、天河区教育系统优秀共产党员、天河区民主管理先进个人等，多年获嘉奖并荣立三等功。积极参加省、市、区课题研究，撰写多篇论文发表，主持全国教育科学规划课题"九年一贯制外语特色学校创新人才培养模式研究"。

访谈者 马校长，您好！作为天河区教育局与华南师范大学教育信息技术学院"应用融合，协同创新"合作项目的子项目（颠倒教室、ICT技能）单位之一，2013年3月你校实施"翻转课堂"教学实践。从教学改革与学校发展的角度，请您谈谈学校实施"翻转课堂"实践的背景。

[①] 原载《教育信息技术》，2015年第11期。

马 新 2013年，是我校发展史上具有重要意义的一年。为适应时代发展步伐，谋求学校更大的发展，经过长期多方调研，我校由"广州市华颖中学"更名为"广州市华颖外国语学校"，经历了从企业办校到普通公办学校再到公办外语特色学校的蜕变。有人说，更名只是给学校穿了一件"新马夹"，而作为一名"华颖人"，我深深知道，华颖的更名不仅仅是换件新马夹，做改头换面的功夫，而是由内到外的一个深层次的转变。这个时候，我们将"外华内颖，中西融合"作为全新的育人目标，将"和乐相生，思行并重"作为办学理念，我们试图用思想、理念、智慧和行动赋予华颖新的精神追求和气质内涵。

恰恰是这个时候，翻转课堂走进我的视野。通过学习、研讨并深入了解它后，我发现翻转课堂是一种全新的课堂教学模式。给学生课前置入学习任务，引导学生有计划地学习，从而将"学习内化""能力形成"置于课堂活动中，构建生生互动、师生互动的学习环境，让学生之间充分沟通、交流、答疑、合作和展示，促进学生知识构建、思维提升和能力形成，营造生动活泼、积极自由的课堂氛围，这正是我们办学理念"和乐相生"所追求的氛围。此外，翻转课堂遵循教师在教学中因材施教、查漏补缺的原则，满足学生个性化学习需求，符合学生学习规律。翻转课堂所体现的理念与方法，不随时间流逝而淡化，不因技术变革而改变，是一种有效支持教与学的理念与方法。

访谈者 您曾提出过一个观点：翻转课堂不仅仅是课堂的翻转。您能做进一步的阐述吗？

马 新 2013年学校更名后，我们跟随华南师范大学焦建利教授团队开展"翻转课堂"的项目实践。作为一种教学方式的变革，翻转课堂指向并扎根于课堂教学。课堂是教学的核心场域，也是师生共同成长的活动平台。我们抓课堂教学、抓教学质量、抓育人目标、抓师生共同成长，然而，这个变革绝不仅限于课堂，它实际已经远远渗透到了学校发展的方方面面，包括教学观念、学习氛围、人际环境、教师专业发展、学生自主成长等。我校教师平均年龄三十七八岁，有一批年轻教师，也有一批教龄长的年长教师，相当于"两头长"。他们参与翻转课堂的实践，需要不断寻求新技术、追求新理念，跟自己过去的课堂"挥手告别"，但他们却深深地热爱着自己的课堂，在课堂上找到自己的职业价值、成长幸福以及新的"生长点"。我觉得，这群教师，"翻转"的正是旧的教学观念、新的教学行动。

访谈者 您如何开始组织实施翻转课堂实践？

马 新 翻转课堂不一定适合所有的学科以及所有的知识点。作为一所外语特色的学校，我们选择英语学科作为切入点。一方面可以挖掘学科特色，另一方面可以发挥学科专业力量的优势。因此，在启动课题第一轮实践时，学校以自愿报名的方式，招募英语学科教师参与项目。当时只有6名教师报名，为了激发教师的积极性，我们邀请专家进行专题讲座，之后又做了二次报名，最后确认由3名英语教师率先开展翻转课堂的语法教学实践。一年后，英语学科语法教学的翻转课堂取得初步成效，向全校其他学科教师做展示，甚至向天河区内其他学校开放课堂展示、研讨和交流，由过去内容枯燥、机械记忆的语法教学变成了生动活泼的学习交流，获得了同行的认可。随后，我校的地理、物理、数学、语文、信息技术等多学科也逐步开展了实践，基本形成了多学科、全环境、日常化的课题实践。

访谈者 从目前的实践看，您感受到学校有哪些变化？

马 新 我想，"华颖"最大的"变化"不仅仅是穿了件"新马夹"，而是里里外外呈现出新面貌、新气象，逐步流露出"外华内颖"的品质特征。从学生看，过去在课堂上，很少举手回答问题，喜欢单打独斗、埋头苦干，而现在的课堂，学生发言积极踊跃、思维碰撞、交流辩驳，达到答疑释惑的目的。从教师团队看，大学刚毕业的新教师跃跃欲试、主动探索，而上了年纪的教师不辞辛劳、乐于担当，共同追求学校长足进步和美好未来。我们的教师团队对教学更加投入、更有热情，也更富自我效能感和幸福感。从学校的发展上看，作为一所没有省一级、市一级头衔的学校，从过去的传统办学，转变为一所开放、融合、多元化合作的特色学校，学校的发展品质提升、空间扩大。除了开放日、研讨会邀请省内外同行观课、研讨，还多次接待日本、美国、加拿大等国家及中国香港地区的教师同人前来观摩交流翻转课堂教学。目前，我校九年级是全面开展翻转课堂的实验年级，教学成绩不断提升，在全区统测中稳居前列。

访谈者 请问您有什么好的做法？

马 新 2010年至今，我在华颖任职。其间，我也面临着重重困难，比如人手不够、领导班子借调缺员等情况，但是学校的工作没有落下来，学校发展没有停步。我认为这得益于我们的教师团队在课题研究过程中形成了一种自觉追求和自主行动的精神。他们已经不需要以我这个校长作"榜样"，可以说，他们自己就是自己的榜样。我主要做的，就是为教师创设学习平台和成长空间，跟他们一起行动，给他们加油鼓劲儿。在具体的实践中我主要从三个方面来谈。

一是促使教师在"被学习"中提高。学校为教师提供大量常规性的自选课程资源，让教师自主选择报名参加培训；配合一些项目，比如课题培训、技术培训、教学研讨、公开课等，为教师开展教学与研究提供专业支持；还有，就是让教师"走出去"，让他们有新发现，拓宽专业视野和教学能力。

二是为学生做"元学习"培训。不少学生，他们沿用了过去的被动听讲的学习方式。为了打破这种学习方式，我们开展冬、夏令营活动，邀请外籍教师担任辅导员，开展科学、语言、文化等多元探索的活动，让学生在活动体验中转变学习方式。

三是平等合作，给教师足够的激励。虽然行政工作繁忙，但我本人仍担任初三物理教学任务，也开展翻转课堂实践，带领着团队一起参加国家或省的有关教学比赛。2014年的比赛，我获得省级三等奖，而我们地理学科的欧老师获得了二等奖。我说，老师们比我做得更好。我始终认为，我是他们的成长伙伴，我相信他们。

访谈者 您在实施翻转课堂时主要面临着什么样的问题或挑战？

马　新 翻转课堂作为一种教学理念，实际上已经有着两百多年的历史。但作为信息技术支持下的一种教学模式，它在中小学的教学实践中仍是新事物。因此，很大程度上，学校开展翻转课堂，都会面临着诸如教师技术能力、教学理念以及这种理念与"讲授为主"的课堂相冲突等问题。因此，在开展翻转课堂中，为了让教师适应这种教学模式，有充足的课程资源、评价体系支持这种教学模式尤为重要。对于我校来讲，一个年级两三个班，师资团队不大，人数稍显不足。比如有的学科才一个教师，教两个年级八个班，那他面临的"翻转"的任务就比较大。还有，过去我们仅通过"试卷"去评价学生，而现在通过课前预习、课堂互动、交流、表现，以及课后学习成果等来评价学生。如何全面评价学生的成长，仍然是我们的困惑所在。

访谈者 作为一名翻转课堂的支持者、探索者，您对本校正在实施的翻转课堂有什么样的期望？

马　新 我们生活在日新月异的时代，每天都在不断地变化。我们既需要适应变化，也需要坚持、执着而有韧性地行动。信息技术是我们成长的"拐杖"，支持我们走得更扎实，也是我们飞翔的翅膀，让我们的思想和视野飞得更高远。因此，实施翻转课堂，需要带着教师不断地提升技术、充实教学理念，同时，也需要在行动中扎扎实实、默默地做十年种树、百年育人的事情。

微课，一种提高学生课外学习效果的新方式[①]
——访佛山市顺德区李兆基中学谢树亮老师

> 微课在教学中的应用，本身体现的是课程意识的转变，从关注教师的"教"，发展为关注学生的"学"，这对提高教学的有效性、推动新一轮的课程改革起到重要作用。
>
> ——谢树亮

个人简介： 谢树亮，生物高级教师，首批"国培计划"学员，广东省中小学新一轮"百千万人才培养工程"名教师第二批培养对象，广东省骨干教师首批培养对象；曾获广东省少年儿童发明创造园丁奖，广东省教育科研成果"黄华奖"一等奖，广东省生物教学质量奖一等奖；曾被评为广东省"南粤优秀教师"，广东省"优秀科技辅导员"，顺德区教师工作室主持人、顺德区教学能手、骨干教师、学科带头人、教书育人优秀教师等；被聘为华南师范大学教育硕士生导师。执教的"遗传杂交实验"课例被评为2015—2016学年度"一师一优课、一课一名师"部级优课。

访谈者 谢老师，您好。据了解，您主持的课题"利用微课提高学生课外学习效果的实践研究"已获得广东省教育厅科研规划办2016年强师工程立项。请您结合现阶段的"微课热"谈谈开展该课题的背景。

谢树亮 微课，是一个近几年来继微博、微信之后发展迅猛的新生载体，微课已成为教育改革的研究热点，也是当前我国基础教育信息化资源建设的重点。借助微课进行个性化学习、远程学习，将会越来越普及，已经成为一种新型的教学模式和学习方式。目前微课在教学中的应用，主要集中在两种模式：课前观看微课，课堂上交流分享、教师点拨；课堂上先观看微课，再进行交流、点拨。

[①] 原载《教育信息技术》，2017年第1、2期。

就高中生物科而言，尤其是必修一，有很多知识点需要及时识记、巩固练习才会有效果。范应华等人认为精选习题，选择高质量的作业，学生才能"减负增效"。但再精选，习题都有一定的数量，如果学生连这个最基本数量的习题都不能完成，恐怕减负也不能增效。为了更好地解决这样的问题，我们利用微课来指导学生的课外学习，通过设计"预习型微课""总结型微课""挑战型微课""模拟探究型微课"解决高中生课外（尤其是周末）作业马虎应付、质量差的现实问题，提高生物科的学习效果。

访谈者 开展该课题的目的或价值如何体现？

谢树亮 我们主要是利用微课来提高学生的课外学习效果，更强调课外的学习，通过拓展微课类型，开发专门针对周末总结、提升、预习的微课，微课的内容是针对本周和下一周的学习内容，不再是现阶段流行的每天学习内容的微课，提高周末学习质量。利用微课指导学生周末在家完成生物科作业，将对提高学习效果产生良好的影响。学生不用再在周日晚修赶作业、抄答案，教师不用再在周一无可奈何，更能体现新课程意识。学生可以自主把握学习的时间、次数、顺序，更能体现学习的自主性，也体现了从关注教师的"教"向关注学生的"学"转变。

访谈者 这种利用微课指导学生课外学习与传统的课外学习相比，优势体现在哪？

谢树亮 传统的课外学习，较多采用纸笔训练，学生兴趣不大，导致课外学习效果不好。本研究采用的微课类型包括"预习型微课""总结型微课""挑战型微课"等，这些微课类型较多采用交互式设计，学生可以根据自己的实际情况，及时了解自己薄弱的知识，选择观看微课的次数，选择需要重复观看的内容，这种适性选择是传统课外学习所难以实现的。微课与学生学习结果统计相结合，方便教师及时了解学生的学习情况，效率更高。

访谈者 从哪些维度去评价学生课外学习效果的好坏？

谢树亮 不管是传统的课外学习，还是利用微课开展的课外学习，学习效果的好坏，最直接的评价就是学生的学科成绩，但成绩不能成为评价学习的唯一维度。本研究除了在学科成绩进行评价外，还尝试在微课中渗透生命观念、理性思维、科学探究、社会责任等，在提高学生对生物科课外学习的兴趣和成绩的同时，提高学生的生物学科核心素养。

访谈者 具体是如何实施的？

谢树亮 我们首先选取对照班和实验班：选取高一年级4个平行班进行试验，分为对照班2个，实验班2个。对照班的课外作业依旧采用现行的纸质练习，实验班则采用微课。试验一年，对两组的学习效果、学习兴趣等方面进行比较分析。

其次是制作、搜集本项目所需的微课类型，我们主要有预习、基础型微课，提升、挑战型微课，以及总结、复习型微课这三种。预习、基础型微课：对下一周的学习内容进行粗学习，了解基础知识，为下周的学习打下一定的基础；总结、复习型微课：对一周的学习内容进行总结、巩固，需要对当周的知识进行梳理，对重难点进行点拨，起到巩固的作用。提升、挑战型微课：一周学习结束后，可以适当对所学知识进行补充、提升，并设置挑战型内容，激发学生的学习兴趣。

再次是利用微课指导学生周末学习：每周最后一个课时的最后几分钟，布置学生周末按照学习单的要求，在家上网完成指定的微课学习；每周第一课时的前五分钟，对周末微课学习的情况进行总结和反馈、交流，相关的问题安排在当周的相应课时中进行详细学习。这里我举一个生物课的教学案例：高一上学期第一周周末的生物科微课学习（每段微课3～5分钟）。高一生物每周开设两个课时，第一周的学习内容是"走近细胞"，包括"生命活动离不开细胞""生命系统的结构层次""原核细胞和真核细胞""细胞学说建立的过程"四方面内容，在第一周周末印发微课学习单，要求学生在周末按照学习单完成学习内容。

第一步观看微课1："走近细胞"内容梳理。该微课是预习、基础型微课，学生根据教师印发的有关"走近细胞"的微课学习单，学习相关的知识点，周末按照学习单完成学习内容，教师对第一周所学的内容进行梳理，对"病毒生活离不开细胞""单细胞生物、高等植物等在生命系统层次上的特殊情况""原核生物和真核生物的主要区别""细胞学说的重要意义"等方面进行点拨、强调。

第二步观看微课2："走近细胞"自我检测。该微课是提升、挑战型微课，也是一种交互型微课，根据第一周所学内容设置了若干道选择题和判断题，并提供可选择性的讲解，学生在线完成，及时反馈自我答题情况，学生可以对答错的题目观看讲解或重看微课1，并再完成变式练习。通过网络统计，教师及时掌握全班每个学生的答题情况。

第三步观看微课3："细胞中的元素和化合物"概述。该微课是总结、复习型微课与预习、基础型微课的结合，对前一段时间学习的内容进行总结与复习，学生针对第二周即将学习的内容在家进行预习，教师进行总体、基础性的讲解，包括组成细胞的元素有哪些，细胞中有哪些化合物、主要作用分别是什么等，同时也设置若干道难度适中的题目，检测学生自学的效果。

访谈者 在实践的过程中，遇到了哪些困难？

谢树亮 研究过程中，的确出现了预计不到的困难：目前网络上的微课基本上是课堂教学的微缩版，难以直接应用于本课题的研究，所以要花较多时间进行微课的设计和制作；学生课外学习微课需要使用电脑，但学生在完成生物科微课学习之后，又控制不住自己，继续使用电脑上网、玩游戏等。

访谈者 您又是如何去解决这些困难的？

谢树亮 针对上述问题，尝试用以下方法解决：微课来源采用"拿来"与"自制"相结合，微课内容采用"部分"与"整体"相结合，在整合资源和部分内容重点研究方面多花时间，而在自制微课和全书性的内容上少花时间。面对电子产品，学生的自制力比较弱，是个非常普遍的现象。如果学生课外学习微课之余附带上网闲逛、玩游戏，不影响到学习安排，问题倒不大；但如果明显影响其他科的学习或作息，就给予干预。我试图从学生的角度出发，让学生自主制定"时间管理法宝"。

访谈者 通过这样的实践，您的教学有哪些变化，学生的学习有哪些变化？

谢树亮 虽然本课题研究是针对学生的课外学习（尤其是周末学习），但我每周都要在课堂上花一点时间对微课学习的情况进行布置或点评。研究之前，学生对生物科的评价就是"课堂有趣"；实施课题研究之后，学生的反馈是"课堂有趣，课后也有趣"。这样的实践提高了学生学习生物科的兴趣和主动性。学生的自学能力、观察能力、探究能力也得到了一定程度的提高。

访谈者 在未来研究微课提高学生课外学习效果的实践中，您还有哪些新的想法？

谢树亮 信息技术手段日新月异，"互联网+"对学习模式的影响显著。目前本研究涉及的微课是基于教师设计的电脑版本，在接下来的研究中，微课来源将采用教师制作和学生制作相结合，呈现形式将尝试微课与手机微信相结合，效果检测将采用纸笔测验和在线检测、问卷相结合，努力提高学生的课外学习效果。

10. 网络学习空间

立足网络学习空间教学研究：
转变教与学方式①
——访珠海市第五中学周莉萍老师

  基于网络学习空间的教学研究要深度发展，需要考虑人、技术、环境、目标、内容、方法等因素的影响，统整教育教学过程与各要素的相关关系，塑造更为有序、个性化、数据化的学习场域。同时，整个研究过程应该根据不同的学习需求，充分发挥线上线下学习的优势，立足问题解决、选择合适的学习内容、设计合适的学习流程，形成能体现学生个性化特征，强化学生学习认知、意志和行为等综合素质的学习模式，构建有深度、有效率、有创新的学习新形态。

——周莉萍

  个人简介： 周莉萍，珠海市第五中学教研室主任，信息技术中学高级教师。广东省特级教师、广东省中小学教师信息技术应用能力提升工程专家库成员、广东省中小学教师工作室主持人、广东省百千万名教师培养对象、珠海市名教师。主要研究方向为网络学习空间建设与应用、综合学习课程开发、学生发展性评价等。曾荣获广东省"十一五"教育技术研究与教育信息化优秀成果评选一等奖1项、二等奖3项。曾主持全国教育信息技术研究"十二五"规划课题"初中信息技术教学中开展综合学习的实践研究"和广东省教育科学"十二五"规划课题"信息化环境下基于名师工作室的区域性教师学习共同体研修模式研究"等多项科研项目，参编由广东高等教育出版社出版的《信息技术》教材3册，在国内核心刊物和省级学术会议发表论文10余篇。

  访谈者 周老师，您好。《教育信息化"十三五"规划》明确指出，要大力推进"网络学习空间人人通"，融合网络学习空间创新教学模式、学习模式、教研模式

---

① 原载《教育信息技术》，2017年第9期。

等，拓展教育信息化应用的广度与深度。据了解，从2012年起，您带领广东省教师工作室团队14位核心成员开展了网络学习空间建设；这种网络学习空间建设的立足点如何体现？

周莉萍　我们团队根据各校的校本需求，以云空间为资源支撑、以学习分析技术为依托，建设了两类有代表性的网络学习空间：一是以珠海市九洲中学肖迎春老师为骨干力量，自行开发促进学生自主学习的网络学习空间；二是选择功能强大的、开源的，由温州温岭二中陈斌老师开发的ITtools。利用技术融合教学的需求，做到个性化、交互性及实时评价，给学生提供智慧学习环境。

访谈者　您上面提到的这两种网络学习空间为学生提供了哪些智慧学习环境？

周莉萍　首先，构建教学内容层次性支持系统。网络学习空间需充分考虑不同学生的学习基础和能力，根据相应的教学内容推送不同难度层次的学习任务、学习资源，为学生提供清晰、体系化的学习指导，利于学生方便快捷地找到适合个性化学习需要的学习资源，学生的学习过程可以实现学习环境、工具、资源、方式、成果等多方面的整合，进而完成个性化的高质高效学习。

其次，构建泛在化的学习空间。借助网络学习空间的实名身份认证形式，学生的学习活动可以在虚拟与现实间无缝切换过渡，学习活动并非局限在某一个特定的学习环境中，具有高度的灵活性和适应性，允许学习位置的转移和学习场景的切换。

最后，构建智慧协作的学习共同体空间。学生在网络学习空间的学习过程中主要有两方面的社交网络：同学网络、教师网络，师生、生生之间组成了实际意义的学习共同体，可以随时与学习伙伴、教师进行同步或异步交流。在同学网络中，学生可以通过网络进行小组协作，根据各人特长进行分工合作，共同完成特定的学习任务；也可以分享个人的学习感悟、作品并借鉴同伴的学习经验，有助于在学习知识的过程中不断反思学习经验，利于知识内化。在教师网络中，学生支持教师在网络教学环境下组织的学习活动，教师借助网络学习空间呈现的学生学习行为数据及时掌握学生的学习情况和效果，与学生进行互动，开展有针对性的指导和帮助。

自主研发转变教师的"教"与学生的"学"

访谈者　请您谈谈在自主开发的网络学习空间方面做了哪些实践性的研究。

周莉萍　以珠海市九洲中学为实验校，由该校肖迎春老师为骨干力量着手开发自主学习空间，其主要结构如图1所示。

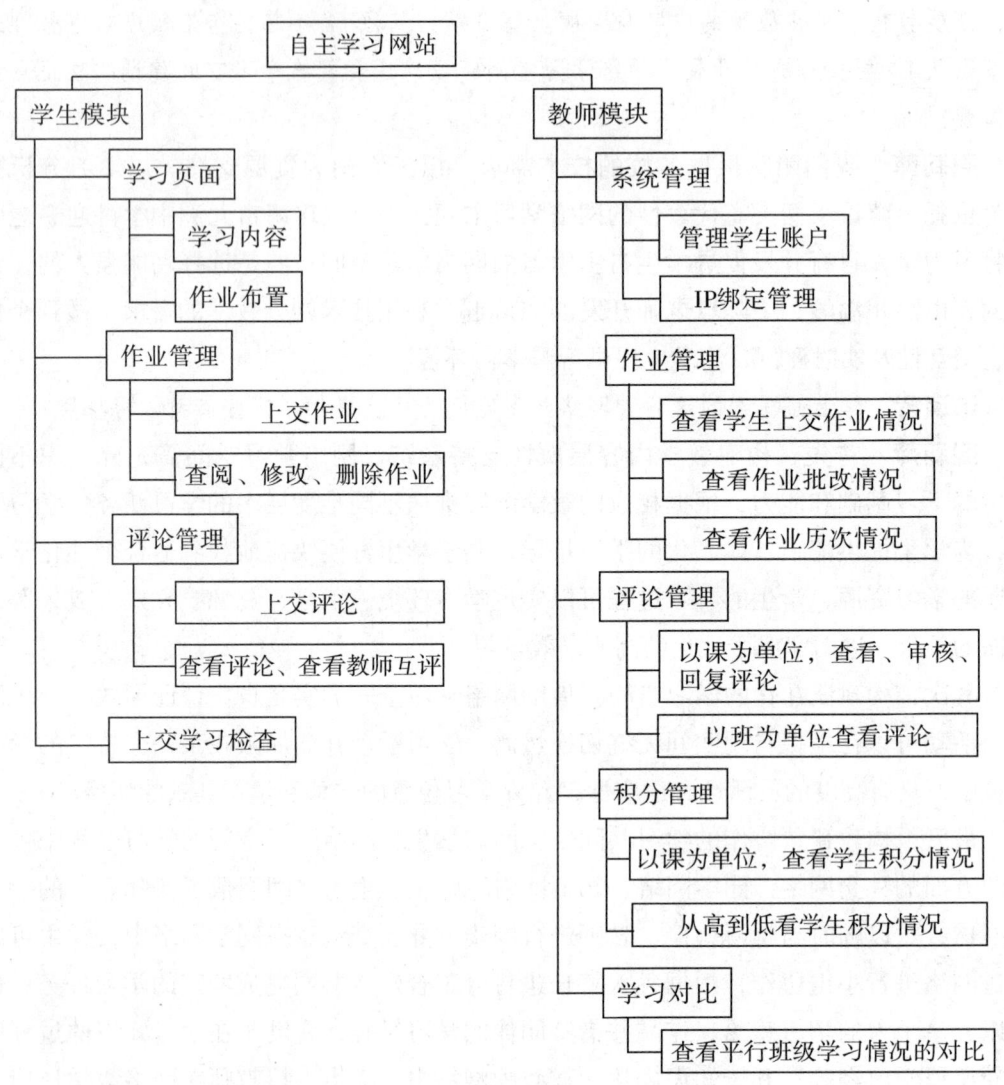

图1 自主学习空间功能结构图

教师以单元为单位,制作好每课学习页面,设计自主学习内容和适合各个层次学生的学习任务。

学生在网页中能完成如下学习任务:学生在教师的指导下,选择自主学习内容;查看作业内容,上交作业,查看作业打分,下载、删除作业;将学习的过程和感受以学习评论的方式上交,并查看教师的回评;学生的学习结果以总积分的形式呈现,学生可以查看自己的总积分和每个学期的电子学习档案;根据自己的学习情况,完成学习调查问卷。

教师在教师管理页面中完成的工作:管理学生账号和每个账号的IP绑定功能;课

堂内查看学生上交作业情况；查阅每个学生的作业并评分；查阅每个学生的学习评论并回评；查看各班级学习情况对比，掌握全级的教学情况。

访谈者 利用自主开发的网络学习空间开展教学，从教师的"教"到学生的"学"有哪些变化？

周莉萍 2011—2014年的三年中，自主学习网站经历了初一、初二两个年级两次轮回教学，形成了良性循环。三年中，我们利用自主学习网站平台，围绕新课程标准提倡的以学生为中心的思想，坚持创建"自主、互动、创新、有趣"的课堂教学模式，强调学生自主探究，致力于培养学生自学能力，从教师的"教"到学生的"学"都发生了一系列的变化。

教师的"教"主要体现了三个转变：一是由"幕前"到"幕后"，教师是课堂的策划和设计者。在"自主、互动、创新、有趣"的课堂教学模式中，教师不再是课堂的"教课"或"讲课"者，他们将精力置于"备课"。二是由"灌输"到"引导"，教师是指导和组织者。教师引导学生自主地选择学习内容，学生根据自己的兴趣、知识掌握程度，有目的地学习。三是由"权威"到"朋友"，教师是课堂的协调和合作者。我们通过自主学习网站平台，建立了较民主平等的课堂氛围，教师帮助协调组员之间的分工合作，让学生乐于学习。

利用自主学习网站，教师有机引导学生积极参与、独立思考、愉快合作，学生充满求知的愉悦感，学生的"学"发生了很大的变化：第一，学生能够自主学习，乐学会学。学生打开学习网站，登录进入学习网页，了解学习目标，开始自主学习，完成学习任务。第二，协作学习，团队能力增强。利用自主学习网站的平台，先通过自主学习，学生掌握基本操作，再结合小组合作学习，布置较深、综合性强的任务。第三，分层学习、内容自主选择。我们网站的制作基于面向全体学生、关注每一个学生的原则，在学习内容和学习任务上做了较合理的分层。第四，反思学习，促进师生的共同进步。学生通过自主学习，完成老师布置的作业，并上交作业，老师对作业评分，同时作业以课堂展示点评，学生之间相互展示的方式对作业进行评价。通过反思和评价等过程促进师生共同进步。

利用ITtools改变教学模式

访谈者 据了解，您所在的工作室开展了基于ITtools的教学模式研究，研究的侧重点在哪？

周莉萍 2012—2016年，以珠海市第五中学、珠海市第九中学、珠海市第十中学、珠海市文园中学、东莞市石排中学作为实验校，选择初中信息技术课程的"文字处理软件""电子表格""多媒体演示文稿""图像处理""二维动画"五个知识单元作为研究的切入点，遵循"提出选题—分科设计—交叉集备—磨合调整—实践验证—分析问题—研究对策"的技术流程开展基于ITtools平台的综合学习课例开发研究。

一是采取分科与综合并行的课程管理形态。采取与分科学习并行存在的课程管理形态和学习方式，这有助于克服跨学科综合学习面临的各种问题。

二是以问题为先导，组织多学科联动的综合学习活动。问题的主题来源于学生身边的日常生活和现实社会问题，这样的课程内容有利于多学科联动的综合学习。不同学科的一线教师以课程设计者和实施者的双重身份参与校本课程开发，以解决课程设计与多学科联动的综合学习相脱节问题。

三是师生共同开发多学科联动的综合学习主题。师生共同开发可以将学生的直接经验提升为科学理念，避免单纯的经验导致学习缺乏系统性。同时能充分满足学生的需要、兴趣，真正成为学习主体。

四是注重选择评价方式、评价工具，科学有效地评价学生能力的发展。注重过程性、多元化教学评价，合理设计、运用量表对学生的创新精神、实践能力进行前测、后测，通过数据验证本项目对学生的影响。

访谈者 基于该平台开展了哪些教学新模式的研究？

周莉萍 我们主要开展了两种教学模式研究。首先，在珠海四所实验校开展"寓教于情境，寓学于主题"的综合学习课例开发研究。主要观点内涵是"教师创设贯穿课堂的教学情境主线，学生通过主题式综合学习活动完成知识建构"。教师首先根据课程纲要和教学目标设定主题（问题情境），然后学生根据该主题利用网络资源进行自主学习、合作探究、寻找答案，最终达到提高学生信息技术能力的目的。教学模型包括"问题情境、知识建模、探究活动、互动交流、应用反思"五个部分，既重视创设贯穿课堂的教学情境主线，又重视通过主题学习活动完成知识建构，如图2所示。

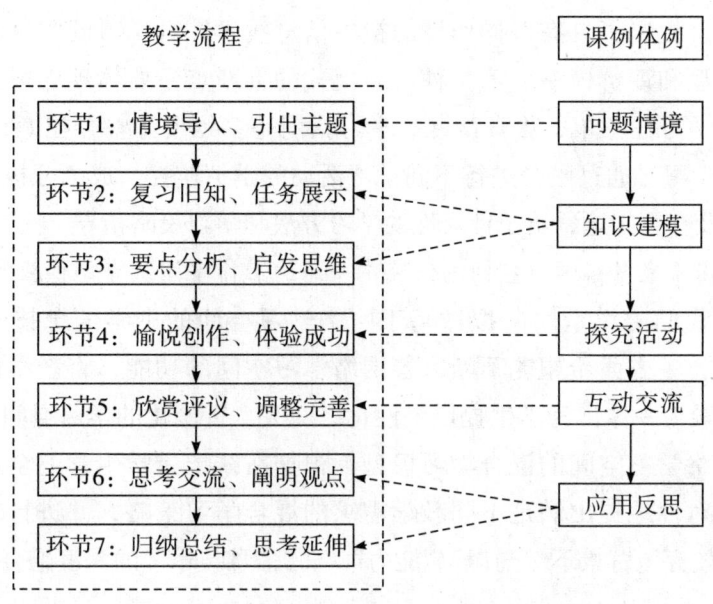

图2 信息技术综合学习课例实践模型

其次，以东莞市石排中学陈昌林老师为骨干力量，开展"六导六学三课一体"教学模式研究。

传统课堂的教学结构主要体现为学习知识在课堂、内化知识在课外；翻转课堂的教学结构主要表现为学习知识在课外、内化知识在课堂。课内翻转，指的是结合信息技术学科的特点和ITtools平台的优势，通过"六导六学三课一体"教学模式，实现课内课堂的翻转。六导六学，分别指的是教师导学、学生预学；教师导议，学生议学；教师导练，学生用学；教师导助，学生识学；教师导评，学生评学；教师导思，学生悟学。三课一体，指的是基于ITtools平台的快课（课程设计）、微课（微视频）、翻课（课内课堂翻转）的学习共同体架构。

"六导六学三课一体"教学模式为学生搭建了一个自主、合作、探究学习的平台，充分体现了"学为主体、以人为本、自我教育"的教育理念。不同层次的学生在质疑、互动、开放、体验的人文课堂中学有所得、学有所成、学有所悟，并体验成功的愉悦，从而实现深度学习。教师也在"教"与"学"这个共同体中得到了专业化成长，实现了课程的设计者，学生学习的开发者、引导者、组织者、协助者的价值。

访谈者 两种模式的创新点如何体现？

周莉萍 两种模式的创新点都既发挥了教师引导、启发、监控教学过程的主导作用，又充分体现了学生作为学习过程主体的主动性、积极性与创造性。第一种教学模式的创新点主要体现在关注学生学习过程中的"知识联系"与"问题思考"，注重通过主题式的综合学习活动促使学生完成知识建构，培养学生创新精神和问题解决能力。通过研究，提出了具有可操作性的初中信息技术综合学习的实施策略，形成了有效的教学模型和评价模型。第二种教学模式的创新点主要体现在根据课程教学的需要，把自主学习任务单、教学微课、学习指南等多维资源整合在 ITtools 平台上进行"一站式"学习，通过平台进行不同学习活动的学情监控、成绩分析，及时了解学生的学习状况及存在问题，给予针对性的学习方法和学习策略指导。

访谈者 在未来网络学习空间的研究中，您的工作室团队有哪些新的设想？

周莉萍 我们工作室团队拟做基于网络学习空间的中学信息技术混合学习研究。通过研究，一方面希望能不断完善网络学习空间的功能，将教学信息、学习资源、教学服务融为一体，为学生提供个性化、交互、智能化的学习空间；另一方面拟探索出基于网络学习空间的混合学习模型，根据在线记录学生学习全过程的关键学习行为，有针对性地提出满足不同教学需求的混合学习策略，并进行多元评价，体现"互联网+教育"背景下"知识""能力"与"信息技术"的深度融合，深化网络学习空间的应用。

拓展网络学习空间 促进师生共同成长[①]
——访中山市石岐中学石绮玲副校长

希望不久的将来,每一个学生都能够充分地利用网络学习空间来自主学习;每一个老师都能通过网络学习空间追踪学生的学习进度、发现学生的天赋、指导学生的学习;每一位家长也能通过网络学习空间及时了解学生的现状,实时与自己的孩子互动。通过师生网络学习空间的建设,促进教与学、教与教、学与学的全面互动。网络学习空间的成功实践,将对现行的以校园内学习为主的教育方式与理念产生革命性影响。

——石绮玲

个人简介: 石绮玲,中山市石岐中学科研副校长,中学化学高级教师,中山市首批学校首席信息官(CIO),石岐区教学研究室中学部部长,负责中学化学、信息技术学科教研工作,2018年1月应邀在广东省中学化学教学与信息技术融合暨微课资源展示交流活动中做经验介绍。科研课题"以现代教育技术构建和谐校园"获2017年广东省中小学教育创新成果二等奖;"基于 Moodle 的教学、管理与培训的应用研究""在实践反思中提高教师教学自我监控能力研究"分别获2010年、2012年广东省中小学教育创新成果三等奖。

访谈者 石校长,您好。教育部《教育信息化2.0行动计划》中提到实施网络学习空间覆盖行动,引领推动网络学习空间建设与应用。据了解,贵校开展了网络学习空间的实践,请您谈谈对网络学习空间的理解。

石绮玲 网络学习空间具有广义和狭义之分,广义上来说,网络学习空间是指支持学习活动发生的任何网络环境;狭义上来说,网络学习空间是指专门开发的、支持在线教与学活动开展的空间。

[①] 原载《教育信息技术》,2018年第4期。

我个人认为，网络学习空间是在网络技术支撑下，将学习场景和学习活动在空间和时间上进行扩展与延伸，从而形成的虚实融合、多元互动与跨域协同的学习场所。从技术交叉融合与学校教育变革的视角可以将网络学习空间划分为知识存储与共享、交互与知识生成、个性化学习和智能化学习四大类型。

访谈者　请您结合贵校的具体实践，谈谈开展网络学习空间应用的大致过程。

石绮玲　随着信息技术的不断发展，学习资源的表征方式、学习管理与服务方式以及人机交互方式的不断进化，网络学习空间的形态也在不断变化、功能不断增强。

第一阶段（2015年1月—2016年7月），我们在"以现代教育技术构建和谐校园的研究"课题项目的驱动下，开展了基于微信、微课平台和教学APP（作业盒子、盒子鱼、问卷星等）的"个性化学习空间"的建设与应用。在这一阶段，主要聚焦于学习互动与知识生成，突破教与学活动的时空限制和课堂边界。

第二阶段（2016年9月—2017年12月），在创建"广东省中小学教师信息技术应用能力提升工程示范校"过程中，我们要求老师在广东省教育资源公共服务平台建立"教师个人网络空间"，班级建立"班级空间"，学生建立"学生空间"，学校建立"学校空间"，学科建立"学科空间"。在这一阶段，资源存储与共享的核心功能体现在学习资源的网络发布、网络化获取和网络化共享。

第三阶段（2018年1月—2019年12月），在"广东省基础教育实验基地学校"实验项目"利用信息技术开展教学模式改革研究"（广东省教育研究院教育研究重点课题）中，我们将探索基于网络学习空间的学习方式的转变。以基于UMU教学互动平台的网络课程为例，从"知识建构与生成"的网络学习空间向"个性化、智慧型"网络学习空间升级。

访谈者　据了解，针对教师和学生共同成长，贵校探索拓展网络学习空间，请您谈谈具体做法。

石绮玲　建设教师和学生个人的网络学习空间，形成网络环境下自主学习、互助学习的教育新模式是教育信息化核心理念与未来发展方向的体现，也是教育信息化发展的前沿。我们的做法，一是把"网络学习空间"建设成一个使教师尽快提高信息技术应用能力的服务平台，帮助教师依托空间快捷地获取合适的资源，提高自主开发教学资源的能力。二是把"网络学习空间"建设成一个具有汇聚优质资源能力的"资源超市"，使教师和学生有更丰富的优质资源可用。三是开展"自选资源、自学课例、自主合作、自我展评"的网络学习空间教学活动。

基于"广东省教育资源公共服务平台"的"教师个人网络学习空间"建设，内容包括：以教师个人空间之间的连通作为建立知识共享的管道——教师在个人网络学习空间中，利用工具和资源创建自己的个人学习网络，用于管理信息、创造内容并连接他人。以教学反思与学科知识的构建促进深度学习以及生成新知——每一位教师都是自己空间知识的主管，通过与学习资源、个人教学经验、教学设计方案、教学反思、教学心得体会、各种学习工具等的连接，将自己网络学习空间中的信息资源的节点连通聚合，进行分类、归纳、总结，完成知识的深度加工，转化并生成独特的、有价值的学科教学知识。以丰富知识外化的表现形式，促进知识的传播——通过围绕某一问题设计主题论坛；撰写教学设计、反思日志；记录教学活动视频等多种表达方式，展示自己的教学理念、教学经验，实现个人知识的增值与创新，实现知识的分享与扩散。

基于"广东省教育资源公共服务平台"的"班级空间"建设，内容包括：让"班级空间"成为学生获得教育资讯的窗口；让"班级空间"成为学生表现舞台；借助"班级空间"加强学生德育建设（把班级和学校开展的活动视频或照片放在"班级空间"里呈现，这样既鼓励了积极参与的同学，树立榜样，又作为榜样进行了宣传，促进班级学生共同进步，同时展示了班级的活力与文化，把现实的校园生活与虚拟世界相结合，创建"数字化"班级）；让"班级空间"成为学生移动学习管理平台（将文本、音频、视频等多种适合移动学习的材料通过"班级空间"推送给学生，也可以通过相关页面将问题的答案发送给特定的学生，学生在家里充分利用碎片化时间随时掌握自己想学的知识，完成从预习、自主学习、复习、答疑、检测到评价等完整的学习流程，从而达到实现翻转课堂的教学效果）。

自选资源、自学课例、自主合作、自我展评的网络学习空间教学活动流程为：任务驱动—自主学习—学生分组—建新专题—上传资源—添加互动话题—添加学习任务—师生交流互动—查看学习情况。

访谈者 师生获得了哪些成长？

石绮玲 就教师而言，一是用网络空间提升了其个人魅力：把自己的特长才艺、文艺作品等放在空间供大家欣赏，这对学生来讲起到了激励的作用。二是提高了网络学习空间课程教学能力：组织开展有关网络教与学方面的培训，从而提高教师对网络学习空间的重视程度，加强教师网络学习空间的教学设计能力、资源开发与整理能力。三是提高了网络学习空间应用热情：建设相应的激励机制，使教师在外在动力的作用下，形成使用网络学习空间的习惯，进而不断提升自己的能力。

对于学生来说，我们拓展网络学习空间，培养学生"学会学习"。中国学生发展核心素养以科学性、时代性和民族性为基本原则，以培养"全面发展的人"为核心，分为文化基础、自主发展、社会参与三个方面。综合表现为人文底蕴、科学精神、学会学习、健康生活、责任担当、实践创新六大素养，具体细化为国家认同等十八个基本要点。其中"学会学习"主要是学生在学习意识形成、学习方式方法选择、学习进程评估调控等方面的综合表现。具体包括乐学善学、勤于反思、信息意识等基本要点。

网络学习空间能对学生学习过程、实践经历进行记录，为学习投入分析、学习质量监控与评价提供了基本条件。网络学习空间建设的目的是形成学习网络，让学习者在学习网络中学习。网络学习空间应用的目的是促进学习者的学习投入和知识建构。

网络学习空间能为学习者提供学习支架，促使学习者自我反思、自主管理等。学生能够获得、整合、共享的主要学习资源有三类：学习内容、教师指导和学习伙伴。这些学习资源一方面可供师生定制个性化学习方案，另一方面能为不同类型的学习者设计并推送适应性学习资源。在网络学习空间中，学生除自身学习外，还不断地与同学进行交互，学生参与交互的状态也是衡量学习投入的重要指标。

访谈者 在学校今后网络学习空间应用上有哪些新的探索？

石绮玲 通过构建智慧型虚实融合的学习环境和基于全面学习数据的学习分析功能来打造网络学习空间。构建智慧型虚实融合的学习环境，如自动批改、智能解题、社交化学习、学习成果动态与即时反馈、在线辅导、在线答疑、网络直播、问题分答、学习社区等。通过学习分析，掌握学生的学习过程和学习状态，为及时发现其薄弱环节或存在的问题，实施个性化学习诊断、学习路径设计、学习资源推荐、学习行为预警及学习过程干预等提供科学依据。

比如，智慧应用 UMU 学习平台来进行"现实+网络"的教学实践。UMU 是一种创新教学方式与学习体验。UMU 连接大小屏幕，打通线上与线下，贯穿课前、课中、课后，通过跨屏互动、UMU 微课、在线视频、直播、移动考试等功能巧妙地将学习元素移动互联网化，为老师和学生打造课堂互动、翻转课堂、混合式学习的创新体验。在课程管理方面，通过多个课程搭建学习项目，便于系列课程的开展。在学习进度方面，自动记录课程参与情况与完成率并提供量化结果，教师通过手机或 PC 端可实时查看、下载。在反馈迭代方面，学生可以对每节课程做出评价与反馈，帮助教师有针对性地改进教学。

我们采取"转—协"策略："转"是借助 UMU 学习平台让学生进行课前知识专题的自学，即将知识的传授转移到课前，将知识的内化及能力的提升转移到课内，并在课中进行知识的巩固和能力的提升。"协"是采取学生分组、合作的学习方式，依托 UMU 学习平台，跨越时空，不论在课前、课中还是课后，学生都可以进行合作和交流讨论。

云山人的使命：改革创新 做教育信息化的先锋[①]
——访广州市越秀区云山小学邝家明校长

网络学习空间人人通是新时代教育信息化2.0的载体，是真正实现信息技术与学科教学融合的必经之路。作为云山人，有使命去改革创新，做教育信息化的先锋。

——邝家明

个人简介： 邝家明，广州市越秀区云山小学校长、中小学高级教师、广东省南粤优秀教师、广州市小学卓越校长培养对象。先后主持并主要参与国家、省、市、区级课题共8项课题研究，多篇教学、育人、学校管理论文获得省、市、区奖项，并在核心期刊发表。

访谈者 邝校长，您好。教育部《教育信息化"十三五"规划》（以下简称"规划"）中提出创新"网络学习空间人人通"建设与应用模式，从服务课堂学习拓展为支撑网络化的泛在学习，《2018年教育信息化和网络安全工作要点》也将全面开展网络学习空间普及行动作为2018年教育信息化的核心目标之一。您如何理解网络学习空间的内涵？

邝家明 学习空间即学习发生的场所，是一种能让学习者开放获取、自由参与、互动交流的环境。网络学习空间从广义讲是指运行在任何平台载体之上，支持在线教学活动开展的虚拟空间；而狭义的网络学习空间特指运行在专门的教育服务平台之上，支持在线教学活动开展的虚拟空间。

访谈者 据了解，贵校开展了网络学习空间的探索与应用，请您结合学校的核心价值谈谈开展网络学习空间实践的背景。

[①] 原载《教育信息技术》，2018年第4期。

邝家明 应教育传承发展需要，我校从 20 世纪 90 年代初开始就已经在推进电化教育，并获得"广州市电化教育优秀单位"称号；1998 年，中央电化教育馆的领导来校指导电化教育工作；2002 年华东师范大学叶澜教授来校观看学生上网络课。学校 2000 年获得"全国现代教育技术实验学校"称号，2013 年获得"广州市智慧校园样板校"的荣誉称号，2017 年成为"全国网络学习空间人人通培训基地"，同时是越秀区教育大数据的实验学校。传承是一种智慧，历届校长坚持走教育现代化发展之路，不断创新，追求卓越。云山小学融合创新，确定学校的办学理念"为智慧与绿色的人生奠基"，我们的核心价值就是智慧云山、绿色发展。这个智慧是源于我们的教育信息化，它也是一种传承，传承是一种智慧；而绿色是由我们云山的地域决定的，云山小学位于广州市 5A 级景区白云山山脚下，风景优美，环境宜人，这是大自然对我们的恩赐，并且智慧也是绿色的。

我们的空间是虚拟的，但是我们的核心素养是温暖的，所以我们要融合，我们要创新，空间应用也是为了核心素养的培养。这也是在时刻提醒我们，不要为了技术而技术，我们一定要让技术为我们服务，要让技术为我们的教育教学提速。有了这样一种价值观，我们才有了更好的育人目标，学生身心健康、乐于学习、学会成长，有家国情怀、审美情趣，才会有更好的发展路径。

访谈者 贵校空间建设与应用的目标或愿景是什么？

邝家明 我们要做生态型的智慧校园，要培养网络学习空间人人通基础下的智慧型人才，实现学校教育现代化不断改革创新。积极利用成熟技术和平台，统筹推进实名制网络学习空间的建设与应用。空间要集成网络教学、个性化资源推送、学习生涯记录等功能。要融合网络学习空间创新教学模式、学习模式、教研模式和教育资源的共建共享模式。网络学习空间包括学校空间、教师空间、学生空间、家长空间四类基本空间，且能够实现互联互通，实现师生、生生、家校及时便捷互动。

访谈者 规划中也提到，要融合网络学习空间创新教学模式、学习模式、教研模式和教育资源的共建共享模式，请您谈谈贵校在开展空间建设与应用的着力点主要体现在哪几个方面。

邝家明 我们从四个方面努力建设与应用网络学习空间：一是学校的治理；二是课堂创新；三是教师的研修；四是家校协同教育。

我们学校的治理平台包括六块：课程管理、教学管理、师资管理、教务管理、资源管理、资产管理；课堂创新的应用包括四个方面：智慧课堂、翻转课堂、创客课堂、STEAM 课堂；教师的研修空间包括四个环节：互动交流、同伴互助、课题的研究、优质资源的共享和创造；协同教育包括：空间的应用跟家长的交流、学校信息的发布、参与班级的管理、亲子活动的展示、家校互动的评价。

访谈者 具体如何实施？

邝家明 第一是构建以广州市数字教育城为核心的，以五大学云（国家教育资源公共服务平台、广东省"粤教翔云"公共服务平台、广州"数字教育城"公共服务平台、越秀区教育云、云山小学校园云平台）为支撑的高效的网络管理模式，实现"政府支持—企业合作—校本建设"，形成了管、教、学、研、考、评的一体化。

其中 AiSchool 的学习空间，远大学云，微校、主题云还有视频资源分享平台，是学校用得最多的资源平台，有学生的学习发展中心、社区学习交流中心、教师学习发展中心、教育电子政务中心。每个学生都有这样的网络学习空间。

第二是构建基于网络空间的"智慧云山"校本课程体系，培养智慧型人才。我们的"智课程"指基础性的课程，即学科的课堂，包括班本课程、级本课程、黑白课程。我们学校有很好的足球场地，是广东省的足球推广学校，2018 年将申报国家的校园足球推广学校。"智"系列课程、"慧"系列课程达成培养学生关键能力的目的，此外，还有"云"文化课程、"山"文化课程。"云"文化课程即发展性课程，包括学校社团以及"快乐周二"的社团活动；"山"文化课程即实践性的课程、学校的文化节，还有项目赛事。这两项课程培养学生的必备品格。关键能力和必备品格就是核心素养。希望我们的网络学习空间还能做到在线选课、推送课程资源、课程的展示、课程的评价。

第三是开展基于电子书包学习空间的智慧课堂教学模式研究，构建高效的课堂。在做智慧课堂实验中，第一步是进行了整个班的实验。两年多的实验，效果是非常明显的。第二步是利用区信息中心给我们提供的第二个智慧教室，在各个学科选取骨干教师进行学科研讨。第三步，我们在每年一年级入学的时候开设几个平板电脑实验班。通过这些方式，我们的教师和学生尝试个性化的学习、协作学习、移动学习、差异化学习、网络空间学习的有效策略，随后就形成了语、数、英三个学科的课堂教学模式。如语文学科"自主尝试""自主学习""自主归纳"和"自主创作"的学习空间；数学学科通过学生的自主学习、实际操作、合作探究来引导学生围绕"问题"学会思考、探究、验证和归纳，培养自动的、自主的探究意识；英语学科"任务驱动——综合阅读"的在线模式，让学生在完成"任务"的过程中能够学会利用工具总结阅读技巧和方法，积累语言知识和技能，学会分享和创作，从而提高英语的阅读综合能力。

第四是我们利用可视化的思维工具与空间融合，促进个性化学习。华南师范大学李克东教授带着台湾地区知名的电子书包专家陈德怀教授来到学校指导我们可视化的思维工具的应用，为学生开展个性化学习提供了支架，辅助建设网络空间的个性化资源，转变学习方式，凸显学生的个性化学习。

第五是开发和推送支持个性化学习的资源，促进个性化学习。我们有电子书包的资源、微课资源、慕课资源，如我们依托的华南师范大学谢幼如教授和她的慕课，还有项目学习资源、其他网络资源。我们通过自主订阅、系统推荐和教师推荐来实施资源的个性化应用。

第六是开展创客教育和STEAM教育，培养创新人才。依靠上级部门和大学资源提供智创空间来进行创客的学习，联合华南师范大学教育信息技术学院开展STEAM教育研究。

第七是构建网络阅读空间，激发兴趣，提高阅读质量，形成开放式、具丰富性、互动性强、具便捷性的状况。通过阅读兴趣调查和检测，它能自动推荐一些读书方法，让学生的读更有成效；记录阅读的过程，展示个人的平台；通过积分奖励，让学生更有积极性。

第八是课题引领，通过点面结合开展实验探究，提炼和推广优秀的成果。我们在广东省教育科学研究课题里面有"建构'智慧云山'校本课程的实践和研究"的课题，在广东省教育技术中心立项"基于互联网+儿童文学阅读指导策略的研究"。我们还有四个省级小课题和一个市级小课题的研究。以课题带动，让研究更有指向性。

访谈者 取得了哪些成效？

邝家明 一是提升了学校综合办学效益和社会影响力；二是促进智慧校园智能化生态环境的建设，丰富了校园文化；三是促进了课堂教学的改革与创新，形成了语数英学科基于电子书包学习空间的教学模式，智慧课堂提升了教学效率和教学质量；四是促进了学生的综合素质和创新品质的培养和发展；五是促进了教师的专业发展和综合能力的提高。

访谈者 结合学校信息化发展的特色，您有哪些经验分享？

邝家明 一是结合学校理念，形成了跨越式的学校发展模式。网络学习空间是虚拟的、云端的，是技术层面的，少有温度、少有情感，但我们的学习生活一定是有温度、有情感的。所以我们融合后创新地提出了生活教育：生活在网络中，网络在生活中，这是我们云山小学办学的底气和基石，"智慧云山"要"绿色发展"，先要做好生活教育。此外，我们要做好学科教学与教育技术的融合，关注人与环境的和谐，形成生态教育。多元个性化的发展归根到底就是人的发展，进而达成我们的生命教育。所以生活教育、生态教育、生命教育这"三生教育"就成了我们的绿色发展理念，形成了跨越式发展模式。

二是形成了协同推进机制。我们有四个协同：第一个是师生共学，老师和学生一起研究，全部学生接受信息化的培训，老师也参与其中，一起去把"教学中心"学好用好。第二个是产教共研，我们引进了许多企业的产品，希望校企合作，因为只有校企合作，才能让我们的信息技术、网络学习空间做得更好、更扎实。互联网要主动连接学校，学校也要主动跟互联网的企业家进行连接。第三个是内引外联，形成请进来、走出去的人才培养机制。第四个是以赛代练，通过参加各种比赛来帮助教师提升教学理念和教学技术融合能力。

访谈者 未来有哪些新的设想或实践？

邝家明 这个网络空间人人通有 1.0、2.0、3.0 版本，未来还有 4.0 的状态。而我们现在正处在 2.0 和 3.0 中间的位置，即从融合到创新的位置。希望以后形成智能化的学习空间，形成智能化、个性化、教育化的教育体系。还希望通过智慧学习资源系统，智能化学习资源环境的建设，智能感知学习环境的构建，把融合发展转为智能化的创新发展，以创新引领学习教育现代化的发展。

11 新技术支撑教育管理

用起来 就会改变[①]

——访佛山市南海区教育发展研究中心郑兰桢副主任

> 不同阶段的劳动工具造就人类不同思维方式、生活方式，它打开人类不一样的视野。信息技术正在不断打开我们的创新思维、潜能和无限宽广的视野。概括成两句话就是：用起来就会改变！明天，改变的步伐会越来越快。
>
> ——郑兰桢

个人简介： 郑兰桢，佛山市南海区教育发展研究中心副主任、电教站站长兼教育信息中心主任，南海区政协委员、民建成员，中国教育学会中小学信息技术专业委员会常务理事、广东省网络教育专业委员会副秘书长。2015年4月荣获全国首届区域教育信息化创新应用典范区域特别实践奖；主持"十二五"国家基础教育规划课题和中央电化教育馆专项课题3项；论著（合写）1部，主编《小学动漫基础》教材1本；发表国家级期刊论文2篇，国际期刊论文1篇（合作）。

访谈者 郑主任，您好。在佛山市南海区教育信息化应用的历程中，从1999年启用全国首个教育城域网，到承办2015年全国基础教育信息化应用会议，在10多年的信息化发展历程中，比如2000年的"南海网络学院"、2001年的"数字教育局"、2004年的"高考网上选课监控系统"到2005年的"教育E时空"、2007年的"数字化幼儿园"、2012年在全国信息化应用展演上的"视像中国"，我们看到南海一直以"应用"在推动教育信息化的发展。这个是因为南海"有钱"吗？

郑兰桢 应用与钱无关。南海是全国发达县区，位列中国市辖区综合实力百强第2名，但实际南海财政投入教育信息化应用项目较少。南海区教育信息化自1999年12月全国首个教育城域网建成启航至今，始终坚持"以应用促建设、以创新促发展、以

[①] 原载《教育信息技术》，2016年第1、2期。

融合促创新、以服务创效益"发展理念，走出一条特色发展之路，即通过政府主导、政校研（学）企协同创新、社会化运营、普惠性应用、个性化定制服务模式，强调"应用"始终是我们发展信息化的信念和追求。因为，从技术与工具的意义看，有用才有价值。

访谈者 作为信息化发展中的参与者、探索者、管理者和见证者，您如何理解南海的"应用"，特别是基于"融合"与"创新"的应用？

郑兰桢 就区域教育信息化发展而言，我认为教育信息化在应用层面可以分重量化应用和轻量化应用两方面：重量化应用是课堂教学主战场与信息技术深度融合的应用，这是撬动基础教育课堂和课程改革的驱动力量，是课堂和课程创新的抓手，是学校现代化推手；轻量化应用是对学校而言边际化的应用，如学校常规业务管理信息化等，这种应用对推动学校现代化发展是浅薄力量，至多是引发局部变革。南海区教育信息化应用选择了重量化应用和轻量化应用相结合道路，推动南海基础教育融合和创新发展。

访谈者 这种应用的驱动力是什么？

郑兰桢 这种应用的驱动力，我个人认为：一是国家创新发展战略牵引，我国要到 21 世纪中叶实现两个一百年奋斗目标，跻身发达国家之列，实现中华民族伟大复兴的中国梦，创新发展是实现中国梦的唯一路径。二是国家发展战略倒逼我国教育以创新为核心诉求的变革。三是课堂、课程、教学和评价改革急需以培养学生创新思维品质为核心诉求的深层变革。

访谈者 有了"应用"这条主线，你们又如何在不同阶段把"人财""网络""资源""教学"等要素结合都给用起来？

郑兰桢 南海教育信息化走过了"结合""整合""融合"等不同发展阶段。我有几点体会：一是要找准发展切入点，工作聚焦点，应用创新点，技术成熟点，学校、教师和学生应用关键点，课堂、课程与评价的核心点等。二是充分利用好国家有关教育信息化各项政策资源，因地制宜为我所用；同时，结合发展实际，积极创建本土发展战略与配套政策、机制和体制。三是政府搭台，积极引进社会资源，实现发展共赢。

访谈者 从教育信息化管理的角度看，如何去构建"用起来"的良性循环系统？

郑兰桢 教育信息化应用是一项复杂的系统工程，需要多部门联动、协同，并不断创新机制、体制才能有效推进。不仅要"用起来"，还要"用得好"，这对管理工作者是一项艰巨挑战。近几年来，南海教育信息化以网络学习空间人人通为工作切入点，聚焦个性化学习、普及应用和惠民应用，工作不断向纵深拓展。南海主要从政府、本土平台、提升工程、推进机制与资源五个方面来着手实现"用起来"的良性循环。

一是从政府的层面上说，政府主导、构建"四位一体"协同创新机制，在南海区"智慧城市、品质南海"发展战略牵引下，通过政府主导、政校研（学）企协同创新、社会化运营、普惠性应用、个性化定制服务模式，教育局有效整合电教站（信息中心）、教研室、大学、电信运营商等，构建"四位一体"推进机制，使普惠性应用有机制保障。

二是从本土平台来说，我们都知道，教育信息化的实践不能脱离本土的实际，南海区在信息化的发展中植入本土价值、打造在线平台，因地制宜，对南海网络学习空间人人通承载平台进行顶层需求设计，植入个性、灵动、品质、普惠、定制服务等核心价值诉求，经多方论证与调研，推出了基于"互联网+朝阳学堂"在线教育综合应用平台，该平台今年（2016）5月已正式上线运行，初步形成人人有空间、人人用空间的良好局面，有力推动南海教育深层变革。

三是实施技研学一体化协同培训，实施"师生信息技术应用能力提升工程"（简称"提升工程"）。由电教站牵头，协调人事科、教研室等部门和华南师范大学，自2014年开始，在全区分阶段、分批次、分学科对教师及学生和家长进行全员培训，全面提升中小学教师和学生信息技术应用能力水平。

四是建立雁阵式、扁平化推进与激励机制。实现学校信息化整体深度融合关键在于以校长为核心的管理团队。校长是信息化应用领头雁，要形成校长引领、中层推进、教师创新、学生个性化应用、家长援助的雁阵式、扁平化推进与激励机制，突出课堂教学主战场，与课堂教学深度融合，有效支撑课堂教学创新实践，实现课前、课中、课后一体化应用发展局面。

五是从资源角度来说，南海创建新型数字资源，实现可持续供给。2013年以来，南海引入企业投入，创建南海教育朝阳视频网（网络电视台ITV）以提供云端支持，探索数字教育资源供给与服务模式，初步形成了"社会企业投入—学科带头人设计—专业教师制作—政府购买服务—学校师生普惠应用—家长个性化定制服务"的模式，实现可持续发展。

访谈者 从教育的全局看，"用起来"带来了南海教育哪些改变？

郑兰桢 现在，我们可以通过一系列的数据来看南海区教育信息化应用呈现出了一种勃勃生机的状况。

自2000年起，南海教育局率先推进教育电子政务建设，163项常规管理业务全部网上运行，通过管理流程优化与再造，做到了统一数据标准和教育状态数据实时在线，实现了教育管理的规范化、高效化和个性化。通过数据，我们可以看到这样的一个画面：多媒体课室覆盖率达100%；学科多媒体教学年度节数占86%；100%师生及家长在"朝阳学堂"平台实名注册，人人拥有1 G以上云盘网络空间；全区网络学习空间存储达72 T；新型数字资源、电子教材实现高中小全学段覆盖；本土微课资源已达3 000多节；视频资源达1万多小时；南海区利用移动终端学习学生已达5 000多人，智慧课室100多个，数字化教师150多人，参与实验学校已达20所；学生综合素质在线评价正逐步走进学校、走进家庭；12所试点小学向家长已累计发送学生综合素质发展电子报告书达10多万份。学生综合素质在线评价正颠覆性改变学校传统评价模式，在南海正逐步推广。

总而言之，"用起来"给南海教育信息化带来了革命性的影响，主要可以概括为几个关键词：一是"引发课程变革"。信息化引发课程变革，课堂教学正逐步由知识获取向知识深化、知识创建高阶思维培养阶段发展，正有效弥补基础教育短板。二是"塑造个性化学习品质"。以灵动课堂（翻转课堂）、名师微课堂、智能课堂（电子书包）、智趣课堂（动漫创客）为牵引，正深刻改变南海课堂教学业态，颠覆性改变教学流程。以学定教、先学后教、因材施教、翻转教学等理念成为现实；在线作业、在线纠错、灵动课堂、云盘分享、项目学习、创客学习等正逐步成为大群体学生以IT为认知工具的新学习方式。三是"促进多元评价"。学生发展性评价、基于评价的学科学习正颠覆性改变学校传统评价模式。

访谈者 如果把2015年作为南海教育信息化发展的一个"；"号点，南海教育信息化在创新与融合的大背景下仍然面临什么问题？

郑兰桢 主要有三方面：一是政策、机制与体制障碍，国家政策顶层设计已到位，但保障措施缺乏可操作性，机制和体制关于信息化发展障碍清除设计有待加强；二是校长和教师观念变革滞后是最大发展障碍；三是教改和课改理念不适应"互联网+教育"急剧发展趋势。

访谈者 下一步方向或目标是什么？

郑兰桢 基于"互联网+思维"，我们下一步目标是以"朝阳学堂"为抓手，创建新型数字资源，逐步普及移动学习终端应用。

以点带面　以面带全　探索学校教育信息化[①]
——访惠州一中实验学校戴辉校长

随着信息技术日新月异的发展，要让学生感受到技术的更新，意识到自己需要不断地更新所学知识，培养他们有效更新知识、动手实践的能力。要让学生学会应用，在应用中创新的能力。形成自学意识，掌握自学能力。

——戴辉

个人简介： 戴辉，广东省中学特级教师、中学数学高级教师。惠州一中实验学校执行校长、惠州市首席教师、惠州市人民教育家培养计划优秀培养对象、惠州市数学学会常务理事、广东省数学竞赛优秀辅导员、中国数学奥林匹克高级教练员。论文《基于超级画板的中学数学实验教学研究》《中学数学实验室教学模式的实践与研究》获中国教育学会一等奖。主持并完成省级课题"中学数学实验室教学模式的实践与研究"，为新课程改革提供了新思路。

访谈者　戴校长，您好。《教育信息化"十三五"规划》（以下简称"规划"）中提到：深化信息技术与教育教学的融合发展，从服务教育教学拓展为服务育人全过程。请您从育人的角度谈谈信息技术与教育教学融合的"契合点"体现在哪。

戴　辉　"融合"不是信息技术与教育教学的简单叠加，而是用技术去创新教育教学环境，让信息化条件下的教育教学更加丰富多元。互联网和信息技术现已融入日常教育教学中，信息化的开放性和共享性等特征可以满足多元化需求，并且在个人行为分析的基础上形成智能化，这样因材施教才有可能。要实现教育现代化，首先要实现教育信息化；要实现教育国际化，也需要实现教育信息化，因为信息化可以跨越时空。学校需要为学生提供更多选择和更具特色的教育教学环境，培养学生面向未

[①] 原载《教育信息技术》，2017年第7、8期。

来、解决未来不可预知问题和应对挑战的能力，如创造性思维和批判性思维能力、问题解决能力、团队协作能力和沟通交流能力等。

访谈者 您认为信息技术在贵校的教育教学中起到了哪些支撑作用？

戴 辉 我认为信息技术在我校教育教学中起到了非常重要的作用。比如：信息技术教学，可以弥补传统教学方法的不足，甚至能够创造出新的教学方法适应不断更新的时代，也因此提高了教师的教学水平，有助于青年教师的快速成长。普及信息技术教学，通过邀请天喻教育科技有限公司相关负责人到我校给全校师生培训信息技术相关操作，并长期为我校教师提供技术帮助，进而不断提高教师的信息技术水平。利用信息技术创造教学情境，让学生置身于教学情境中，提高学生的学习兴趣，大大地活跃了学生的学习心理，激发了学生良好的学习动机，提高了学生的学习效率。

访谈者 贵校作为一所十二年一贯制学校，面对不同学段的学生，学校采取了哪些行之有效的措施去推动教育信息化发展？

戴 辉 自建校以来，我校领导高度重视教育教学信息化建设，尤其作为一所十二年一贯制学校，面对不同学段的学生，教学信息化建设要从多方面切入，力争实现教学模式信息化、教学资源信息化、教学管理信息化等。为此，我校采取以下有效措施，积极推进教学信息化建设。

学校采用"以点带面、以面带全"模式，以初中部数学科组为点，以初中部各学科为面，让先进的教学理念和信息化教学手段真正融入全校教学中。根据学校的实际情况，首先由初中数学科组进行使用和探究，待数学科组积累一定经验和获得一些成功后，带动整个初中部多个科组进行使用和探究，再推广到全校使用，最后根据教学助手的相关内容进行补充，进而形成属于我校特色的优质教学资源库。资源库主要包括：（1）线上视频教学，整合我校不同学段优秀教师的公开课视频或微课视频放到网上，让每个年级的学生都能享受到优秀的教师资源、名师课堂；（2）精品课程，对我校公开课视频进行评比，各年级、各科目挑选特别优秀的教学视频，形成我校精品课程；（3）试题库，主要分为章节练习、单元测试和中考题三大类，每个学期对试题进行筛选和补充，让各个阶段的学生时刻享受最新最优质的习题；（4）教案和课件，收集并整理我校各学段优秀教案和课件，形成全校共享资源；（5）教研论文，开展教研活动，收集教师优秀论文，为建立我校特色优质教学资源库不断努力。

访谈者 学校为更好地开展教育教学创设了哪些有利环境？

戴 辉 借助天喻教育科技有限公司的技术及学校网络环境，开通教学助手教师账号，实现网络终端（计算机）、移动终端（平板、手机）互动，将基础教育资源按学段、学科及知识点细分，以"微课程、微内容、微视频"等形式面向全校学生进行个性化精准推送，使学生通过智慧课堂享受到优质资源和个性化服务，满足自主学习需求，探索学生自主学习模式。

我校数学科组自建校以来一直在收集、整理和分类学生的易错题，已积累了大量易错题，并将每种类型的易错题制作成相应的微课视频。随着对信息技术的深入研究，目前我校已经以天喻教育科技有限公司的学习机为依托，开发了数学错题系统。学生通过易错题学习系统做题，并通过该系统查漏补缺，开展自主学习。同时，利用大数据对易错题进行更有效的统计分析和利用，实时跟踪和更新记录学生的易错情况，并形成学生个人数学成长记录档案。数学错题系统的运用让教师和学生深深感受到大数据带来的益处，随时做题、随时批改的便利性也激发了学生学习的热情。

访谈者 在这种新的环境下，教学理念与教学内容有哪些改变？

戴 辉 传统教学模式是以教师为中心，教师根据教科书的内容，运用讲授、板书及其他教学媒体作为教学手段与方法，向学生传授知识，学生则被动接受知识。而信息化教学模式是以学生为中心，学生在教师创设的情景中，通过协作与会话等形式充分发挥自身的主动性和积极性，对当前所学知识进行意义建构，并运用所学知识解决实际问题。在适应信息技术的条件下，必须不断摆脱传统教育的束缚，更新教育理念，教育理念必须要现代化。邓小平同志曾说："一个学校能不能为社会主义建设培养合格的人才，培养德智体全面发展、有社会主义觉悟的有文化的劳动者，关键在教师。"所以，教师必须转变教育思想，更新教育理念，这就要求教师要有活到老、学到老的精神，不断丰富和更新知识，尤其是信息技术方面的知识，才能跟上时代的步伐。

在信息技术环境下，教学内容也变得多种多样，比如教师可以充分利用网上资源丰富教学内容；也可以利用Flash制作动画创设动态情景，使难以用语言描述的抽象概念和理论形象化，直观易懂，激发学生学习兴趣的同时，培养学生的观察和想象能力；还可以利用几何（超级）画板对数学中的动态问题进行演示，化静态为动态、化抽象为具体，让学生感受信息技术支持下教学的魅力，提高学生求知的欲望。

访谈者 据了解，贵校建校三年左右，在信息化方面也不断探索自己的特色，请问学校教育信息化这几年间最大的变化在哪？作为一名管理者您最大的感触在哪？

戴 辉 更新观念、接受教育信息化的挑战。积极组织教师参加省、市教育主管部门、教育信息中心举办的相关信息技术培训，提高了教师利用信息技术进行教学和教研的能力，更新观念、大胆实践；注重需求分析、有规划地开展信息化建设。学校不断加大对教育信息化的建设，校园网络全覆盖，建立智慧课堂，组织教师在天喻教育科技有限公司"教学助手"的基础上，开发富有个性的教学资源库；在信息技术教学中提高学生动手操作能力，有效地提高学生的创新思维能力。一年来，教师参加各级各类教育教学比赛获奖 26 人次，学生参加各级各类竞赛获奖 327 人次。

访谈者 在未来探索学校教育现代化您有哪些设想？

戴　辉 根据我校的实际情况，在往后的建设现代化教育的道路上，一是要打造全新学习环境，营造新型学习生态，创新教学组织形式，变革学习方式；二是教学方法要创新，促进学生深度学习，开发网络课程，方便学生线上线下学习，建立学生成长数据库，开展学习分析研究；三是对各学科进行整合，形成能够培养学生自主学习的教学资源。

推进教育信息化管理　提升教育教学质量[①]

——访江门市蓬江区北苑小学吴醒坚校长

教育信息化是一种工具，也是一种趋势。我们期待更多的学校、教师进行教育信息化的探索与应用，总结出更多、更好的经验，促使教育信息化完全融入学校的各方面工作中。利用教育信息化，不仅仅提升管理工作效率，更重要的是提升教育教学的质量。基于教育信息化、大数据的背景下，为教育决策提供支撑，培养出更多个性鲜明、阳光、健康的新一代接班人。

——吴醒坚

个人简介： 吴醒坚，江门市蓬江区北苑小学校长，自2009年担任蓬江区教育局信息技术教研员起，一直致力于信息技术学科教学研究工作。2012年制定"蓬江区中小学生信息技术素养标准"，开展中小学信息技术能力水平测试。建立中小学信息技术课程评价体系。近年来，主导开发多个教育信息化软件，其中"比赛作品上传系统"获2014年广东省教育软件大赛二等奖，"智能考勤""智能德育评价""智能朗读评价"等系统应用于学校教育信息化管理领域。主持多个省、市级课题，效果良好并有较高的推广价值和现实意义。多篇论文发表并获市、区奖励。

访谈者 吴校长，您好。教育部《教育信息化"十三五"规划》中提出：深入推进管理信息化，从服务教育管理拓展为全面提升教育治理能力。请您谈谈贵校在推进管理信息化方面的理念或定位。

吴醒坚 根据上级相关要求，我们一直在思考学校探索管理信息化的同时如何不增加教师负担。经过讨论，我们初步确定围绕"创新+精细"思路实施教育信息化管理。利用"互联网+思维"，努力创设教育大数据环境，对学校实施精细化管理。

[①] 原载《教育信息技术》，2018年第6期。

访谈者 这种"创新+精细"教育信息化管理如何体现?

吴醒坚 为了不增加教师在信息化管理方面的准入负担,确定以智能终端"掌控"学校管理,如智能考勤系统、智能德育评价系统、智能朗读评价系统等。将所有信息化管理工具与手机无缝对接,让教师更容易接受新的改变和应用。

访谈者 贵校以"创新+精细"思路来实施教育信息化管理的这种理念在整个学校的发展中起着哪些必要的作用?

吴醒坚 北苑小学是一所年轻的学校,创办只有20周年。教师团队也相当年轻,平均年龄不足35周岁。教师接受新事物、新理念比较快。我们希望抓紧教育信息化的催化作用,整体提升学校的办学水平,让家长、学生都能感受到学校由于教育信息化带来的变化,提升工作效率,提高师生优越感、幸福感。

访谈者 《广东省教育信息化发展"十三五"规划》中也明确提出构建教育治理信息化支撑体系,请您谈谈贵校是如何构建教育管理信息化体系的。

吴醒坚 教育管理信息化体系是一个庞大的工程。在这方面我们仍与全国很多同行一道,仍在不断探索、完善之中。

学校在教育信息化方面采取以解决教师日常烦琐工作为突破口,逐步向教育教学核心——学生综合评价范畴布局,期待建立一个较为完善的促进学生成长的学校信息化管理智能生态系统。

我们学校信息化管理系统的建构过程如下:

首先是学校的"智能考勤"系统,我们以解决教师日常最烦琐的"晨报"工作入手。以往,我们的老师要记录学生考勤要先报人数,再打开电脑把缺勤学生的具体个人信息(包括家庭地址、家长姓名、联系电话、请假原因等)填入晨报表,再发给学校管理人员。管理人员需要对每个班的晨报表下载、汇总。这种做法费时耗力,效率极低。自从开发了"智能考勤"系统,教师只需点选请假学生姓名—勾选请假原因—点击提交就完成上报任务。管理人员只需一键下载就可以把全校数据导出。系统还可以实时显示当前请假人数并可以分类别显示,数据准确、清晰,减少教师90%以上的工作量。

对于学生临时请假出校的情况,考勤数据没有及时录入系统,使学校安全管理有一定隐患。我们针对此问题,开发了"临时放行管理系统",较好地处理学生临时放行数据独立于考勤系统的漏洞,同时在放行系统中,还可以很清晰地看到请假学生及来接学生家长的相片,做到"有图有真相"。

接着就是我们学校的"智能德育评价系统",以解决学校行政部门的管理诉求——少先队大队部对学生行为规范管理为突破口。以前每天大队部都会有很多违规学生扣分记录,但梳理、统计这些资料存在很大困难。因此我们应大队部的要求开发了"智能德育评价系统",使学校大队部对学生行为规范的管理进入大数据智能化阶段。现在可以随时对班级进行文明班评选、实时了解各班学生行为情况等,大大提高管理效能。

接下来,我们又开发了"智能朗读评价系统",使学生的口头朗读作业变得可看、可听、可评价。

我们就是从管理或学习的小需求入手,逐步推进,让教师们感受到教育信息化带来的红利。下一步,我们会在学生评价方面加紧谋划,希望能开发出对学生全面评价的系统,利用教育信息化建立学生成长档案袋,激励学生健康快乐成长。

访谈者 您认为这种管理的模式和以往的模式最大的不同体现在哪?

吴醒坚 在"互联网+思维"的指导下,实施"创新+精细"管理模式,应用了多个教育管理系统,作用是明显的。

学校教育信息化的深入应用改变着全校师生的行为习惯。信息变得更清晰、透明,工作变被动为主动,教师工作效率随之也有了很大的提高。

访谈者 利用信息化的管理模式解决了以往学校管理上的哪些问题?

吴醒坚 大家都知道利用信息化管理最大的好处就是使管理变得扁平化,管理更便捷、更清晰。在大数据的支撑下,还能对学校发展提供决策支持。

目前,我们学校就是利用了信息化管理手段,使学校的管理效率更高,也使大家的行为习惯在不知不觉中发生着变化。例如,对于学生回家的朗读作业,父母、教师几乎无法监管他是否按时按质完成,自从学校开发了"智能朗读评价系统",学生的朗读作业变得直观了。学生是否完成作业,从评价系统中就可以知道;完成的质量好不好,听一听就清楚;听到优秀的朗读作业,还可以点赞评价。这样潜移默化地改变了师生的学习习惯。

访谈者 通过这种探索与实践,学校取得了哪些成效?

吴醒坚 通过教育信息化不断深入探索与实践,学校也取得了一定的成效。

首先是教师在日常繁杂的事务中得以解放,有更多的时间专心去进行教育教学工作,充分感受到教育信息化带来的便利。

其次是学校整体品位得到提升。以前我们是一所名不见经传的学校。自从实施了教育信息化探索与实践,学校不断累积经验,在得到上级部门及同行们的赞赏的同时,也得到了家长、社会的赞誉。如2017年4月我受邀参加江门市小学校长论坛做专题发言。2018年4月我受邀为广西天等县教育同行进行教育信息化专题讲座;5月带领学校教师成功协办蓬江区推进中小学校教育信息化工作现场会,反响热烈、效果良好。我们学校已经成为在教育信息化方面有一定影响力的学校。

最后是学校通过实施教育信息化,也得到上级部门更多的关注,给予更多的支持,教师士气高昂,使得学校各个方面也取得了长足的进步。如2016年两位教师获省课堂比赛一等奖，实现创办 20 年来省级课堂比赛获奖"零"的突破；各类教学比赛获得多个市、区级一等奖，获奖人数、层次比以前几乎成倍提升；学生获奖数量也有数倍的增加。

访谈者 您有哪些体会分享？

吴醒坚 我们深刻地认识到，教育信息化是一种工具，是一种趋势，以后它将与黑板、粉笔一样普遍，它会融入我们教育教学的方方面面。教育信息化应该是让教师能乐意接受、使用，能帮助教师提升工作效率，减轻他们的负担。因此我们不选用大而全的系统，而是项目逐个地上线，逐步推广使用，目的是减轻对教师的习惯冲击，使教师有时间逐步适应、逐步转变。

另外，我们选择最能减轻教师负担的项目先上线。如"智能考勤系统"，它切实地减轻了教师每天对学生考勤状况的晨报（午报）工作；"智能德育评价系统"，将少先队大队部每天督导管理信息化，使评价更有条理、数据更清晰、评比更便捷高效。

我们抓住学校教育信息化方面的示范性与影响力，给教师创设更多的机会，促使他们成长，使他们不仅利用信息化减轻工作压力，同时借助学校发展让他们能站上更高、更大的平台。

访谈者 贵校在今后从服务教育管理拓展为全面提升教育治理能力上将做哪些新的尝试或实践？

吴醒坚 我们期待建立一个较为完善的能促进学生成长的学校信息化管理智能生态系统。现在我们所做的仅仅是这个智能生态系统的一些外围应用，其核心部分——"学生成长智能评价系统"远还没有涉及。"学生成长智能评价系统"（如图 1 所示）将收集学生校内外的各方面数据，包括每天考勤、上课表现、学习成绩、校内外获奖、师长同学评价等综合内容，并系统地整合这些数据，对学生的成长有一个客观分析、评价，甚至指引。将来对某个学生进行教育时，不再是大概、模糊地评价，而是精准、客观地分析。家长、教师会根据这个系统给出意见，有针对性地开展教育、引导，真正做到"因材施教"。

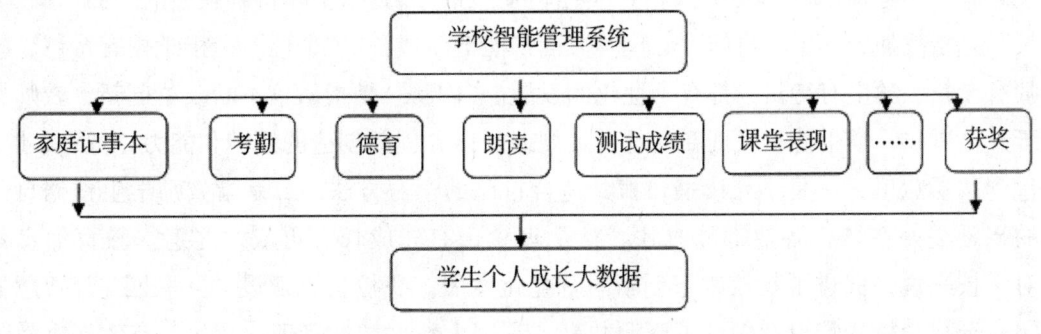

图 1　学生成长智能评价系统图

我们期待两三年内能完成这项工作，为教育信息化做出一个可供研究的个案。

破解制约学校教育信息化发展的"痛点"①
——访茂名市龙岭学校郑明祥校长

教育信息化的高速列车已经启动,无论你上不上车,它都会高速前进!

——郑明祥

个人简介: 郑明祥,茂名市龙岭学校校长,中学高级教师,茂名市优秀校长,教育部第30期全国骨干校长高级研修班学员,广东省首批跨区域卓越校长高端研修班学员,2015年教育部中国电信中小学教育信息化技术应用能力提升项目"种子校长"培训班成员,并担任全国校长信息化提升项目网络研修工作坊坊主。致力于探索"互联网+"智慧校园,在全国教育管理信息化建设与应用培训等会议上做经验交流报告二十多场次,公开发表论文十多篇,组织编写校本教材十六本。

访谈者 郑校长,您好。2017年,贵校入围全国基础教育信息化应用典型示范案例学校。请您结合学校的办学理念谈谈教育信息化对学校的整个发展起着哪些作用。

郑明祥 我校的办学理念是:全面发展乐成长,个性创新活成才。"全面"包含两层意思,一是指学校、教师、学生等主体的全面;二是指主体得到发展的全面。"乐成长"是指教师、学生在身体、心理等方面都能健康成长。"个性"是指学校有特色、教师有专长、学生有特长,都有个性化的发展。"创新"是指学校不断改革创新,教师勇于开拓进取,学生善于发现新问题、新规律,培养创新创造的精神和能力。"活成才"包含两层意思,一是不死读书,找到适合自己的学习方法;二是指鼓励学生根据自己的兴趣爱好在各行各业都能成才。整个理念也有先成长、再成才之意。教育信息化对学校来说,促进了我校改革创新向智能化发展。我校首先建设"互联网+"智慧校园,形成学校的特色,做到了资源共享,利用大数据精准管理;其次,有效促进教师

---

① 原载《教育信息技术》,2018年第7、8期。

的专业化成长，改变了教师的教学方式，如利用云课堂等智能化的教学方式，更加精准地掌握学情，做到因材施教；最后，改变了学生的学习方式，使学生学习更加自主化和个性化，利用云课堂的大数据分析，学生精准掌握自己的优势和不足，有利于培养学生发现问题、分析问题和解决问题的能力。

访谈者 据了解，在此之前，贵校在探索教育信息化的道路上，遇到了发展的"痛点"，请您谈谈具体的"痛点"表现在哪。

郑明祥 教育信息化之路并不是一帆风顺，也碰到了一些困难，主要表现为：

第一是基础薄弱。2013 年 8 月，我市正在创建广东教育强市，创强标准中教育信息化的指标尤为突出，要求建成"三通两平台"，学生的电子终端有一定的比例。然而，当时我校的教育信息化设备离创现标准还有很大的差距，如教室没有固定的电脑设备，学生没有智能移动学习终端，师生也没有实名制的学习空间等。

第二是教师反对。2014 年初，我校领导在校务会议上提出要提高学校的教育信息化水平，全面应用教育信息化。当时就有部分领导提出疑问。在做教师调查的时候，大多数的教师或是担忧或是反对。由于学生的自控力差，教师担心一旦允许学生带平板电脑或手机回校上课，可能会存在学生染上"网瘾"或沉迷于电子游戏等问题，会给教师课堂管理带来很大的压力。

第三是家长担心。随着互联网时代的到来，智能手机和平板电脑在改变了我们生活方式的同时，也不可避免地对学生产生了很大影响。各种媒体常有报道某校某学生沉迷于电子游戏或染上网瘾，不思学习、不思进取，萎靡不振等负面的现象。于是，大部分家长视手机与平板电脑为洪水猛兽，谈"网"色变，对学校提出的教育信息化计划采取消极抵制的态度。

第四是资金不足。搞教育信息化，给人的印象就是"有钱学校玩的事儿"，当时我校每年的生均经费总额只有 100 多万元，这点经费用于学校的正常运转和设备维修等都很吃力，再要投入资金到教育信息化建设中来，办学经费就更为吃紧了。

访谈者 为了破解制约学校教育信息化发展的"痛点"，请您谈谈在教育信息化方面做了哪些努力？

郑明祥 为了破解制约学校教育信息化发展的"痛点"，我校主要采取了以下措施：

首先是加强硬件建设。2014 年我市全面建成"人人通"个人学习空间、"云课堂"优质资源平台和公共服务平台，解决了"三通两平台"的一通和两平台。我校对照标准，争取到了上级的 100 万元经费，用于班班通和校校通网络建设，给每个班配备带有互动仪的平板与电脑，给 100 名教师每人配备了一台笔记本电脑。从此，开启了我校教育信息化的新局面。我校全面建成和使用了"三通两平台",改变了原来的教育教学和管理方式。为教师提供了精准的学生学情,使教师备课和教学更有针对性,打造高效课堂;为学校提供有效的教学大数据,减少教育教学改革的决策失误,提高管理效率。此后,我校每年不断完善信息化建设。目前,我校已经实现了百兆光纤宽带班班通,无线Wi-Fi校园全覆盖,建成两个精品录播室,一个VR创客实验室,一个未来教室,所有教师人手一台笔记本电脑,基于"云课堂"的翻转课堂已经在全校教学中常态化应用。

其次是分层培训。要全面推进教育信息化,就要理念先行、技术过硬、持之以恒、保障有力。为了做到这些,我校进行了分层培训。一是对教师进行培训。先派出几名骨干教师外出参加相关的培训,回来分享心得,进行宣传预热,营造氛围,再请相关专家到校给全校的教师进行培训,最后进行校本培训,边学边做、边做边提高,使全校教师的教育理念得以更新、信息术技术水平得到提高。二是培训家长。对家长进行体验式的培训,让家长体验到信息技术给教育带来的诸多好处和便利,让家长明白只要我们利用得好,互联网和手机也不是想象的那么糟糕。三是对学生进行培训,引导学生树立远大理想,利用信息技术为自己的学习服务,使它成为我们最亲密的老师。同时,自觉抵制不良诱惑,远离游戏。

最后是以点带面。教育信息化是一个新事物,为了保证效果,在推进的过程中,要做到以点带面,稳步推进。第一步,实现无纸化办公,高效环保,强制领导接受和应用。第二步,推广使用"人人通"。我校给所有的教师、学生和家长都开通"人人通"个人学习空间,师生和家长利用手机进行家校互动,在个人空间上布置德育作业,改变德育方式和家校互动的方式,让师生和家长初步享受信息化带来的便利和效果。第三步,设立"云课堂"实验班。2014年,茂名市教育局采购了六个班额数量的平板电脑,用以建设智慧课堂实验班,其中,给我校配备了一个实验班设备。我校首先在当时的初一年级,挑选了成绩中等的一个班作为前期实验班。经过了一个学期的实验,这个班的成绩指标跃升到了全级的第一名。到2015年,我校把实验班扩大到3个,经过一个学期的实验,这些班的成绩都有不同程度的提升。到2016年,我校在初一年级全面展开基于云课堂的智慧课堂教学,由学生自主选择学习方式,自带平板电脑,90%的学生及家长选择了基于云课堂的智慧课堂。2017年,我校动员全体学生选择基于云课堂的智慧课堂教学方式,继续推进和完善智慧课堂建设。

访谈者 学校在体制机制上有哪些保障?

郑明祥 为了顺利推进教育信息化,我校建立了长效体制机制:

首先,成立领导小组。为了保证教育信息化顺利推进,我校于2014年9月成立教育信息化领导小组，校长担任组长，副校长担任副组长，下设信息中心办公室，由教研室主任兼任办公室主任，负责推进教育信息化建设，信息技术科组老师和各科组长组成办公室成员，把推进教育信息化应用作为学校的重点工作，是一把手工程。

其次，制定实施方案。为了有序和科学推进教育信息化进程，我校制定了可行的实施方案。方案有目标、分步骤、明责任、讲实效，把教育信息技术的学习作为继续教育的必修内容，把推进教育信息化应用的成效与教师的评先、评优和职称、职务晋升等挂钩，激励全体教师在教育教学中应用信息化，做到目标明确、思路清晰、责任到人、效果明显，为推进教育信息化制订了清晰的线路图。

最后，总结表彰。教育信息化的不断推进，没有可行的经验借鉴，我校只能摸着石头过河，举步维艰。在这个过程中出现了较多的问题，我们要求教师不断地总结、反思，撰写心得，编印成书，供大家互相学习。同时，每年都对在教育信息化方面做出突出成绩的教师进行表彰，让他们有更多的机会外出学习。

访谈者 经过这样的实践与努力，学校在信息化方面取得了哪些成效？

郑明祥 经过近三年的努力，学校的教育信息化取得了一定的成效，主要有以下几方面：

"人人通+安全"，织密防网。学校利用"人人通"平台，定期组织和动员全体师生、家长利用安全教育信息化平台学习校园安全课程，努力营造人人关心学校安全、时时关注学校安全的浓厚氛围。同时，正确引导和处理学生与网络的关系问题，用引导方式取代强行限制，如通过视频故事让学生认识到网络上存在的陷阱，理智地对待各种诱惑，抵制不良思想的侵蚀，懂得基本的对与错，增加网络道德意识，增强对网上善恶美丑的辨识能力。

"人人通+德育"，趣味实效。学校通过"人人通"个人学习空间，开办网上家长学校，定时向家长推荐育儿心得，班主任和德育导师进行网上"家访"，欢迎家长参与学校管理，实现家校联教；利用信息技术，使原来枯燥无味的德育课程可视化、趣味化，增强德育效果。如培育和践行社会主义价值观教育，通过"可视化的教育+撰写心得"的方式，收到良好的效果。通过人人通平台，我们可以布置校外的德育实践作业，并在平台上进行共享共议，效果非常显著。如"三八"妇女节，学校布置感恩母亲的行动作业，家长纷纷把自己孩子所做的作业晒在"人人通"微博广场上，教师和学生热烈点赞，引起了良好的讨论和回响，正能量和正确的价值观就在默默地影响着全校的师生和家长。

"云课堂+教学"，高效智能。利用云课堂，实现优质资源共享，使全校师生随时、随地获取和利用丰富多彩的网络资源开展教学或学习。利用"云课堂"，学校实现了翻转课堂，培养学生自主学习的能力；课堂上，利用学生抢答、线上讨论等方式，活跃课堂气氛。通过大数据和云算技术，教师及时掌握学情，及时解决存在的问题，提高了课堂效率，增强了教学效果，提升了教学成绩。同时，整个学校建立全校学生在校读书的学习大数据，记录学生的学习成长档案，教师可以个性化地分析每个学生的学习成绩走势，做到因材施教。教育信息化的应用有助于培养学生发现问题、分析问题、解决问题和创新创造的能力。

"公共服务平台＋管理"，高效环保。学校运用互联网思维开展工作，实现了绿色、高效的办公目标。OA系统实现了登记、流传、保存等一系列的功能，减少很多人工环节，还能准确记录流转中的经办人的时间，绿色、方便、高效。此外，为了便于管理，全校教工都开通一个账号，教工请假、出差、设备报修等一站式完成，使校长对全校的状况一目了然，提高校长的时间管理效率。

"云可视＋管理"，运筹帷幄。利用"云可视"平台，校长和管理人员在办公室，用电脑或手机就可以选择任何一个班的课堂进行实时听课，对全校每个角落的动态进行网上巡查，加强管理人员对课堂和校园动态的时效管控，做到运筹帷幄。

访谈者 在探索教育信息化的实践中，您有哪些经验分享？

郑明祥 我谈三点体会：第一，教育信息化并不是洪水猛兽，信息时代，我们要顺应时势，好好地利用它为教育服务。第二，教育信息化必须是一把手工程，把它纳入学校的重点工作。第三，要形成长效的保障机制，保证教育信息化的实施和成效。第四，教育信息化硬件建设量力而行，重点在于全面深化应用。

访谈者 在今后的信息化的发展道路上，将有哪些新的思考和实践？

郑明祥 我校的信息化应用虽然已经达到了一定的水平，覆盖了学校的方方面面，但只是停留在建设和应用的表面。以后还会在优质资源库与人工智能的融合建设方面加大研究和开发，完善现在的云课堂优质资源和大数据平台，使学校管理更加智能化，便于教师的精准辅导和个性化教学，使学生的学习更加人性化、自主化和个性化，充分挖掘学生的潜能，培养学生的创新思维和创造能力。

致　谢

当前，我省的教育信息化建设逐步推进，形成了与广东教育现代化发展目标相适应的全省一体化公共服务体系，充分利用信息技术促进优质教育资源共享，持续推动信息技术与教育教学的深度融合，从而带动全省的教育改革与创新，教育信息化进步明显，特色鲜明，水平处在全国前列。

我省教育信息化的发展离不开省教育厅的大力支持与热心指导，离不开教育行政部门领导、专家以及广大教育工作者的关心和支持，离不开热爱教育事业同仁的积极参与和辛勤付出。

为进一步推进我省教育信息化的创新发展，做好教育信息化示范培育推广工作，总结提炼教育信息化的优秀成果，本书以"奋进与探索"为主线，紧扣当前教育信息化前沿、热点问题，对2014年到2019年刊登在《教育信息技术》杂志上的"人物访谈"进行汇编整理，付梓出版。这六年间访谈教育信息化名师、名校长、管理者文章共有90篇。本书以主题的形式呈现，共有11个反映教育信息化特色的主题，每个主题下选取具有代表该主题特色的文章若干篇，聚焦实践，关注典型，汇聚优秀经验、先进理念与创新做法。

一分耕耘一分收获。本书历时一年多，先后完成了策划、分类、整理、修订等工作。感谢广东省委党校吕晓阳教授、华南师范大学况姗芸教授、深圳大学傅霖高工对本书的出版提出的宝贵意见。感谢本书的执行主编欧阳慧玲从策划到出版，以强烈的责任心和奉献精神，为本书投入大量的心血和精力。感谢林君芬、赵婉霞、梁春晓、危妙对本书的辛苦付出；感谢《教育信息技术》杂志编辑部全体工作人员的辛劳；感谢广东高等教育出版社为本书的出版所付出的努力；最重要的是感谢本书所有参与受访的名教师、名校长以及电教部门的管理者，是他们的所思所想、积极行动和业已取得的成果成全了本书的丰富多彩。最后对长期关心、支持、参与和推动教育信息化工作的同仁表示衷心的感谢！

教育信息化是一个不断发展提升的过程，也是一项需要持续推进的事业，本书的整理和汇编还有很多不完备的地方，我们希望本书能引发大家对教育信息化以及教育信息技术的浓厚兴趣和广泛思考，书中的不妥之处能得到大家的指正。

不忘初心，牢记使命，我们将携手共同推进教育信息化，为广东的教育信息化事业不懈奋斗，做教育"追梦人"。

唐连章

2020 年 10 月 10 日